旅游管理译丛

旅行社经营业务

Pat Yale 著
程尽能等 译

旅游教育出版社
TOURISM EDUCATION PRESS

北京市版权局著作权合同登记图字:01－2003－7552号
责任编辑:孙延旭

图书在版编目(CIP)数据

旅行社经营业务/(英)耶尔(Yale,P.)著;程尽能等译.—北京:旅游教育出版社,2004.11
(旅游管理译丛)
ISBN 7－5637－1207－0

Ⅰ.旅…　Ⅱ.①耶…　②程…　Ⅲ.旅行社－企业管理　Ⅳ.F590.63

中国版本图书馆CIP数据核字(2004)第080276号

旅行社经营业务
帕特·耶尔　著
(Pat Yale)
程尽能等　译

出版单位	旅游教育出版社
地　　址	北京市朝阳区定福庄南里1号
邮　　编	100024
发行电话	(010)65778403 65728372 65767462(传真)
本社网址	www.tepcb.com
E－mail	tepfx@sohu.com
印刷单位	北京科普瑞印刷有限责任公司
经销单位	新华书店
开　　本	787×960　1/16
印　　张	29
字　　数	408千字
版　　次	2004年11月第1版
印　　次	2004年11月第1次印刷
印　　数	1～6000册
定　　价	48.00元

(图书如有装订差错请与发行部联系)

前言

除了英国旅游代理商协会曾经为接受旅游经营培训的人员编写的、专门针对传统 COTOP 考试的一套经典的应试手册以外,《旅行社经营业务》可以说是第一本从产业的视角来对旅行社经营活动进行详细论述的教科书。本书主要针对参加商业技术协会(BTEC)和全国普通职业资格认证(GNVQ) 中心开办的高级休闲业与旅游管理课程的学生,以及想通过参加旅游管理和休闲业管理培训而获得学位的学生。此外,本书的部分内容对商业研究和市场营销两个专业的学生也有所裨益。

本书在编写过程中受到了以下人士的帮助和指导。他们是:丽晶假日酒店的尼尔·泰勒、马可·波罗旅游咨询服务公司的玻利·戴维斯、托尼·邱吉尔、雷切尔·米尔沃德、沙龙·诺斯、凯特·莎莉斯以及桑德威尔学院的芭芭拉·特纳。我尤其要感谢曾在桑德威尔学院学习过的安迪·维治，他给我提供了他在一家旅游公司做度假区业务代表时一天的生活经历；同时我还要特别感谢温迪·布朗(Wendy Brown)对我的理解和支持。我对这些花费宝贵时间和大量精力来帮助我的人们充满了由衷的谢意。书中若有不尽如人意之处,乃本人才疏学浅所致,敬请谅解。

1993 年刚开始准备编写本书的时候，正值欧盟有关包价旅游的新法规出台。这些新法规使人们对一些基本概念

(其中包括包价旅游概念)的理解产生了混乱,从而给我的编写工作带来了一定的困难。我尽量确保书中信息的及时性,但持续的变化会不可避免地导致一些疏漏的存在。无论怎样,旅行社经营活动都是瞬息万变的,理论上的研究总是落后于新事物出现的步伐。在此,我谨向《旅游周刊》致以衷心的谢意,因为该杂志为我提供了一个了解最新变化的窗口。

帕特·耶尔

1994年12月

注:1994年9月,海外业主旅游集团更名为首选旅游集团,并对其产品进行了合理的调整。但书中提到1994年9月以前发生的事件时,仍然沿用了海外业主旅游集团这一旧名。需要强调的是,海外业主旅游集团和首选旅游集团现在是同一家公司。

译者说明

我国旅行社的概念，与欧美国家的旅行社的概念有所不同。国务院1996年10月颁布的《旅行社管理条例》规定：“旅行社是指有赢利目的，从事旅游业务的企业。”并说明“本条例所称的旅游业务，是指为旅游者代办出、入境和签证手续，招徕、接待旅游者旅游，为旅游者安排食宿等有偿服务的经营活动”。我国现有的旅行社划分为国际旅行社和国内旅行社两类，其中国际旅行社的范围包括入境旅游业务、出境旅游业务和国内旅游业务，国内旅行社的经营范围限于国内旅游业务。而以欧美为代表的西方发达国家按照业务范围将我们所说的旅行社划分为旅游经营商和旅游代理商/零售商两类。“旅游经营商，即主要经营批发业务的旅行社或旅游公司。所谓批发业务是指旅行社根据自己对市场需求的了解和预测，大批量地定购交通运输公司、饭店、目的地经营接待业务的旅行社、旅游景点等有关旅游企业的产品和服务，然后将这些单项产品组合成为不同的包价旅游线路产品或包价度假集合产品，最后通过一定的销售渠道向旅游消费者出售。”“旅游代理商/零售商，即主要经营零售业务的旅行社。旅游零售商主要以旅行代理商(Travel Agent)为典型代表，当然也包括其他有关的代理预定机构。一般地讲，旅行代理商的角色是代表顾客向旅游经营商及有关行、宿、游、娱方面的旅游企业购买其产品，反之，也可以说旅游代理商的业务是代理上述旅游企业向顾客销售其各自的产品。”

由此可见，欧美国家的旅行社是把我国的旅行社的业务范围进行了划分，将由我国旅行社完成的大部分业务划分到旅游经营商的业务范畴之中，而只将代理销售，代客预定等简单的业务划分到旅游代理/零售商的业务范畴之中。从这个意义上来说，我国旅行社的概念大体等同于欧美国家的旅游经营商的概念。所以在本书的题目中和有关章节的大标题中，本书使用旅行社的概念代表了旅游经营商的概念，这样做主要是为了方便读者的理解。

目录

CONTENTS

第一章

旅行社经营业务导论

本章学习目标

通过对本章的学习，你应该能够：

● 明确旅游经营商和包价旅游的定义

● 说明各种不同类型的旅行社经营业务之间的区别

● 了解英国最大的旅游经营商

● 解释旅游经营和其他行业经营的区别

● 阐述旅游经营商与旅游代理商之间的关系，旅游经营商与国家旅游管理部门之间的关系，以及旅游经营商与旅游者之间的关系

● 理解旅游经营业务中进行横向联合与纵向联合的重要性

一、引言

旅游经营商是指那些大批量购买包价旅游的各种不同构成要素，然后将这些要素组合成一揽子度假产品，最后再直接或者通过旅游代理商间接出售给公众的个人或公司。《1992 年包价旅行、包价旅游和包价游览管理条例》(后

来统称为《欧共体包价旅游管理条例》)将旅游经营商称为组织者(organizer)。

参照英国旅游代理商协会(Association of British Travel Agents,ABTA)最初的定义,《欧共体包价旅游管理条例》把包价旅游定义为:

以包括各项费用在内的总价格售出或推出事先安排好的、至少包括以下两项内容的旅游活动,而所提供的服务超过24小时或包含过夜住宿:

(1)交通;

(2)住宿;

(3)不附属于交通或住宿但却构成包价旅游重要组成部分的其他旅游服务。

包价旅游、包价游览和包价旅行的意思是相同的。包价旅游还可以用全包旅游(inclusive tours)、全包价旅游(fully inclusive tours)以及航空包价旅游(air inclusive tours)——如果航班也包括在内的话——等词来表示。

1994年,英国3家最大的旅游经营商分别是:汤姆逊旅游集团(Thomson)、航空旅游集团(Airtours)和首选旅游集团(First Choice)。

(一)旅游经营商的主要工作

旅游经营商需要大批量购买的三大旅游要素构成了传统的包价旅游:

- 交通——航班、轮渡等
- 住宿——饭店客房、自助式公寓等
- 接送——通过巴士、出租车等

因此,在旅游产品分销链上,旅游经营商可以被视作旅游业中的“批发商”,他们从委托商(principals)那里买进旅游产品,然后通过零售商——即旅游代理商——售出这些产品(请参阅图1-1)。

(二)旅游经营商存在的原因

有观点认为旅游经营商的存在是不必要的。现代科技迅猛发展,电话、传真、电报使得国际间的交流变得越来越容易。尤其是当计算机使得人们可以易如反掌地获取信息的时候,更有人认为旅游者根本不需要旅游经营商(或旅游代理商)作为中介,他们就能自行安排旅游度假。20世纪90年代,自行安排旅游行程的人数的确呈上升趋势。但是,旅游业所面临的一个更大困难却是

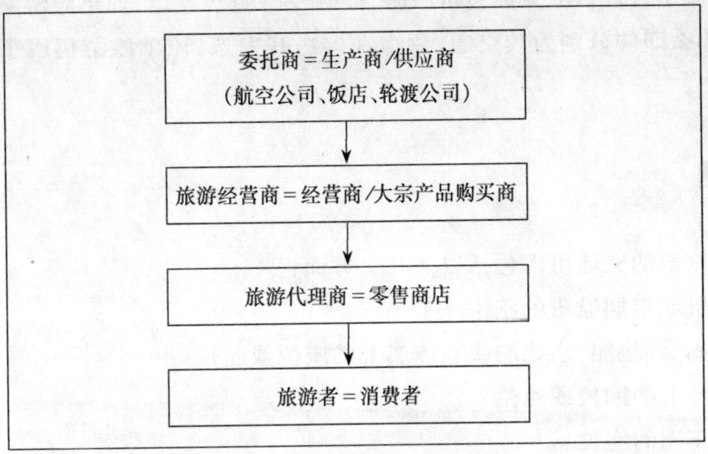

图 1-1 旅游业的产品销售链

为旅游企业生产的旅游产品难以找到有效的市场需求。例如，许多规模较小的旅游企业（饭店、餐馆等）都需要在很大的地理范围内吸引客源。如果不投入高额广告费用，这些旅游企业根本不可能接触到所有的潜在客源。旅游经营商却可以将旅游企业的产品综合起来向消费者作宣传，使消费者对那些旅游企业及其产品有所了解。

就旅游消费者（尤其是那些第一次购买旅游产品的消费者）而言，他们所面临的问题可能是对某地的饭店不太了解。例如，一个对塞浦路斯缺乏了解的旅游消费者在预订当地饭店的客房时可能会花费很多不必要的支出。而作为中介的旅游经营商却能够帮助消费者对此类事情进行深入的调查，从而为旅游消费者在入住宾馆等方面免去后顾之忧。此外，旅游经营商可以进行大批量购买，从而可以用更低的价格预订到同档次的客房。

二、旅游产品

多数旅游经营商都出售包价旅游产品。典型的包价旅游产品应该包含三大要素：交通、住宿以及从机场至饭店间的接送。既然是包价旅游产品，以上三大要素应该以“全包”价格出售。如果一个顾客第一天从旅行代理商那里购买了机票，然后第二天又来预订了一间饭店客房和出租车，这就不能被视为包价旅游，因为这不是“预先安排”的，而且也不是以全包价格购买这些旅游产品的。为了便于管理,《欧共体包价旅游管理条例》明确规定,如果旅游是预先安排好的,那么即使分别为其交通、住宿和接送开发票,该项旅游仍属于包价旅游。

(一)交通

包价旅游的交通可以包括以下几个方面:

- 包机或定期航班的座位
- 渡船、气垫船、水翼船或双体船上的座位或舱位
- 游轮上的铺位或舱位
- 火车上的座位
- 长途巴士上的座位
- 出租车

包价旅游中的交通通常是为了便于游客往返于家和旅游目的地之间。但是,在以下的包价旅游中,交通本身也是很重要的旅游体验:

- 乘游轮游览
- 乘长途巴士观光
- 乘豪华列车观光,如:往返于威尼斯与辛普伦之间的东方特快车
- 野生动物观赏游
- 自驾车度假游
- 骑自行车旅游
- 乘游船旅游
- 驾驶旅行房车度假游
- 乘坐马拉篷车度假游

1. 航空

定期航班(Scheduled flight)是指那些不管乘客人数多少,而只是按照固定日程表运营的航班。这类航班的机尾通常印有一个国家的国旗标志(如英国航空公司、泰国航空公司、法国航空公司、意大利航空公司等)。而包机(Charter flight)的离港时间则是由假日市场需求来决定的。如果预订状况不够理想,航班也可以酌情取消。有的包机航空公司,如布列塔尼亚包机公司(Britannia)等,是由旅游公司拥有的。但很多国家都不愿意批准外国公司在本国

开展包机业务，因为它们想保护本国的定期航班航空公司。例如，塞浦路斯为了保护本国的航空公司而一直抵制前往该国的英国包机。即便如此，包机的数量仍然有增无减，其中包括飞往长线目的地的旅游包机。例如，在1994年开始有了飞往开曼群岛(Cayman Islands)的包机，这使前往该目的地的包价旅游价格大幅下降。

截止到1991年，用于度假的定期航班数量要多于包机的数量。造成这一局面的原因有三个：第一，更多的游客开始自行安排度假活动；第二，长线目的地旅游越来越流行；第三，航空加自驾车游变得越来越普遍。乘坐定期航班的包价旅游被称为ITXs，而乘坐包机的包价旅游则被称为ITCs。

2. 轮船

轮渡和汽艇是前往欧洲大陆的英国旅客所使用的两种主要交通工具。它们同定期航班一样都是按照固定的时间表运营的，而不是依据乘客人数来确定出发时间。只是在天气极其恶劣的时候，快艇、水翼船以及双体船等交通工具才会被暂时取消。

现在也有部分轮船在远程航线上运营(如"伊丽莎白女皇二号"就是在南开普敦至纽约的航线上定期运营的)。但是，乘坐游轮的航行一般是不应该与轮渡混为一谈的。

3. 火车

有的游客在前往欧洲旅游目的地(如西班牙的布拉瓦海岸、法国的里维埃拉和瑞士)时更喜欢选择火车这种交通工具。因为乘火车更经济，而且有的乘客希望能欣赏到沿途风光，也可能因为有些乘客不喜欢乘坐飞机。一些旅游经营商(尤其是专营滑雪度假游的经营商)会组织乘坐火车的包价旅游项目。如果需要乘坐夜车，那么就需要预订火车卧铺。自从1993年全景旅游公司(Panorama)大幅度减少火车包价旅游之后，火车包价旅游市场就萧条了许多。也许只有在海底隧道开通之后这一市场才能慢慢复苏。

但有时乘坐火车旅行本身可能就是度假的一个特色。在20世纪80年代，许多旅游经营商都针对高收入群体推出了仿古火车旅行。这类火车一般典雅古朴、装饰豪华并且大多使用蒸汽机车，例如：

- 从维多利亚至威尼斯的威尼斯——辛普伦东方特快车
- 途经塞维利亚、格拉纳达和科尔多瓦的阿尔——安达鲁斯特快车

- 途径印度拉伽斯坦省的印度王宫火车
- 从墨西哥齐瓦瓦省开往龟山市的铜谷特快车
- 从莫斯科开往巴尔干各国及乌兹别克斯坦的布尔什瓦特快车
- 从曼谷开往新加坡的东方特快车

当然,并非所有的火车度假旅游都十分昂贵。比如,乘坐连接莫斯科和海参崴的跨西伯利亚火车对于很多旅客来说是必不可少的,但是这一旅行并非是一种令人感到惬意的体验。

4. 长途巴士

有些顾客喜欢乘坐长途巴士前往欧洲各旅游目的地。这可能是因为这样做比较经济实惠,或者是因为他们希望能欣赏到沿途的风光,或者是因为他们不喜欢乘坐飞机的缘故。对英国的游客来说,长途巴士的最大好处在于发车点比较多,而极大地方便了出行。例如,仅寰宇旅游集团(Cosmos)一家就在英国各地有260个出发点。现在有越来越多的旅游经营商提供高档的长途旅游巴士服务。豪华巴士上通常配备录像、酒吧、卫生间、空调、饮料自动售货机、冰箱以及双层玻璃窗。车上有专门的乘务人员负责照料乘客,同时车上还配备了多名司机——这样就不再需要在夜间停车住宿了,从而极大地降低了成本。但旅游经营商在进入长途汽车这一市场时都十分谨慎,因为这一市场的利润比较低。由于许多乘客的消费能力较低,所以当经济不景气的时候,这一市场也很容易受影响。也许是远离欧洲大陆的缘故,英国北部的居民要比居住在英国其他地方的人更愿意乘坐长途巴士旅游观光。

除了来自同行业的竞争以外,旅游包机也在与长途巴士争夺市场。寰宇旅游集团认为,只有当旅游者认为乘坐长途巴士旅行可以节约60～80英镑时才愿意选择长途巴士。很多乘坐长途巴士前往目的地的游客通常都是去露营地或者前往活动房屋(本身为车辆或用车辆牵引的房屋)住宿地的。长途巴士旅游市场是ILG旅游公司的重要市场,其产品主要是通过全国假日旅游代理商、国际阳光露营公司和兰卡斯特旅游代理商进行销售的。自从1991年ILG旅游公司破产之后,长途巴士旅游市场就急剧萎缩了。

但是,乘坐长途巴士也可以像乘坐火车那样成为一种旅游经历。华莱士·阿诺德旅游公司就是专营长途巴士旅游业务的。乘坐长途巴士旅游尤其受到老年游客的欢迎。

5. 汽车

有些顾客喜欢驾驶自己的汽车旅游，尤其是前往北欧游览的时候。海底隧道在1995年投入运营后，选择自驾车出游的人数迅速增多。最初，迅速增多的自驾车出游人数使旅游经营商蒙受了很大的损失，生意似乎都被轮渡公司抢去了。但是，旅游经营商们很快就推出了“自驾车包价游”。通过这种方式，旅游经营商可以帮助顾客预订轮渡和/或可以托运私家车的火车，另外还可以向顾客提供提前预订住宿的优惠券。有些顾客甚至愿意租车旅游，旅游经营商也可以满足他们的这一愿望。

寰宇阳光之旅
阳光出游
肯塔布莱卡俱乐部
欧洲之旅
席林斯阳光快车
阳光快车(航空旅游公司)

图1-2　1994年提供乘坐长途巴士前往旅游目的地服务的部分旅游经营商

(二)住宿

包价旅游的住宿部分主要包括：

- 饭店和家庭旅馆里的客房、床位加早餐式的住宿设施以及膳宿公寓
- 自炊式公寓或别墅
- 度假营地的小房
- 搭建帐篷的空地或事先搭好的帐篷
- 活动房屋里的床位
- 小别墅或招待所的客房等

1. 饭店

从某种意义上讲，饭店是包价旅游中最重要的一部分，一旦顾客选择了某个度假胜地，在他/她对该地区的饭店进行综合比较之后，将决定选择哪一类包价旅游产品。包价旅游的价格同时也可以反映出所选定的饭店的档次：总

价越高，顾客所住的饭店档次就越高，其配套设施也就越完备。许多标准包价旅游都倾向于选择连锁饭店，因为连锁饭店在世界各地所提供的设施都十分相似。

在旅游业发达的国家，政府专门设有饭店等级评定机构。旅游经营商可以在描述其所提供的饭店时引用这一等级评定结果，也可以自行设立一个评定体系。房价一般是根据双人客房的标准来计算的，并且客房应该可以使客人享受到以下任何一种或所有的设施和环境：

- 大海、湖泊或山谷的景色（或部分景色）
- 阳台
- 平台或露台
- 个人淋浴设备
- 单独入住
- 家具
- 空调

除了一些小型的饭店之外，几乎所有饭店都设有餐厅。但是餐厅提供的饭菜种类却是由旅游经营商来安排的。除了固定套餐以外，饭店餐厅还提供点菜服务，顾客可随心所欲地享用各式佳肴。在一些极受欢迎的海边度假胜地，自助餐已经逐渐取代了传统的服务式餐饮，因为自助餐可以使客人拥有更多的灵活性。

以下是膳食安排的类型：

- 床位加早餐——提供住宿及早餐
- 大陆式膳宿——提供客房及欧洲大陆式早餐
- 半膳宿/美式半膳宿/半膳宿——提供床位、早餐及另外一餐
- 全膳宿/美式全膳宿——提供床位、早餐、午餐以及晚餐

正如一些大型旅游经营商为了确保充足的飞机舱位而拥有自己的包机一样，一些旅游经营商为了确保充足的饭店床位，也在旅游胜地拥有自己的饭店。

在大城市里，饭店一年四季都营业。但是，位于欧洲海滩旅游胜地的饭店却只在 3 月～11 月期间营业，有些饭店甚至只在 4 月～10 月期间营业。

除了饭店以外，旅游经营商也可能通过以下设施来向顾客提供食宿：

- 家庭旅馆或膳宿公寓——服务更具有人性化
- 路边旅馆——里面通常设有酒吧
- 客栈——提供最基本的廉价食宿

● 汽车旅馆——提供充足的停车场地

● 游猎住所——比如肯尼亚的树上旅馆

● 希腊式的小旅馆

● 西班牙式的小旅馆——由西班牙和葡萄牙一些城堡或古代官邸改造而成的豪华旅馆

2. 别墅及公寓住宅

尽管旅游经营商选择的一些别墅是私人拥有的,且其内部装饰反映了别墅主人的品位,但是大型旅游公司现在正在修建越来越多的公寓,其设计标准犹如连锁饭店那样都是一致的。与私人别墅相比,这样开发的公寓更有可能成为大型综合建筑群的一部分,并且有着共同的购物商场和游泳池等设施。

公寓的规格各不相同:

● 厨房客房一体化并配有沙发床的小型公寓房间,通常可供 1～3 位客人住宿。

● 一居室公寓,一般有独立的卧室和连体的客厅及厨房,通常可供 4～5 位客人住宿。

● 两居室公寓,一般有两间独立的卧室、一间客厅和一个独立的厨房,通常可供 4～7 位客人住宿。

公寓的价格一般是按照全员入住来计算的,但是如果入住人数不足的话,也可能给予一些优惠。

以下的住宿设施可以提供自炊式住宿:

● 乡村住宅或法式乡间别墅

● 私人住宅或公寓

● 帐篷

● 小木屋

● 游船——包括大型帆船、内陆江河游轮、房屋式游艇、游艇和土耳其式游艇

(三)接送

构成传统意义上的包价旅游的第三个要素就是机场和饭店之间的接送。通常接送客人的交通工具是巴士,但是有些高档包价旅游也使用出租车,而具

有多个旅游目的地的包价游甚至需要使用飞机将游客从一个城市接送到另外一个城市。有时旅游经营商也会使用地面接待人员作为他们和巴士公司之间的协调员。有的巴士公司规模较大,可以负责各个旅游胜地的客人接送工作。

总的说来,接送服务的程序比较简单,尽管它的时间可能从一大清早开始,一直持续到深夜。但是接送服务有时也会变得较复杂,尤其是当包价旅游项目分散在各个不同的地方,或者必须将客人接送到岛屿上时。当需要把客人接送到岛屿上时,巴士接送服务就得与轮渡服务衔接起来。

然而,构成包价旅游的远远不止以上三大要素。

(四)包价旅游的其他组成部分

除了提供包价旅游中最基本的服务之外,旅游经营商通常会在英国国内机场、国外机场或旅游度假村设立"业务代表",以便帮助客人做些必要的旅行安排,或者欢迎客人的光临,以及帮助客人解决可能会出现的问题。有时,包价旅游还包括一些有组织的"短途观光"(excursions)。购买了自炊式包价旅游的客人会发现,总费用中还包括一袋免费的"迎客食品"(welcome parcel)以及客房清洁服务。

几乎所有的旅游经营商都出售旅游保险。而且现在越来越多的旅游经营商将旅游保险视作必不可少的项目,除非客人能够证明他们已经参加了其他类似的或投保范围更广的保险。这样做的原因有两个:其一,出售保险的利润较高;其二,倘若一位事先未投保的客人在旅游途中遭受了意外伤害,那么旅游经营商也负有一定的责任。有些旅游公司在当拒绝投保的客人遭受意外伤害时,保留了不予以负责的权利,但倘若这样的意外真的发生,那么旅游经营商也难辞其咎,因为此类事件会造成负面的舆论影响。在 20 世纪 80 年代初,卡多根旅游公司(Cadogan)试图将保险价格写进宣传册中,但是其他旅游经营商却拒绝效仿。这样一来,卡多根旅游公司的产品价格就比其竞争对手的同类产品价格高出了许多,使得该旅游公司难以盈利。处于竞争劣势的卡多根旅游公司不得不恢复原有做法——将保险价格单独列出,顾客在购买旅游产品时需另外花钱购买保险。同时,高额的回扣率也吸引了旅游代理商来分享保险出售这杯羹。这就意味着,如果旅游经营商在顾客购买旅游产品时强制其购买某项保险,而不给他们留有任何选择的余地的话,将会损害旅游经营商与旅游代理商之间的工作关系。在 1989 年,红翼旅游公司(Redwing)试图强迫顾客购买其规定的保险，而旅游代理商则威胁说如果红翼旅游公司这样做的话，将不会展出其宣传资料。万般无奈之下，红翼旅游公司不得不放弃原有的决定。所以，目前的保险名义上都是可以选择的。

随着旅游者的经验越来越丰富，旅游经营商出售的包价旅游产品的选择余地也越来越大，越来越灵活（比如将度假期延长一个星期，或者给参加野生动物观赏包价游的客人增加一个星期的海滩游等）。有些旅游经营商还可根据客人的特殊需求量身定制特别的包价旅游。

图1－3列出了构成包价旅游产品的各个要素。浏览该图我们可以得出结论：旅游经营商除了对部分环节有所控制外（如饭店、航班等），对其他很多环节（如“机场不太拥挤”和“当地人和善友好”等）的控制都十分有限。

产品各部分	特　色
1.旅游目的地	飞行距离不太长、清洁卫生、有沙滩、阳光充足、丰富的夜间娱乐活动、有精品商店、价廉物美、可以进行有趣的短途观光、当地人和善友好、外出安全、广泛使用英语
2.始发机场	到达机场方便快捷、有停车位、不太拥挤、设有免税店
3.航空公司	方便的航班时间、值得信赖、拥有良好的安全记录、服务文明周到、飞机机型现代
4.巴士接送	清洁卫生、车型现代、值得信赖，司机及乘务人员技术娴熟且服务周到
5.饭店	地点：离沙滩和商店较近、容易到达、员工值得信赖并会使用英语、服务周到有效 设施：设备维护良好、装饰美观、夜间安静、社交活动面积充足、有游泳池、提供儿童照看服务、酒吧里饮料种类多且价格合理、客房宽敞、卧床舒适、带有阳台、可以观看海景、电话、彩电、宽敞的衣橱、木质衣架、淋浴、卫生间、电动剃须刀电源、照明充足的化妆台 餐厅/饮食：饭香菜美、精心烹饪、热菜热饭、分量充足、种类多样、用餐环境宜人、餐椅舒适、就餐时间灵活、服务友好、礼貌、高效
6.度假胜地业务代表	见多识广、胜任工作、友好可靠、值得信赖、平易近人
7.旅游经营商	产品能够体现物有所值、安全可靠、提供担保
8.旅游代理商	预订方便、工作效率高、诚信可靠、和蔼友好、宜人的“购物环境”、提供额外的服务（如折扣、免费机场接送、免费的保险等）
9.其他	志同道合的旅行同伴、“高期望值”：增长见识、提高兴趣、留下美好的回忆

图1－3　包价旅游产品各构成要素

资料来源：霍勒威、普朗特，《旅游营销》，皮特曼出版发行公司。

三、旅游产品的特征

旅游经营商所出售的旅游产品具有以下5个方面的特征：

1. 旅游产品是“无形”产品。购买者在消费之前看不见产品的实体，也体会不到产品的存在。旅游经营商通常使用宣传资料上的文字和图片来展示自己的产品。消费者往往依据这些文字图片以及旅游经营商和旅游代理商的建议来购买产品。而文字图片无法使购买者亲身体验产品的特性，所以旅游产品的出售者往往被形容为“出售梦境”的商人。而且，一旦消费者的旅行结束后，这种产品就不复存在了。从这个角度上讲，购买旅游产品更像是购买一块巧克力，与购买冰箱等耐用消费品有着本质上的不同。只有回忆能存留在旅游结束后的日子里。由于旅游产品即使在出现缺陷的情况下也是无法进行退换的，所以旅游经营商的宣传资料的准确性在销售过程中就显得十分重要。

2. 旅游产品是一种非必需消费品。这意味着消费者不会像购买食品和燃料等必需消费品那样购买旅游产品。在经济萧条时期，消费者很可能会放弃旅游度假，或者为了节约开支而只选择较为便宜的旅游产品。如果消费者的经济不宽裕，那么他们或许会将本可用于旅游的钱花费在购买CD机或新洗衣机等耐用消费品上。

3. 旅游产品是一种“异质性”产品。你可以买一台与你邻居的冰箱一模一样的产品，它们不仅外观别无二致，而且工作方式也完全相同。但是旅游产品从本质上来讲就是各不相同的。如果你在8月去希腊旅游，看到的是酷热难当、游人如织的希腊，而你在5月前往时则是凉风习习、祥和静谧的希腊；再说，哪怕入住同一家饭店，乘坐同一个航班，购买的是同一个旅游经营商的产品，体验也会是完全不同的。

4. 旅游产品是一种“易逝性”产品。尽管旅游产品的变质方式与过期酸奶的变质方式并非一回事，但是一件特定的旅游产品在航班起飞后就不再具有出售价值了。如果起飞后的航班还有许多空位，而这些空位是旅游经营商用合同的形式购买下来的，那么对于旅游经营商来说，其损失就如同酸奶经营商没有将一定期限内的酸奶售出所遭受的损失一样。所以，正如超市里会打出降价速卖的招牌一样，旅游经营商在最后关头也会降价销售，这样就会使很晚才预订旅游产品的消费者得到一些优惠。

5. 旅游产品具有总体的“不可分割性”。因为旅游业与其他服务性行业一样，提供服务的每个人——从客房的清洁服务员、餐馆的服务员到旅游度假地的业务代表——都可能对游客的总体旅游体验产生一定的影响。显而易见，旅游产品与其他消费品之间存在着很大的差异，比如当我们购买一台洗衣机的时候，我们对该产品的享受不会因为安装工人不友好的态度而减少。在该安装工人离开之后，我们依旧可以享受到洗衣机带来的种种便利。当我们从旅游胜地返回之后，却除了或好或坏的记忆，旅游产品就已经不复存在了。

旅游经营商出售的是无形产品这一事实具有重要的意义。例如，旅游经营商不会像其他批发商那样储存产品。所以不论你是去旅游代理商还是去旅游经营商的销售点购买旅游产品，你都不会看到堆积如山的飞机座位或者饭店客房。摆放在那里的宣传册就是他们的存货。

由于旅游经营商不需要大批量地购进实际货物，因此筹办旅游经营企业所需要的资本费用相对来说较低。这就有利于许多小型旅游公司的发展。在1984年，英国旅游代理商协会下属的旅游经营商仅有506家，而截止到1994年，加盟英国旅游代理商协会的旅游经营商已经达到了746家。但是，在20世纪90年代初期出现了一些变化，其中最为突出的就是里瓦旅游公司的倒闭。里瓦旅游公司是国际休闲旅游集团（International Leisure Group，ILG）在1991年破产之后成立的一批旅游公司中的一家，该公司还保留了原ILG的部分员工。里瓦旅游公司在当时就以其优质的旅游产品而闻名全英国，并在1993年获得了多达6万人次的夏季旅游产品预订。然而好景不长，里瓦旅游公司于1993年3月宣布终止其商业活动，原因是它认为新兴旅游企业要想在旅游市场中立足变得越来越难了（请参阅图表1－4）。

- 很难以可以承受的价格获得保证金担保。
- 很难说服其他旅游经营商所拥有的旅游代理商陈列其宣传资料。
- 需要向愿意陈列其宣传册的旅游代理商支付高额的代办佣金。
- 需要购买所需外币期货的费用。
- 无法以与大型旅游经营商相同或更低的价位经营而仍然可以盈利。

图1－4 1994年新兴旅游经营商越来越难以立足于市场的原因

新兴旅游企业越来越难以立足于旅游市场的原因在于这样一个事实，即潜在市场本身处于停滞不前甚至是萎缩的状况之中，并且主导市场的龙头旅游企业要考虑的首要因素也并非总是盈利。而在这种情况下，新兴的旅游经营商还必须能够推出可以与那些龙头旅游经营商相竞争的价格以吸引足够多的消费者。因此,里瓦旅游公司必须获得18万人次的预订才具有足够的竞争力。20世纪80年代以来,旅游市场龙头企业产品的质量有了很大的提高,所以里瓦旅游公司若想在市场上分得一杯羹的话,唯一的做法就是以更低的价位出售其产品。但这对里瓦旅游公司来讲是极其困难的,因为该公司在第一年的经营中就亏损了540万英镑——这使得它在1993年的经营中举步维艰。除此之外,里瓦旅游公司还未能说服兰·波利连锁旅游代理社或托马斯·库克连锁旅游代理社展出其宣传册,因此很难接触到潜在客源。这也意味着那些准备展示其产品宣传材料的旅游代理商可以迫使里瓦旅游公司接受他们提出的条件(换言之,迫使其支付代办佣金)。里瓦旅游公司同时还认为,欧洲汇率稳定机制能够确保英镑的稳定,所以决定不再买入外币期货。这一决定无疑为里瓦旅游公司带来了灾难,因为英镑后来从欧洲汇率稳定机制中退出,并且于1992年9月大幅贬值。最后并且也是最为致命的打击就是,获得足够保证金的成本大幅上升了,而愿意提供保证金的债权人又减少了。

里瓦旅游公司在经营之初锁定的是高档市场群体,但很快又转向"海滩生活"这一大众化产品,从而与经营夏季阳光产品的大牌旅游经营商展开了直接的竞争。里瓦旅游公司破产的教训也许就是,如今新兴旅游公司很难与大牌旅游经营商直接竞争。而且对于新兴旅游公司来说,即便是从事区域性专项经营也变得越来越不容易了,因为大牌旅游经营商已经将经营范围扩大到了全球各地(例如,汤姆逊旅游集团和航空旅游集团都先后进入了曾一度属于专项旅游市场的古巴)并以其实力获得极具竞争力的价格,从而使新兴旅游公司难以匹敌。

辅助性服务项目

除了出售最基本的包价旅游产品以外,许多旅游经营商还出售其他一些辅助性产品。图1-5展示了英国和其他度假胜地的辅助性旅游产品。

四、旅游经营商的主要类型

对大众来说,旅游经营商就是像汤姆逊旅游集团、航空旅游集团和首选旅游集团那样的专营海外度假旅游的公司。但是,有些旅游经营商,如布莱克斯(Blakes)度假公司就专营针对英国公民的国内旅游。还有一类则是专门向国外旅游者出售英国旅游产品的入境游经营商(incoming tour operator)。英国本土的消费者也许对这一类旅游经营商最为陌生,因为他们的产品宣传册并没有在繁华大街上的旅游代理社中展出。最后一类属于专项旅游经营商,专门经营具体的细分市场,其中可能包括专为年轻人安排的度假游("俱乐部")或者专为老年人准备的度假游("传奇假日")、土耳其旅游(梅泰克假日旅游公司)或美国游(美国之旅旅游公司)等。专项旅游经营商甚至还可以为有独特爱好的游客安排特别的度假旅游,如鸟类观赏游和休闲漫步游等。

可供选择的辅助性服务项目(英国)	可供选择的辅助性服务项目(国外)
签证	短途游览
保险	汽车或自行车租赁
旅行支票/外币兑换	外币兑换
去机场的出租车	滑雪用具:
巴士及火车的折扣票	雪橇/雪杖
国内机票	雪靴
租车	缆车通行证
机场泊车	滑雪培训
机场饭店客房	体育设施/设备
旅行物品	重大活动的座位预订:
如地图、旅行指南、变电器插座等	如奥伯拉姆高的《基督受难》剧等

图 1-5　旅游经营商出售的辅助性产品

面向大众市场的旅游经营商能够获取巨大的营业额,从而可以拿出部分周转资金投入到公司的其他业务中。所以,与那些资金短缺的小型旅游经营商或专项旅游经营商相比,他们赚取的利润最多,因此更有财力雇用诸如律师等专业人士。

海外度假旅游经营商

一些家喻户晓的海外度假旅游经营商,如汤姆逊旅游集团、航空旅游集团和首选旅游集团等,所经营的业务占到了英国海外游业务的 70%,而诸如阳光世界等小型旅游经营商的经营业务只占到 5%。表 1－1 反映出从 1986 年以来(尤其是在航空旅游集团于 1991 年填补了国际休闲旅游集团破产之后的空白后)三大旅游经营商巨头是如何扩大市场份额的。

表 1－1 “三大巨头”占据市场的份额(1986 年～1991 年*)

旅游经营商	1986 年	1987 年	1988 年	1989 年	1990 年	1991 年
汤姆逊集团	2 773	3 711	3 864	4 227	2 936	3 325
%	27.5	31.5	33.0	38.0	30.0	35.0
国际休闲旅游业集团	1 815	2 121	2 225	2 113	1 615	–
%	18.0	18.0	19.0	19.0	16.5	–
海外业主**	–	353	702	834	1 468	1 805
%	–	3.0	6.0	7.7	15.0	19.0
航空旅游集团	–	–	–	667	734	1 520
%	–	–	–	6.0	7.5	16.0
其他	5 495	5 596	4 917	3 281	3 034	2 850
%	54.5	47.5	42.0	29.5	31.0	30.0
总计	10 083	11 781	11 708	11 122	9 787	9 500

注：* 游客人数按 1000 人计

** 现在为首选旅游公司

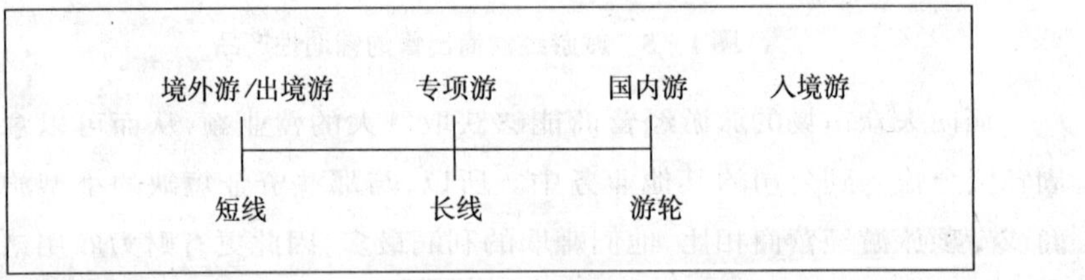

图 1－6 旅游经营商的类型

名目繁多的产品名称在一定程度上掩盖了“三大巨头”对市场的控制。图 1－7 列出了汤姆逊旅游集团、航空旅游集团和首选旅游集团的所有权和其经营的产品名称。

母公司	汤姆逊股份公司	首选旅游上市公司	航空旅游上市公司
旅游公司	汤姆逊旅游集团	首选旅游集团	航空旅游集团
主要旅游经营品牌	汤姆逊旅游 天际旅游 *波特兰	首选旅游 自由精灵 帝王 日食直销	航空旅游 埃斯博罗 信风
旅游代理商	兰·波利旅游代理社		出游旅游代理社
相关航空公司	布列塔尼亚(航空公司) (39架飞机)	飞行2000航空公司 (17架飞机)	国际旅游航空公司+ 跨欧洲航空公司 (16架飞机)
(*直接销售)			

图1-7 1994年英国最大的境外旅游经营商

表1-2更详细地列出了1994年3月的旅游市场经营的情况,从表1-2上可以看出,排名第一的汤姆逊旅游集团的游客数量几乎是排名第40位的子午线旅游公司(Meridian Tours)(该公司随后已停业了)游客数量的100倍。表1-2中还列出一些"二流"旅游经营商。这些年业务量在30万人次以上的旅游经营商包括阿芙罗旅游公司(Avro)、依博罗旅游公司(Iberotravel)、最佳旅游公司(Best Travel)、寰宇航空旅游公司(Cosmosair)、阿斯帕罗旅游公司(Aspro)和优你捷旅游公司(Unijet Travel)等。但是在以上旅游公司中,埃夫罗旅游公司属于票务专营公司(seat-only specialist),而埃斯博罗旅游公司已经并入了航空旅游集团。

表1-2 1993~1994年英国最大旅游经营商承运的游客数量

3月份之前的12个月	1994年	1993年	百分率变化
1.汤姆逊旅游经营有限公司	3 464 326	3 072 416	13
2.航空旅游上市公司	1 912 142	1 534 163	25
3.海外业主度假有限公司*	1 569 706	1 569 387	0
4.埃夫罗旅游上市公司	777 578	541 043	44
5.优你捷航空旅游公司	483 681	285 050	70
6.依博罗旅游公司	466 172	427 529	9

续表

3月份之前的12个月	1994年	1993年	百分率变化
7.寰宇航空旅游公司	382 954	367 997	4
8.最佳旅游公司*	353 360	445 632	(21)
9.埃斯博罗旅游有限公司	326 044	405 297	(20)
10.海外业主旅游有限公司*	271 488	328 269	(17)
11.波特兰假日有限公司	175 193	201 674	(13)
12.库奥尼旅游有限公司	175 160	134 507	30
13.维尔京假日有限公司	159 842	154 704	3
14.日落假日上市公司	148 759	104 860	42
15.东方灵感有限公司	136 594	110 719	23
16.英国航空假日有限公司	131 553	123 612	6
17.克莱斯塔假日有限公司	131 044	102 401	28
18.曼诺斯(英国)有限公司	121 960	97 808	25
19.饭店计划有限公司	111 764	108 720	3
20.巴尔干假日有限公司	109 699	72 301	52
21.航空旅行集团(假日)有限公司	109 655	118 533	(7)
22.奥林匹克假日有限公司	108 158	127 059	(15)
23.水晶假日有限公司	95 798	70 094	37
24.托马斯·库克集团有限公司	86 108	45 235	90
25.全球集团上市公司	73 384	65 654	12
26.巴黎旅游服务有限公司	73 172	37 334	96
27.海依斯 & 贾维斯(旅游)有限公司	58 443	65 663	(11)
28. AT梅斯有限公司	54 014	4 878	1 007
29.传奇假日有限公司	52 928	51 009	4
30.滑雪场有限公司	47 575	46 709	2
31.海滩别墅(假日)有限公司	46 256	35 997	28
32.寻日休闲旅游上市公司	45 594	47 798	(5)
33.全景假日集团有限公司	45 404	35 656	27

续表

3月份之前的12个月	1994年	1993年	百分率变化
34. 地中海精品度假有限公司(前身为南斯拉夫旅游公司)	44 397	40 852	9
35. 寰宇海滩旅游有限公司	42 900	38 013	13
36. 埃尔文顿有限公司	41 401	36 683	13
37. 科斯马别墅假日有限公司	40 094	29 949	34
38. 杰特塞夫有限公司	37 968	39 378	(4)
39. 布莱维斯营销服务有限公司	37 853	0	0
40. 子午线旅游有限公司	37 838	45 836	(17)

注:●表1-2所展示的是截至1994年3月之前的12个月内承接游客数量最多的40家大型公司。

●总体看来,对1994年3月前的这一年的统计数据与前一年类似,但个别数据反映的情况不一定完全准确,因为期间有的公司的所有权或允许的经营范围有变化。在1993年12月以后,埃斯博罗旅游有限公司经营的游客人数被计入航空旅游上市公司的人数中。

●扩号里的数字表示客运量的下降。

(*现在为首选旅游集团)(+已经停止营业)

资料来源:民用航空管理局 航空旅行经营执照《商业监察》

大部分海外度假旅游经营商都会在4月~10月推出前往地中海地区的夏季阳光度假旅游产品。有些旅游经营商还会在10月与来年的3月之间推出冬季阳光度假旅游产品,并且有时还会推出前往滑雪胜地的冬季滑雪度假旅游产品。一般来说,冬季旅游产品的利润在旅游公司的总利润中占相对较少的份额,但其优势是能够让旅游公司一年四季保持运营。所以,如果将游客人数按照夏季和冬季分开计算的话,前40位排名顺序就会略有变动,这样我们就可以看出哪些公司是季节性强、非全年运营的公司(请参阅表1-3)。同时值得注意的是,冬季旅游项目的规模相对较小。例如,汤姆逊旅游集团1993年~1994年冬季旅游产品的规模大体上仅相当于其1993年夏季旅游产品的一半。

有些境外旅游经营商只出售短线旅游产品,而一些旅游经营商则只出售长线旅游产品。长线旅游产品的旅游目的地往往是那些飞行时间多于5小时、具有异国情调的地方。大型旅游经营商则兼售短线旅游产品和长线旅游产品,并且还逐渐增加特色产品的开发。例如,汤姆逊旅游集团为1994年夏季推出了14种不同的宣传册,提供了总计达到300万人次的旅游产品。

表1-3　1992～1993年冬季和1993～1994年冬季主要航空旅行商执照证持有者承运游客的数量

冬季	1993～1994年	1992～1993年	百分率变化
1.汤姆逊旅游经营有限公司	1 169 233	1 003 777	16
2.航空旅游上市公司	691 855	509 865	36
3.海外业主度假有限公司*	462 034	382 683	21
4.埃夫罗旅游上市公司	271 838	221 941	22
5.优你捷旅游公司	189 981	90 086	111
6.依博罗旅游公司	146 785	109 812	34
7.寰宇航空旅游公司	128 186	111 953	14
8.海外业主旅游有限公司*	82 688	93 424	(11)
9.库奥尼旅游有限公司	81 012	76 368	6
10.水晶假日有限公司	70 162	55 091	27
11.维尔京假日有限公司	66 489	69 139	(4)
12.最佳旅游公司+	64 544	98 369	(34)
13.英国航空假日有限公司	64 206	56,642	13
14.饭店计划有限公司	60 427	60 102	1
15.克莱斯塔假日有限公司	50 868	46 337	10
16.AT梅斯有限公司	50 623	1 953	2 492
17.波特兰假日有限公司	45 597	52 498	(13)
18.托马斯·库克集团有限公司	40 736	35 132	16
19.日落假日上市公司	39 985	17 919	123
20.滑雪场有限公司	37 685	37 568	0
21.巴黎旅游服务有限公司	36 382	26 505	37
22.海依斯 & 贾维斯(旅游)有限公司	32 077	33 694	(5)
23.航空旅行集团(假日)有限公司	31 607	39 186	(19)
24.埃斯博罗旅游有限公司(仅限在1993年第4季度)	28 134	107 106	(74)
25.传奇假日有限公司	26 473	23 458	13
26.东方灵感有限公司	24 487	54 380	(55)
27.奥林匹克假日有限公司	23 349	20 409	14

续表

冬季	1993～1994 年	1992～1993 年	百分率变化
28. 库纳德航线有限公司	19 824	15 973	24
29. 观光有限公司	19 067	18 585	3
30. 全景假日集团有限公司	18 050	14 459	25
31. 布莱顿专线旅游公司	16 883	19 269	(12)
32. 巴尔干假日有限公司	16 628	14 958	11
33. 航联国际有限公司	16 549	14 228	16
34. 海滩别墅(假日)有限公司	16 134	10 082	60
35. 曼诺斯(英国)有限公司	15 660	3 176	393
36. 科斯马别墅假日有限公司	14 122	4 246	233
37. 布莱维斯营销服务有限公司	12 717	0	0
38. 航空旅行集团有限公司	11 701	12 110	(3)
39. 旅游天地有限公司	11 613	13 407	(13)
40. RCI 欧洲旅游有限公司	11 356	5 613	106

资料来源：民用航空管理局 航空旅行经营执照《商业监督》

(*现在为首选旅游集团)(+已经停止营业)

在 1993 年，几乎所有的大型境外旅游经营商都成为英国旅游代理商协会的会员。但是，随着《欧共体包价旅游管理条例》于 1993 年的出台，英国旅游代理商协会的作用显然会有所改变，并且也许需要成立一个专门代表旅游经营商的新机构，从而与旅游代理商区分开来。1993 年 5 月，在帕尔玛召开的英国旅游代理商协会第 41 届年会建议，如果与会代表们投票表决后同意削减旅游代理商协会的管理权限的话，那么就将成立一个新的旅游经营商协会以取代英国旅游代理商协会对旅游经营商进行行业管理的职能。

表 1－4 1992 年夏季和 1993 年夏季英国最大的航空旅行商执照证持有者承运旅客的数量

夏季	1993 年	1992 年	百分率变化
1. 汤姆逊旅游经营有限公司	2 295 093	2 088 693	11
2. 航空旅游上市公司	1 220 287	1 024 298	19
3. 海外业主度假有限公司*	1 107 672	1 186 704	(7)
4. 埃夫罗旅游上市公司	505 740	319 102	58

续表

夏季	1993 年	1992 年	百分率变化
5. 依博罗旅游公司	319 387	317 717	1
6. 埃斯博罗旅游有限公司	297 910	298 191	0
7. 优你捷旅游公司	293 700	194 964	51
8. 最佳旅游公司+	288 816	347 263	(17)
9. 寰宇航空上市公司	254 768	256 044	0
10. 海外业主旅游有限公司*	188 800	234 845	(20)
11. 波特兰假日有限公司	129 596	149 176	(13)
12. 东方灵感有限公司	112 107	56 339	99
13. 日落假日上市公司	108 774	86 941	25
14. 曼诺斯(英国)有限公司	106 300	94 633	12
15. 库奥尼旅游有限公司	94 149	58 139	62
16. 维尔京假日有限公司	93 354	85 565	9
17. 巴尔干假日有限公司	93 071	57 343	62
18. 奥林匹克假日有限公司	84 809	106 650	(20)
19. 克莱斯塔假日有限公司	80 176	56 064	43
20. 航空旅行集团(假日)有限公司	78 048	79 347	(2)
21. 英国航空假日有限公司	67 347	66 970	1
22. 全球集团上市公司	63 203	53 997	17
23. 饭店计划有限公司	51 337	48 618	6
24. 托马斯·库克集团有限公司	45 372	10 103	349
25. 地中海精品度假有限公司(前身为南斯拉夫旅游公司)	39 578	37 047	7
26. 寻日休闲旅游上市公司	37 797	37 007	2
27. 埃尔文顿有限公司	37 093	33 298	11
28. 巴黎旅游服务有限公司	36 790	10 829	240
29. 寰宇巴士旅游有限公司	34 836	31 905	9
30. 杰特赛夫有限公司	31 273	29 616	6
31. 海峡群岛旅游服务有限公司	30 759	33 654	(9)
32. 海滩别墅(假日)有限公司	30 122	25 915	16
33. 普莱斯顿旅游(CI)有限公司	29 122	4 897	495

续表

夏季	1993 年	1992 年	百分率变化
34.全景假日集团有限公司	27 355	21 197	29
35.子午线旅游有限公司⁺	26 941	33 936	(21)
36.传奇假日有限公司	26 455	27 551	(4)
37.海依斯 & 贾维斯(旅游)有限公司	26 367	31 969	(18)
38.科斯马别墅假日有限公司	25 972	25 703	1
39.水晶假日有限公司	25 636	15 003	71
40.航空旅行集团有限公司	25 204	28 340	(11)

资料来源:民用航空管理局 航空旅行经营执照《商业监督》

(*现在为首选旅游集团)(⁺已经停止营业)

五、国内旅游经营商

旅游经营商在英国国内旅游市场上发挥的作用并不十分明显,这主要是因为发达的通信和交通手段使得人们可以轻松地安排自己的行程。如果一家人打算前往布莱克浦海边度假,他们只需驾车前往即可,而且只要打一个电话就可以订好客房。就算他们乘巴士或火车前往旅游目的地,他们也可以毫不费力地从供应商那里买到车票。如此一来,想通过旅游经营商来推广自己产品的饭店就屈指可数了,因为这样做将会降低饭店的盈利。另一方面,度假者也非常愿意足不出户地安排自己的行程,因为这样就可以避免语言障碍及货币兑换等诸多问题。

但是,部分国内度假旅游市场通常依赖于包价旅游,特别是前往男人岛(Isle of Man)、海峡群岛(Channel Islands)等偏远的旅游目的地度假时,包价旅游就尤其必要了。因为行程中的轮渡、飞机以及食宿都得通过预订的方式来解决。当英国的度假者发现自己很难同时预订多个饭店,或者认为交通问题很难解决的时候,像华莱士·阿诺德旅游公司那样经验丰富的旅游经营商就可以为度假者提供巴士包价游等方便快捷的旅游项目了。

提供包价旅游的公司通常都是为了让度假者能够更方便地购买该公司的产品,所以英国铁路公司推出了"金色铁路"和"超级度假"两个旅游项目,以吸引更多的游客。许多饭店也推出了包括交通在内的迷你型短途游览项目,以提高其客房入住率。但是,在 1993 年《欧共体包价旅游管理条例》出台以后,很多饭店逐渐放弃了提供短途游览项目，因为这些饭店认为，为顾客的钱财提供必不可少的保护所付出的代价太高了。

英国主要的国内旅游度假项目包括：

- 饭店或旅馆
- 度假营地——巴特林(Butlin's)、营地中心(CenterParcs)等
- 自炊式度假
- 露营或乘露营旅行车度假
- 乘游船度假
- 巴士旅游
- 短途游览
- 特殊兴趣及活动

尽管有些国内旅游经营商隶属于一些行业协会(如海峡群岛旅游经营商协会，CITOG)，但是很少有国内旅游经营商是英国旅游代理商协会的会员。

华莱士·阿诺德旅游公司
水晶旅游度假公司
席林斯旅游公司
国家运通旅游度假公司
布莱克斯旅游度假公司
海文度假公司
霍塞珍旅游公司
金色铁路旅游公司
超级旅游度假公司
彩虹度假旅游公司

图1-8 1993年英国最大的国内旅游经营商

有关超级旅游度假公司的详细情况

超级旅游度假公司是在原英国交通饭店集团基础上成立的，该集团下属的34家饭店于1983年出售给了私人。超级旅游度假公司最初的名称为短途迷你度假有限公司，主要经营位于64个不同地区的83家饭店。在过去的10年里，超级旅游度假公司发展十分迅速，并在300个地区经营着550家饭店(其中的一些饭店属于德维尔、爱德华以及科普桑等连锁饭店集团)，最远的饭

店位于海峡群岛和爱尔兰等地区。1994 年，超级旅游度假公司被《旅游周刊》评选为英国最佳短途度假旅游经营商，并因此荣获该周刊颁发的“旅游金球奖”。

六、专项旅游经营商

给专项旅游经营商下定义并不是一件容易的事，因为有些专项旅游经营商的经营规模非常小，其市场对象非常有限(比如鸟类观赏游客等)，而有些专项旅游经营商的经营规模却非常之大，往往每年承接成千上万的客人。比较典型的大型专项旅游经营商是尼尔森旅游公司，该公司在 1993～1994 年冬季推出的冬季运动游吸引了 4 万名游客。随着顾客经验的丰富，要求的提高，专项旅游经营商的数量在 20 世纪 80 年代也呈现出增长趋势。但是，一些成功的专项旅游经营商不断地将经营范围扩大到其他领域，所以，随着时间的推移，所谓专项也就不复存在了。例如，专营西班牙旅游的经营商——曼迪色彩旅游公司(Mundi Color)于 1992 年宣布推出一项新的赴葡萄牙度假旅游的项目，而在 1993 年专营印度旅游的经营商——考克斯 & 金斯旅游公司(Cox and Kings)也推出了俄罗斯列车游。到了 80 年代末期，许多大型旅游经营商在经营主要的夏季和冬季旅游产品的同时，也相继推出了更具特色的项目，如汤姆逊旅游集团推出了“希腊之旅”，而航空旅游集团也推出了“古巴游”等项目。

许多小型专项旅游经营商都是独立旅游经营商协会(Association of Independent tour Operators，AITO)的成员，而不是英国旅游代理商协会的会员。

值得一提的是，许多专营单一国家旅游的经营商通常都是由该国政府或该国国家航空公司所拥有，或至少是与该国政府有着密切的联系。在 1991 年之前，南斯拉夫旅游公司就是一个特例。在南斯拉夫内战爆发以前，南斯拉夫旅游公司是一个国有的旅游经营商，提供在南斯拉夫境内旅游的各种项目。当这个国家被分为几个独立的共和国之后，南斯拉夫旅游公司成了保留下来的南斯拉夫(塞尔维亚共和国及黑山共和国)的财产。为了求得生存，南斯拉夫旅游公司更名为地中海精品度假有限公司。尽管仍然以新成立的斯洛文尼亚为主要的旅游目的地，但是该公司也逐渐走上了多样化的道路，并推出了前往地中海地区的其他旅游目的地的旅游项目。另外一个例子就是意大利的专项旅游公司——塞塔里亚旅游公司(Citalia)，该公司隶属于意大利的国家铁道部(CIT)。

专项旅游的类型	地区	典型的旅游公司
一国游	意大利	塞塔里亚
	西班牙	曼迪色彩
一地游	远东	东方魅力
	加勒比	加勒比线路
	南美	拉美之旅
风景游	湖泊和山脉	英格汉姆
单一年龄段	青年人	俱乐部
	老年人	传奇假日
单一度假类别	野生动物观赏游	非洲动物观赏俱乐部
	短途游览	休闲游
某一食宿类型	自炊式	米昂别墅
	小型旅馆	阿伯克朗比 & 肯特
单一出发地	本地出发一日游	贝克斯海豚巴士游(雅芳地区)
单一交通工具	大型旅游巴士	国家运通度假
特殊兴趣	步行	漫步者度假
	划船	布莱克斯度假
	观赏鸟类	观鸟假日
冒险游	长距离内陆旅游	内陆探险

图 1-9 专项旅游经营商的类型

在 20 世纪 80 年代末期许多东欧社会主义国家解体之前，东欧各国的旅游市场是由政府控制着的，比如前苏联的国际旅行社（Intourist）就控制着前苏联的所有旅游市场。尽管它也允许汤姆逊和其他专营东欧各国的旅游公司——如丽晶假日旅游公司（Regent Holidays）和进步旅游公司（Progressive Tours）——来前苏联出售一些包价旅游产品，但是大部分在前苏联销售的旅游产品几乎都必须直接向苏联国际旅行社购买。当时东欧其他国家的旅游公司也大多是国有的，如前捷克斯洛伐克的捷多克旅游公司（Cedok）和波兰的波罗比斯旅游公司(Polorbis)等。这些旅游公司如今正在私有化,因此必须随着20世纪90年代形势的变化开发出新的专项旅游产品。例如,捷多克旅游公司于1994年宣布将停止向捷克共和国提供包价旅游项目,而致力于发展团队旅游、商务旅游及奖励旅游业务。

有关丽晶假日旅游公司的详细情况

丽晶假日旅游公司成立于1970年,是属于英国旅游代理商协会的一家小型旅游企业,专门组织"喜欢思考的人"前往东欧各社会主义国家旅游。这家私营有限公司设有两个办事处:一处设在维特岛(Isle of Wight)上,主要针对非东欧社会主义国家的游客,另一个设在布里斯托尔(Bristol),主要针对前往社会主义国家和前社会主义国家的游客。

丽晶假日旅游公司于1970年开始出售阿尔巴尼亚度假游产品,而当时阿尔巴尼亚市场不对散客开放。不久丽晶假日旅游公司又开始推出前往冰岛和德意志民主共和国(前东德)的度假游。在20世纪70年代,丽晶假日旅游公司的发展相当缓慢。丽晶假日旅游公司1975年全年承运客人的数量只有500人次。但是到了20世纪80年代,丽晶假日旅游公司加快了市场开拓的步伐,每年有12个或13个国家成为其旅游目的地,其中包括前苏联、北塞浦路斯以及古巴。随着前苏联解体为独联体国家,丽晶假日旅游公司所经营的旅游目的地国就更多了。到了1993年,丽晶假日旅游公司推出的旅游目的地国达到了25个。丽晶假日旅游公司还于1994年率先推出了乌兹别克斯坦(独联体国家之一)游。

正是由于所经营的旅游目的地国的独特性,所以丽晶假日旅游公司必须具有很强的适应能力,而且必须经常与繁琐的文书工作打交道,同时还得学会如何应对可能经常出现的延误问题。当丽晶假日旅游公司刚刚开始经营在这些国家的旅游项目时,许多国家都只允许有导游带队的旅游团入境。从另一个方面讲,由于这些国家的官僚主义严重,因此为了避免个人同那些令人不快的官僚打交道,游客们也宁愿参团旅游。但是,这种情况在1989年柏林墙倒塌之前就发生了变化,而柏林墙的倒塌更是预示着一个新时期的开始,即西方游客不再需要申请太多的签证并且可以比较容易地前往东欧各国旅游了。中国也于1982年开始放松了对西方散客入境旅游的限制。与此同时,越来越多的人参团出国旅游,他们增强了对出国旅游的信心并且愿意尝试自助游,这就使整个旅游业也开始发生变化并且变得成熟起来。丽晶假日旅游公司迅速对这一趋势作出反应，推出越来越多根据游客需求而专门设计的旅游线路，并且为前往莫斯科和伊斯坦布尔等城市的游客提供仅仅出售机票这一单项业务。

东欧旅游市场的开放为像丽晶假日旅游公司这样的旅游公司提供了难得的发展机会。因为它们在这个专项旅游方面已经做了相当长的时间，而且经验相当丰富。事实上，它们的竞争对手也同样获益匪浅。因为旅游安排比过去变得更加容易，所以一些主流旅游经营商也试图挤进这块市场来分得一杯羹。这一现象在布拉格和布达佩斯等热门旅游目的地尤其突出。同样，在1992年前往古巴的包机通航后不久，汤姆逊旅游集团公司和航空旅游集团公司就先后涉足古巴旅游市场，并推出了面向大众市场的批发价格，这一招使得丽晶假日旅游公司措手不及，无力抗衡。

丽晶假日旅游公司在那些重量级旅游经营商尚未涉足的国家依然保持着优势。例如，丽晶假日旅游公司于1993年推出的波罗的海国家(包括拉脱维亚、立陶宛和爱沙尼亚)游以及越南游等项目受到了市场的特别青睐。波罗的海国家旅游吸引了一大批游客(他们依旧怀念二战前这些国家独立的日子)，而且因为英国游客不再需要申请签证，所以英国人前往这些国家旅游就更方便了。但是波罗的海各国毕竟在过去是东欧国家中规章制度最为繁多的地区，同时，虽然在匈牙利和捷克斯洛伐克总是可以租到私人住房，但是在前苏联却无法租到。这意味着东欧的一些国家还需要花上一段时间发展住宿设施以满足游客的需求。除此之外，东欧国家的人很少会讲各种西欧语言，这就使得自助游仍然十分困难。在这种情况下，重量级的旅游经营商不太可能推出什么新的旅游项目。至于越南，尽管有不少远东经营商已经将其列入了旅游宣传册中，但是大多数旅游安排都只是将其作为泰国游或香港游的附加行程加以安排。越南游的费用通常是很昂贵的。当游客花大价钱旅游时，游客们更愿意选择英国旅游代理商协会旗下的旅游经营商，这就使得丽晶假日旅游公司处于不利的地位。

丽晶假日旅游公司必须开发更多的旅游目的地，以防止因出现不利的外部条件而蒙受损失。例如，在1989年以后，前往中国旅游的西方游客的数量急剧减少，同时前往蒙古旅游的人数也几乎为零(通常前往蒙古旅游的旅客必须途经中国)。在1992年，阿尔巴尼亚的一些不安全因素也使丽晶假日旅游公司不得不将其从旅游宣传册中删除。所幸的是，新开通的前往古巴的包机为丽晶假日旅游公司挽回了一些损失。

对于诸如丽晶假日旅游公司这样的旅游公司来讲，其市场定位十分清晰且较为固定。过去丽晶假日旅游公司为了实现市场的多元化，也曾尝试过开发津巴布韦游和哥伦比亚游，但最后都以失败而告终。因为在公众的意识里，丽晶假日旅游公司这类的旅游公司似乎已经与东欧旅游联系在一起了。

1993年，丽晶假日旅游公司雇用了7名员工，并且一年承接的游客数量也达到了5000人次左右。但即便如此，它仍然是一个小型的旅游经营商。丽晶假日旅游公司定期派雇员前往公司所经营的旅游目的地，以便更新产品信息，但是却没有派遣长驻国外度假胜地的业务代表，也没有每周定期出团的计划。其旅游宣传册仍然是以两种色彩为主，内容还是有关某一个国家。丽晶假日旅游公司的3位董事也希望丽晶假日旅游公司保持较小的规模，以便为顾客提供更多的人文关怀。许多年以后，丽晶假日旅游公司发现过去用在计算机系统上的资金并未带来预期的营业额，所以在1992年投入大量资金安装了全球预订系统，从而极大地改善了其“个性化”包价旅游项目。

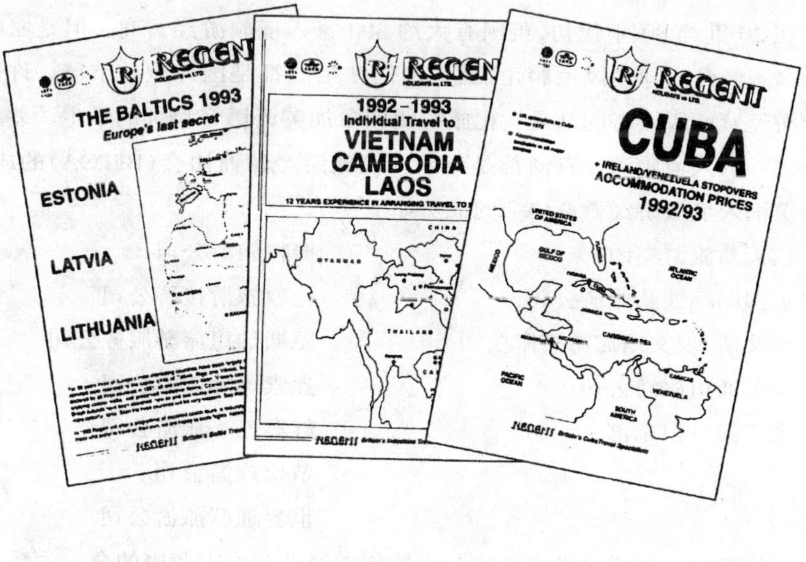

图1-10 若干丽晶假日旅游公司的旅游产品宣传册

资料来源：丽晶假日旅游公司

七、入境旅游经营商

入境旅游经营商与国内旅游经营商之间的不同之处在于，他们是在国内为来自其他国家的旅游者安排旅游行程。所以英国的入境旅游经营商是将英国国内所有的旅游产品整合起来，向前来英国游览的海外游客出售。有时候入境旅游经营商也被称为入境游经营商或者地面旅游接待商。

入境旅游经营商提供的服务主要包括：

- 在机场或其他交通终点站迎接游客
- 负责与旅游巴士公司或饭店的洽谈
- 组织游览
- 专项服务，比如满足来访英国的日本游客的需求等

从国外消费者的观点来看，购买入境旅游经营商的旅游产品或服务能够避免语言不通、文化障碍和法律差异等问题。此外，购买入境旅游经营商的旅游产品还可以一次性结清费用，从而避免在自助游中经常会遇到的各种繁琐的账单。

在20世纪80年代初，英国有大约300家入境旅游经营商。但是家喻户晓的名牌经营商却是凤毛麟角，因为他们涉足的都是国外旅游市场。许多入境旅游经营商所接待的都是文化旅游团和参加英语语言培训的学生。差不多四分之一的入境旅游经营商都是英国入境旅游经营商协会（BITOA）的成员。部分英国入境旅游经营商协会的成员如下：

信天翁旅游集团
英国国际铁路旅游公司
埃文斯·埃文斯旅游有限公司
金色通道旅游公司
庞丁假日俱乐部
捷特旅游公司
伦敦旅游接待公司
昆斯伯里旅游服务公司
探索国际旅游公司
红翼巴士旅游公司
节俭旅游公司
世界通联旅游公司

英国的境外旅游经营商通常与入境旅游经营商有着紧密的合作关系。

有关信天翁入境旅游公司的详细情况

信天翁入境旅游公司成立于1985年，为一位奥地利人和一位澳大利亚人共同拥有。信天翁入境旅游公司共有3个分公司，其中两家设在英国，另一家

设在萨尔茨堡。信天翁入境旅游公司向英国和海外的旅游经营商出售欧洲大陆巴士包价旅游产品。该公司(设在一所由教堂改建的办公楼里)还向英国国内及境外旅游经营商出售英国及爱尔兰旅游项目。信天翁萨尔茨堡分公司的业务则包括会议旅游、奖励旅游以及为奥地利入境旅游经营商提供地面接待服务。艾利克·希伯梅尔(Eric Sibermayr)经理曾经就职于饭店,并在旅游地面接待部门工作过多年。信天翁入境旅游公司每年的团体预订多达3000多个,其中来自前东欧社会主义国家的数量一直保持着增长趋势。如今,信天翁萨尔茨堡分公司拥有18名正式员工,并在旅游旺季雇用临时员工。信天翁旅游公司非常注重高质量的客户服务,对与该公司有业务往来的饭店都进行了认真的检查,并不断地寻求开发新产品。

八、独立旅游经营商与生产商拥有的旅游公司

旅游经营商被大致分成了4种类型。除此之外,也可以将旅游经营商划分为两种主要的类型:即独立经营商和生产商拥有的公司。独立旅游经营商是指那些属于完全独立的实体并且可以随意与任何生产商洽谈业务的旅游经营商;而生产商拥有的旅游公司是指那些为某一生产商所拥有的旅游经营商。由于生产商拥有其包价产品中的某一要素,因此这类旅游经营商自主权相对较少,其包价产品主要是为了销售母公司剩余的产品。大部分英国的大型旅游经营商都属于独立旅游经营商,但是也有人认为,有些旅游经营商由于产业的纵向联合而变得越来越缺少独立性,并且越来越只关注自己航班的上座率了。但是,一些传统的生产商拥有的旅游公司仍然创造出相当可观的业绩。这类公司包括:

产品名称	生产商
英航假日旅游公司	英国航空公司
金色铁路/超级短假旅游公司	英国铁路公司
华莱士·阿诺德旅游公司	华莱士·阿诺德巴士公司

除了高速气垫船轮渡公司(Hoverspeed)、P&O欧洲轮渡公司(P&O European Ferries)和萨利航线轮渡公司(Sally Line)以外,英国所有经营出境轮渡业务的公司都推出了昂贵的假日旅游产品,其中以斯丹纳海联(Stena Sealink's)轮渡公司的规模最大。许多饭店也在经营自己的旅游项目,但是1993年出台的《欧共体包价旅游管理条例》更加严格地规定了有关保证金的要求,从而迫使部分小型饭店退出了这一市场。

有关轮渡公司经营的详细情况

1993年，高速气垫船轮渡公司、P&O欧洲轮渡公司都将其旅游经营部门出售给旅游之景公司，从而全力经营其运输业务，并且让专项旅游经营商负责经营基于其轮渡设施的包价旅游。P&O欧洲渡船公司认为，最好应该全力以赴地应对来自海峡隧道的竞争，并且还认为通过其他那些使用其轮渡服务的公司也可以获得同样多的包价旅游业务。旅游之景公司于1994年将P&O旅游公司出售给了鸿桥集团(Bridge Group)，并放弃了高速气垫船欧洲假日旅游公司。1992年，萨利轮渡公司将其旅游经营业务转给了新星旅游公司，但是在后者破产之后，萨利轮渡公司不得不重新经营这项业务，直到1993年再次将该业务出售给关键营度假公司。

从事出境轮渡业务的大型轮渡经营商继续经营着他们的包价旅游项目(通常是短假和滑雪/自驾车项目)，并将其视作旅游淡季的促销手段。布列塔尼轮渡公司是率先推出包价旅游和单项轮渡业务的公司之一。根据布列塔尼轮渡公司的统计，该公司18%的乘客曾经购买过该公司的某个包价旅游产品，所以它正在扩大其经营项目的规模。斯丹纳海联、色彩航线(Color Line)和斯堪的纳维亚航道(Scandinavian Seaways)等公司都认为他们的包价旅游产品是有利可图的，同时也为公司带来了更多的客源。对那些经营长线海运的轮渡公司来说，推出自己的度假旅游产品无疑是明智之举，因为在与那些经营海上短线客运的轮渡公司共同推出的宣传册中，他们的价格(其中包括过夜住宿)往往显得过高，因而缺乏竞争力。

欲兼顾旅游经营的轮渡公司面临着如下困难：

(1)许多轮渡公司缺乏专业经验。

(2)从萨利航线轮渡公司的情况来看，缺乏充足的旅游线路——斯丹纳海联公司的经营也许还不错，但那是因为其航线遍及众多港口。

(3)轮渡公司越来越需要集中所有的财力和营销资源应对来自海峡隧道的竞争威胁。

(4)经济不景气给交通运输行业带来的负面影响。

(5)轮渡公司很难说服旅游代理商陈列其旅游宣传资料。

在1993年~1994年期间，滑雪/自驾车包价游的销售最不乐观。北海轮渡公司(North Sea)和布列塔尼轮渡公司都先后取消了这一项目。但与此同时，斯丹纳海联轮渡公司却推出了一项新的滑雪/自驾车旅游项目，其理由是，该项目能够推动1月和2月这两个淡季月份的销售。

英国航空公司	英航假日旅游公司
法国航空公司	法航假日旅游公司
伊比利亚(西班牙经营商)	曼迪色彩旅游公司

图1-11 航空公司拥有的旅游经营商

九、市场

英国人口中年龄在4周岁～65周岁之间的约有3 800万人,他们都是旅游经营商的潜在客户。截止到1990年的统计数字显示,英国的全职体力劳动者平均每年有4个星期的带薪假期,并且全国劳动人口中的27%享有5个星期的假期。但是,20世纪90年代初期的经济萧条使得许多家庭的可支配收入大幅减少,给度假旅游市场带来致命的打击。在1988年,海外包价旅游的销售量达到1.26亿人次。但自从那时起,海外包价旅游的销售量便逐渐减少了。1990年包价旅游的销售量为1.14亿人次,而在1991年却只有1.05亿人次,其中250万人次都是单纯的机票业务。但是,境外旅游的整体销售量的下滑幅度则没有那么明显。表1-6显示,在1988年团队旅游数量开始减少的情况下,自助式境外旅游的销售量却保持上升的势头。这也许表明,那些过去可能随团旅游的旅游者现在对自行安排旅游行程具有更多的信心。

表1-5 1985年～1990年海外旅行的目的

旅行的目的	1985年	1986年	1987年	1988年	1989年	1990年
包价旅游	8.5	10.7	12.0	12.6	12.6	11.4
其他度假	6.4	7.2	7.7	8.1	9.3	9.9
探访亲友	2.6	2.7	3.1	3.2	3.5	3.9
度假总计	17.5	20.6	22.8	23.9	25.4	25.2

表1-6 1990年英国居民休闲旅行的目的

旅行的目的	旅行的人数		时间(天)		花费	
	(10亿)	百分率	(10亿)	百分率	(10亿英镑)	百分率
度假	21.3	84	261.4	78	6.8	88
探访亲友	4.0	16	74.1	22	0.9	12
总计	25.2	100	335.5	100	7.7	100

表 1-7 1990 年英国居民海外度假的平均消费

旅行的目的	每次旅行的消费（英镑）	每次旅行的平均逗留时间(天)	每天的花费（英镑）
度假	320.1	12.3	26.1
探访亲友	235.3	18.7	12.6
平均总计	307.3	13.3	23.1

有证据表明，如今许多人都把旅游视为生活中的必需品，而不再是可有可无的。面对经济不景气带来的种种负面影响，许多人采取了缩短旅游时间、选择更便宜的旅游产品和减少旅游开支的方式，而不是盲目地将旅游安排从日程中完全取消。

英国潜在的旅游市场分为 3 类，但三者之间略有重合：

(一)青少年市场(16～30 岁)

未婚的年轻人通常没有什么家庭负担，所以可自由支配的收入比较多，每年大约共计有 300 亿英镑。但是，在 20 世纪 90 年代初，这一年龄段的游客受到了失业和低收入的严重影响。所以，这一市场在那段时间严重萎缩。截止到 2000 年，16～24 岁年龄段的游客人数可能会下降 12%。

这一市场最年轻的人还包括学生，他们总是在旅游的高峰期出行旅游。这些学生差不多有两个多月的假期，但他们的旅游花费相当有限。在这一年龄段中的另一端是那些年龄在 26～30 岁之间、有较好的工作但没有孩子的群体。这些人往往是高消费者，能够在一年中的任何时候外出度假。他们在一年之中既可能前往长线目的地旅游，也可能安排几次短途旅游。

专营青少年旅游市场的旅游经营商有俱乐部(The Club)、二十年华(Twenties)以及康迪基(Contiki)等。许多跨大陆旅游公司也将目光瞄向了年轻人市场。

(二)家庭市场(25～50 岁)

这一年龄段的游客是旅游市场的中流砥柱，所以大多数的夏季和冬季旅游的宣传册都是针对这一市场的。这一年龄段的中年人往往有很可观的实际收入(约为 1 120 亿英镑)，但同时又有较高的固定支出，比如贷款、子女的学费和衣食住行等。他们总是将度假的时间安排在子女的假期里，而且他们十分在意旅游的开销，愿意选择那些比较便宜的旅游目的地。

亨利预测中心（Henley Centre of Forecasting）1993 年的统计数据表明，66%的有小孩的家庭（小孩在 5 岁以下）在过去的 12 个月中减少了旅游的开支。这也意味着，在经济萧条结束以后，将会有大量的人群重返旅游市场，解放他们压抑已久的出游欲望。

（三）老年市场（50 岁以上）

年龄在 50 岁以上的人同样具有很大的潜在消费能力（约为 1 080 亿英镑）。这主要是因为他们的孩子已经长大成人，而且他们此时已经付清了贷款及其他债务，所以几乎没有什么经济负担了。除此之外，个人储蓄的 70%都掌握在 50 岁以上的人群手中，早年购买的保险如今也可以使他们享受到实惠了，并且每年可以继承多达 80 亿英镑的遗产。如今越来越多的 50 岁以上的人都愿意提前退休，同时可以享受到各种职业津贴。这是一个日臻完善的市场：在 20 世纪 90 年代，50 岁以上的人将增加 9%，而在 2001 年，这个市场可以增加 31%，且 55 岁～60 岁之间的人将会增加 15%，到了 2027 年，55 岁以上的人将会占到总人口的 33%。50 岁以上的游客往往可以在一年中的任何时候安排自己的度假旅游，并且其旅游花费占到了旅游市场总花费的 43%。这也是在各年龄段中唯一的国内旅游多于境外旅游的群体。

但是，这一年龄段还可以分为两类，即相对年轻健康的人和年事过高或体弱多病、不宜外出旅游的人。同时，在这一年龄段中还存在着相当多的穷人，尤其是那些在 1979 年以前退休的人和那些独自住在租赁房屋里、靠国家养老金过日子的人。当人们逐渐衰老时，汽车的拥有量和使用率也随之减少了。

专营老年旅游的最大公司是以直销为主要手段的传奇假日旅游公司。但是，大部分大型旅游经营商也都有自己的专项产品。这类产品往往是冬季前往一些比较温暖的国家度假，因为这笔旅游支出还不及呆在家里使用暖气的费用高。另外，巴士观光游和山水旅游也同样很受老年游客欢迎。

十、旅游经营商和旅游代理商的关系

90%的英国赴海外包价旅游都是由英国的旅游代理商销售的，所以旅游代理商可以被视作这一无形产品的销售环节。当一家旅游代理商同意出售某一旅游经营商的产品时,他们通常会拟订一份代理协议,并借以正式明确双方的关系。从此,这家旅游代理商就成了旅游经营商的指定代理机构,旅游经营商将根据其服务付给旅游代理商一定数额的佣金。佣金大约为旅游费用的10%。然而有些大型旅游代理商也有可能以其实力通过批量销售而获得更多的佣金(代办佣金)。

在1993年底之前,1965年制定的"稳定机制"规定,属于英国旅游代理商协会的旅游经营商只能通过属于该协会的旅游代理商出售旅游产品。然而即便在当时,属于英国旅游代理商协会的旅游代理商也不会陈列所有属于该协会的旅游经营商的产品宣传册。如今,全英国共有7 000多家旅游代理商。因此对旅游经营商来说,难以想象同时向所有这些旅游代理商提供宣传册和销售支持,因为这样做的成本昂贵得令人无法承受。各家旅游代理商之间的销售能力也有很大差异,所以80%的预订业务可能来自20%的旅游代理商。也正因为如此,只有最大型的旅游经营商才可能具有遍及大部分旅游代理商的强大销售体系。而那些小型旅游经营商只能选择那些销售能力强的旅游代理商进行合作。

现在,旅游代理商对于销售旅游经营商的产品也开始变得越来越挑剔了。在20世纪70年代中期,几乎所有旅游代理商都展示了大部分旅游经营商的产品。但是到了80年代,由于新成立的旅游经营商越来越多,旅游代理商不可能完全了解所有这些旅游经营商宣传册的内容。由于旅游代理商可以从代理销售畅销产品中获得更多的佣金,所以一些大型连锁旅游代理商渐渐地减少了与之签订销售协议的旅游经营商数量。例如,在1994年托马斯·库克旅行社最大的几家分社陈列了不到500种旅游宣传册,而其主要精力都用于为符合上架优惠条件的35家"精选供货商"销售产品了。在《欧共体包价旅游管理条例》带来的震荡过去之后,"稳定机制"也被废除了。这使得旅游代理商在选择各旅游经营商的宣传册方面有了更大的灵活性。

为了便于旅游代理商销售其旅游产品,旅游经营商必须定期向旅游代理商提供旅游产品宣传资料以及高效的预订系统。旅游经营商的传统做法是雇用实地销售代表,把他们派到销售其产品的各个旅游代理商。销售代表的职责就是检查各旅游代理商是否收到旅游产品宣传册并提供产品介绍材料的场地和橱窗陈列品等。此外,销售代表还需要解答旅游代理商关于销售方面的疑问,有时还要对旅游代理商进行培训。但是,海外业主旅游集团于1993年4月裁掉了所有的实地销售代表,汤姆逊旅游集团紧随其后于1993年5月也作出了类似的裁员决定。汤姆逊旅游集团这样做是希望能够集中全力与最大的旅游代理商合作,并且只为这些大型旅游代理商提供客户经理以解决销售过程中出现的问题。小型旅游代理商的问题则通过电话加以解决。

在1986年,72%的度假旅游是通过独立旅游代理商预订的。但是到了1993年,由于一些大型旅游代理商都被最大的几家旅游经营商所拥有,这个数字就下滑到53%(1994年,在英国旅游代理商协会所属的7 010家旅游代理商中,几乎三分之一的旅游代理商的所有权全部或部分地掌握在旅游经营商的手中)。从1972年以来,汤姆逊旅游集团就一直拥有着兰·波利连锁旅游代理商——不过当时该连锁旅游代理商所属的旅游代理商数量相对较少。到了1994年,兰·波利连锁旅游代理商成为了最大的旅游代理商,其下属的714家旅游代理商遍及全国并控制着全英国25%的零售市场。尽管兰·波利连锁旅游代理商还在继续销售不同旅游经营商的系列产品,但是小型旅游代理商和旅游经营商们却越来越担心它是否会决定只出售汤姆逊旅游集团的假日旅游产品。在1992年,航空旅游集团并购了拥有325家旅游代理商的皮克福兹(Pickfords)连锁旅游代理商(现已更名为时尚旅游公司),从而控制了全英国10%的零售市场。航空旅游集团规定,皮克福兹旅游代理商的员工每接受一人次的预订,就将获得3英镑的奖金。在这样的激励机制下,航空旅游集团通过皮克福兹旅游代理商所获得的包价旅游预订率直线上升了34%。1993年5月,不甘示弱的汤姆逊旅游集团也提出,兰·波利旅游代理商的员工每接受一人次的预订也可获得3英镑的奖金,而经理则可以获得1英镑的奖金。

英国的旅游代理商出售的产品种类繁多,而这些产品都是由互为竞争对手的各个旅游经营商提供的。为了鼓励旅游代理商出售自家的专项产品,一些小型旅游经营商有时会设立别出心裁的激励机制,例如,旅游代理商每售出一人次的指定产品,旅游经营商就会为其提供可在马科斯 & 斯潘塞连锁商店购物的代金券。除此之外,他们还以优惠的价格向旅游代理商提供旅游机会(通常是以买一赠一的形式)以及员工实地考察等,以此对旅游代理商表示感谢和鼓励。但是在1994年,有些旅游经营商则采取了一些更极端的措施。这些旅游经营商提出,如果旅游代理商承诺不陈列竞争对手的宣传册,那么将付给这些旅游代理商更多的佣金。

旅游经营商与旅游代理商的密切联系在1993年下半年里显得尤为突出。在这一年,托马斯·库克旅游代理商率先推出了九折的优惠政策,随后其他旅游代理商也竞相效仿,从而激起了人们提前预订1994年夏季度假产品的热潮。这样的大减价是可行的,因为这些旅游代理商能够通过讨价还价从旅游经营商那里拿到多于10%的佣金,从而能够将部分销售佣金以折扣的方式转让给公众。无论如何,这类折扣价取决于顾客是否购买旅游代理商自己的旅游保险,因为这也为旅游代理商带来了丰厚的销售佣金。这意味着销售保险的收益实际上往往会用来补贴旅游价格中优惠的部分。

总体说来,旅游经营商与旅游代理商的合作是比较愉快的。但是也应当看到,有时对一方有利的政策不见得对另外一方也有利。比如,为了改变公众喜欢较晚预订旅游项目这一趋势,旅游经营商与旅游代理商联手采取了种种措施鼓励公众提早预订,从而导致了1994年夏季旅游预订热潮的提前到来。而当时旅游代理商正忙于接受1993年夏季的晚期预订和1993年/1994年冬季的早期预订(结果旅游代理商不得不同时应对3个季节的预订工作)。除此之外,旅游代理商还经常抱怨旅游经营商的某些减价策略,因为此类减价策略会造成销售越多、佣金越少的情况。

十一、进行直接销售的旅游经营商

尽管大多数的旅游经营商都是通过旅游代理商来销售自己的产品,但仍然有一部分旅游经营商,尤其是专项旅游经营商更愿意直接面对市场。在1990年,有19%的包价旅游是在没有旅游代理商作为中介的情况下由旅游经营商自己直接销售的。但是在1994年这一数字就下降到了14%。通过直接面向市场的方式销售产品,旅游经营商们可以节省下原本应该支付给旅行社的10%的预订佣金。从理论上讲,这笔节省下来的费用可以用来让利于消费者。然而,因为无法通过位于最繁华大街上的旅游代理商的橱窗展示来吸引公众注意自己的产品,所以直销旅游经营商不得不将更多的钱花费在做广告和其他的宣传方式上来向公众传递其产品信息。更为重要的是,一些旅游代理商为了刺激不景气的旅游市场,在20世纪90年代采取了大减价的方式以吸引人们提早预订,其优惠程度使得直销旅游经营商的价格优势不复存在了。除此之外,许多通过电话预订旅游项目的客人似乎更愿意打电话给当地的旅游代理商。

直销旅游经营商并不一定总是完全与雇用旅游代理商的旅游经营商分开的。例如,在一些最负盛名的直销旅游经营商中,波特兰假日旅游公司就是汤姆逊集团下属的一家分公司,而日食直销旅游公司(过去名为特贾尔博格、阳光之旅和马丁·卢克斯)隶属于首选旅游集团。

旅游经营商也可以从完全独立销售产品转型为通过旅游代理商零售产品。例如,海上阳光旅游公司(Seasun)是一家成立于1979年的直销旅游经营商。该公司于1989年并购了腾特莱克旅游公司(Tentrek)以后——腾特莱克旅游公司过去一直通过旅游代理商出售其产品——海上阳光-腾特莱克旅游公司就开始扩大自己的代理销售额,一直到1993年该公司破产为止。在1994年,过去从未通过旅游代理商出售产品的45家专项旅游经营商与独立旅游经营商协会100俱乐部旗下的旅游代理商签订协议,决定今后由这些旅游代理商代理他们的产品。

(一)旅游经营商与国家旅游管理部门之间的关系

旅游经营商与国家旅游管理门之间的关系通常非常密切,因为国家旅游管理部门举办的促销活动对旅游经营商的营销活动来说是一种有益的补充。例如,如果某一国家的旅游管理部门大张旗鼓地举办一次全国性的电视或报纸广告宣传活动,那么经营前往该国旅游的旅游经营商就可能会获得额外的旅游预订(请参阅第九章)。相反,如果没有国家旅游管理部门的推广活动,旅游经营商很难向消费者传递这个国家值得一游的信息。例如,在1993年以前,印度尼西亚一直都没有在英国设立旅游办事处,所以旅游经营商要想说服游客到巴厘岛以外的印尼景点旅游是一件非常困难的事。对于希望开发新项目的旅游经营商来说,各国的旅游管理部门是相关信息的来源和进行联系的对象。若没有旅游管理部门的支持,旅游经营商在旅游市场上的发展是相当艰难的。

但有时国家旅游管理部门也会给旅游经营商的计划造成障碍。在1993年,当航空旅游公司制作好了精美的开曼群岛旅游宣传册时,国家旅游管理部门却否决了向开曼群岛增开包机的计划(后来几经波折才使得旅游管理部门放弃了这一决定)。

(二)旅游经营商与公众之间的关系

消费者一旦购买了旅游经营商的包价旅游产品,无论是否通过中介机构购买,他/她都与旅游经营商构成了合同关系。这就意味着,一旦这个旅游项目出现了问题,他/她就应当找到旅游经营商(而不是旅游代理商)要求解决或赔偿。甚至如果过错出在供应商方面的话,作为旅游者的他/她也应该要求旅游经营商解决问题。例如,倘若他/她发现事先预订的饭店没有了客房,他/她也应当追究旅游经营商而不是饭店经营者的责任。

十二、成立一家旅游经营公司

成立一家新的旅游经营公司相对来说比较容易,因为:

(1)成立新的旅游经营企业无需申请任何特殊执照,但是希望销售航空包价旅游产品的经营商需要首先申请并拥有航空旅行经营执照(ATOL)。

(2)所售旅游产品独一无二的特性决定无需任何存货。

创办旅游经营公司是一种创新的尝试,创办者需要具有丰富的想象力和非凡的胆识。因此这一行业总是吸引着那些具有创业精神和坚强个性的人,而且往往男性多于女性,其中最知名的包括哈里·古德曼(Harry Goodman)(ILG和国际阳光旅游公司的创始人)、弗莱迪·雷克(Freddie Laker)(著名的空中列车假日旅游公司就是从他最先经营的跨大西洋的空中列车公司发展而来)、罗兰德·卡斯特罗(Roland Castro)(他创建了闲暇旅游公司)、维克·法塔(Vic Fatah)(地中海阳光旅游公司的创始人及灵感旅游公司的总经理)以及诺埃尔·约瑟费德斯(Noel Josephides)(独立旅游经营商协会的前任主席及桑维尔假日旅游公司的总经理)。

公司所有权

英国一些家喻户晓的大型旅游经营商往往是得到了总部设在海外的大型国际公司支持的。这些国际母公司可以在预付款方面为英国的旅游经营商提供经济支持,而旅游经营商则可以等到有了收入时再偿付。隶属于大型国际公司还有一个好处,那就是可以利用规模经济,从而在旅游市场上降低价格,提高产品的竞争力。

在20世纪90年代初期,由于一系列的旅游经营商破产事件以及英国旅游代理商协会未来的不确定性等因素,因此隶属于可以提供更大安全保障的大型集团公司成为旅游经营商们营销宣传的一大卖点。然而令人吃惊的是,这些旅游经营商对其所有权一事却是含糊其词——但是其所有权往往的确是属于一些国际大公司的。一些旅游经营商在其1993年和1994年的宣传册中如是说：

寰宇旅游公司

“作为一家大型国际旅游集团的一部分……”

尼尔森旅游公司

“尼尔森旅游公司是依博罗旅游有限公司的下属公司，而依博罗旅游有限公司则是隶属于一家大型国际集团并专营旅游的公司。”

相比之下，英格汉姆旅游公司（Inghams）的表白到很直截了当：“……英格汉姆旅游公司隶属于欧洲最大并且最享有盛誉的度假公司之一——瑞士饭店计划国际公司，该公司在欧洲各国以及世界各主要旅游目的地国设有办事处。瑞士饭店计划国际公司又是米格罗斯集团公司（MIGROS）的子公司，后者是瑞士最大的和最成功的公司之一，拥有5万多名雇员，年营业额超过50亿英镑。”

十三、旅游经营公司的市场

在20世纪90年代的英国，认为自由市场是最佳商业环境的观念占据着统治地位。人们认为，自由市场里的竞争可以使消费者获益，同时也可以带来更高的效率，从而为商家带来更多的利润。从理论上讲，商业活动应当在具有如下特征的完全市场中进行：

- 市场上应存在着大量相互竞争的公司
- 每个公司只生产行业总产量中的一小部分
- 不存在阻止进入市场的各种障碍
- 因为所有的企业都生产同样的产品或服务，所以无需打造品牌或者做广告
- 生产商和消费者都应该充分地了解市场

事实上，旅游经营商所面临的市场是一个“寡头垄断”的市场。在这个市场里，一小部分旅游经营商控制了大部分的度假旅游产品的供应。在20世纪80年代晚期至90年代初期，这些旅游公司通过兼并和收购所有权等手段实现了扩张。这使得人们担心的真正垄断的局面即将形成。垄断是在具备以下条件时形成的：

- 只有一家公司

- 该公司的需求曲线与该行业的需求曲线相一致
- 这家公司能够为市场定价
- 存在着阻止其他新公司或竞争对手进入该市场的壁垒
- 不需要品牌推广或广告宣传活动,因为该公司只生产一种产品

人们都不愿看到垄断局面的出现。因为没有竞争,一家公司就可以随意涨价以获取更多的利润,从而损害消费者的权益。为了防止垄断局面的出现,1973年颁布的《公平贸易法》对垄断下了定义。可以根据该定义来测定是否存在着垄断现象。依据《公平贸易法》而成立的反垄断与兼并委员会(Monopolies and Mergers Commission, MMC)开始调查那些潜在的垄断现象。《公平交易法》规定,垄断在具备以下任何一个条件时存在:

- 一家公司已经或有可能控制某一市场25%的份额
- 被兼并的公司的资产超过500万英镑

这类垄断被称为规模垄断。而另一类复合垄断则是在具备以下条件时存在:

- 两家或两家以上的、互不相关的公司或集团公司控制着某一产品或服务至少25%的供应,并且有意或者无意地阻止、诋毁和限制竞争对手供应产品和服务

如果反垄断与兼并委员会的调查结果表明,某公司的确存在着垄断行为,那么英国的贸易工业大臣可以下令采取行动以改变垄断的局面。贸易与工业大臣这样做的依据是:这一垄断局面不符合公众利益。

(一)横向联合与纵向联合

在20世纪80年代,最大的几家旅游经营商通过横向联合与纵向联合的方式进一步巩固了自己的市场地位。纵向联合指的是两家处于同一销售链上但属于不同层次的公司之间的联合,它又分为前向联合与后向联合两种形式。后向联合指的是旅游经营商并购那些供应其包价旅游产品某些要素的公司,而前后联合指的是旅游经营商并购零售公司(请参阅图1-12)。在旅游业中,纵向联合一直是旅游经营商控制其包价旅游产品各要素及销售网点的一种手段。而横向联合则是指处于销售链上同一层次的两个公司之间的联合。在旅游业中,横向联合往往使处于强势的旅游公司得吞并弱小的旅游公司。

1. 纵向联合

汤姆逊旅游集团早在1972年就开始了联合进程。当时汤姆逊旅游集团就是由环球天际旅游公司、里维埃拉旅游公司、欢乐旅游公司和力士旅游公司构成的。汤姆逊旅游集团在当时就已经并购了布列塔尼亚航空公司,以确保其新成立的旅游集团能够控制航班机票的票源(截止到1992年,汤姆逊旅游集团80%的航班座位都是由布列塔尼亚航空公司提供的)。同时,汤姆逊旅游集团还购买了兰·波利旅游代理社。当时的兰·波利还是一家小型的旅游零售代理商,现在却成为了英国最大的旅游代理商之一。通过并购的方式,汤姆逊旅游集团还确保了其销售渠道。如今,汤姆逊旅游集团已经牢牢地控制了销售链上的3个环节:供应、批发以及零售。

在20世纪80年代,几家大型的旅游经营商逐渐地掌控了包机航空公司,因而这些航空公司也被称为"假日旅游航空公司"。汤姆逊旅游集团现在拥有布列塔尼亚航空公司,而首选旅游集团则拥有航空2000航空公司,航空旅游集团则拥有航空旅游国际航空公司,寰宇旅游集团则拥有君主航空公司。这些包机航空公司最初是将自己打造成经济实惠、具有亲和力的形象,但是由于这些航空公司的控股权全部被旅游经营商所掌握,所以航空公司的服务标准也需要随之修改,从而反映旅游经营商的特点:机上食品越来越高档,而且包机上开始提供不同档次的服务。

与并购饭店相比,旅游经营商更愿意购买包机公司。在20世纪70年代,克拉克森(Clarksons)旅游公司的确购买了几家饭店,但是却未能对这些饭店进行妥善管理。其中的问题就在于,克拉克森旅游公司并没有将饭店管理从整体的包价旅游管理中分离出来,以至于使饭店的亏损拖累了包价旅游的盈利。而在同时,汤姆逊旅游集团也并购了位于突尼斯、西班牙和马耳他的饭店,却另外成立了一个海外饭店发展部来管理这些饭店。即便如此,汤姆逊旅游集团还是很快从饭店管理行业中抽身,因为该公司认为,饭店管理还是应当交给专业人士来负责。在20世纪90年代,汤姆逊旅游集团采取了与诚信可靠、经验丰富的饭店业主紧密合作的方式,而不是直接拥有某一饭店。但是在1993年,市场扩张迅速的航空旅游集团决定向马略卡岛、葡萄牙、西班牙以及全年开放旅游目的地的其他欧洲国家的总共8家饭店投资1 000万英镑。为此,航空旅游集团专门成立了一个饭店管理部来负责管理这些饭店。总而言之,在旅游经营这个行业里,大多数专业人士都认为并购饭店因其具有难以转让性而显得十分危险,尽管这样做可以让旅游经营商掌控包价旅游的所有要素。但是始终存在这样一种风险,即一旦某个旅游目的地不再受到旅游者的青睐,那么旅游经营商所面临的就是寥寥无几的客人、空空荡荡的饭店和公寓了。而与此相比,一旦某一旅游目的地受到游客冷落,包机则可以灵活改变航线,飞往那些成为新宠的旅游目的地。

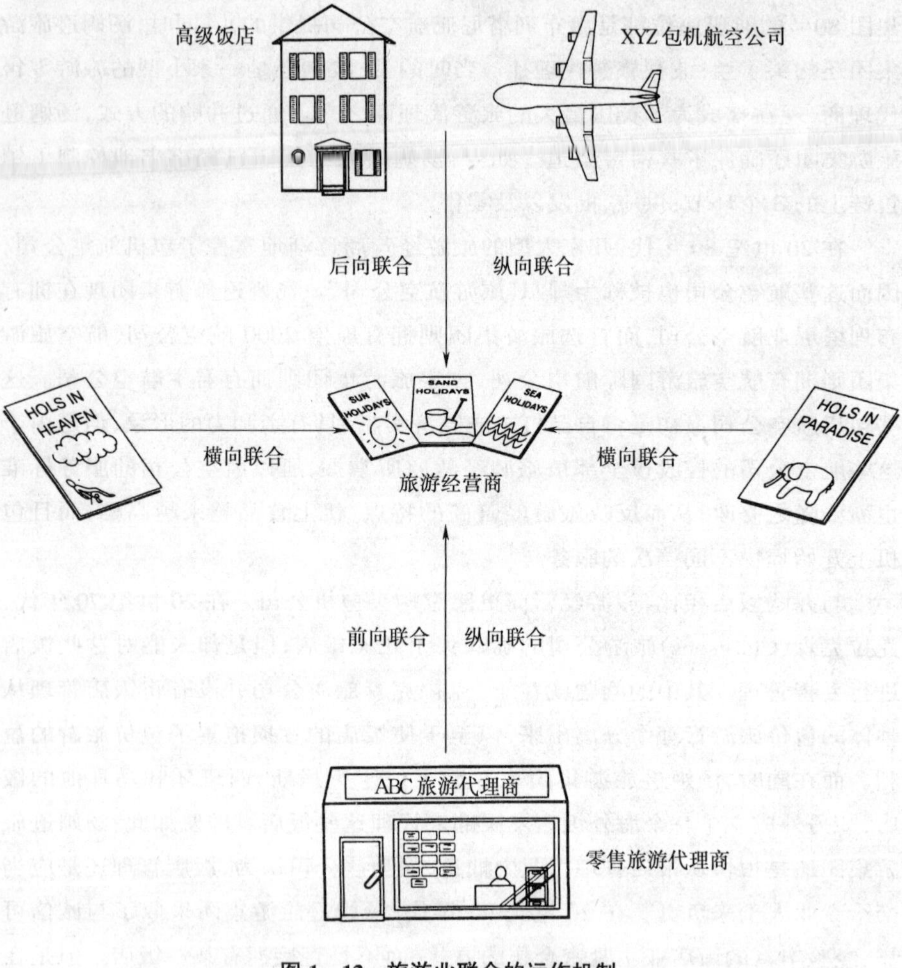

图 1-12 旅游业联合的运作机制

尽管汤姆逊旅游集团从未给予兰·波利旅游代理社独家销售其包价旅游产品的权利,但是旅游界仍然十分担忧此事可能会发生。在 1992 年,航空旅游集团并购了皮克福兹连锁旅游代理社,以确保自己产品销售渠道的安全。

航空旅游集团也拥有自己的航空公司，即航空旅游国际航空公司。这样，处于市场龙头地位的旅游经营商就控制了销售链上的3个环节。在1993年，海外业主旅游集团(航空2000公司的所有者)与托马斯·库克建立了合作关系，这使得3家最大的旅游经营商都拥有各自的航空公司，而且同时与最大的零售连锁旅游代理社保持正式的合作关系。但是在海外业主旅游集团与托马斯·库克旅游代理社的合作中，海外业主旅游集团仅拥有托马斯·库克旅游代理社21.4%的股份，这还算不上是纵向联合，因为旅游经营商并没有完全控制零售渠道。在1993年，航空旅游集团还并购了霍格·罗宾逊(Hogg Robinson)休闲旅游公司，从而在拥有皮克福兹的334家旅游代理商的基础上又增加了214家旅行商(霍格·罗宾逊和皮克福兹连锁旅游代理后更名为时尚旅游代理商)。

灵感旅游公司是一家规模更小、但市场扩张迅速的旅游经营商。它曾经在航空旅游集团并购皮克福兹连锁旅游代理商之前试图并购这家旅游代理商。在1993年，灵感旅游公司宣布与在英国北部很有影响力的AT梅斯连锁旅游代理商达成了一项合作协议。与通常的纵向联合稍有不同，灵感旅游公司同意并购100家旅游代理商并使其成为AT梅斯连锁旅游代理商授权特许经营的旅游代理商。而作为回报，AT梅斯连锁旅游代理商则给予灵感旅游公司最惠待遇，展出其所有的宣传册。灵感旅游公司的目的在于保护其销售渠道并且同时也不会让其他展示其宣传册的旅游代理商感到惊慌。此外，灵感公司在1993年还收购了机票经纪商金冠票务公司(Goldcrest)，使自己在航空运输领域也占有一席之地。

1993年，公平贸易局针对旅游业日益增多的纵向联合进行了一次调查。由于海外业主旅游集团将其利润大幅度下降的原因主要归咎于汤姆逊旅游集团通过兰·波利旅游代理商进行的大量销售，以及航空旅游集团通过皮克福兹连锁旅游代理商进行的大规模销售——这两个旅游集团都以现金奖励机制来促使代理商转而销售其产品，因此这一调查就显得尤为重要了。

2. 横向联合

除了纵向联合外，还可以进行横向的联合，即大型旅游经营商并购其他的旅游经营公司，以此扩大自己的市场份额，减少竞争。1981年，兰克公司(Rank Organization)买下了OSL/Wings公司的所有股份。1983年，海外业主旅游集团收购了猎鹰假日旅游公司(Falcon Holidays)的所有股份。1989年，汤姆逊假日集团并购了地平线旅游集团，海外业主旅游集团接着又并购了贾尔伯格公司。1989 年，海外业主旅游集团还并购了阳光假日旅游公司(Sunward Holidays)以及红翼旅游公司(企业、帝王和马丁假日旅游公司)。1992 年底，英国第三大旅游经营商——航空旅游集团试图并购作为英国第二大旅游经营商的海外业主旅游集团，但是这一并购企图却被海外业主旅游集团的股东们拒绝了。1993 年，航空旅游集团收购了埃斯博罗以及信风旅游公司的所有股份。

在考虑购买熟悉的旅游公司的同时，英国的旅游经营商们也将眼光放到了国外。例如在 1994 年，海外业主旅游集团宣布将购买国际旅游控股公司(International Travel Holdings)，该公司是加拿大最大的旅游经营商，在加拿大国际旅游市场上占有 25%的份额。在选择这笔并购的过程中，海外业主旅游集团认为，国际旅游控股公司的旅游旺季正好与海外业主旅游集团的旅游淡季相重合，因而购买以后会有利于公司全年的资金周转。另一个原因是国际旅游控股公司在加勒比海度假游方面有着相当丰富的经验，所以购买之后海外业主旅游集团可以借鉴其经验，从而推广长线旅游市场。在 1994 年，航空旅游公司也并购了斯堪的纳维亚最大的旅游经营商——斯堪的纳维亚旅游公司。

从理论上讲，横向联合可以带来规模经济(例如在人事和采购等方面)，从而节省成本，降低价格。同时，节约成本又可增强公司的竞争力，有利于为客户开发更多更好的产品，并进一步控制产品的质量。并购另一家旅游公司还能够强化本公司在公众心目中的形象。但是，航空旅游集团并购海外业主旅游集团的企图又给人们带来了忧虑。有关人士认为，倘若航空旅游集团真的并购了海外业主旅游集团，那么扩张后的旅游集团与汤姆逊旅游集团这两个超大型的旅游经营商将会垄断市场，甚至随意操纵旅游产品价格。尽管反垄断与兼并委员会并不反对汤姆逊旅游集团收购地平线旅游公司的所有股权，但是公平交易局还是建议将航空旅游集团收购海外业主旅游集团一事交与反垄断与兼并委员会加以裁决。公平交易局认为，并购可能导致一家公司控制 25%～30%的市场份额，从而不利于竞争。但是，贸易与工业大臣迈克尔·赫塞尔廷(Michael Heselting)却反对这一看法。最后，航空旅游集团并购计划的失败只是因为海外业主旅游集团的股东们更愿意接受托马斯·库克连锁旅行社的开价。

到了 1993 年，越来越多的人开始关注旅游业内日益增多的企业纵向联合。为此，公平贸易局进行了相关的调查。公平交易局于 1994 年得出的结论是，没有必要针对旅游业内的企业纵向联合采取措施，因为旅游价格并未大幅上涨，消费者仍然享有众多的选择。

(二)旅游业日益增多的纵向联合所带来的后果

在1993年谈论旅游业日益增多的企业纵向联合可能会带来的长期后果也许还为时尚早,但是至少也出现了一些迹象:

● 海外业主旅游集团宣称,由于兰·波利、皮克福兹和霍格·罗宾逊3家连锁旅游代理商采用现金奖励的办法让员工转售其母公司的产品,海外业主旅游集团为此失去了很多生意。

● 小型旅游经营商越来越担心自己可能会失去在旅游代理商展示产品宣传资料的机会,因为各旅游代理商更注重其母公司或者那些“优先经营商”的产品。例如,在1993年兰·波利计划只出售147家英国旅游代理商协会成员经营商的产品(成员总共有746家)。而且,兰·波利假日销售点只陈列了80家旅游经营商的旅游宣传册。更重要的是,在典型的兰·波利假日销售点里汤姆逊旅游集团的产品占据了大约五分之一的展示空间,并且都是摆放在很显眼的最佳位置。1993年,托马斯·库克制定了一项“首要选择”计划,该计划包括了30家旅游经营商,其中一些旅游经营商在其产品加印了“托马斯·库克假日旅行社”的标志。在与海外业主旅游集团的合作结束之后不久,托马斯·库克宣称,将以海外业主旅游集团下属的一家公司——企业旅游公司——来取代阳光世界旅游公司(Sunworld)作为托马斯·库克夏季阳光产品的供应商。(猎鹰航空公司和帝王公司早已借用了托马斯·库克品牌并成为其产品了)。在1993年,独立旅游经营商协会曾经讨论过向其成员征收展示其他成员产品的费用问题,但担心这样做会使很多人被挤出代理商的行列。所以后来该协会决定建立一个独立旅游经营商协会100俱乐部,这是一家代理商精英俱乐部,可以展示旗下所有成员的产品宣传册。

● 旅游代理商对市场的掌控能力越强,就更可能促使旅游经营商为了展示其产品而确定应付佣金的数额。在1989年以前想通过兰·波利连锁旅游代理商出售产品的旅游经营商必须付给兰·波利15%或16%的佣金,远高于业界10%的平均佣金。为了确保在1994年的市场地位,寰宇旅游集团在一份比较复杂的协议里承诺,在旅游预订的旺季(9月、10月、1月和2月)分别付给45家旅游代理商15%的佣金,前提是这些旅游代理商答应为其10%的假日折扣做广告宣传。如此一来,小型旅游经营商就觉得更加困难重重了,因为这样的市场条件逼得他们也不得不提高佣金,而且还不能提高产品价格,所以这些小型旅游经营商的竞争力大大降低了。

● 从消费者的角度来看,存在着以下的担忧:

(1)由于旅游代理商越来越注重推销其母公司的产品,所以消费者可能在毫不知情的情况下获得一些片面性的信息。为了应对消费者的这一批评,航空旅游集团于 1993 年 7 月在皮克福兹和霍格·罗宾逊两家分公司(现已更名为时尚旅游公司)里特地打出了航空旅游集团的标志,旨在提示消费者,这两家公司隶属于航空旅游集团。后来,托马斯·库克连锁旅游公司也效仿了这一做法。

(2)假日旅游市场的竞争将逐渐不复存在,因为越来越多的小型旅游经营商由于营销产品方面的各种困难而面临着被挤出市场的局面,同时许多独立旅游代理商也逐渐消失,因为无力与那些销售能力强、贪得无厌的大旅游代理商相抗衡。

(三)小型旅游经营商依然存在的原因

一些小型旅游经营商在如此困难的局面下仍然得以维持实在是不能不令人叹为观止。然而,这些小型经营商仍然可以提供那些大型竞争对手无法提供的好处:

- 小型旅游经营商往往专门经营那些需要专业技能的细分市场。例如,就具体了解某一专项旅游的特点而言,那些大型旅游经营商是很难与专营这一项目的小型旅游经营商比拟的。
- 小型旅游经营商也有可能经营那些在大型旅游经营商看来因为难度太大而不值得开发的世界某些地区(大多在非洲、南美和东欧)。
- 小型旅游经营商往往还可以树立优质和独一无二的形象。一些从未想过要购买汤姆逊或航空旅游集团产品的旅游者可能会去购买小型旅游经营商的产品,因为他们认为,小型旅游经营商的产品更为精致。
- 因为小型旅游经营商只面向相对较少的客人,所以能够为客人提供更加个性化的服务,有时甚至还为以前的客人提供业务通讯期刊。

十四、旅游经营公司

旅游经营公司的规模相差很大,其中有些旅游公司仅有几名员工,事无巨细地负责公司里的各项工作，从旅游目的地的选择到制作旅游产品宣传册都得亲自动手。但是像汤姆逊、航空旅游、首选等大型旅游集团公司的规模极大，通常分为两个部分，其中一部分设在英国，另一部分则分布在各相关的旅游目的地。

设在英国的部门主要负责：

- 制作旅游产品宣传册
- 旅游预订
- 产品推广
- 财务
- 人力资源管理
- 日常行政管理
- 支付海外员工、饭店业主和航空公司等方面的费用
- 处理与度假旅游有关的信函

设在海外的部门主要负责：

- 处理有关旅游度假的日常事务
- 整理航班和客房清单
- 照料在国外旅游的游客
- 与饭店业主和地接人员等的联系
- 安排和出售短途游览项目
- 管理海外办事处
- 与英国总部联络

(一)大型旅游经营公司的构成

总经理

总经理负责协调公司各部门之间的工作，而公司所有部门的负责人都对总经理负责。

财务部

财务审计员或公司会计通常负责公司的财务部。财务部的主要工作是记录本公司在英国国内的费用支付情况以及海外营业的外汇支付情况。同时，

财务部还应该负责控制公司现金的流入和流出量，支付经过批准的款项，以及监督公司的整体财务状况。财务部负责：

(1)收取度假旅游的预订金——通常是总价的10%左右。

(2)在度假正式开始前8个星期收取余款，或者如果顾客预订的时间较晚，那么在预订时收足款项。

(3)在预订时收取保险费。

(4)收取给予推广活动的各项资助费用，例如来自国家旅游局的资助等。

(5)收取来自旅游附加产品的销售收入，如旅行包和旅游录像带的销售收入。

但是财务部也需要用这些款项来支付：

(1)航班、客房、迎送及短途游览等经营费用。

(2)薪酬。

(3)办公费用——租金、暖气费、电费等。

(4)通信费用——电话费、传真费、电传打字机费用等。

(5)计算机费用——维修费用、技术支持费用、纸张费用等。

(6)销售费用，如宣传册的制作等。

(7)推广与广告宣传费用。

(8)旅行社的销售佣金。

(9)海外活动的经营费用。

(10)招聘费用——如招聘员工的广告费。

(11)培训费用。

(12)员工工作服的制作费用等。

大部分经营费用是通过代理商支付的。例如，航空公司的机票就是通过机票经纪人支付的。

行政管理部

行政管理部负责二线文书工作以及办公室的工作，其中包括：

(1)负责安排接待人员和总机电话员。

(2)负责办公室的维修和清洁工作等。

(3)为其他部门提供秘书服务。

(4)保证纸张文具的充足供应。

(5)负责电话、传真机、文字处理机、计算机及其他办公设备的维修工作。

(6)分发和处理邮件。

(7)向客户发送文件。

(8)向相关部门发送计算机打印件(如航班旅客名单、客房清单和票据等)。

在一些大型公司里,计算机是每天24小时、每个星期7天不间断地工作,因此员工必须倒班工作。有时公司里还设有独立的数据处理部门来负责所有与计算机有关的事宜。

预订部

预订部负责实际的预订工作——包括预订处理,就付款事宜与财务部联系,就文件等事宜与行政管理部联系,以及处理所有的旅游咨询和行程改变等事宜。有时预订也可能是行政管理部、销售部及市场营销部的职责。

销售及市场营销部

销售及市场营销部主要负责旅游经营商的产品的推广工作。为了拓展市场,旅游经营商必须推出能够满足消费者需求的产品,制作和分发实用的宣传册,全面推销产品,以及与旅游代理商紧密合作以促进产品的销售。销售及市场营销部的主要职责包括:

(1)进行产品和市场调研。

(2)开发符合消费者需求的产品。

(3)制作产品宣传册。

(4)安排宣传册的分发工作。

(5)组织推广活动,其中包括广告宣传和特殊宣传活动等。

(6)协调旅游代理商的销售工作,派遣销售代表等。

海外经营部

海外经营部的经理负责招聘、培训和委派度假胜地业务代表。他/她同时还负责购置和分发员工的工作服,并负责确保度假地和英国本部之间顺畅地沟通。

在度假地工作的员工通常是每一星期都要与英国的本部进行联系:其内容包括与财务部联系以确定发票报账的事宜,以及从财务部获取最新的收费明细表;与行政管理部联系以获取有关某些问题的信息,以及讨论制定客人调查问卷等;向海外经营部汇报有关航班、饭店和短途游览的销售情况以及所出现的问题等。

与饭店和航空公司签订有关客房和机票协议通常都是海外经营部的职责,但是汤姆逊旅游集团如今专门成立了一个采购部来负责此类事宜。海外业务代表还可以提供住宿设施的照片以备用于产品宣传册,并向公司总部汇报有关新的度假胜地和饭店的情况等。

(二)辅助性服务

除了代售产品的旅游代理商之外,旅游经营商还需要依靠于其他的辅助性服务。这既包括由私有部门提供的辅助性服务,也包括由公有部门提供的辅助性服务(例如地方政府或中央政府的资助服务项目等)。

私有部门提供的辅助性服务

- 机场及港口
- 旅游指南和时刻表的出版与发行商
- 保险公司
- 银行
- 旅游行业期刊
- 导游
- "迎客"服务
- 市场营销公司
- 计算机服务公司
- 教育与培训服务
- 财产顾问/分时共用开发商

公有部门提供的辅助性服务

- 机场和港口
- 护照和签证签发部门
- 卫生和检疫部门
- 国家旅游局
- 地方旅游局
- 旅游信息中心
- 教育和培训部门

问答题与讨论题

1. 旅游经营商的数目为什么会在20世纪80年代飞速增长?

2. 如果两家超大型旅游经营商各自拥有一系列旅游代理商连锁店,并垄断了英国的假日旅游市场,那么你认为这会带来什么样的后果?

3. 与那些规模更大、产品更具综合性的公司相比,提供专项旅游产品的旅游经营商具有哪些优势以及哪些劣势?

4. 请了解并确定参加在8月份前往马略卡岛、为期两星期的包价旅游的人均费用。如果以同样的费用,消费者还可以选择哪些其他的旅游产品?

5. 参考有关私有部门和公有部门提供的辅助性服务的列表,试论旅游经营商是如何获益于每项服务的。

课后作业

1. 你在一家小型公共关系公司工作,而这家公关公司需要宣传推广一家当地的旅游经营商。找到一家在你的所在地设有办事处的旅游经营商。搜集这一旅游经营商的产品宣传册,制作一张产品分析图表及其推出的旅游产品。你的图表应该表明,这是一家经营海外业务、国内业务、入境游业务,或是专项产品的旅游经营商,或是综合经营上述若干产品的旅游经营商。

2. 在完成上述任务之后,仔细研究这一旅游经营商的宣传资料,以确定其所经营的旅游目的地。你认为这家公司锁定的是哪一类旅游市场?使用何种交通工具前往该旅游目的地?是住宿在饭店里,自炊式公寓里还是其他设施?如果这家旅游经营商经营专项旅游产品,那么什么是他们专营的项目?这家旅游经营商有无独特的卖点?利用你所搜集到的资料为当地的报纸杂志写一份新闻稿,以使该旅游公司获得市场的关注。

3. 假设你被邀请前往当地的一家电台接受有关贵公司的采访。你需要事先演练一下接受电台采访的技巧。以两个人为一组,列出一张主持人有可能提出的有关贵公司问题的清单以及你准备作出的回答。然后将采访的内容录下来,整个采访过程不应超过5分钟。

第二章

旅行社经营业务的发展

本章学习目标

通过对本章的学习，你应该能够：

- 列举出有利于大众假日旅游市场发展的必要因素
- 说明第一批旅游经营商的创业过程
- 描述 20 世纪假日旅游市场的发展与变化过程
- 说明 20 世纪 90 年代前 5 年中旅行社市场经营的主要特点

一、引言

尽管外出旅行自古有之，但我们所熟悉的包价旅游只不过是 19 世纪后半叶的产物，是一项距今相对较近的创新之举。而大众出境旅游则更是近期出现的一个现象。直到 20 世纪 60 年代，出境旅游人数的增长一直相当缓慢。但是从 20 世纪 60 年代至今，出境游出现了显著的增长势头。

假日市场过去之所以发展缓慢，原因在于其增长取决于众多的因素。根据马斯洛的需求层次理论（请参阅图 2－1），人们只有在基本需求得到满足之后才会考虑诸如度假这类奢侈品的享用问题。因此只有在大多数人衣食无忧,同时带薪假期可以提供钱款和外出时间的情况下,大众假日旅游才成为了可能。为了方便人们外出与住宿,充足的交通和住宿等基础设施的建设也必须相应发展。另外,各国还必须就公民携带货币出境的方式和出入边境等问题达成协议。

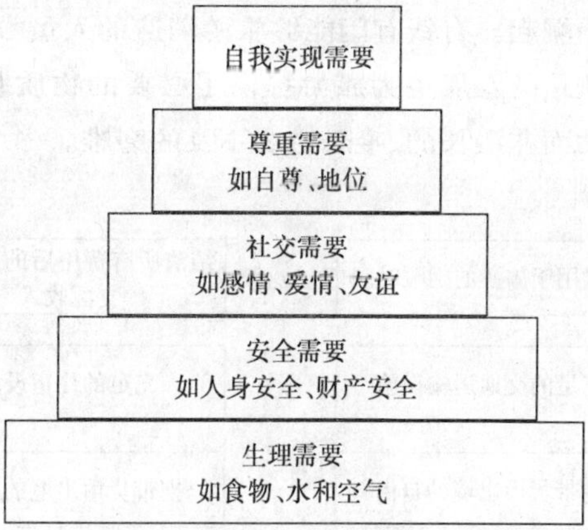

图 2-1 马斯洛的需求层次理论

二、旅游业的开端

外出旅行的人自古有之,比如士兵、商人、朝圣者、游牧居民等等。不过为旅行而旅行的概念和离家外出度假的想法相对而言却是较为新颖的。"假日"一词来源于中世纪时期的"圣日",它是人们停止劳作大摆盛宴进行庆祝的日子。但当时人们一般都只呆在村庄里庆祝。在过去,人们出行似乎都是不得已而为之。而如今出行已成为人们的一种意愿。

第一批以娱乐为目的的外出旅行的人自然是一些有钱人,他们有足够的时间和金钱供其享用,并尽情地享受度假的欢乐。到了 17 和 18 世纪,进行"欧洲大旅游"(the Grand Tour)的想法得到了发展。那些富家子弟纷纷前往欧洲大陆探险。他们穿越法国和意大利,经由瑞士、德国、奥地利和荷兰返回英国。有时,全部行程要历时 5 年才能完成。他们的旅游经历被视为是一种教育的延伸,旅行时身边通常都有向导跟随,由向导帮助他们学习沿途国家的历史和语言知识。这种欧洲大旅游是对文化的一种探索，游览山川湖泊的活动只是在后来才加入到行程当中的，而海滨游览活动则尚未出现。一直到18世纪后期，当洗海水浴、吹海风被视为一种健康的消遣方式时，海滨胜地作为时尚的急先锋才开始发展起来。后来，18世纪末期爆发的拿破仑战争致使前往欧洲大陆的旅行充满了危险，欧洲大旅游从此画上了一个句号。

到19世纪末，工业革命的出现和大英帝国的壮大所引发的贸易发展逐渐导致了中产阶级的崛起。有钱有闲能够旅游消遣的人员数量开始增加。同时公路网的改善和铁路的发展也为旅游提供了必要的物质基础设施，使之成为一项休闲娱乐活动而非漫长的、唯恐避之不及的磨难。

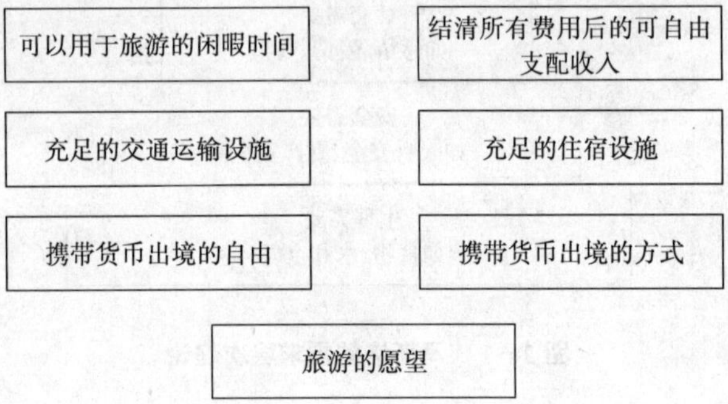

图2-2　大众旅游的先决条件

(一)托马斯·库克与最初的包价旅游

托马斯·库克通常被称为“现代包价旅游的创始人”。托马斯·库克于1808年出生于英国莱斯特(Leicester)的一个贫苦家庭，他是英国禁酒运动的热切支持者。这项禁酒运动鼓励工人阶级少饮酒、接受更多的教育，以此来改善他们的生活状况。与很多参与创建现代旅游业的志士一样，库克极具进取精神和把握重大机遇的敏锐目光。1841年，库克组织了到拉夫伯勒(Loughborough)参加禁酒社团大会的一日游活动。600人乘坐新成立的中部铁路公司(Midland Railway)的敞篷列车前往拉夫伯勒，从而实现了这一人们普遍认为是历史上首次包价旅游的活动。虽然只有一天的行程并且也不需要住宿，但是此行的确需要有一个批发商(托马斯·库克)先从供应商(中部铁路公司)处购买火车票，然后再将火车票转卖出去，从而让人们得以参加某一具体活动。这种做法类似于现在的旅游经营商销售前去观看足球比赛等类活动的行程的做法。

1845年，库克决定独立出去开展自己的经营活动，通过销售游览项目为个人盈利，而不是为禁酒运动助一臂之力。1845年，库克组织的利物浦之旅体现出更多现代包价旅游的特点。库克为他的旅行团成员编写了一本指南，同时还组织了参观附近景点的一日游活动，如卡那封(Caernarvon)城堡一日游和斯诺登峰(Snowdon)一日游。在当时，从莱斯特前往利物浦的交通牵扯到4家不同的私人铁路公司，但是库克却能够买到所有必需的火车票，并连同住宿费用在内以全包价格转售出去。再后来，他将整列火车包租下来，并和旅客一同出行。“库克之旅”的说法由此产生。

在随后的几年时间里，库克接着开发出了“通票”。通票的售价将从某地到达另一目的地的全部车票费用都包括在内，而不管其间旅客会乘坐多少家铁路公司的火车。库克说服了大多数铁路公司认可这种车票，并给予自己折扣，以便让客人通过他享受到优惠。库克的很多短途旅游的目的地都是海滨城市，而由于乘坐火车便可在一日之内由大型工业城市抵达这些城市。1851年，他还负责组织了大约165 000人从英格兰中部地区出发，前往位于海德公园的水晶宫参观作为当时英国工业最辉煌成就展示窗口的“博览会”。

在19世纪60年代之前，托马斯·库克的旅游活动一直局限于国内游和一日游。但是随着各大铁路公司纷纷追赶潮流，开始收回库克拥有的特许权并着手经营自己的旅游项目，库克的旅游市场逐渐萎缩了。于是在1855年，库克推出一项由领队率领的旅游活动，该活动自哈威奇(Harwich)出发到达荷兰的胡克(Hook)，然后顺莱茵河而下，到达斯特拉斯堡(Strasbourg)，然后返回巴黎参观在该地举办的博览会。此次活动大获成功之后，库克紧接着又将旅游团发往瑞士和伯尔尼奥勃兰地(Bernese Oberland)。到了19世纪60年代，可以说库克是在经营被人们所认可的现代包价旅游活动：由领队带领的旅游将铁路和轮渡的交通费用以及住宿的费用一并包括在内。这种境外旅游的费用明显要高于国内旅游，因此尽管库克是以向劳动阶层出售一日游起家的，但他已开始转向为新兴的中等阶层，尤其为妇女群体组织度假活动了。库克在推出火车旅行中使用的“通票”的同时，还开发出在支付住宿费用时使用的饭店优惠券和可以用以兑换外币的“循环支票”，即最初的旅行支票。

自1860年之后，托马斯·库克本人逐渐退居幕后，而把家族生意的经营权转交给儿子约翰·梅森·库克。约翰在1864年成为他的合伙人。库克一家

1865年从莱斯特移居到伦敦,并在舰队街98号经营起了一家店铺,出售诸如旅行包、望远镜和净水器之类的旅行辅助用品,以便支付增加了的经常性开支。除店铺之外,约翰·梅森·库克同时还经营着一家禁酒饭店(Temperance Hotel)。到这时,库克家族已经开始销售从利物浦和格拉斯哥前往美国的旅游团了(例如美国内战战场参观之旅)。此外,自1869年苏伊士运河开通之后,约翰·梅森·库克便在开罗和亚历山大两座城市设立了办事处,专门处理经由苏伊士运河前往远东地区的交通问题。埃及成为当时上游阶层前往巴勒斯坦、黎巴嫩、叙利亚和伊拉克等地进行以宿营为主的旅游活动的基地。1872年,库克一家推出了他们的首次环球旅行,参加旅行者乘坐装有螺旋桨推进器与风帆的蒸汽船横渡大西洋,坐火车和驿站马车穿越美国,乘轮船穿越太平洋到达日本,再继续前往中国、新加坡、印度和锡兰,经过印度洋到达亚丁,然后北上经红海和苏伊士运河到达埃及,最后取道布林迪西(Brindisi)返回。

托马斯·库克于1879年退休,约翰·梅森·库克自此接管了全部家业。随着大英帝国的不断扩张,外出旅行的人越来越多。 库克的顾客有很多是我们

1808年	托马斯·库克出生于德比郡的墨尔本。
1818年	辍学成为旋木工的学徒。
1828年	成为浸礼会的一名传教士。1829年周游英国,行程达2 692英里(其中徒步行走达2106英里)。
1932年	与鲁特兰一位农夫的女儿结婚,并移居哈博罗市场做旋木工。同年参加禁酒运动,并担任“中南地区禁酒协会”秘书一职。
1841年	迁回莱斯特居住。组织了乘火车从莱斯特到拉夫伯勒参加禁酒集会的活动,乘客人数达570人(1日往返)。
1842年	为禁酒社团和礼拜日学校安排一日游活动。
1845年	开始以全职身份组织一日游活动,从中部铁路公司赚取售票佣金。例如组织了350名乘客由莱斯特前往格拉斯哥,往返旅行费用为1几尼。 乘客先坐火车到达曼彻斯特,之后从福力特伍德乘轮船前往阿德罗森,最后在格拉斯哥和爱丁堡参加娱乐活动。
1855年	带领游客从莱斯特出发前往巴黎参观博览会。
1856年	首次组织欧洲之旅。
1864年	与儿子约翰·梅森·库克建立起合作伙伴关系。
1865年	首次横渡大西洋,为发往美国的旅游团做准备。将公司总部迁往伦敦。
1872年	在222天内完成环球旅行。
1878年	约翰·梅森·库克成为公司业务的唯一经营者。托马斯·库克每年获取固定收入。
1892年	在莱斯特度过生命的最后时光,当时已双目失明。7月18日在石门区的桑科罗夫特(Thorncroft)去世。

图2-3 托马斯·库克的生平

现在所说的商务游客，但也有很多是前往美洲或澳大利亚寻求新生活的移民。不过在19世纪80年代组织的环球旅行与现在的环球旅行大不相同。亚历山大·格林汉姆·贝尔在1876年才发明了电话，而且当时又没有计算机或传真，只有最简单的打字机，这一切使得通讯成为一件既迟缓又棘手的问题。为克服这些困难，约翰·梅森·库克扩大了其父于1851年创办的旅游报——《短途旅游者报》的规模，增设了法、德、印度和澳大利亚4国版本，用来向读者介绍其公司所提供的各项服务。于是，《短途旅游者报》就成为了今天的旅游产品宣传册的雏形。

1834年　约翰·梅森·库克出生于哈博罗市场。

1864年　成为其父托马斯·库克的生意合作人。

1865年　负责托马斯·库克公司伦敦总公司的业务，以及《短途旅游者》报的经营工作。

1866年　前往美国解决由其父在1865年签署的协议所引发的问题。签订41套铁路客票，用以解决在美国和加拿大境内的全部交通问题。

1868年　大东部铁路公司委托他负责经由哈威奇前往欧洲大陆的旅客乘车问题。库克与荷兰、比利时和德国3国铁路当局建立联系以便开展车票的销售工作——一个月之内即售出500张火车票。

1870年　成为经由伯伦纳山口穿越德国到达意大利的火车线路车票的销售代理（这是法德战争期间唯一一条到达受游人欢迎的里维埃拉的火车线路）。战争结束时，法国人也委派他担任火车票的销售代理。成为尼罗河交通运输部门的销售代理。

1873年　在开罗建立办事处。

1875年　初次经营挪威境内旅游活动。收购维苏威火山铁路公司。

1877年　建在拉克苏的饭店开张营业。此时代理沿尼罗河前往第三大瀑布的船运业务的销售工作。

1880年　出访印度，在孟买和加尔各答建立办事处，并解决火车票务事宜。

1884年　政府聘请库克为戈登将军的苏丹之行安排交通问题。

1885年　帮助解决印度朝圣者前往沙特阿拉伯的交通运输问题。

1891年　编写《旅游事业——50年发展历程实录》一书。

1894年　成立“埃及有限公司”，负责处理所有托马斯·库克公司在埃及的各种不同业务，例如尼罗河上的邮政运输业务。

1898年　负责德国皇帝出访圣地(Holy Land)的旅行安排工作。

1899年　在泰晤士河上沃尔顿的弗里克斯山去世。托马斯·库克公司由其第三个儿子接管。

时代报刊登了一则讣告，上面写道：

他的真正成就在于挫败了外国铁路经营者甚至包括政府在内的蓄意阻碍行为，还在于使得任何选择在路德门广场购买成套优惠券的人有可能并且轻松地到世界各地去旅行。

图2－4　约翰·梅森·库克的生平

1871 年	英国首次在银行界实行假期制度。
1919 年	在瑞典举行的第一届国际劳动大会提议将带薪假期的设想列入讨论议程。
1925 年	提出带薪假期的议案遭到众议院的阻挠。
1936 年	国际劳动组织最终就带薪假期问题展开讨论。英国代表在最后投票中投了弃权票。
1928 年	《带薪休假法》得到通过。劳工大臣在征得雇主同意后可以安排带薪休假。
1945 年	1 400 万英国工人获得享受带薪假期的权利。
1993 年	欧共体规定,工人每年应该有权享受至少 4 周的带薪假期。英国对此提出异议。

图 2－5 带薪假期的发展历程

(二)护照

护照是确认一个人的身份,并允许其离开和返回本国的官方证明文件。有时候护照也是进出其他国家时要求出示的唯一证件。不过在某些情况下,护照上必须附有签证或许可证方可用于出入其他国家。签证通常是在一定的期限之内有效。

现在的游客理所当然地认为出门旅行需要护照,但以前并非一贯如此。例如,只有到了 1868 年,前往梵蒂冈的游客才开始被要求出示护照。到了 1870 年,法国和比利时开始要求外国游客携带护照。托马斯·库克向法国外交部长提出抗议,指出护照阻碍了旅游的发展。于是到 1872 年时,随着令所有外国人都成为可疑对象的普法战争的结束,法国停止了对护照的要求。不过在当时,护照的概念已经根深蒂固了。到了 1888 年,西班牙、俄国、保加利亚、罗马尼亚和塞尔维亚都要求外国游客出示护照。

不久之后,出国旅游是否需要护照就成了无法确定的因素,因此库克不得不再三向客户保证前往怀特岛(the Isle of Wight)旅游不需要护照(尽管在 1920 年以前赴海峡群岛的游客确实需要出示护照)。

另外,当时很多国家还要求外国游客进行签证。二战的爆发意味着大多数欧洲国家只允许携带护照和签证的外国人入境。不过战争结束之后,对大多数欧洲人又放松了护照的要求。事实上,法国政府在 1937 年允许外国游客周末前来游览巴黎而无需出示护照,并在 1939 年将这一范围扩大到了允许英国游客仅凭身份证便可游览整个法国。

1993 年 1 月,欧共体(现在的欧盟)当时的大多数成员国都取消了对其所属公民出入境时需出示护照的要求。英国一直要求出入境时必须检查护照。到大多数欧洲以外的国家旅行仍然需要签证,尽管这些不属于欧洲的国家也都采取了减少官僚作风的措施。20 世纪 80 年代早期,美国同意接受短时间访美的英国度假者所持有的已签名的弃权声明书，以代替正式的签证。自1989年柏林墙倒塌之日起，对东欧国家的签证要求也有所放松或被彻底取消。

三、旅游业的扩张

旅游业最初是一个低盈利的产业，因此尽管事实上托马斯·库克最初处于垄断地位，但他的生意并不赚钱。甚至到了19世纪80年代约翰·梅森·库克还在经营一些副业，如从苏丹进口鸵鸟羽毛和从印度进口香肠衣等以增加收入。但是随着有出行要求的人数不断增加，其他人不可避免地会效仿库克的做法。19世纪50年代至80年代，亨利·盖兹（Henry Gaze）曾经经营着与库克相似的业务。1872年，乔治·奈哥尔麦克斯（George Negalmakers）创办了“欧洲卧铺列车及特快列车有限公司”，为游客提供豪华的洲际火车旅行服务。1883年他对原先连接巴黎与伊斯坦布尔的东方快车加以发展，开发出了从巴黎出发途经法国里维埃拉海岸地区到达罗马的蓝鸟火车线路。19世纪80年代，昆廷·霍格（Quintin Hogg）成立了“理工学校协会”，为学生组织旅游活动。此外循道公会信徒亨利·兰（Henry Lunn）也开始组织滑雪度假游。1891年，美国运通银行发行了自行开发的旅行支票。但是在20世纪的前25年期间旅游行业仍旧完全操纵在库克企业手中，这份产业在约翰·梅森·库克死后由托马斯·库克的孙子弗兰克、厄尼斯特和托马斯继续经营。1928年库克旅游公司被出售给欧洲卧铺列车及特快列车有限公司，结果在第二次世界大战期间库克旅游公司当时设在布鲁塞尔的总部落入到敌人手中。为确保此类事件决不会再次发生，英国政府在战后对托马斯·库克旅游公司实行了国有化，直到20世纪70年代才又重新将其恢复为私营公司。

(一)不断变化的产品属性

1920年托马斯·库克旅游公司首次推出乘飞机前往巴黎旅游的服务项目，而到了20世纪30年代库克旅游公司同时还在经营着机船联运的地中海和马德拉群岛度假游。1939年它甚至还提供乘水上飞机周游世界的旅游项目。全程历时30天，费用为475英镑。不过高额的费用意味着这类旅游仍然只有富人才能够享受。后来在1938年英国政府通过了《带薪休假法》（the Holidays With Pay Act），该法令第一次保证大多数属于工薪阶层的人拥有时间和金钱外出度假，至少可以享受短期度假游。一些像“合作假日协会”（the Co-op Holidays Association）和“工人旅行协会”（the Workers Travel Association）这样的公司帮助年轻人出国旅游，为旅游业未来的发展打下了良好的基础。因此到二战爆发时，度假的观念已经在英国深深扎下了根。即使是在二战期间，托马斯·库克旅游公司仍旧在继续宣传其在战区以外地方的度假活动。

1921 年	70 万
1955 年	300 万
1972 年	300 万(包价旅游)
1978 年	450 万(包价旅游)
1985 年	850 万(包价旅游)
1986 年	1060 万(包价旅游)
1987 年	1200 万(包价旅游)
1988 年	1260 万(包价旅游)
1989 年	1250 万(包价旅游)
1990 年	1140 万(包价旅游)
1991 年	1050 万(包价旅游)
1992 年	1250 万(包价旅游)

图 2-6 参加海外包价旅游的英国度假者人数

(二)二战后旅游业的发展

二战后很多因素为度假旅游市场的迅速发展提供了便利条件。这些因素包括：

- 社会变得更加繁荣
- 为数众多的工人获得了带薪假期
- 战后将多余的飞机用于新用途
- 飞机制造技术的发展令飞机飞行速度更快，行程更远
- 平息二战战火的努力造就了人们更强的民主与平等意识
- 教育水平得到了提高
- 旅游经营商推出了更好的旅游产品组合
- 电视的普及令家家户户几乎都对世界其他地方有了了解

二战的结束为大众度假旅游市场的最终形成提供了若干必不可少的条件。首先是大量的旧式达科他(Dakota)飞机进入了市场，可以用来运送度假游客；其次是弗莱基米尔·瑞兹(Vladimir Raitz)创建了“地平线旅游公司”，利用多余的军用飞机作为交通工具。

此外,二战也使得社会态度发生了变化。身处国内外的众多英国人都受到了战争的影响,因此旧的社会等级观念受到了冲击。在随后出现的更加民主的新氛围中,先前被视为专供富有阶层享用的奢侈品开始被看作是全体民众都可以享受的大众化产品。很多人在二战期间到过海外,回国后对其他国家的兴趣依然不减。这种新的观念逐渐孕育出对出国旅游更为强烈的需求,并且出国旅游的愿望也反映出人们新的自信心态,因为物资的配给制已于1954年7月被取消了。

然而这种新生需求却无法立即得到满足。例如,欧洲大陆的大部分饭店都是豪华场所。这些饭店非常适合过去的旅行阶层,但对新一代度假人群而言就不那么合适了。最初很难筹措到用于饭店改造或新建的投资经费,但情况逐渐发生了变化。以前饭店业主愿意等到客人实际入住之时才收取费用,而如今由于他们是在借钱发展业务,因此开始要求提前支付房费。有些饭店甚至是实行超额预订(overbook),以确保在有客人未如约入住时客房不会被闲置起来。

二战刚刚结束时,大部分人依然乘火车到国外旅游,于是"创意旅行社大会"(the Creative Tour Agents Conference)(由亨利·兰爵士、理工学校协会、旅行者协会以及工人旅行协会等组成的团体)开始组织包租形式的火车旅行。不过,二战已经显露出发展航空运输的潜力。同时,一种更为快速、经济的喷气式飞机也于1949年问世,这意味着旧式的涡轮式旋桨飞机距离被淘汰的时日已经屈指可数了。像弗莱基米尔·瑞兹这样的企业家迅速洞察到了利用旧式飞机以低价位提供包租航班业务的潜力,这样就可以运送更多的游客前往更为遥远的地方。1949年,弗莱基米尔·瑞兹在成立"地平线旅游公司"之际,向托马斯·库克声称发明了包价旅游这一说法提出了挑战,并推出了为现代旅游经营商更为熟悉的服务产品。1950年,地平线旅游公司利用一架DC3型飞机运载32名旅客前往科西嘉岛(Corsica)。这一为期10天的度假收费32英镑,其中包括全部返程票、路面交通、帐篷住宿和一日三餐在内的全部费用。这是首次推出的普通工薪阶层可以负担得起的地中海沿岸度假游。

但是航空旅行在能够大规模兴起之前,费用还必须下调。而做到这一点所耗费的时日比原先设想的要长。这是因为政府规定,以低价位出售的包租航班机票只能供应给特殊团体或社团的成员。由于机票费用昂贵,因此在20世纪50年代中期之前,大多数人出国旅行依然是乘坐火车或蒸汽轮船。不过到了1952年,弗莱基米尔·瑞兹的地平线公司开始推出飞往帕尔玛的包机航班服务。1954年,该公司开始经营前往阿尔盖罗(Alghero)和佩皮尼昂(Perpignan)两地的包机旅游业务,并分别在1955年和1956年开始经营飞往马拉加和丹吉尔与澳波多(Oporto)的包机旅游业务。英国各大航空公司于1952年首次推出了“旅游票”,但是“经济票”则在1958年才首次出现。

(三)旅游经营商与航空公司之间的竞争

二战结束之后,不断涌现出的旅游经营商与航空公司之间展开了竞争。为了阻止旅游经营商侵犯传统上被视为航空公司的业务,有关部门制定了一些规章制度。这其中包括:

(1)要求客人必须在固定或最低期限内在目的地逗留。

(2)规定提前预订的最短或最长期限。

(3)规定包价旅游的最低售价。

(4)规定只有某些类型的乘客(例如特殊团体或社团)才可预订包机机票。

但是在20世纪60年代和70年代,航空公司面临着要求降低机票票价的巨大压力。起先是要求航空公司降低飞往地中海沿岸旅游目的地的机票价位,而到后来又将更远地方的旅游目的地也包括在内。在20世纪60年代和70年代,开办包租业务的航空公司推出了价格低廉的“提前预订包机业务”,要求乘客必须提前x周进行预订并付费。经营定期航班业务的航空公司采取了报复措施,即在相同的航线上推出“提前预订短途旅游”的定期航班票价。1977年9月,弗莱迪·雷克推出了“空中列车”项目,提供从盖特威克到纽约的廉价临时机票(stand - by),从而迫使提供定期航班的航空公司削减其横越大西洋的航班票价,同时也为在美国开展包价旅游开辟了道路。

有关携带现金金额的规定和旅行支票

前往国外度假的游客还必须能够将现金带出英国以便在国外使用。在1945年,每位成年人可以携带100英镑出国而无需征得英格兰银行的许可。此外,每个儿童也可以随身携带50英镑。托马斯·库克旅游公司和美国运通银行很快建立起旅行支票系统,这样游客携带钱财就有了安全保证。

四、20世纪60年代不断变化的旅游市场

在20世纪50年代和60年代,旅游经营商的创业方式很简单,他们只需预订几家饭店客房,订好机票,然后在客人度假结束之后结清这两项费用即可。但是由于从事旅游行业的人越来越多,从中获利的难度系数无论对谁来说都有了增加,旅游行业要求从业者运用聪明才智寻找到将成本保持在最低

水平的途径。越来越多的饭店业主和航空公司开始要求提前支付费用。而为了吸引客人,还必须在宣传册和广告方面花费更多的金钱。旅游经营商被迫向银行求助,以便在度假项目由策划期到上市这段时间内获取资金支援。较大规模的旅游经营商处于强有力的地位,他们可以向饭店业主提出符合自己利益的条件。同时,他们也鼓励饭店业主兴建巨型摩天大楼,用来接纳旅游高峰时期涌向布拉瓦海岸(Costa Brava)这类目的地的大量游客。

尽管到了20世纪60年代有兴趣出国前往地中海享受四季不变的阳光的人数有了增加,但是旅游经营商仍然需要消除人们普遍存在的3种心理障碍:害怕乘飞机、讨厌外国人和不喜欢外国食品。当然,害怕乘飞机至今仍然在困扰着一些潜在旅行者,不过在大众旅游市场发展的初期,这种心理与恐惧症并没有很大关系,而更多的是因为人们认为用来运送旅客的飞机往往是一些二战期间使用过的机型,过于老化、布局欠佳、很不舒适。另外,所使用的一些机场的安全纪录也不是特别好。具有前瞻性的旅游经营商逐渐认识到,游客需要的是专门建造的新型飞机,是根据大众旅游需要而设计的飞机。与此同时,还有一些旅游经营商以极低的价位推出了"试乘飞机"活动:将飞机起飞前最后一刻尚未售出的机票以最低价抛售,以便让第一次外出旅行的人能够"体验一下"旅游产品并且克服他们的恐惧感。

不喜欢外国人这一问题多少是与人们想要去外国旅行自相矛盾的。不过如果了解了许多度假者只是想到宜人的海滩晒太阳而不是寻找机会与陌生人碰面这个道理时,这一问题就容易理解了。很少有游客会饶有兴致地去了解周围的情况,更不用说体验异国习俗了,在饭店和餐馆更是如此。虽然20世纪60年代早期超额预订饭店客房是在旅游度假中经常会出现的情况,而且这种情况可以很容易地被归咎于不讲信誉的外国饭店业主,但是却仍然无助于消除人们普遍存在的担心。最终,大型旅游经营商开始投资兴建全新型饭店,并且对其中的一些新饭店实行部分管理和部分监控,从而解决了超额预订的问题。1968年通过的《商品说明法》表明,旅游经营商开始取缔超额预订的做法,他们主动为由此带来不便的顾客提供赔偿,然后又将这笔成本转嫁到饭店业主身上。此外,度假地业务代表的地位也得到了提升,这样他们提供的服务就不仅仅局限在机场迎接和致欢迎词了。他们可以为客人解决困难,还可向他们介绍当地的习俗。

此外我们还必须承认,很多英国人都不喜欢外国餐饮。为此,有些旅游公司甚至派出烹饪专家到饭店去教授在那里工作的厨师长学会烹制英国客人喜爱的美食。最大的突破可能在于,饭店开始供应自助式早餐和午餐,这种就餐方式既减少了劳动成本和遭客人拒吃饭菜的成本,同时还可以满足度假者对更多灵活性的需求。

但是在60年代初期，当市场竞争的加剧导致一些小型公司纷纷倒闭时，旅游经营商也显露出了可能面临经营失败的端倪。1964年，节日旅游公司(Fiesta)宣告破产。奥马尔·凯亚姆旅游公司(Omar Khayyam Tours)紧随其后于1965年也倒闭了。

(一)技术的革新

技术的发展在不断影响着旅游业的发展。例如，1969年波音公司建造了第一架波音747型飞机，又称巨型喷气式客机，使得飞机有可能在更短的时间内飞行更长的距离。这样一来，前往长线目的地旅游似乎变得更加现实、更有可能了。此外，英法联合制造的协和飞机也于1969年进行了首航(直到1976年协和飞机才被用于商业飞行)。但是协和飞机对旅游业的影响始终十分有限，因为它主要是用来充当昂贵的一日游的交通工具。

(二)消费者权益保护的发展

最初的假日旅游市场是在一种无计划、无秩序状态下发展起来的。但是到了20世纪50年代中期，人们开始采取一系列的措施来规范市场的发展。1955年，英国旅游代理商协会宣告成立，该协会既代表旅游代理商也代表旅游经营商，同时还是讨论旅游行业范围内相关问题的论坛。1960年，根据《民用航空(经营执照审批)法》(the Civil Aviation[Licensing]Act)创建了"航空运输执照审批委员会"(the Air Transport Licensing Board, ATLB)。所有的英国航空公司都必须在获取该委员会颁发的执照之后才可以开始运营。取得执照的条件之一是航空运营商对涉及航空运输的包价旅游必须确定最低收费标准，而这一最低收费标准必须高于定期航班返程机票的最低票价。这样，旅游公司就无法以削价手段与定期航班航空公司进行竞争了。1971年，航空运输执照的监督权被移交给了民用航空管理局(Civil Aviation Authority)并且至今仍由民用航空管理局负责。

1965年，为了避免政府对旅游业越来越有可能进行的干预，英国旅游代理商协会大会建立了"稳定机制"，规定英国旅游代理商协会所属的旅游经营商只能通过同样隶属于该协会的旅游代理商销售其度假旅游产品，反之亦然。这样做的理论依据在于，这样做便于控制行业行为，并且公众能够将英国旅游代理商协会的会员资格视为一种安全保证。事实上，稳定机制创建了一家"封闭式商店”,以兼顾旅游交易中所有各方的利益:经营商、代理商和消费者。

1967 年,旅游经营商研究学会(Tour Operators Study Group, TOSG)宣告成立。该学会代表着占主导地位的旅游经营商的利益,同时还为讨论共同关心的问题提供了又一个论坛。此外,如果出现任何威胁到旅游经营商利益的事情,旅游经营商研究学会还会对本国政府及各相关的外国政府展开游说活动。尽管英国旅游代理商协会力图规范其成员的财务状况,但是旅游经营商研究学会却从不干涉其成员的内部事务。不过在 1970 年,旅游经营商研究学会的成员一致认为,应该为度假旅游项目设立保证金制度:旅游经营商向第三方支付一定数额的现金,以便在出现旅游经营商破产的情况下由第三方使用这笔款项将相关的游客运送回国并给予赔偿。旅游经营商研究学会的 22 名成员将其总营业额的 5% 交由一个信托基金负责管理,组成一个金额达 500 万英镑的公共基金。后来,这一公共基金进一步扩展,将所有英国旅游代理商协会的成员都包括进来。自 1973 年开始,民用航空管理局要求所有申请航空旅行经营执照的机构都必须使用自有的资金而不是客人的订金来缴纳保证金。

1971 年的《民用航空法》规定,民用航空管理局必须向所有愿意为公众提供航班服务的机构发放航空旅行经营执照。民用航空管理局很快就取消了有关只有特殊团体或社团才能够预订包机的规定——至少是在冬季,从而促进了冬季假日市场的迅速发展。首批冬季度假旅游项目就是由哈里·钱德勒(Harry Chandler)推出的,目的地是埃尔加夫(Algarve)。有关特殊团体或社团才可以预订包机这一规定于 1973 年被彻底废除了。

五、20 世纪 70 年代包价旅游市场的发展

在 1965 年,大约有 100 万人参加包价旅游团前往西欧游览。在 1970 年,航空运输执照审批委员会共收到了涉及往返于各航线的 3 151 798 个航空舱位的申请。由于入境与出境的航班必须分别加以申请,这意味着旅游公司计划运送旅客的数目达到了 1 575 899 人次。截止到 1970 年,从航空运输执照审批委员会所收到的申请中就已经可以看出,共有 4 家旅游公司在市场上确立了主导地位(请参阅表 2-1)。

在 1970 年的整个旅游度假市场上,只有 9% 的游客依然是乘坐巴士旅行。

(一)经济衰退期的来临

正当一切都发展得异常顺利之时,阿拉伯人却在 1973 年和 1974 年开始

意识到了自己由于控制着世界上大部分石油供应而所拥有的权力。1974年，石油的价格上涨到了原先的两倍还多，这给旅游业的方方面面都带来了连锁反应。随着燃料价格的上涨，旅游价格也被迫上调，并引发了一系列不利后果。在短时期内，一些像希腊这样的旅游接待国出现了到访游客人数下降的情况。与此同时，价格的上涨还使得游客转而青睐价格较为低廉的自炊式住宿设施而不是饭店了。不过，从长远的角度来看，包价旅游的销售额仍然在稳步地增长。

表2-1　1970年向航空运输执照审批委员会提交的申请

公司名称	舱位数量	总数	占申请总数百分比
克拉克森旅游公司	494 434		
汤姆逊旅游公司	301 696		
地平线旅游公司	246 804		
寰宇旅游集团	206 224		
		1 249 158	40
兰·波利连锁旅游代理商	167 655		
环球旅游公司	162 382		
希基·葆曼/米尔班克公司	131 659		
蓝车(蓝天)旅游公司	127 436		
阳光航空旅游公司	121 760		
		710 892	22
		1 960 050	62

对有些旅游公司来说，安全度过这场风暴较之其他同行难度更大。大量旅游经营商在20世纪70年代初期纷纷倒闭的风潮——其中以考特莱恩公司的破产最为著名——考验着已经发展起来的消费者权益保护机制。各种致命的因素共同将一些旅游公司挤出了旅游业：

● 一些旅游公司的发展过于迅速，借贷了过量的资金用以支持自身的发展

● 各大旅游公司纷纷投入到了你死我活的价格大战当中，力图在竞争中胜出。这种做法最终意味着他们在每一位运载的旅客身上只能赚取到很少一点利润

● 燃料价格的攀升导致经济衰退期的出现，使一些人干脆放弃了旅游或

者是转向选择低价旅游项目

- 糟糕的管理决策进一步加重了这些困难

考特莱恩/克拉克森假日旅游公司的案例

考特莱恩是一个经营从游轮到飞机等各种业务的大型跨行业集团公司，并于1974年并购了英国最大的旅游经营商——克拉克森旅游公司。除了克拉克森旅游公司之外，考特莱恩还拥有地平线旅游公司、4S旅游公司、4S体育旅游公司和航空旅游公司。在1974年7月，考特莱恩明显陷入了困境，于是工党政府同意出资2 400万英镑购买其所属的造船企业，希望借此使考特莱恩的旅游企业能够在当年夏季继续从事经营活动。后来考特莱恩否认曾经认可2 400万英镑足够确保企业境况得到稳定的说法，还有人声称当时的贸易与工业大臣托尼·本更关注的是造船业国有化的机遇问题，而不是各旅游经营公司的生死存亡问题。不管怎样，事情的原因很快就水落石出了：考特莱恩公司需要500万～1 000万英镑来逐步缩减其经营规模。1974年8月16日，考特莱恩在旅游的旺季宣告破产。随之倒闭的有克拉克森假日旅游公司、地平线假日旅游公司、翠鸟假日旅游公司、旅行休闲联合旅行社以及考特旅游公司。这些公司的倒闭致使39 000名游客滞留海外，同时有10万人预订的旅游项目也化为泡影。另外还有5万名预备乘坐由其他旅游经营商包租的考特莱恩航班的游客也面临着旅游计划被打乱的问题。

(二)考特莱恩倒闭的原因

《时代周刊》的一篇专题文章这样写道：

可以完全认为……在成本增长程度无法预料、经济前景扑朔迷离的这样一个时期，经营一个规模庞大而盈利率很低的公司已经是问题丛生了；而在过去的一年中又决定并购克拉克森和地平线两家旅游公司以拓展其业务规模则使问题愈加恶化了。考特莱恩这一行业巨头旨在保护旅游业声誉的举措在当时看来似乎是一种明智之举，但是从现在的角度来看，这无异于财务方面的自杀行为。

自20世纪60年代起，克拉克森旅游公司就一直深陷在与当时英国第二大旅游经营商汤姆逊旅游集团所进行的价格大战之中，其结果是其旅游度假项目都是以亏损价格销售的。当克拉克森旅游公司陷入困境的时候，考特莱恩集团将其连同地平线旅游公司一同并购。这在当时似乎是明智之举,但石油危机的爆发致使考特莱恩集团无法兼顾其所有业务领域——游轮、航空和旅游经营,因此这一并购就变得不那么明智了。克拉克森旅游公司盈利很少,没有余力来缓解石油危机造成的影响。石油危机迫使燃料价格攀升,而此时正是各家庭开始削减开支的时候——特别是在 1974 年每周 3 天法定工作日这段时期内,从而进一步恶化了克拉克森旅游公司的处境。1973 年英镑的汇率出现了浮动,旅游经营商们被迫在机场加收额外的外汇附加费。1974 年他们又被迫加收燃油附加费,而这一做法令游客非常反感。

(三)考特莱恩解体后的情况

考特莱恩公司停靠在卢顿机场的飞机被依法扣留了,有 3 000 名员工(其中 1 200 人就职于航空公司,1 800 人就职于各个旅游公司)丢掉了工作。而其他旅游公司都尽其所能地把被考特莱恩抛下的订单承揽到自己手中。例如,1974 年亨利·古德曼公司通过接手大量被抛下的饭店订单而使其利润翻了一番。汤姆逊旅游集团额外获得了 20 000 名前往西班牙和葡萄牙度假的“享受到同等待遇”的游客,而蓝天旅游公司也增加了 2 000 个前往马略卡岛的游客。

对于为了保护消费者权益在旅游经营商破产的情况下使消费者权益不会受到损害而设立的保证金制度而言,这是第一次重大的考验。考特莱恩公司曾向英国旅游代理商协会缴纳了 330 万英镑的保证金。这笔款项被征调出来并存入由旅游经营商研究学会管理的一个信托基金。在 10 天时间内,民用航空管理局、英国旅游代理商协会和旅游经营商研究学会动用了其中的 100 万英镑,把 39 000 名滞留在国外的旅游者送回了英国。其间不断有旅游者指控,一些饭店业主在听说旅游经营商破产之后就将他们赶出了所住的饭店。尽管有人曾向英国外交部求助,但是一些旅游公司的业务代表却干脆抛下客人自行返回英国,并声称自己已经 24 小时水米未沾。到了 8 月底,在英国旅游代理商协会官员几乎是一刻不停的安排下,差不多所有滞留在外国的英国游客都被运送回国。

考特莱恩公司面临被清算的资产包括游轮、若干架飞机、位于加勒比地区的几家饭店、多处房地产以及一些造船企业,其中造船企业将被出售给英国政府。旅游代理商当时手中持有总共约 500 万英镑的旅游订金和预付款,但有一点还无法确定,即他们是将这笔“被执行”的款项退还给客人,还是由清算公司把这笔钱作为考特莱恩的资产用于赔偿债权人。大部分已经预订并支付了度假费用但尚未实际成行的消费者最终还是未能得到一分一厘的赔偿金。旅游经营商研究学会出面进行了干预，以协助弥补消费者的损失。英国政府也向他们作出了赔偿保证，以防止消费者进一步提出索赔要求。信托基金的一位主管甚至结清了拖欠西班牙几家饭店业主的款项。政府在选举之前作出承诺，答应对那些在出国旅游时遭受损失的旅游者给予赔偿，并保证从财政经费中拨款500万英镑设立航空旅行储备基金(the Air Travel Reserve Fund)，而这笔款项将会通过向旅游者征税的形式逐步收回。1975年至1977年期间，英国政府向旅游经营商征收占其营业额2%的税款，用以弥补该款项的差额部分。8月22日，寰宇旅游集团将向民用航空管理局缴纳的保证金提高到法定额度的两倍，以预防将来可能出现的问题。

考特莱恩事件促使保证金制度得到进一步的完善。后来，英国旅游代理商协会的成员按要求必须上交数量不低于其营业额10%的保证金。原有的航空旅行储备基金被航空旅行信托基金(the Air Travel Trust)所取代，该信托基金负责补足所有可能出现的赔偿金不足部分。非英国旅游代理商协会的成员被要求向民用航空管理局缴纳最高不超过其营业额15%的钱款作为保证金。旅游经营商研究学会继续管理着自己的信托基金。

在考特莱恩倒闭之前，员工们就曾讨论是否有必要将产品价格全面提高30%～35%，以使旅游经营业务重新盈利。此外，在1974年有过教训的饭店业主也对支付预付款的做法表现出了更大的兴趣。但是旅游业的竞争一直都相当激烈，因而经常被人谈起的价格上调这一举措实施起来一直相当迟缓。

(四)后考特莱恩时代

对保证金制度的又一次重大考验发生在1982年的2月，当时弗莱迪·雷克拥有的空中列车公司宣告倒闭，随之关门歇业的还有其属下的空中列车假日旅游公司。这一次，英国的银行家们赶在旅游高峰期到来之前收回了该公司的欠款，从而避免了一场令成千上万名游客一筹莫展地滞留在度假区的风险。有52 000名消费者向空中列车假日公司缴纳过预付款。这些消费者提出的赔偿要求通过雷克缴纳的保证金得到了解决，不足部分由航空旅行储备基金加以补足。不过预订空中列车公司前往美国的定期航班机票的旅客却没有受到任何保证金的保护。

表 2-2 1977 年～1979 年经民航管理局批准承接的往返旅客的数量

公司名称	1979 年 4 月	1978 年 4 月	1977 年 4 月
1 汤姆逊旅游集团	734 000	631 000	679 000
2 银翼地服有限公司	360 552	249 340	211 920
3 寰宇航空假日有限公司	342 000	261 000	300 000
4 中部地平线有限公司	304 000	206 000	170 000
5 雷克航空有限公司	174 000	174 000	141 200
6 伦敦环球(旅游与旅行)有限公司	137 150	104 100	91 825
7 国际阳光北方有限公司	135 000	90 000	55 000
8 业主服务有限公司	134 600	110 780	132 300
9 国际阳光有限公司	130 950	82 500	50 000
10 蓝天假日有限公司	128 300	86 875	75 000
11 托马斯·库克有限公司	105 002	100 176	63 566
12 马丁·鲁克斯有限公司	100 000	70 450	70 000
13 传奇假日有限公司	96 000	80 000	
14 阿罗史密斯假日有限公司	95 000	95 000	103 000
15 英格汉姆旅游有限公司	94 600	84 750	52 300
16 埃勒曼恩莱斯有限公司	90 850	71 293	53 535
17 特贾尔博格有限公司	81 000		
18 优格旅游有限公司	75 000	50 000	50 000
19 庞迪南特(假日服务)有限公司	67 500	72 000	67 500
20 杰特塞夫有限公司	60 550	70 050	
21 大鹏有限公司	60 000		
22 温格罗瑟/俱乐部 33AB	55 000		
23 交换旅游假日有限公司	54 000		
24 沃德埃尔(英国)有限公司	52 000	53000	
25 海外航空旅游有限公司		62 250	
总计	3 667 054	2 804 564	2 366 146

六、20世纪80年代假日旅游市场的发展

1979年,玛格利特·撒切尔担任英国首相。这标志着重新发展资本主义企业的激情时代的到来。尽管这10年时间是以经济衰退为开端同时又是以经济萧条为结束的,但保守党政府所采取的很多措施对于营造一个令旅游业繁荣昌盛的氛围来说还是有所贡献的。举例来说,对个人能够携带出国的外币额度的限制在1980年被取消了,从而为人们随心所欲地前往世界各地旅行提供了极大的便利,并且人们还可以随意决定自己在国外逗留的期限。而在此之前,人们只能够携带数量有限的外币出境(请参阅图2-7)。在购买外币的时候,所购外币的金额被登记在护照的背面。任何想要购买超出法定额度外币的人都必须向英格兰银行申请特别许可才能够购买。

年份	每位成年人可以携带出境的外币额度
1945年	100英镑
1966年~1970年	50英镑
1970年~1977年	300英镑
1978年	500英镑
1979年	1000英镑
1980年	无限制

图2-7 1945年~1980年期间法定携带外币出境额度的变化

各公司给予其员工带薪休假的时间一直在不断地延长,并且越来越多的人每年度假的次数都超过了一次,从而带动了冬季阳光旅游市场和滑雪市场的大发展。此外,也有越来越多的人在享受过为期两周的阳光旅行之后还要进行第二次较短时间的度假活动,从而推动了城市短假旅游市场的发展。

越来越便宜的机票和不断延长的带薪假期逐步地促进长线目的地度假市场的扩大。最初,长线目的地度假市场是由那些专项旅游公司经营的,但是随着市场的扩大,大型旅游经营商也加入进来。他们在现有宣传册的基础上又推出了将世界各地都包括在内的全新旅游宣传册。不断增加的冬季阳光旅游者使得加勒比地区和冈比亚获益匪浅,而诸如泰国等一些国家很快就接待了过量的海外旅游者,尽管对于这些国家来说,接待过量的海外旅游者并不是一

件好事。然而在1993年,在通过旅游代理商销售的包价旅游当中,仅有11%的团队是前往长线目的地的,但与1987年的4%相比还是有了一定的增加。

截止到12月1日	英国旅游代理商协会所属旅游经营商
1983年	484
1984年	506
1985年	511
1986年	544
1987年	648
1988年	673
1989年	699
1990年	697
1991年	657
1992年	647

图2-8 增长与减少——1983年～1992年期间英国旅游代理商协会所属旅游经营商的数量

(一)并购狂潮

20世纪80年代期间,越来越多的旅游市场逐渐集中到了少数几个大型旅游公司手中。例如,海外业主旅游集团通过收购其他公司逐步进行扩张:1983年收购了猎鹰假日公司,1988年收购了特贾尔博格旅游公司与太阳火旅游公司,1989年收购了太阳之旅假日公司,1990年收购了拥有企业、帝王及马丁3家假日公司的红翼旅游公司。1988年,当时最大的旅游经营商汤姆逊旅游集团从巴斯公司(Bass)手中买下了当时排位第三的地平线旅游公司,从而牢牢地掌握了整个包价旅游市场35%的份额。而到了1993年,航空旅游集团通过购进埃斯博罗假日公司和信风旅游公司扩大了自身的规模。进行这样的扩张并非仅局限于英国国内。1994年,海外业主旅游集团公布计划,预备收购加拿大最大的旅游经营商国际旅行控股公司。

进入旅游市场的公司的数量同样也在迅速地增加,从1984年的506家增加到了1994年的746家。虽然这种增长有时候是由于新市场机遇的出现,但是也并非都是如此。例如1990年,仅有8家旅游经营商向市场提供非洲度假游活动,到1993年时已经有70家旅游经营商跻身进入这一市场,但是却无视潜在购买者的数量并未与供应量同步增长这样一个事实。

汤姆逊旅游集团对地平线旅游公司的并购

1987年7月，由若干家啤酒厂发展成为饭店集团的巴斯公司开价9 480万英镑收购了地平线旅游公司（包括奥林航空公司在内），随后又在同年8月收购了WINGS/OSL旅游公司。不过截止到1988年8月，虽然奥林航空公司(Orion)是盈利的，但是巴斯公司的旅游业务已经明显处于赔本经营之中了。于是，巴斯公司同意以7 500万英镑的价格将地平线旅游公司（连同WINGS/OSL旅游公司）出售给汤姆逊旅游集团。这项交易是在1988年8月19日宣布的。汤姆逊旅游集团通过购买地平线旅游公司，稳稳地掌握了包价旅游市场35%的份额，远远超过了国际休闲假日集团（20%）、英国航空旅游公司（6%）和海外业主（5%）的市场份额。在与奥林航空公司合并之后，布列塔尼亚航空公司就成为了世界上最大的包机航空公司。

在并购时，汤姆逊旅游集团与地平线旅游公司各自拥有的资产如下：

	汤姆逊	地平线
飞机		
波音737s	27	8
波音767s	8（其中2架在订购当中）	–
空客A320s	–	2
运行当中的飞机场数量	15	8
所属旅游代理商的数量	439（兰·波利）	17（地平线旅游中心）

由于该项交易的价值超过3 000万英镑，同时从理论上讲该交易使得汤姆逊旅游集团拥有了超过25%的市场份额的技术垄断权，因此公平交易局考虑将此项交易提请反垄断与兼并委员会批准。汤姆逊旅游集团给予巴斯公司的报价是不附加任何条件的，所以如果反垄断与兼并委员会当初作出了不利的裁决，那么再次将地平线旅游公司出售就成为必然。国际休闲假日集团的总裁亨利·古德曼向公平贸易局提议反对这项并购，声称这项交易将会破坏旅游业的稳定并且使得包价旅游市场上出现 前所未有的权力集中现象。此外，消费者权益保护协会也对这种导致消费者选择范围减少的做法表示反对。

汤姆逊旅游集团辩解说，境外旅游市场不仅包括参加旅游团的旅游者，而且还包括那些进行自助游的散客。如果将这些散客考虑在内，那么汤姆逊旅游集团在总体境外旅游市场中所占的份额相对于国际休闲假日集团的10.4%

和红翼旅游公司的2.6%而言，就下降到了22.9%。汤姆逊旅游集团还声称，成立一家新的旅游公司相对而言并非难事，因此自己从来都没有打算完全垄断旅游市场。最后，它宣称并购的举措也是为了应对1992年之后出现的单一欧洲市场，因为单一欧洲市场的形成可能会使欧洲大陆的各家旅游公司力图在英国寻求扩张。

汤姆逊旅游集团的辩解得到了认可，于是对地平线旅游公司的并购获得了批准。地平线旅游公司作为一个单独的品牌继续存在，但是地平线旅游中心则被并入到了兰·波利连锁旅行社当中。1993年，汤姆逊旅游集团宣布位于伯明翰的地平线旅游公司的总部正式关闭。

(二)市场细分

在20世纪80年代，旅游业的另一个特点就是市场细分(niche marketing)。最初，旅游经营商以为同一类型的产品对大部分消费者都是适合的，但是随着外出旅游人数的增长和频率的增加，市场开始出现了许多细分。规模最大的旅游公司仍然试图尽其所能地满足所有消费者的需求，即使是在为整体旅游市场中各种不同的细分市场(老年细分市场、青年细分市场、巴士旅游细分市场等)生产各不相关的产品时也是如此。同时，也出现了越来越多的专项旅游公司，以满足各种不同细分市场(乡间漫步者、鸟类观赏者等)的需求。

(三)再次步入经济衰退期

尽管旅游经营公司的数量在20世纪80年代有了迅速的增长，但是这并不一定意味着可以从旅游业中获得巨大的利润。原因是规模最大的几家公司之间不断爆发的价格战抑制了获利的水平，同时让消费者习惯了低价旅游这种观念。事实的确如此。在1987年夏季，民用航空管理局指出，位居前30名的旅游经营企业当年共亏损了2 500万英镑。虽然汤姆逊旅游集团依旧缴纳了数额为4 300万英镑的税前利润，但较之1986年的6 000万英镑而言却有了大幅度地减少。

到了1988年，由于受到利率与抵押贷款成本上涨和早期经济萧条局势的冲击，旅游市场开始停滞不前。另外由于受到1988年广为报道的机场航班延误事件的影响和出于对飞机安全性能的担心，公众对旅游的热情也都大大地打了折扣。到了1989年,随着经济萧条的加剧,情况愈加恶化。1989年2月,汤姆逊旅游集团把其计划中的300万名游客减少到240万名游客,并声称这是由于市场需求量比预计的减少了20%的缘故。红翼旅游公司也声称预订数量减少了10%,因此裁员50人,并宣称这是公司在订单处理系统和行政管理两方面的计算机化水平有所提高的结果。

更多的长线度假项目
更多的短假旅游项目
更多的专项旅游项目
更多的自炊式度假项目
更多的自驾车包价旅游项目
更多的航空与自驾车联运和航空与游轮联运度假项目
更多的"开放式"包价旅游项目

图2-9　20世纪90年代初期旅游业的几大趋势

尽管如此,旅游经营商们仍然继续采用削价策略。而1991年1月海湾战争的爆发对有些旅游公司来说就成了最后的致命一击。时局的动荡导致潜在旅游度假者推迟了旅游活动预订,而当时全国第二大旅游经营商国际休闲假日集团于1991年春季的倒闭事件又一次将消费者权益保护机制推到了极限。随着更多的小型旅游公司步其后尘走到了停业清理资产的境地,那些未从事航空运营并且不属于英国旅游代理商协会的旅游经营商可以在没有保证金的情况下开展经营活动的问题就成为人们关注的焦点。适逢此时,大地旅游公司——一家从事长途巴士观光活动的旅游经营商于1992年宣告倒闭,致使其游客无依无靠、滞留异国他乡,而且也没有一丝能够获得赔偿的希望。1993年1月正式成为法律的《欧共体包价旅游管理条例》旨在防止将来再次发生类似的情况。该管理条例规定,所有从事包价旅游项目的经营商都必须缴纳保证金或投保企业破产险。

表2-3　20世纪80年代中期英国最大的旅游经营商

公司名称	1986年4月	1985年4月	1984年4月
1 汤姆逊旅游有限公司	2 100 000	1 313 366	954 529
2 国际阳光假日有限公司	1 226 900	880 438	

续表

公司名称	1986 年 4 月	1985 年 4 月	1984 年 4 月
3 地平线假日有限公司	591 180	409 270	544 000
4 兰克旅游有限公司	405 485	323 200	365 600
5 英国航空假日有限公司	391 517	296 418	533 569
6 寰宇航空假日有限公司	250 000	225 000	300 000
7 彭德尔旅游服务有限公司	244 699	127 000	90 000
8 最佳旅游有限公司	240 000	188 250	88 000
9 优格旅游有限公司	220 000	160 000	120 000
10 猎鹰休闲集团有限公司	202 500	130 000	118 500
11 波特兰假日有限公司	175 618	233 255	128 387
12 天际旅游有限公司	150 000		
13 马丁·鲁克斯联合有限公司	121 553	115 546	
14 雷德伍德旅游有限公司	112 000	87 000	51 938
15 托马斯·库克有限公司	108 850	160 554	204 800
16 特贾尔博格有限公司	100 000	115 000	115 000
17 海外研修有限公司	88 200	111 000	90 525
18 传奇假日上市有限公司	87 500	87 500	87 500
19 海外业主航空有限公司	85 500	57 000	97 250
20 帕加索斯假日(伦敦)有限公司	76 500	73 750	65 500
21 CIT(英格兰)有限公司	57 912	*	
22 奥林匹克假日有限公司	57 011	62 500	88 441
23 索尔假日(AE)有限公司	55 085	95 000	*
24 霍尔蒙特有限公司	50 000	55 000	50 000
25 蓝天假日有限公司		218 909	219 610
26 伦敦环球(旅游与旅行)有限公司		190 000	174 000
27 阿罗史密斯有限公司		85 575	87 250
28 沃德埃尔(英国)有限公司	* *	65 000	75 000
29 国际假日俱乐部有限公司	*	60 426	126 000
30 卡罗塞尔假日有限公司	*	57 303	95 000
31 哈兹旅游服务有限公司	*	54 000	89 412
32 巴黎旅游服务有限公司	*	50 000	*
33 斑马假日有限公司		50 000	*
总计	7 198 010	6 137 260	5 876 263

（* 表示获准承接的旅客人数不足 5 万）

资料来源：民用航空管理局

国际休闲假日集团(ILG)的解体

1991年3月8日,英国第二大旅游经营商——国际休闲假日集团进入停业资产清算阶段,其负债金额高达5亿英镑左右。该集团的破产是旅游行业自1974年考特莱恩旅游公司破产之后最惨重的一起倒闭事件。尽管决定在3月份终止营业(而不是等到夏季旅游高峰季节全面到来之时)意味着滞留在度假地并且无依无靠的游客数量会减少一些,但是从欧洲航空公司包租经营业务的规模来看,被打乱的航班数量要多于1982年雷克公司倒闭时发生的情况。

除了欧洲航空公司以外,以下作为国际休闲假日集团的下属企业的公司也都终止了营业:

国际阳光旅游公司	兰卡斯特旅游公司
国际阳光雪景旅游公司	精选旅游公司
环球旅游公司	欧洲巴士旅游公司
18岁~30岁俱乐部旅游公司	国民旅游公司

国际休闲假日集团:背景介绍

国际休闲假日集团是亨利·古德曼(一位出身贫寒、傲气十足的企业家)苦心经营的结晶。他在年仅26岁的时候就创建了他的第一家旅游公司——太阳风旅游公司。1971年他以7万英镑的售价将太阳风旅游公司卖出,又以25 000英镑的价格将兼营旅游经营与旅游代理业务的国际阳光公司买入。在将旅游代理这部分业务卖掉之后,他利用1974年考特莱恩旅游公司破产这一机会迅速将大量被放弃的订单揽入手中,当年就将利润翻了一番,从而开始打造自己的旅游经营事业。在雷克假日公司倒闭之际,他又一次迅速出手,把那些深感失望的顾客统统包揽过来。

直到1981年之前,古德曼主要是经营价格低廉、毫不奢华的4S旅游度假项目——阳光、海水、沙滩和性爱。他开发出声名不佳的"18~30岁俱乐部",甚至不屑以一些高雅的幌子来粉饰这一针对年轻客人的低俗产品。1981年,国际休闲假日集团在股票交易市场上挂牌上市,很快古德曼的身价就达到了3 000万英镑。

不过到1987年3月的时候,古德曼将国际休闲假日集团从股票市场撤出,使之再一次成为一家私人公司。此时他已下决心要扩大欧洲航空公司的规模,使之兼营包机航班和定期航班两种业务,以便与英国航空公司展开竞争。他声称由于股票市场只注重眼前利益，因此如果国际休闲假日集团仍然保持其上市公司的身份的话，他就不可能实现自己的愿望。他计划在早晨和傍晚这两个交通高峰时段利用飞机经营定期航班业务，而在一天的其他时间将飞机用于旅游包租业务。到了1989年，欧洲航空公司已经拥有了一组低成本、高效率、现代化的波音737和波音757机群，它为乘客提供有奖飞行服务，并且发展成为航班始发于伦敦盖特威克机场的第二大航空公司。不过为解决经营所需的资金问题，古德曼曾经在利率高得足以使公司陷于瘫痪的时候借入了巨额贷款。

国际休闲假日集团：破产的结局

1991年冬，海湾战争引发的动荡局势使本该填满欧洲航空定期航班班机的商务旅客停止了出行。与此同时，本该填满包租航班班机的旅游者也都推迟了对夏季度假活动的预订。国际休闲假日集团发现自己面临严峻的资金周转问题，它需要再有一笔4 000万英镑的短期贷款以确保自己坚持到5月份，到那时结算出来的旅游费用就开始入账了。不过，向国际休闲假日集团放贷的银行财团却不愿再借给它一分钱。古德曼就欧洲航空公司与丹麦航空公司(Dan Air)之间的合并进行了磋商，但是毫无结果。劳埃德公司准备为古德曼提供2 500万英镑，但前提是他必须能够从其他方面筹措到同样数目的资金。古德曼将国际休闲假日集团49%的产权出售给了一个叫沃纳·雷伊的瑞士商人，但是这一举措却于事无补，原因是沃纳·雷伊所拥有的奥姆尼控股公司(Omni Holdings)于1991年2月终止了营业，这使得各大银行更加紧张不安。

欧洲航空公司直到停业前8小时，还都一直在出售飞机票，但民用航空管理局的说法是，吊销其航空运输执照也仅仅是加速其倒闭的速度而已。有人试图为国际休闲假日集团所属的各旅游公司寻找买家，因为这些旅游公司基本上还是盈利的。同时还希望有人能够收购欧洲航空公司所属航线及其在停机坪上的机位。可是这一尝试并未成功。此后国际休闲假日集团所缴纳的6 000万英镑保证金被动用了，旅游经营商研究学会开始着手尽力为失望的顾客寻找到可以代替的航班，并着手处理向已经预订了包租航班和包价旅游的消费者退还钱款的事宜。欧洲航空公司的定期航班并不在英国旅游代理商协会保证金的适用范围之内。

国际休闲假日集团：破产后的余波

英国第二大旅游经营商的倒闭给英国旅游代理商协会和现有的保证金制度带来了巨大的压力。事实上，海湾战争和经济衰退的受害者还是很多的，其中包括专门经营土耳其、以色列和埃及等国的英国旅游公司，而这些国家的旅游业也都遭到了海湾战争的重创。但是，这些事实对于缓解国际休闲假日集团倒闭所造成的严重影响并无多大帮助。到了1992年，人们甚至对英国旅游代理商协会是否有必要仍然以现有的形式继续存在都产生了疑问。

不过，就顾客而言，保证金制度和安排回国这两项措施还是卓有成效的。另外，其他旅游公司也都迅速地包揽下由于国际休闲假日集团破产而被甩掉的潜在旅游者，所以最终很少有人真正丧失了外出度假的机会。然而，财务方面的恶劣后果却需要更长时间才能够得以解决。对于旅游代理商在国际休闲假日集团倒闭之际尚且持有的因承接该集团旅游项目而收到的客人预付款(即所谓的代理款项)应该如何处置这一问题，法庭在1993年年终的时候仍然无法作出判决。有些旅游代理商抓住这笔钱不放手，认为这笔钱应该被视为国际休闲假日集团对其欠款的部分偿还金。甚至还有旅游代理商将这笔钱返还给客户，以避免客人蒙受经济损失。不过，管理方认为这笔钱应该纳入到资产总额当中分摊给债权人。1993年7月，根据航空旅行信托基金的估算，最终需要保险公司赔付的资金缺口大约是1 270万英镑。

4家新生的公司迅速从国际休闲假日集团的破产中脱颖而出。它们是：俱乐部公司(其前身为18～30岁俱乐部)、阳光世界旅游公司、诺沃旅游公司(Novatours)和里瓦旅游公司(Riva Travel)。里瓦旅游公司聘用前国际休闲假日公司的总裁亨利·古德曼担任顾问。不过到了1993年中期，诺沃旅游公司和里瓦旅游公司相继关门停业了。

1994年，亨利·古德曼向法院起诉英国航空公司。他宣称英国航空公司的行为——特别是通过四处散布有关欧洲航空公司的恶毒谣言——致使国际休闲假日集团破产，并据此提出索赔。

七、进入20世纪90年代

国际休闲假日集团的破产并未意味着规模最大的几家旅游经营商之间你死我活的竞争的结束。为了未来的发展，这些旅游经营商争先恐后地在旅游市场上扩大起自己的份额，它们有时候对市场份额的追求竟会超过对增加利润的考虑。自1989年以来，航空旅游集团一直在一步一步地确立起自己的市场地位，到1991年时该公司一切准备就绪，因此准备继国际休闲假日集团之后成为汤姆逊旅游集团的主要竞争对手。海外业主旅游集团也同样一直在扩大着自己的市场份额。因此到1991年时,这三大旅游经营商总共拥有全部包价旅游市场70%的市场份额。由于市场不再进一步增长,因此这三大公司想要进一步扩大其市场份额的唯一办法就是进行合并(因此才出现了1993年航空旅游集团企图全面收购海外业主旅游集团这一事件,不过收购行动最终失败了。详细情况请见后面章节),或者彼此之间以削价的形式进行竞争。以汤姆逊旅游集团为例,尽管它在第一版宣传册上标出的价位是合乎实际的,但后来再版的宣传册却往往会因为对手的削价竞争而出现价格大打折扣的情况。

到1993年时,市场形势表现出一些相互矛盾的迹象。一方面,20世纪30年代以来发生的最为严重的经济衰退导致市场停滞不前,潜在客人要么停止出游,要么进行杀价,选择较为便宜的旅游方式。另一方面,出国旅游(曾经一度似乎让人感到恐惧和非同寻常)对很多人来说已经多多少少变得习以为常了,因而这部分人更愿意自行做出旅游安排和采取自助旅游的形式。尽管1991年共销售出1 050万人次的包价旅游团队这一事实表明,人们不断预言的"包价旅游将要消亡"距离实际发生尚有些时日,但是旅游经营商们却都不得不在推出各种不同类型的产品方面发挥出越来越大的想象力,以便抓住手中的顾客。除此之外,一些人开始更加清楚地认识到了环境问题和人们的旅游行为给前往的度假区所造成的负面影响。这种认识有着极为重大的意义,因为战后旅游业的急速发展在很大程度上是建立在这样一种假设的基础之上的,即人们仍然会满足于前往过度开发的度假区并入住劣质的高层饭店。规模较小、从事专营业务的旅游经营商在一定程度上倒是处于可以利用这些新发展趋势的最佳位置。不过在价格方面他们很难与大型旅游经营商展开竞争,而公众在选择度假活动的时候强调最多的又一直是价格如何低廉——尽管他们声称对"绿色"问题颇为关注。1993年1月,独立旅游经营商协会的主席诺埃尔·约瑟费德斯在对新闻媒体的一番讲话中将英国的旅游市场描述为"欧共体的吝啬鬼"。他援引德国市场主导者TUI旅游集团的证据说,瑞士人、意大利人和德国人在旅游方面的花费是英国人的两倍,并且他们对旅游活动的挑选是出于对产品质量的考虑,而不是价格。

1992年,欧洲共同体演变成为以贸易为目的的单一市场,从而意味着欧洲大陆的各个旅游公司可以合法地进入英国的假日旅游市场了。瑞士的库奥尼旅游公司(Kuoni)已经在英国市场上获得了极大的成功,但是丹麦的直销公司特贾尔博格旅游公司的经营却不如库奥尼旅游公司。1988年,特贾尔博格旅游公司向海外业主旅游集团屈服,并由海外业主旅游集团将其买断。

1993 年,《欧共体包价旅游管理条例》成为法律(请参阅第十章)。管理条例中的新规定要求旅游经营商必须为其旅游项目缴纳保证金,其目的是为防止旅游经营商在未对倒闭风险加以防范的情况下从事经营活动。管理条例出台后立即引起了反响。其中令业界人士感到困惑的问题,包括谁应该属于该管理条例所定义的组织者,特别是有关缴纳旅游项目保证金的新规定等。在 1993 年,一些较小规模、成立时间较短的旅游公司筹措所需保证金的能力受到质疑,而且一些旅游经营商(比如连锁饭店企业)有可能会终止其包价旅游业务。库奥尼旅游公司乘机利用这一大好形势,宣布有兴趣收购那些无法缴纳适当保证金的小型旅游经营商以及成功的专项细分市场经营商。为此,英国旅游代理商协会的作用再一次受到质疑。同时,似乎最终将有可能成立一个仅代表旅游经营商利益的新行业协会。

1974 年	考特莱恩旅游公司与克拉克森旅游公司双双倒闭
1989 年	汤姆逊旅游公司从巴斯公司手中买下地平线旅游公司
1991 年	海湾战争导致若干家小型和/或专项旅游公司破产,国际休闲假日公司倒闭
1992 年	欧洲共同体单一市场正式生效
1993 年	出台《欧共体包价旅游管理条例》,对保证金作出了新规定,航空旅游集团企图收购海外业主集团未果,转而并购埃斯博罗旅游公司

图 2-10　1974 年以来旅游经营史上的重要年份

八、1993 年:旅游经营商中的三大巨头

1993 年年初,汤姆逊旅游集团拥有包价旅游市场大约 30% 的市场份额,而海外业主旅游集团与航空旅游集团的市场份额加起来可能是 33%~34%。寰宇旅游集团拥有市场份额的 6%,同时埃斯博罗旅游公司、优你捷旅游公司和阳光世界旅游公司分别拥有 5% 的市场份额。其他旅游公司所占的市场份额更少,所以整个市场格局变得头重脚轻,这与 1988 年出现的情况恰好相同。当年汤姆逊/地平线占据 38% 的市场份额,国际休闲假日公司占据 14%,另外航空旅游集团、寰宇旅游集团和海外业主旅游集团加起来是 35%。

在下面我们将讲述一下三大巨头其中的两个——海外业主旅游集团与航空旅游集团。

(一)海外业主旅游集团/首选旅游集团

与汤姆逊旅游集团和航空旅游集团不同的是,总部设在科罗拉(Crawley)的英国第二大假日旅游公司海外业主旅游集团在1972年起步之时只是一个航空机票批发商,而不是一个羽翼丰满的旅游经营商。海外业主旅游集团后来终于建立了自己的包机航空公司——航空2000公司,然后开始收购现有的旅游经营公司以便为其飞机提供乘客。截止到1993年,航空2000公司已经拥有15架波音757型飞机和两架空客A320型飞机,另外还有空客A320型飞机正在订购当中。不幸的是,由于其他旅游经营商也在不断发展自身的航空公司,因此海外业主旅游集团想要轻而易举地售出机票就更为困难了。进入20世纪90年代以后,海外业主旅游集团想要凭借自身优势成为知名度更高的旅游经营商,但是却难以实现这一目标,因为它埋没在一些规模小于自己但品牌知名度却高于自己的下属公司之后,如猎鹰假日公司、帝王旅游公司和企业旅游公司等。此外,这些下属旅游公司的一些产品似乎是处于相互竞争的状态,这也反映出当初这些公司是被分别并购的。例如,猎鹰与帝王两家旅游公司提供的都是面对大众市场的家庭度假旅游产品。海外业主旅游集团在1993年上半年摆脱了航空旅游集团要对其恶意并购的企图之后,发现自己的利润额骤然下降。海外业主旅游集团认为,利润下降的部分原因是汤姆逊旅游集团和航空旅游集团下属的兰·波利、皮克福兹和霍格·罗宾逊等连锁旅游代理商采用了"定向销售"(directional selling)方式来销售上述两大旅游集团的产品所造成的。

1993年,海外业主旅游集团宣布进行改革,这意味着原来负责管理旅游经营与机票批发业务的假日休闲部被取消了,取而代之的是新成立并负责监管航运部的旅游经营部。航运部负责航空2000公司的运营活动和机票批发业务。以后安排机票时,应该首先考虑海外业主旅游集团本身的需求,其次才考虑机票批发业务的需求。此外还成立了一个新产品服务部,以提高海外业主旅游集团旅游产品的品质,同时还负责海外业主旅游集团在国外的经营业务。

1994年,海外业主旅游集团更名为首选旅游集团,并对其产品范围进行了合理化调整(请参阅图2-11)。而此时航空旅游集团已经取代它成了英国第二大旅游经营商。

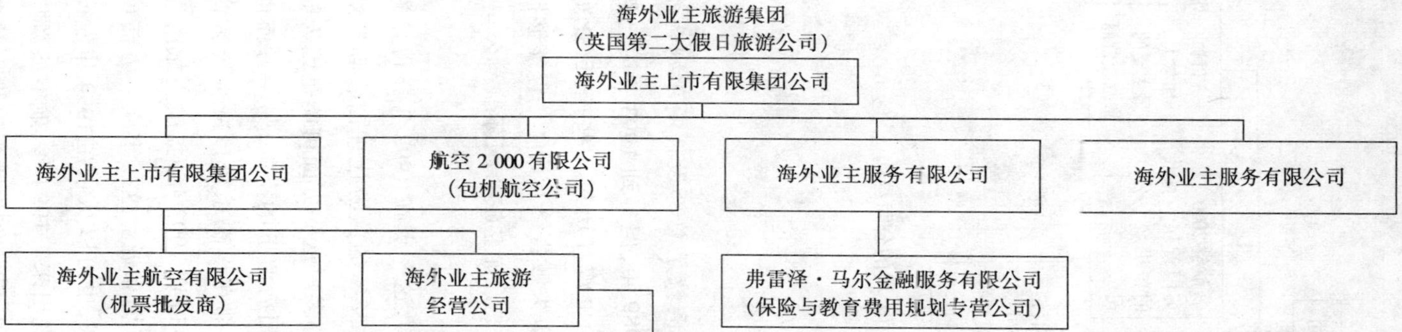

新闻办公室	“直销”品牌	海外业主旅游有限公司
071 757 5777 或 0293　588111 （自 1992 年 9 月 21 日起使用）	负责安排前往一系列长线与短线旅游目的地的主流与专营旅游项目以及仅售机票业务。	马丁·鲁克斯公司 海外业主公司 阳光之旅公司 蒂姆之路公司 特贾尔博格公司

海外业主旅游公司	通过代理商销售的英国旅游代理商协会的品牌	新闻办公室
企业公司	属于对广大市场均具吸引力的主流品牌。产品范围面广，包括受大众欢迎的阳光游、湖泊游、山地游和滑雪游等。	（0293） 588415 或 （0293） 588405
猎鹰公司	该品牌提供受大众欢迎的家庭度假游项目，同时以极具竞争力的价格销售飞往众多旅游胜地的飞机票。	
马丁公司	属于经营葡萄牙旅游的市场领导者，同时提供前往希腊、塞浦路斯、马德拉群岛和加纳利群岛的专营旅游项目。	
帝王公司	属于领先品牌，提供高品质的阳光游与休闲游，凭借其优质服务而与众不同。	
地中海阳光公司	属于以低价位经营希腊与土耳其游的市场领先者。主要服务对象是年轻人。	
二十年华公司	英国最大的面向年轻人的专营品牌，满足 18 岁～24 岁年龄群体的度假旅游需求。	
奥林匹克公司	属于围绕旅游目的地开展经营活动的品牌，专营高品质的希腊游与塞浦路斯游。	（0536） 770575

图 2－11(a)　1993 年海外业主上市有限集团公司的公司结构

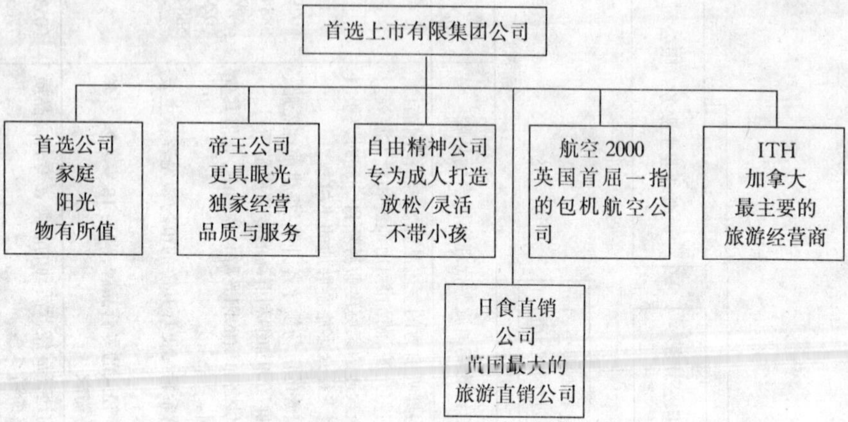

图 2-11(b)　1994 年首选上市有限集团公司的公司结构

(二)航空旅游集团

20 世纪 90 年代早期最显著的一个成功案例就是总部设在哈尔姆舍尔(Helmshore)的航空旅游集团。该集团成立于 1989 年,但是到 1993 年时已经一跃成为全英国第三大旅游经营商。尽管其间也曾经历过一些挫折(比如 1989～1990 年间在短暂进入美国滑雪市场后便以失败告终),为了确保能够拥有稳定的机票来源,航空旅游集团于 1991 年成立了航空旅游国际航空公司,从而成为英国发展速度最快的旅游经营商。

航空旅游集团最初的市场形象是相当低端的,这一点在 1992 年显得尤为突出。一项莫里(Mori)在当年所做的调查显示,58%的旅游代理商收到针对航空旅游集团的投诉比对任何其他的旅游公司都多。这一方面可能是因为航空旅游集团是在竭力填补国际休闲假日集团倒闭后留下的空缺;另一方面也是因为英国发生的经济衰退导致大量的旅游者都在设法杀价以减少旅游费用,而低档旅游产品投诉率则是恶名远播的。不过到 1993 年时,航空旅游集团开始重新为自己进行市场定位,逐步向高端市场靠近。这一事实一方面可以从其越来越高雅入时的宣传册封面上反映出来;也可以从它在 1994 年发行的一本专门介绍其乘坐游轮旅游的宣传册中体现出来。1994 年,航空旅游集团还收购了一家经营长线旅游的贸易风旅游公司,借此作为跳板以推出其自行开发的高档旅游产品。

1992 年，航空旅游公司从全国货运公司（National Freight Corporation）手中收购了皮克福兹连锁旅行社，以确保拥有销售网点。接着它又收购了旅游零售商霍格·罗宾逊连锁旅行社，以及一家规模较小的竞争对手——埃斯博罗假日公司（皮克福兹和霍格·罗宾逊连锁旅行社于 1994 年更名为时尚连锁旅行社）。如果航空旅游集团在 1993 年成功地收购了海外业主旅游集团的话，那么它也许就会取代汤姆逊旅游集团而成为英国最大的旅游经营商了。

(三)更多的企业倒闭

在 20 世纪 90 年代初期,由于各旅游公司之间的竞争愈演愈烈,又适逢市场停滞不前和受经济衰退的冲击,因此旅游公司倒闭的案件接连发生。1992 年 3 月至 1993 年 3 月,共有 24 家持有营业执照的旅游经营商宣告破产,而这一数字是自 1975 年航空旅行信托基金建立以来单一年份出现旅游公司倒闭案件最多的一次。由于旅游保证金制度的存在,英国旅游代理商协会不得不帮助很多此类旅游公司的客人摆脱困境。结果到 1992 年的时候,英国旅游代理商协会陷入了现金匮乏的窘境,而同时还要竭力寻找新的办法来让公众相信:他们交付的度假费用是有安全保障的,英国旅游代理商协会是不会把公众

国际休闲假日集团所属各公司
里瓦旅游公司
诺沃旅游公司
海上阳光腾特莱克旅游公司
环球旅游公司
DHG(英国)——愉快的空中之旅
　　　　　　　愉快的土耳其之旅
冲击波旅游公司
子午线旅游公司
希腊风情旅游公司

航空短假旅游公司——航空短假有限公司、
　　　　　　　　　　耐克斯特假日公司、
　　　　　　　　　　彼得·潘旅游公司、
　　　　　　　　　　日光浴旅游公司
飞行探索者旅游公司
大地旅游公司
顶点假日公司
极品航空旅游公司
坦波旅游公司
阳光族旅游公司
西普里安纳旅游公司

图 2-12　一路走来却成空——20 世纪 90 年代早期关门歇业的一部分旅游经营商

丢给没有实力的旅游公司置之不理的。不过,现在的保证金制度在 1992 年 7 月大旅游公司倒闭之时就已经暴露出了不够完善的一面。陆地旅游公司是一家位于巴斯的长途巴士旅游经营商。它倒闭后留下 2 000 名客人需要运送回国,并且留下了一笔 200 万英镑的欠款。陆地旅游公司不是英国旅游代理商协会的成员,也就是说凡是预付了旅游费用而尚未出行的人没有可能把他们的钱追讨回来。这家旅游公司已经从事旅游经营 18 年了,但是它所提供的旅游活动一直相当低廉,低到几乎没有任何盈利的余地。1993 年 8 月,这家旅游公司的几个主管被控犯有欺诈罪。

航空旅游集团提议收购海外业主旅游集团

1993 年 1 月,英国第三大旅游经营商航空旅游集团提议收购当时第二大旅游经营商海外业主旅游集团,而这一收购提议提出的时机恰恰是在海外业主旅游集团的股东们准备考虑托马斯·库克旅游公司收购海外业主旅游集团 10.3%股份的提议之前的几天。尽管据传海外业主旅游集团的两位董事曾经与航空旅游集团商讨过合并一事的可能性,但是这一次的收购提议却是来者不善,因此并没有受到海外业主旅游集团董事会的欢迎。

航空旅游集团提议收购海外业主旅游集团的原因何在?

(1)收购可以使航空旅游集团获得 27%的市场份额,足以与汤姆逊旅游集团 32%的市场份额分庭抗礼。

(2)两家公司的合并可以带来规模经济效益并降低成本。

(3)合并后的公司在与饭店业主谈判时具有更大的优势,易于洽谈出更为有利的交易。

(4)航空旅游集团在英格兰北部销售业绩良好,而海外业主旅游集团在南部的销售业绩也不错,因此合并后的公司在销售方面将会拥有更佳的地域布局。

收购海外业主旅游集团可能会遇到哪些潜在的困难?

(1)旅游经营一贯是航空旅游集团的核心业务,海外业主旅游集团却基本上属于机票批发商。因此两家公司有着极为不同的战略和目标。

(2)两家公司所拥有的飞机机型各不相同,因此很难利用规模经济的优势。例如,在购买飞机零配件方面就是如此。

(3)两家公司使用不同的计算机预订系统,因此可能致使一体化过程进行得比较缓慢。

托马斯·库克旅游公司与海外业主旅游集团联手的原因何在?

(1)因为需要外援以发展自身的团队旅游经营业务。

(2)因为它把兰·波利连锁旅行社与汤姆逊旅游集团和皮克福兹连锁旅行社与航空旅游集团的联手视为对自身潜在销售业绩的威胁。

如果收购获得了成功,那么汤姆逊旅游集团和航空旅游集团/海外业主旅游集团就会控制60%的包价旅游市场。另外,由于他们分别与兰·波利连锁旅行社和皮克福兹连锁旅行社进行了联手,因此这两家旅游集团就有能力对市场实施严格控制,比如可以通过拒绝在其所属的旅行社展示架上摆放竞争对手的产品宣传册来实现控制。这种情况在公众看来有可能导致竞争削弱和价格上涨的局面。不过如果航空旅游集团的收购取得了成功的话,汤姆逊旅游集团也有可能会通过发动针对航空旅游集团/海外业主旅游集团的价格战来打压他们,就像20世纪70年代初它发起的对付克拉克森旅游公司的价格战一样。就消费者而言,价格战可以使旅游产品价格降低,但对参与其中的旅游企业来说则是意味着利润的减少,同时对这些旅游企业的股东来说则是红利的减少。1974年的一场价格大战就曾促使考特莱恩和克拉克森两家旅游公司最终倒闭。

由于航空旅游集团与海外业主旅游集团的联手会使整个公司占有25%以上的市场份额,因此存在的一个风险是,公平交易局有可能会把该项交易作为一种技术垄断而提交反垄断与兼并委员会进行审议(依据1973年出台的《公平交易法》,如果一家企业控制着或可能控制某一市场25%的份额,或者合并后的企业拥有的全部资产超过500万英镑,那么该家企业将会被视为是一家垄断经营的企业)。不过,当汤姆逊旅游集团在1988年从巴斯公司手中收购地平线旅游公司时,这起并购案并未提交反垄断与兼并委员会加以审议。当时汤姆逊旅游集团辩解说,把国内旅游和自助旅游等游客的人数都考虑在内的话,那么它在英国全部旅游市场上的份额仍然只有11%。同时汤姆逊旅游集团还说,进入旅游经营市场的障碍非常之少,这样它在合并之后仍然无法压制市场竞争。但是在经过为期6周的反复研究之后,公平交易局提出建议,要求将航空旅游集团/海外业主旅游集团之间的合并案件提交给反垄断与兼并委员会进行审议。但是,贸易与工业大臣迈克尔·赫塞尔廷否决了公平交易局的这一建议。

1993年3月,托马斯·库克旅游公司针锋相对地提议收购海外业主旅游集团12.5%的股份。股东们接受了库克旅游公司的出价，而航空旅游集团的收购尝试则以失败告终。其中的原因可能是航空旅游集团出价太低，同时也是因为要量化它所承诺的更好的经营管理而产生的预期利润是一件非常困难的事情，其难度超过了海外业主旅游集团管理层量化与托马斯·库克旅游公司联手后所获得利润水平的难度。最终海外业主旅游集团落入托马斯·库克旅游公司手中，市场份额加起来是21.4%。

不过到1993年7月时，海外业主旅游集团的报告显示其利润额意想不到地下滑了50%。海外业主旅游集团的管理层声称，5月、6月和7月的旅游销售情况令人大为失望，因此不得不更改其预期利润额。他们在解释销售量下降的原因时说，经济的衰退本来已经迫使客人转向选择价格更为低廉的旅游项目，而海外业主旅游集团又在力图销售更为高端的包价旅游产品。另外海外业主旅游集团的管理层还指出，自从汤姆逊旅游集团和航空旅游集团开始以奖励形式鼓励旅游代理商的工作人员销售其产品以来，海外业主旅游集团通过兰·波利连锁旅行社进行的销售量下降了48%，而通过皮克福兹连锁旅行社进行的销售量下降了38%。海外业主旅游集团的总裁霍华德·克莱恩(Howard Klein)辞去了职务，于是有呼声要求取消有关1年期限的规定(该规定禁止公司在提议收购之后的1年时间内再次提出同样的收购提议)，声称股东们受到了误导。同时还有呼声要求免去托马斯·库克的首席执行官克里斯托弗·罗德里格斯在海外业主旅游集团所担任的董事一职，因为人们认为托马斯·库克拥有既得利益，因此会阻止其他公司再度提议收购海外业主旅游集团。鉴于上述原因，公平交易局宣布针对旅游业中日益增多的纵向联合现象所引发的后果展开调查。

(四)海外业主旅游集团从与托马斯·库克旅游公司联手中所获得的利益

海外业主旅游集团在与托马斯·库克旅游公司成功联手之后获得的利益表现在：

(1)托马斯·库克的主要股东是德国的LTU公司，该公司设有自己的得力旅游经营下属单位——LTU旅游公司。海外业主旅游集团希望在与LTU旅游公司开展合作之后加强其与欧洲饭店业主讨价还价的能力。

(2)两家公司通过共同使用各自所拥有的资源有可能节约资金。例如，在英国与德国游客到访时间不同的科夫一地，两家公司可以使用同一批巴士运送游客。另外在有的度假地，他们还可以将双方的经营联合在一起，合用一处办公地点。

(3)LTU 拥有自己的航空公司，因此在大批量购买备用件和航空燃油、签订维修合同与保险协议等方面可以节省资金。两家公司中的任意一家在需要更换飞机的时候，都可以与飞机制造商达成更为有利的共识。

(4)通过联合购买诸如用于印制宣传册的纸张等办公用品也可以节省小笔的开支。

(5)海外业主旅游集团能够期望通过托马斯·库克旅游公司的各销售网点来增加自身产品的销售额。

海外业主旅游集团与托马斯·库克旅游公司联手一案的余波

与此同时，航空旅游集团投资 2 000 万英镑收购了位于加的夫的埃斯博罗假日旅游公司。该公司拥有 3%～4%的市场份额。航空旅游集团这样做既可以利用埃斯博罗假日旅游公司在地区机场的实力，同时也可以利用其与地中海东部的克里特岛和塞浦路斯等主要旅游目的地之间的联系。埃斯博罗假日旅游公司在被航空旅游集团收购的时候，正在与海外业主旅游集团对簿公堂。该公司声称海外业主旅游集团是“流言大战这一肮脏伎俩”的幕后主使，说海外业主旅游集团这样做的目的就是向埃斯博罗假日旅游公司的潜在客户和饭店业主暗示，埃斯博罗假日旅游公司就要破产了。而航空旅游集团在将埃斯博罗假日旅游公司收购之后，随即也与其原先的所有者打起了官司，声称埃斯博罗假日旅游公司在出售之际被过高地估算了身价。

九、近距离透视游轮旅游

直到 20 世纪 50 年代，船运其实就是指提供定期客运服务的轮船从一个地点驶向另外一个地点，比如从英国驶往纽约或是驶往南非等。不过，当航空运输成为一种既现实又快捷的选择时，巨型客轮存在的时日也就立刻变得屈指可数了。非常关键的是，1957 年首次出现乘坐飞机跨越大西洋的人数超过了乘坐客轮的人数。到 20 世纪 60 年代时，乘坐游轮旅游成为使用船只的另外一种选择。不过，船运公司将提供往返于 A 点和 B 点之间的客运服务改变为提供游轮旅游项目并非易事。其原因在于：

(1)船运公司的很多船只体积太大,无法停靠诸如加勒比地区等水位相对较浅的港口。

(2)根据设计,船只只有在高速行驶的情况下才是经济的。因此不适合以一种较为悠闲的方式在海上旅行。

此外,1973年～1974年爆发的石油危机同样给正在崛起的游轮公司沉重的打击。不过,一些游轮公司已经在投资建造一批专用的新型游轮了。与此同时,希腊、挪威和俄国的公司也进入这一市场,准备推出自己的全新游轮船队。邱纳德公司推出了第一批飞机/游轮联运的地中海旅游项目,以解决这样的一个问题,即大多数游客的假期时间有限,因此不愿意把大部分假期时间花在往返于所选定的目的地和阳光海滩之间的交通上。

到20世纪70年代初期,游轮旅游项目遭受到两个“形象”问题的困扰,即人们认为这是一种昂贵的同时又只是老年人喜欢的旅游项目。在20世纪70年代,旅游经营商曾经通过包租游轮的形式来提供自己的航海旅游产品,以试图扭转游客人数下降这一局面。不过,为了尽力降低价格,旅游经营商往往会降低服务标准,结果却适得其反。到1985年时,英国度假人群中购买游轮旅游项目的人数已经下滑至大约75 000人次了。具有讽刺意味的是,正是航空费用的下降帮助扭转了参加游轮旅游项目的游客人数减少的情况。随着20世纪80年代飞往美国的机票价格的逐步下调,前往加勒比的飞机/游轮联运旅行才有可能以一种较为青春的形象得以出现。到1992年时,搭乘游轮的游客人数已经悄然回升至大约23万人次(请参阅表2-4)。如果一般的旅游经营商在包价旅游中加入乘坐游轮项目的话,那么他们往往只是大批量地购买普通游轮上的舱位,而将具体游览活动的安排留给游轮公司去负责。

表2-4　1986年～1992年英国乘坐游轮旅游情况汇总

	1986年	1987年	1988年	1989年	1990年	1991年	1992年
乘坐游轮的英国国民总数	91 500	128 500	152 140	168 400	186 490	193 010	228 728
在海外乘坐游轮的游客	40 900	51 440	50 300	52 650	47 230	65 678	66 866
飞机—游轮联运							
—前往加勒比海的游客	19 960	26 600	32 900	45 950	60 840	73 484	84 428
—前往地中海的游客	24 850	31 250	30 650	34 800	44 320	15 643	30 407
—前往斯堪的那维亚/巴尔干半岛的游客	580	6 850	4 850	7 350	7 250	6 997	6 068

续表

	1986年	1987年	1988年	1989年	1990年	1991年	1992年
—前往远东的游客	350	1 250	1 650	2 240	2 480	2 703	2 875
—前往美国西海岸/穿越巴拿马运河的游客	290	1 500	3 160	4 010	4 370	6 410	8 928
—前往其他地区的游客	520	2 100	8 250	9 150	6 230	7 217	9 899
乘游轮作海上旅行的游客(例如,由南安普敦前往纽约)	不详	2 050	11 820	1 680	3 720	5 300	4 600
乘游轮进行环球旅游的游客	4 050	2 410	2 290	2 980	2 970	3 675	5 094
乘游轮沿河游览的游客	不详	3 050	6 270	7 590	7 080	5 903	9 563

资料来源:PSARA

最大的游轮市场是在美国,尤其是从美国的迈阿密驶向加勒比地区这一市场。由于美国人制定了很高的安全和卫生标准,因此无法达到他们要求的较为陈旧的游轮已经被逐渐挤出了这一市场。但是,游轮旅游仍然是一项劳动密集型因而也是潜在费用很高的经营业务。在20世纪90年代,大型游轮公司为了压低成本,雇用了很大比例的外国船员,因为这些船员与欧洲船员相比更愿意接受较低的薪酬。

十、包价旅游是否面临消亡

20世纪90年代,旅游公众的自信心在一天天增强,同时可以获得的有助于其自行安排旅游相关事宜的信息量也在增加,于是就不断有人预测说包价旅游的末日即将来临。而一些反映包价旅游销售额有所下降的数字也成为了这类预言的依据,因为这些数字显示,包价旅游的销售数量由1985年的850万人次增加到了1988年的1 260万人次,而到1990年时却降至1 140万人次,到1991年又降至1 050万人次。有人认为,1991年销售出的包价旅游中有250万人次可能属于“仅售机票”业务,而这又为进行自助旅游的人数正在增加这一看法提供了依据。不过因为海湾战争的缘故,1991年是一个例外,尽管在1992年经济出现了衰退,但是包价旅游的销售额又再一次上升到了1 260万人次。

一个不容怀疑的事实是,进行自助旅游的人数有了增长。不过现在就为包价旅游做临终祈祷可能为时尚早。对于有孩子的人来说,包价旅游毕竟仍然是确保在一年旅游最繁忙的季节出行一切顺利的最佳方式。就很多(即使不是全部)旅游目的地而言,向来存在的一个情况是,旅游经营商拥有大批量购买的能力,与仅靠自身力量的个人相比,能够洽谈出更加优惠的价格。因此,有些人即便不打算使用包价旅游提供的任何或全部住宿设施,也会购买包价旅游,其目的仅仅是为了能够享受到包价旅游所提供的低廉交通费用。

注意到这种变化趋势的精明旅游经营商们也都纷纷作出反应,使各自的包价旅游变得更具灵活性,同时依旧让客户享受到其大批量购买能力所带来的各种利益。自驾车外加提供住宿代金券的旅游形式现在已经是司空见惯了。一些旅游公司,比如库奥尼旅游公司和丽晶假日公司,既愿意销售现成的包价旅游产品,也很乐意为客人量身定做特殊的旅游产品。很显然,这类业务既耗费时间又需要技巧,并且要求旅游组织者对旅游目的地有深入的了解,因此相关旅游活动安排不可能便宜。但是,它们的确给度假者带来了内心的安宁,因为度假者知道一切事务已经被提前安排得井井有条了,而这正是进行自助旅游的旅客难以享受得到的。从某些角度来讲,量身定做顾客需要的特殊包价旅游这一举措对于旅游代理商而不是旅游经营商来说具有很大的风险,原因是旅游代理商很少具备专门的知识,无法自行组合"包价旅游"产品。另外,如果旅游代理商这样做的话,就会招致成为《欧共体包价旅游管理条例》所定义的"旅游组织者",因此就必须缴纳旅游保证金。

即使预订传统包价旅游的游客也希望在旅游中能够享有更大的灵活性。这意味着越来越多的旅游项目将提供自炊式安排。1987 年通过旅游代理商预订的游客中仅有 24% 的人选择了自炊式安排,而到 1993 年这一比例已经上升到了 44%。与此相反,选择饭店住宿形式的包价旅游的游客比例由 1987 年的 63% 下降到了 1993 年的 47%。

问答题与讨论要点

1. 早在 1841 年托马斯·库克就曾首次举办过短途旅游活动,而直到 1945 年之后包价旅游才真正开始兴盛起来。原因何在?

2. 试论旅游经营商中的三大巨头(汤姆逊旅游集团、航空旅游集团和首选旅游集团)是如何建立起他们的市场主导地位的。

3. 请对汤姆逊旅游集团在 1988 年收购地平线假日公司中获得的成功与航空旅游集团在 1933 年收购海外业主旅游集团所遭受的失败加以比较。你认为前者成功的原因何在,而后者又为何会失败?

课后作业

1. 假如你在一家全国性的报社工作。现在的时间是1991年的3月9日，是国际休闲假日集团倒闭的第二天。你社正准备就该起破产案件引发的问题刊登几篇长篇专题报道，详细介绍其相关的背景情况。要求你就早些时候发生的考特莱恩/克拉克森旅游公司的破产案进行调查，然后写一篇500字的文章，重点突出这两起破产案的相似与不同之处。请注意，报纸上的文章要求既简练又犀利，所以一定要保证文章的语言使用恰当，同时句子和段落的结构也要得宜。

2. 假如你就职于首选旅游集团的产品研发部。你的部门经理注意到市场上出现了一些变化，于是要求你对最新的变化作一番调查，并提供一份报告。你需要概括出不断变化的人口统计趋势、可支配净收入、对环保的态度、对旅游的信心以及对自助旅游的渴望程度等方面的现实情况。

3. 你的部门经理要求你根据提交的报告作出预测，并就首选旅游集团在考虑到所发生的变化后应该如何改变和开发其产品提出建议。将你的建议作为附录附在报告之后，并且说明提出每项建议的理由。

第三章

包价旅游产品组合

本章学习目标

通过对本章的学习,你应该能够:

- 列举出策划和组合包价旅游产品的若干步骤
- 解释签订住宿合约时采用包销制、配给制和现订制之间的区别
- 说明机票购买合约中整机包租、部分包租和特别包租等方式之间的区别
- 探讨旅游经营商拥有自己的包机公司的优势与弊端
- 理解地接社在安排往返目的地交通、短途游览等方面所起的作用
- 探讨对包价旅游产品实施质量控制的重要性

一、引言

众所周知,旅游经营商的作用就像是批发商一样,先将饭店客房、机票以及机场接送等产品要素全部组合在一起,然后制定出价格并印制出内容详尽的宣传册,以便将新产品销售给潜在的客人。在进行上述工作之前,旅游经营

商首先必须确定他要经营哪些旅游目的地。这项工作在大型旅游公司里是由营销部下属的产品研发部负责的,而在小型旅游公司则由兼管所有事务的员工负责。

旅游目的地确定下来以后,旅游经营商必须确定将要开展的旅游业务的规模。然后,他们才可以着手进行商议(各项旅游的)价格和签订住宿、机票以及机场接送合约等实质性工作,安排其他一切标准包价旅游所要求的事项。

二、策划包价旅游产品

策划包价旅游产品必须在印制宣传册之前进行。旅游公司的典型做法是预期首发团出发之日前12～18个月开始制定计划,这样就给自己留出时间以便签订客房和机票合约,制作宣传册,并开展市场推广工作。如果涉及收购饭店或航空公司等问题,那么在着手开发旅游产品之前2～3年的时间中,作为公司整体战略一部分的计划制定工作就必须开始了。夏季阳光度假旅游产品的宣传册必须在首发团出发前一年的夏末或秋初准备就绪,而冬季滑雪度假旅游产品的宣传册则必须在前一年的夏季完成。这样一来,旅游公司远在实际旅游度假活动开展之前,就有必要对各项价格作出至关重要的决策。这是一道令各旅游公司承担巨大风险的工作程序。

(一)产品决策

一家旅游公司要是已经成立多年,其旅游产品的主体部分就会相当稳定。除非糟糕的销售业绩或外部环境迫使其放弃正在经营的某个旅游目的地,否则旅游公司所要做的主要只是对现有的旅游产品作些小小的调整,例如在熟悉的度假区新增加几家饭店,在经营多年的目的地新增加几处度假区,或增加一处全新的旅游目的地等。这些变化往往会在宣传册的封面或前几页中重点加以介绍。例如,1993年夏季,地平线旅游公司重点推广前往意大利伊斯基亚岛和西西里岛的新增旅游项目,而此时意大利早已是它所经营的旅游目的地中的一个了。寰宇旅游集团当时正在进行全新的黄金海岸(Costa Dorada)与埃美利亚海岸(Costa de Almeria)之旅的推广活动。这两个地方均位于该公司正在经营的目的地——西班牙境内。寰宇旅游集团同时推出的还有新的前往埃及的度假旅游活动,但埃及游在该公司1992年夏季的宣传册中并未出现过。

旅游经营商推出新产品的决策可能会受到外部因素的影响。例如,1993年几家旅游经营商(包括威克斯世界旅游公司与速翼旅游公司在内)决定利用新开设的飞往埃拉特(Eilat)的夏季 WST 包机航班开展以色列夏季度假游活动,而以色列在英国通常被视为开展冬季度假游的旅游目的地。

如果新的度假区可以轻而易举地融入旅游经营商的总体产品项目之中,那么旅游经营商就能够轻轻松松地将它们销售给固定客户了。但是,如果新增项目与旅游经营商现有的产品相去甚远的话,那么销售情况就有可能会十分困难。从事专门经营东欧各国旅游的公司——丽晶假日旅游公司就曾面临这一问题。该公司当时竭力想要推出游览哥伦比亚与津巴布韦两地的旅游项目,但这两个国家与其经营的东欧各国并没有联系。

很显然,对于规模较大的旅游经营商而言,由于其拥有大批量订购的能力,因而在推出人们预想不到的旅游目的地时会容易一些。举例来说,汤姆逊旅游集团在 1992 年推出前往古巴的新旅游项目。虽然此前它在加勒比海地区的业务已经做得卓有成效了,但是古巴的形象却与其整体大众市场形象多少有些不相称。为了推动古巴游的销售工作,汤姆逊旅游集团从一开始就以亏本价推出了一批相当出色的古巴游团队。由于汤姆逊旅游集团的经营规模较大,因此这种价格还是在其可以承受的范围之内的。虽然最初的销售工作遇到一些阻力,但古巴游项目还是取得了良好的销售业绩。1993 年汤姆逊旅游集团的宣传册中仍然包含了古巴游这一项目。

然而,这并不意味着如果大型旅游经营商选择了错误的时机推出新的目的地,也仍然可以取得成功。80 年代末期,绝大多数大型旅游经营商都纷纷推出了墨西哥境内的海滩度假游,但在此之前,旅游产品宣传册主要是把墨西哥作为高端市场中的长线旅游目的地加以宣传的。有两处墨西哥的海滨度假区受到了英国游客们的青睐,即位于墨西哥太平洋沿岸的阿帕普尔科和加勒比海沿岸尤卡坦半岛上的坎昆。遗憾的是,当时还没有开通由英国直飞墨西哥的航班。于是很多游客得出这样一个结论:他们乘飞机整整环绕了半个地球,得到的却是本可以在离家更近的地方就可以享受到的、更为方便便宜的东西。墨西哥受到英国游客冷遇的状况一直持续到 1993 年。在这一年,汤姆逊旅游集团与航空旅游集团进行了一次又一次的尝试,它们利用英国航空公司新开辟的直飞墨西哥的航班和飞往坎昆的包机来打开市场缺口。与此相反的是,汤姆逊旅游集团在 1993 年决定放弃经营了两年的古巴度假游项目。因为它发现尽管自己在加勒比海其他地区经营着为数众多的旅游项目，但是古巴游的销售却是难以为继。

各国政府也并非总是配合旅游经营商来实施其旅游项目的。1993年，航空旅游集团设想推出前往开曼群岛的包机旅游项目，但却发现当地的旅游局并不认同自己的这一设想。开曼群岛旅游局担心，包机旅游项目会把低消费的度假旅游者带到这个物价昂贵的旅游目的地，并且怀疑航空旅游集团是否会在其宣传册中告知潜在度假旅游者该群岛物价不菲这一实际情况。此外，塞浦路斯当局同样禁止仅仅出售机票的做法，因为他们想要保护本国航空公司——塞浦路斯航空公司——业务的发展。

旅游经营商在进入新的业务领域之前，可能会决定首先进行一个小规模的试验性项目，以观其效。例如，在1992年～1993年冬季，华莱士·阿诺德巴士旅游公司(Wallace Arnold)——一家特许经营欧洲迪斯尼乐园长途巴士度假游业务的旅游经营商——在其宣传册中增加了少量的自驾车旅游项目。在这一旅游项目获得成功之后，该巴士旅游公司推出了一本全新打造的、为自驾车旅游量身制作的1993年度旅游宣传册(自驾车一路畅行度假游)。

小型旅游经营商在推出新的旅游目的地时，前100个人次的预订通常是最难获得的。无论该旅游目的地是多么地名不见经传，都会有10～50个人出于各式各样的癖好准备预订。不过一旦有100名旅游者——一般是来自英国各地——游览过这一旅游目的地，那么有关这个新目的地的消息就开始在人们中间传播开来。这时，该旅游目的地就可能会引起媒体的关注，之后再获得500人次的预订就容易得多了。

当然，已经成功推出某些项目的旅游经营商仅仅需要原封不动地重复经营即可。不过旅游时尚在不断变化，一年前还受到欢迎的度假区到第二年可能就无人问津了。其次，一成不变的旅游活动可能会很快令人丧失新鲜感，尤其是对追求新奇、寻求新视角的媒体而言就会不再具有任何的宣传价值。第三，在这个变幻不定的世界上，应该寻求旅游产品多元化经营以避免受外界不利因素影响的风险，正如赫赫有名的环球旅游公司在1991年所遭遇的情况那样。由于当年爆发了海湾战争，因此该公司所有前往以色列、埃及和土耳其的旅游项目都没有了销路。第四，面对竞争激烈的商业环境，旅游经营商都不愿意陷入措手不及的境况之中。这样导致的结果就是，如果某一旅游经营商推出了一个新的旅游目的地，到第二年该地区可能就会挤满蜂拥而至的旅游者，因为其他旅游经营商为了确保不会错过这一最新的赚钱机会，全都迅速地把它收录到自己的宣传册里，而这就是1992年发生在塞浦路斯的情况。

(二)确定产品组合

一旦旅游经营商对试图开展业务的目的地作出了选择，接下来就必须决定提供住宿的种类、旅游团队的规模以及发团的日期。同样，社会的总体发展趋势与这些方面也有着极大的关系。例如，在20世纪80年代初期，旅游经营商推出了大量的自炊式住宿设施。这是因为经济衰退导致人们对低价位度假旅游需求的增加，为此旅游经营商增加了公寓和别墅的供应量，而减少了饭店客房供应量。

在确定所要经营的产品类型、产品推出的时机和地点之前(请参阅第九章)，必须首先进行市场调研，了解竞争对手的所作所为以及听取度假区的客人和员工的反馈。在制订决策时会不可避免地犯一些错误。例如在1993年，旅游经营商们对前往西班牙度假旅游的需求估计过高而对去地中海东部国家的需求估计过低，结果一方面是导致西班牙旅游线路出现打折情况，而在另一方面却是旅游经营商们为获得前往希腊、土耳其和塞浦路斯各线的额外票源和房源而争得不可开交。

(三)其他需要作出预测的事项

旅游经营商在确定开展旅游业务的目的地之后，还必须就市场规模作出预测，然后方可着手航班机票与饭店客房的签约事宜。预测工作绝对不是一项精确的科学运算，尤其是当它在距离实际发团日期很长一段时间之前必须完成的时候。在此期间可能会发生很多事情，以至于会改变哪怕最为准确的预测存在的基础。正因为如此，人们争论说旅游业的经营要求从业人员具备强有力的企业家经营技能，具备在身处逆境的时候能够坚持既定决策的勇气，具备在情况发生变化时即便时间紧迫仍然敢于改变现有决策的气魄。

以下是旅游经营商在制定1993年～1994年冬季旅游计划时所面临的需要当机立断作出决策的两难境地：

(1)当利息率居高不下时，整体旅游市场受到不利的影响，因为负担高额抵押贷款的人们的可支配净收入减少了。不过在1993年年初，利息率已经开始急剧下降。这种情况虽然对那些通过抵押贷款方式购房的人来说是个利好

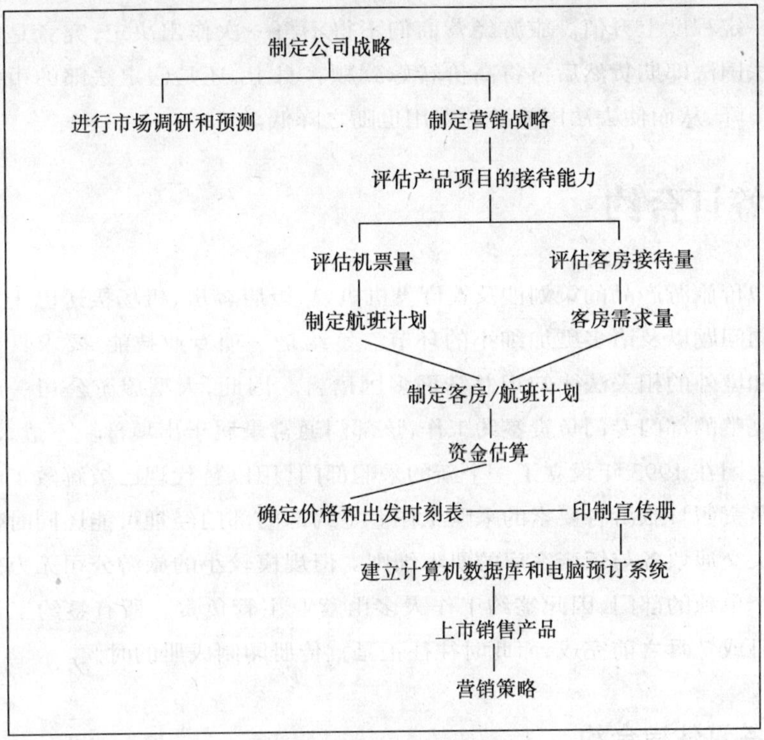

图 3-1 构建与营销航空包价旅游的合理步骤

的信息,但是却给那些依赖存款利息作为收入来源的人——其中许多是老年人——造成了压力。因此,很难预料有多少潜在的度假旅游者会被挤出市场或者因此被迫减少度假旅游开支。

(2)到 1993 年 3 月,英镑对美元的汇率出现自 1992 年 7 月以来暴跌 22 个百分点的情况,致使出游美国对于英国度假者而言费用更加高昂了。此时又碰巧出现了有关游客在美国遭到袭击事件的报道。旅游经营商很难确定到底是在汇率糟糕的情况下买进美元期货、随即提高旅游收费并期望客人无论如何都会参加旅游团队,还是观望等待、希望在缓慢过去的这一年中英镑的币值能够得到恢复。

(3)同样的问题也出现在法国市场上,而当时法国仍然是英国出境游中最受欢迎的一个市场。在 1993 年 3 月,英镑对法国法郎的汇率下降了 13.5 个百分点,致使出游法国对英国度假者而言费用更高了。不过人们普遍相信,法国国内的局势将会迫使利息率下调，而法郎的币值也将会随之降低，从而使英镑在一定程度上升值。旅游经营商们不得不再一次作出决定，究竟是以高价购入法国法郎期货然后再将高价转嫁到顾客身上，还是假定法郎的币值会再一次下降，从而使去法国旅游的费用也随之降低。

三、签订合约

包价旅游产品的策划涉及签订飞机机票、饭店客房、机场接送巴士等方面的合同问题以及诸多更加细小的环节。签约是一项专业技能，要求具备英国本土和境外的相关法律知识并掌握多国语言。因此，大型旅游公司一般设立一个完整的部门专门负责签约工作，该部门通常隶属于出境部。不过，汤姆逊旅游集团在 1993 年设立了一个新的采购部门，用以替代现已被解散了的出境部并负责假日旅游各要素的采购工作。签约部的部门经理可能还同时负责制定有关交通票务与饭店客房的要求细则。但规模较小的旅游公司无力奢望成立一个单独的部门，因此签约工作大多由营业主管负责。所有签约工作需要在 6 月或 7 月之前完成，而此时往往正是宣传册印制成册的时候。

(一)签订住宿合约

如果旅游经营商在一个度假区里已经确立了经营地位，那么签订客房合约就是一件相对简单明了的事情。通常的情况就是与所熟悉的联系人续签合约。但是如果旅游经营商进军一处新的度假区，那么可能需要花上几个月的时间来签订全部所需要的客房的合约。大型旅游经营商通常处于最有利的地位，可以与饭店洽谈出最低的客房价位。然而，规模较小的专项旅游经营商有时候可能会利用其长期建立起来的信誉来获得更为优惠的客房价位。

签约者需要保证获得足够的客房，以便与所提供的航班座位数量相匹配。他/她必须确保合约中的价位足以使本公司与其他旅游经营商相抗衡，同时还必须确保将本公司的财务风险降至最低。他/她另外还需要搜集宣传册需要的信息，查证以前的细节情况是否仍然属实，并落实对每家饭店提出的全部膳食要求。大型旅游公司会派出自己的签约者直接与度假区的饭店业主进行谈判，而规模较小的旅游公司可能不得不利用当地的地接社人员作为中介，甚至会亲自做大量的跑腿工作。

需要记住的是，就签订饭店客房合约而言，旅游经营商常常会与欧洲其他国家的旅游经营商展开竞争。如果这些欧洲的旅游经营商准备支付更高的价格来获得客房，那么就有可能迫使英国的旅游经营商支付更高的房价。但是有时规模最大的旅游经营商会将某饭店的客房全部订光，这样一来就不存在价格之争了。旅游经营商往往更愿意饭店全部是由英国人入住的，因为这会让他们更加容易控制价位，避免由竞争带来的削价风险。而另一方面，饭店业主则可能更希望将其风险分散到相互竞争的各旅游经营商当中。随着饭店的规模的扩大，任何一个旅游经营商都不太可能有足够多的客人来单独包下一家饭店。

客房的签约形式共有 3 种，每一种形式带给旅游经营商的风险各不相同，因而所适应的市场也不相同。

1. 包销制

在包销制（commitment）的形式下，旅游经营商不管其实际所能销售的客房数量如何，都必须承诺在旅游季节向饭店订购一定数量的客房。旅游经营商所承诺订购的客房数量越多，饭店业主所能接受的客房价位就有可能越低。在效益不错的年份，采用包销制可以获得很高的利润，但年景不好时，这样做意味着旅游经营商订购的大量客房最终将无力销售出去。尽管与未售出的航班机票相比，未售出的客房的成本比较少，但是包销制缺少灵活变通的可能性，因而只有在拥有大众市场并且广为人知的度假区才切实可行。旅游经营商即便选用包销制的形式，也不太可能采用这一种形式来解决其全部的客房需求。

在一些著名的度假区，饭店业主在不景气的年份或许能够帮助销售已经被包销的客房。但是，旅游经营商在向具体的目标市场销售所包销的客房时，仍然承受着巨大的压力，即需要设法避免不同类型客人之间可能会产生的矛盾。例如，入住饭店的老年夫妇与深夜外出参加聚会的年轻人之间的矛盾。在销售不利的度假区里，这种情况可能会使旅游经营商难以制定客房订购决策。

2. 配给制

配给制（allocation）的做法则是，旅游经营商可以在特定日期之前获得一定数量的饭店客房进行销售，在到达解约日期（the release date）时还未售出的客房则返还给饭店业主，由饭店自行销售。虽然解约日期一般是在度假高峰期结束后的3～4个星期之前，但是实力雄厚的旅游经营商往往能够与饭店协商将解约日期推后，从而为接受晚期预订业务提供了便利。1993年，库奥尼旅游公司宣布，它与世界各地200家饭店确定了为期3天的解约时限，并希望到1994年时能够与400家饭店达成同样的协议。

如果旅游经营商在解约日期到达之后提出订房要求，就必须打电话、发传真或发电传与度假区取得联系，以便重新获得客房。从行政管理的角度来说，这种做法的成本更高，但是比起将未售出的客房留在自己手中来说，风险则会减少一些。由于配给制给饭店业主带来了更多的不确定性，因此以此种形式签约订购的客房价格要高于通过包销制订购的客房。此外，如果饭店业主认为难以放心地将客房交由旅游经营商销售，那么为了稳妥起见可能会将客房超额预订出去。旅游经营商则可以通过在合约中设立针对超额预订的处罚条款来阻止这类情况的发生。

大型旅游经营商在采用包销制之前可能会通过配给制先获得一批客房，而从事长线旅游和专项旅游经营商同样会采用配给制而非包销制。如果旅游经营商想要确保整个饭店都由同一类型的客人入住，那么采用配给制就不太合适了。

3. 现订制

现订制(ad hoc rooms)是最后一种形式，旅游经营商在需要客房的时候通过电话、传真和电传的方式与度假区签约。从经营的角度讲，这是一种最昂贵的订购形式，但这种形式不会给旅游经营商带来任何风险。很多经营高端旅游市场和专项旅游经营商都会选择现订制这一形式来订购客房，虽然几乎所有的旅游公司在某些时候，比如出现超额预订或急需找到额外房源时，都会出于无奈而借助现订制以解决燃眉之急。先进的计算机预订系统使得即时预订变得越来越容易，因而这种形式有可能会越来越受到人们的青睐。

如果旅游经营商提出了他们认为能够使其包价旅游受到市场欢迎的签约客房价格而饭店业主却不愿意接受，这时问题也就随之出现了。塞浦路斯在1993年的夏季就遇到了这样一个特别的难题。1991年海湾战争引发的恐惧心理几乎使塞浦路斯从英国游客的视线里完全消失了。然而一年之后，塞浦路斯却又变成了游客们趋之若鹜的时尚旅游目的地。事实上，塞浦路斯受欢迎的程度是如此之高，以致各大饭店最终都出现了客房超额预订的现象，而10

年以来这一现象在地中海周围的度假区从未发生过。由于1992年旅游经营商都在争先恐后地寻求可靠的房源,因而人们以为这种旅游热潮会持续下去。房地产开发商开始在这里兴建新的饭店和公寓大楼以填补在1992年争抢住宿房源中所反映出来的房源不足,同时,现有的饭店业主也都纷纷提高了房价。没有几个旅游经营商能够把饭店房价压下去。因而到1993年夏季时,前往塞浦路斯的游客人数下降了20%。当英国英镑相对于塞浦路斯镑出现贬值,从而迫使一些较小规模的旅游经营商转而采用收取附加费用的做法时,局势也几乎没有出现多少改观。直到1993年的夏季将要过去的时候,面对尚未售出的客房,有些饭店业主才开始同意给予折扣,但是大多数旅游经营商却感到为时已晚。那些看过最初出版宣传册的游客因为价格太高已经决定放弃出行计划,而被最后时刻突如其来的低价位所吸引的游客又并不一定是那些受塞浦路斯欢迎的客人。于是到商谈1994年夏季客房价格的时候,英国旅游经营商希望说服塞浦路斯的饭店业主把房价降低一些。但也有一些像曼诺斯(Manos)这样的旅游公司干脆把塞浦路斯从其旅游项目中取消,其理由就是那里的客房价格缺乏竞争力。

(二)拥有属于自己的饭店

住宿成本在包价旅游总价格中往往占很高的比例。正因为如此,更多的旅游经营商在不断寻找机会控制客房房源的同时,开始着手买断热点度假区内的饭店以便完全控制房源。这似乎才是一种符合逻辑的做法。但是事实上,购买饭店的情况并不常见,尽管海外业主旅游集团于1986年买进了一家位于兰扎罗特(Lanzarote)的饭店,而且航空旅游集团于1993年宣布了购买8家欧洲饭店的重大投资计划。

旅游经营商在购置饭店时所面临的问题是,如果旅游目的地出于某种原因不再受到游客喜爱,那么他们的饭店将是无法迁移到其他地方去的。在一年四季都受度假者欢迎的地区购置饭店可以减少这一风险,然而彻底买断一家饭店,尤其是对于规模较小的旅游经营商而言,则是一项高风险的战略决策。

在20世纪70年代,汤姆逊旅游集团曾经在短时期内拥有过一些饭店,但如今它更愿意把重点放在打造与一些饭店的良好关系上。1988年,汤姆逊旅游集团推出了阳光品牌概念。这一概念最初应用于所选定的西班牙国内饭店,而如今也已将希腊最受欢迎的饭店囊括在内了。汤姆逊旅游集团制定了一份包括食品质量、服务水准和接待水平等方面在内、共有300条细则的规格要求,随即与那些愿意遵守这些要求的饭店业主进行谈判。作为回报,汤姆逊旅游集团将为它们做额外的市场宣传。饭店业主如果能够保持各项标准,将会得到奖励,反之则会随时被汤姆逊旅游集团从其旅游接待计划中除名。鉴于汤姆逊旅游集团强大的影响力,这种被除名的后果对饭店业主来说将是一个沉重的打击。

四、签订机票合约

虽然签订饭店客房合约通常是在度假区内进行的,但是签订机票合约一般是在英国境内直接与航空公司或经由航空代理人进行。签约者需要确保可以订购到的机票数量与所销售的客房数量相匹配,同时还要保证机票价格相对于其他经营商提供的票价更具有竞争力。合约一经签订,旅游经营商一般必须交纳相当于总费用10%的预付款。剩余的款项将在航班将出发之前或出发之后不久支付。

(一)拥有自己的航空公司

对旅游经营商来说,控制机票票源最简单的办法是拥有属于自己的航空公司。因此,在20世纪90年代中期,三大旅游经营商巨头都拥有了自己的包机航空公司:汤姆逊旅游集团拥有布列塔尼亚航空公司,航空旅游集团拥有航空旅游国际航空公司,首选旅游集团则拥有航空2000航空公司。事实上,自己经营航空公司对大型旅游经营商来说并非像购入饭店那样属于高风险的战略决策,因为如果某旅游目的地遭受到游客们的冷落,那么他们可以重新设定航线,飞往更受欢迎的旅游目的地。如有必要,他们还可以将多余的机票转包给其他的旅游经营商。一个让人感兴趣的现象是,在倒闭的大型旅游经营商中有一部分就是那些拼命扩大自己航空公司规模的旅游经营商。雷克旅游公司在1982年的所作所为和国际休闲假日集团公司在1991年出现的状况就是其中的两个实例。

自己拥有航空公司还可以使旅游经营商在确定机舱服务标准方面具有更大的发言权,而机舱服务标准的高低会极大地改变游客对旅游度假活动的整体看法。因此，服务标准在不断地提高。如今，包机航班也会像定期航班一样提供两种不同等级的服务。在 1992 年，布列塔尼亚航空公司推出了“皇室服务”项目，提供免费报纸和包括婴儿尿布、纸巾以及围嘴在内的免费婴儿礼包等各样额外物品。同时在其长线旅途中，该公司还特设了电影欣赏和用平面图标绘出飞行距离和速度的“空中飞行主人”这两个项目（国际休闲航空公司也有一套相似的飞行展示系统）。此外，包机航空公司还对其机群进行升级换代。蒙那奇航空公司（Monach）和航空 2000 航空公司都侧重于使用空客公司生产的 A320 型飞机，而布列塔尼亚航空公司则偏重于使用波音公司生产的波音 757 和 767 两种机型。

不过，拥有属于自己的航空公司并非意味着永远拥有繁花似锦的前程，尤其是会使是否合并不同航班的决策变得更加困难。如果 4 月份夏季旅游的预订工作进展缓慢的话，一个应对的办法就是推迟系列航班的首发时间。如果预订工作到了 5 月仍然成效不佳的话，那么解决办法是宁可将各个航班合并在一起，也不可以在半数座位空置的情况下进行航班的飞行。在过去，即使这样做会使一些规模较小的包机航空公司因此而关门停业，合并航班的决定也仍然有可能作出。然而，如果提供旅游度假业务的公司同时还拥有自己的航空公司，那么决定合并航班则意味着以高额的成本为代价将自己的飞机闲置在停机坪上。在这种情况下，旅游经营商可能会求助于折扣来寻找出路，即使这样做有违于其旅游项目的总体销售策略也在所不惜。换言之，可以牺牲某些局部的利益来满足其他部分的需要。航空旅游集团于 1993 年—1994 年冬季向当时平淡的市场推出了一项新的滑雪项目，它这样做的一个原因据说就是需要尽可能地利用其所拥有的 8 架飞机。

大多数包机航空公司最开始使用的都是适合短线飞行的飞机，但随着长线旅游市场的扩大，它们不得不对其机群进行升级换代。截至 1993 年，汤姆逊旅游集团（布列塔尼亚航空公司）和优你捷（国际闲暇航空公司）两家旅游经营商均已购进能够直飞佛罗里达而无需中途在缅因州（Maine）加油的波音 767 型飞机，而航空旅游集团则在考虑投资购置这样的飞机。1988 年，布列塔尼亚航空公司开始经营飞往澳大利亚的航班业务，而航空旅游集团也随之在 1994 年推出了同样的业务。

如果在某些航线出现运力不足或机型不符合需要等情况，旅游经营商即便确实拥有自己的航空公司，也仍然需要向其他航空公司订购机票。例如，航空旅游集团在 1992 年为了开展其前往奥兰多的旅游项目一直在向蒙那奇和航空2000这两家航空公司订购机票,原因是航空旅游国际航空公司本身没有一架可以进行长距离飞行的飞机。到1993年,航空旅游集团在收购了埃斯博罗旅游公司之后便获得了其下属的航空公司——欧洲大陆航空公司,并因此增强了自身的空运能力。

汤姆逊旅游集团	海外业主旅游集团	航空旅游集团
布列塔尼亚航空公司	**航空2000航空公司**	**航空旅游国际航空公司**
波音757s	空客320s	麦道-83s
波音767s	波音757s	波音757s
	波音757-200ERs	波音767s
		空客A320s

图3-2 1993年三大旅游经营商巨头所属航空公司

当然,大多数旅游经营商并不拥有航空公司,因此必须向提供定期航班的航空公司或包机航空公司购买机票。

(二)定期航班

提供定期航班的航空公司在全球范围内提供根据时刻表运行的航空服务。无论预订机位的乘客数量有多少,航班均按计划飞行。这一点与包机航空公司不同,后者在出现机票预订数量不足以起飞的情况可能会将航班合并在一起。同时,提供定期航班的航空公司还推出"开颌式"(open-jaw)包价旅游项目(参加者乘飞机抵达某目的地之后从另一地乘飞机离开),并在标准的1周、2周或3周行期之外还设计有各种不同时间段的包价旅游活动,因此比包机航空公司具有更大的灵活性。

在过去,相对而言很少会有旅游经营商使用定期航班,因为定期航班的费用通常要高于包机航班的费用。不过到了20世纪90年代初期,由于很多航线——尤其是飞往欧洲以外地区的航线——出现了激烈竞争,定期航班的票价已经开始下滑,因而对旅游经营商来说具有更大的吸引力。在有些情况下,定期航班的机票价格降幅极大,以致经营包机业务的旅游经营商是否愿意与定期航班展开竞争都令人感到怀疑。澳大利亚就是这种状况的典型代表。从英国飞往澳大利亚的航班价格曾经高得让人望而却步。布列塔尼亚航空公司于1988年推出了飞往澳大利亚与新西兰境内9处目的地的包机航班业务，奥斯邦德旅游公司(Ausbound)利用该项业务推出了一批廉价的包价旅游项目。然而到了1993年，定期航班的票价出现了大幅下降，因而想要进入旅游市场的新旅游经营商订购定期航班的机票可能比订购包机航空公司的机票更合算，同时还不会面临合并航班的风险。

- 座位前后的间距更宽
- 座位距离地面高达30英尺
- 椅背倾斜度高达30.5度
- 提供食品时使用优质的、可再次使用的托盘
- 免费供应葡萄酒、汽酒或软饮料
- 免费供应冰淇淋
- 飞行途中免费欣赏娱乐节目
- 免费提供装有简易拖鞋和墨镜的方便箱
- 靠过道的扶手可抬起以方便出入
- 洗手间适合残疾乘客使用
- 免费提供报纸

图3-3 20世纪90年代包机航空公司可能提供的一些特色

有些旅游经营商实际上是航空公司所有。英国航空公司参与长线和短线旅游经营的历史十分悠久，可以追溯到20世纪60年代。在20世纪80年代中期，英国航空公司拥有企业、帝王、弗莱尔(Flair)和红翼假日等旅游公司的部分所有权。不过到1990年时，英国航空公司将其拥有的上述公司股票全部售出，仅留有经营长线旅游业务的速鸟旅游公司(Speedbird)。1992年，速鸟旅游公司以英航假日旅游公司的面目重新问世，现在该公司提供长线旅游与城市短假两种旅游项目。尽管该公司的宣传册说，“为了在一些线路上给顾客提供更多的选择，或者为了创造各目的地之间最有效的联运途径，某些旅游项目使用了英国航空公司以外的其他航空公司的航班”，其中包括飞往埃及、肯尼亚和佛罗里达的包机航班，但有一点是可以肯定的，即绝大多数的度假旅游项目所使用的都是英国航空公司的航班。

那些属于提供定期航班业务航空公司的旅游经营商能够提供一系列的航

空服务，其中包括为大幅加价的游客提供进入会员舱或头等舱的升舱服务。英航假日旅游公司甚至可以为乘坐协和式飞机前往纽约、华盛顿或巴巴多斯等地度假的游客提供升舱服务，但单程机票的加价幅度在1 000英镑以上。此外，该公司还利用英国航空公司国内航线网络为由始发机场参加度假活动的乘客提供免费或打折的航班联运服务项目。

旅游经营商如果利用定期航班提供ITX包价旅游项目，那么会就特定日期的航班签订一定数量的机票。如果这些机票未能售出，那么一般会在距离出发日期1个月的时候把未售出的机票返还给航空公司。ITX包价旅游在价格方面通常高于ITC包价旅游，并且主要是专项旅游经营商或经营高端市场的旅游经营商推出的。不过越来越多的长线旅游经营商在利用定期航班，尤其是在那些存在激烈竞争的航线上，因而使得定期航班的价格不断地下跌。举例来说，共有15家航空公司经营着伦敦与曼谷之间的空运服务，而到1993年时，海依斯/贾维斯旅游公司开始使用菲律宾航空公司飞往曼谷的定期航班，以取代其自1990年以来一直使用的从伦敦直飞普吉岛(Phuket)的包机航班。

提供个性化度假旅游项目的旅游经营商经常使用定期航班，他们可以通过像伽利略(Galileo)这样的计算机预订系统进行预订，根据需要适时适量地订购机票。随着欧盟逐步加大了放开对航空限制的力度，越来越多提供定期航班业务的航空公司开始在欧洲范围内经营新的航线，这使得机票价格出现下滑趋势。包机航空公司对于包价旅游市场来说变得不如以前那么重要了。如此一来，就会有更多旅游预订是基于诸如仅售机票业务那样的单一预订了。而另一方面，航空机票经纪商现在既可以自由包租英国各航空公司的飞机，也可以随意包租欧洲的各大航空公司的飞机了。

(三)包机业务

由于包机航空公司不必根据固定的时刻表运营，因此与提供定期航班的航空公司相比具有更大的灵活性。如果某旅游目的地的销售不景气，旅游经营商可以取消或合并相关航班；如果销售出乎意料地好，旅游经营商就可以通过签约的方式获得更多的包机客运业务。

大多数旅游经营商为了压低价格都在利用包机航班开展ITC包价旅游业务。不过只有在包机航班与定期航班之间存在很大的价格差异时，消费者才会真正愿意乘坐包机航班。人们仍然认为，定期航班能够提供更为优质的服务和更高的舒适程度。随着价格差距越来越小,旅游经营商对利用定期航班的兴趣也日益浓厚起来。

对于签订度假旅游项目所需的包机舱位的合约,旅游经营商可以采用以下 3 种可行的形式:

1.整机包租

整机包租指的是旅游经营商可以签约包租飞机某一时段的使用权或者是整架飞机,整机包租的期限可能是每周一天、整个旅游季节或是一年。整机包租所面临的巨大风险就是有可能无法售出所有的机票。因此,旅游经营商在包租飞机之后必须在包租限期内尽可能充分地利用该飞机,这就需要制定出复杂的航班运营模式。为了避免座位空置的现象,包机航班采取双向的运营模式,运送一批游客飞往度假区之后,再运载另一批游客返回。全年经营的旅游经营商能够在旅游季节开始和结束之时杜绝空舱问题,即用座无虚席的飞机将游客送抵度假区,然而度假区里却没有等候返回的游客;或者飞机需要将游客从度假区运回,然而却没有游客前往度假区。为了充分利用闲置的飞机座位,也可以以优惠价格推出春秋两季期限不等的短假旅游,从而减少损失。不过,整机包租这一方法可以使旅游经营商在确定航线方面享有很大的自由度。

旅游经营商可以把无法利用包机的日期或时段转包给其他旅游经营商,以此来减少整机包租的成本。例如,可以将夜航以时段包租的形式转包给另一家旅游经营商。1993 年夏季,优你捷旅游公司将其在休闲国际航空公司包租的两架直飞奥兰多和蒙特哥湾航班上的空余座位转包给了其他 7 家旅游经营商。

旅游经营商在做出批量订购机票的保证之后,有时候也可以向航空公司提出一些条件。例如,1993 年杰特塞夫旅游公司与美国包机航空公司——世界航空公司——签订了一项为期两年的协议,包租该公司在夏季旅游旺季的 9 周内(最难订购机票的时段)所有飞往奥兰多的航班。世界航空公司同意在这两年之内不与任何其他英国旅游经营商合作。

2.部分包租

有些旅游经营商不愿意签约包租整架飞机,而是选择部分包租或机票配给的方式。同样,部分包租的期限也可以是几天、几周或更长的时间。不过,旅游经营商只负责销售包机上较少数量的机票。即便是自己拥有航空公司的旅游经营商,也可能将某些航班舱位以部分包机的形式包租给其他旅游经营商,以降低飞机舱位空置的风险。

3. 特别包租

规模较小的旅游经营商也许更愿意按照固定的价格在特定日期购买特定航线上的舱位。他们也可以采用部分包租的方式订购一部分机票,同时利用特别包租的方式订购另外一部分机票。随着计算机技术的发展,越来越多的小型旅游经营商在有机票需求的时候倾向于选择特别包租这一可以自行安排的运营方式。

(四)航空机票代理商

航空机票代理商专门负责为旅游经营商协调机票事宜,并善于在机票供不应求的情况下协助旅游经营商找到所需要的机票。同时,他们还可以帮助旅游经营商将剩余的机票甩卖出去。

1972年,海外业主旅游集团最初主要是以机票代理公司的身份起家的,当时它拥有自己的航空公司——航空2000航空公司,由海外业主旅游集团管理局(Owneie Abroad Aviation,OAA)负责航班的运营工作。由于代理业务在公司整个经营活动中占有举足轻重的地位,因而如果其竞争对手——航空旅游集团的客人发现自己乘坐的是航空2000航空公司的航班的话,他们也并不会感到意外。很多小型旅游经营商也在使用航空2000航空公司的航班,因此从传统意义上讲,海外业主旅游集团将其看作是自己的客户,而不是竞争对手。在1993年,海外业主旅游集团一年销售出了330万张机票,其中的100万张机票销售给了其他旅游经营商,其中很多是像优你捷旅游公司这样仅销售机票的旅游经营商。与此相反,机票代理业务一向都只是汤姆逊旅游集团与航空旅游集团这两家公司偶尔参与的业务。不过在1993年对公司的总体战略重新考虑之后,海外业主旅游集团失去了经营机票代理业务的兴趣,只提供自己作为旅游经营商所需要的机票数量。海外业主旅游集团管理局不复存在,而由航空2000航空公司下设的一个机票代理部接手负责海外业主旅游集团(现更名为首选旅游集团)所需要的航班服务。

有些航空机票代理商从事专一的机票经营业务并且完全不参与旅游经营活动。有些航空机票代理商买进卖出机票,而另外一些航空机票代理商只是负责为其他旅游经营商代办签约事宜。例如，总部设在盖特威克的航班指导公司为诸如埃夫罗旅游公司和航班旅游公司等只出售机票的旅游经营商办理合同签订业务，同时为境外的包机航空公司担任销售总代理。1992 年，该公司全年代理的机票数量达到了 100 万张。在过去，航空机票代理商与一些航空公司密切合作，但是如今他们越来越重视与一些旅游经营商建立合作关系。因此，为灵感、希腊风情和航空短假管理者等公司所拥有的金冠航空机票代理商把关注的重点主要放在为寰宇旅游集团供应机票方面。

(五)外国包机航空公司

早在 1992 年之前，旅游经营商就已经在横跨大西洋的航线上与外国航空公司开展了合作。例如杰特塞夫旅游公司与美国的世界航空公司就签有独家合约。但是在 1992 年，欧洲单一市场的形成使得欧洲的包机航空经营商有可能经营往返英国的航班。这一情况颇受较小型旅游经营商的欢迎，因为他们担心那些从事旅游与航空联营的巨头会向外来者收取高价。1993 年，埃夫罗旅游公司与寰宇旅游集团成立了名为第一航空公司的机票代理公司，并商议是否有可能与所谓的二类旅游经营商联手，共同使用他们自身的舱位资源以及通过与西班牙百年航空公司、欧洲航空公司、欧洲国际航空公司、葡萄牙航空公司、哥伦布航空公司以及绿洲航空公司等外国包机公司签约而获得的舱位资源。与外国包机公司合作的旅游经营商所特有的优势在于，他们经常可以仅就 7 月～9 月这段旅游高峰期签订包租合约，而英国航空公司则要求他们承诺将包租期限延长为从 5 月～9 月。不过由于历史的原因，国外航空公司很少能够获得在英国各机场着陆或起飞的最佳时间安排，因而并不能完全在飞行时间上适应英国市场的需求。

(六)航班时刻表的制定

夏天旅游旺季的航班时刻表是在 8 月份由各大航空公司参加的大型会议上确定的。如果航空公司已经在一条航线上经营了一段时间，那么它将对其通常的起飞时间拥有优先取舍的权利。不过经营新航线的航空公司不得不讨价还价以争取理想的起降时段。为此，它们要么与其他航空公司相互交换起降时段，要么与航班班次调度委员会进行协商。然后，旅游经营商就可以把航班的准确出发时间印制在自己的宣传册中。在第二年，各航班的出发时间经常会发生变动。《欧共体包价旅游管理条例》允许在提前 12 小时发出通知的情况下改变起飞时间，少于 12 小时则必须向客人支付赔偿金。有人提出了取代这一制度的分时段安排的办法。如果这一提议被接受，那么宣传册上将不会再印制准确的出发时间。相反，航班班次将被分配在 4 个时段之中（可能时段 A 是从午夜至凌晨 6 点；时段 B 是从凌晨 6 点至中午时分；时段 C 是从中午至下午 6 点；时段 D 是从下午 6 点至午夜时分）。一旦准确的时间被确定下来，旅客就会接到通知，从而减轻由于时间改动而引发的愤懑情绪。

（七）航空饮食

飞行途中的饮食由航空公司提供，但旅游经营商会同意为此提供一笔预算，并在签订购买机票合约的时候商定提供饮食的种类。能够肯定的一点是，包价旅游的收费越高，飞行途中的饮食就越好。

虽然一般来说都认为定期航班航空公司提供的服务水准更高一些，但有些包机航空公司现在也都在提供上乘的空中饮食。而有些定期航班航空公司，尤其是那些前往东欧各国或第三世界国家的航空公司则一直都在供应极其一般的食品。

五、包租游轮业务

一些旅游公司将游轮旅游纳入其旅游项目之中，并且与拥有游轮的公司签订了合约，就像是租用饭店客房一样来租用游轮上的住宿设施。在有些情况下，市场的大量需求会迫使游轮公司将部分业务转包给其他的游轮公司。有些旅游经营商仅仅满足于包租所需要的游轮舱位，而把其他一切事宜都交给游轮公司去安排。而其他旅游公司则会包揽游轮上从提供船上图书室读物到安排博彩活动等大大小小事项的管理工作。

六、签订汽车租赁合约及其他

虽然签约订购客房与机票是合同管理部门最重要的职责所在，但是负责签订合同的人员还需要安排好从机场到饭店的巴士接送工作，确保诸如汽车租赁等额外服务项目已经安排就绪，同时还需要确保将旅行包和行李标牌在旅游团队出发之前全部提早送达。

旅游经营商凭借其批量订货的实力并通过与艾维斯（Avis）和赫兹（Hertz）这样的大牌汽车租赁公司进行谈判，从而可以在度假区以优于游客自己所能获得的价格租到汽车，而游客们只有在抵达度假区之后才能开始租车。旅游经营商与当地一些低档旅游公司进行合作的情况是十分罕见的。

七、地接社的作用

地接社指的是当地的个人或公司，他们代表境外旅游经营商与当地的饭店业主、机场官员、巴士旅游公司甚至当地警方进行交涉。他们具备熟悉当地语言和法律的优势，同时还有良好的地方关系可以利用。即便是规模最大的旅游经营商也会或多或少通过地接社来安排一些在当地的活动，但是对于规模较小、在度假区没有员工负责安排短途游览项目的旅游公司来说，地接社显然是极其重要的。有时候，地接社甚至可以为旅游公司提供长驻度假区的业务代理。英国几家不同的旅游经营商常常会使用同一家地接社。

在大多数国家里，旅游经营商可以从一系列的地接社之中进行挑选，并且会根据客人的反馈与度假区业务代表的意见对未达到标准的地接社提出警告。不过在某些国家里，由政府提供地接服务，这样就排除了竞争的可能性，并使得旅游经营商无法利用更换地接社的手段迫使其改进服务水平。

短途游览

地接社通常负责安排大多数旅游经营商出售给前往度假区的游客的可选择的短途游览项目。短途游览项目日益趋于多样化，有可能包括从参观周边景点的一日游到前往度假区以外景点的2～4日支线游，比如突尼斯沙漠探索游等。甚至还包括体验夜生活的短途游览，游览的费用包括食物、饮料和民俗娱乐活动等。

各种宣传册提供的有关可自由选择的短途游览项目的信息相差悬殊。宣传册经常是仅仅标出短途游览项目的名称并附带上一年度旅游季节的价格，即便是游览历时很长的项目也是如此。以下是阳光世界旅游公司为其1993年～1994年度的突尼斯短途游所提供的全部信息：

短途游览项目(价格为大约数,参照1992年~1993年冬季定价):

两日探险游53英镑;突尼斯城与迦太基古城一日游(全天)15英镑

哈姆迈特(Hammamet)与纳布尔(Nabeul)游(半日)3英镑

凯鲁万(Kairouan)(半日)9英镑;贝都音式盛宴(夜晚)15英镑

长线旅游宣传册有时候会提供更多的信息(请参阅图3-4)。

埃及短途游览包价项目

以下短途游览包价项目可以于出发前在英国国内预订和付费

卢克索(Luxor)城市之旅

除尽情享受日光浴和领略卢克索奇异的城市氛围之外,还有更多精彩内容

成人每人34英镑,12岁以下儿童每人17英镑。

* **尼罗河西岸游**:利用半日时间游览尼罗河畔的帝王谷、王后谷及贵族陵墓区。

* **卢克索神庙与太阳神庙之行**:利用半日时间游览卢克索神庙和反映公元前17世纪生活的建筑艺术的杰出典范—太阳神庙。

请旅游期间搭乘游船畅游尼罗河的旅客注意,以上游览活动已经包括在全部行程当中。

如果您在卢克索逗留期间还想游览阿布辛贝,则需要在卢克索至少停留4日,以便有充裕的时间进行所有观光活动。

乘热气球遨游埃及上空

每人151英镑。

此刻当您乘坐热气球在空中缓缓飘过西岸的哈姬苏女王神殿、尼罗河以及卢克索古城上空时,您会领略到一番全新的视野感受。

气球飞行活动一日两次,在风向最为有利的黎明与傍晚时分进行。飞行历时45分钟到2小时。从接送地点到返回饭店的全过程您应该留出4个小时的时间。早上飞行结束之后有丰盛的早餐供应,下午飞行之后有高档茶点供应。

请注意,热气球活动仅在10月至第二年5月进行。

开罗城市之旅

凡是在开罗停留至少3日以上的库奥尼旅游公司的旅客可以提前购买以下短程包价游览活动:

成人每人23英镑,12岁以下儿童每人11英镑。

* **吉萨金字塔之行**:利用半日时间参观金字塔与狮身人面像(基奥普斯金字塔除外)。

* **埃及博物馆之行**:利用半日时间参观世界上所能寻找到的最为神奇的博物馆之一,令您产生一种历史重现的感觉(木乃伊陈列室除外)。

哈姬苏女王神殿

自阿斯旺出发每人114英镑。

自卢克索出发每人174英镑。

所有4尊巨大的拉美西斯二世的雕像中最有气势的一尊面向太阳而立。如此一来每到拉美西斯诞辰之日,阳光便穿过神殿照射在殿内端坐着的法老额头之上。阿姬苏女王神殿令人难以置信的特点在于这些神殿原本是建在尼罗河河岸之上的,而阿斯旺巨型大坝的修建引发了河水水位的上涨。如果不是联合国教科文组织派出工程人员千辛万苦一点一点将神殿移至高出新增水位的地方予以复原的话,这些神殿早已不复存在。此项可自由选择的游览项目包括历时约一小时的神殿参观活动。

此番游览活动可能采取空中或地面运输方式进行,依当地条件而定,统一收费。如果从卢克索出发,应该注意返回途中在阿斯旺可能会出现耽搁时间较长的情况。

图3-4 库奥尼旅游公司对其1993年埃及境内短途游览的描述

资料来源:库奥尼旅游公司

短途游览项目通常都是在度假区内进行预订和付费的，度假区业务代表的一项工作就是在欢迎会上向游客公布有哪些游览项目，同时接受游客的现场预订。通常有关游览活动的具体情况还会张贴在告示牌上。旅游经营商在当地饭店设有业务柜台，游客也可以从那里提供的信息资料册中获得有关游览活动的具体情况。有时，短途游览活动也可以在英国国内预订和付费（这种情况大多适用于长线旅游产品）。汤姆逊旅游集团允许游客在支付 5 英镑订金的情况下预订其最受欢迎的短途游览活动，而余款则在度假区内付清。这样做既有助于游客预算其度假的全部开支，又可避免游客因某一游览项目被销售一空而感到失望。

乘坐长途巴士旅游时，短途游览活动的费用通常包含在总价之内。不过有些时候，由于许多短途游览活动变成了可自由选择的额外收费项目，使得这种巴士游看起来收费更低了。乘坐游轮度假时，岸上的游览活动差不多全部都必须在船上预订和付费，价格从地中海游的平均收费 15 英镑到加勒比海游的接近 60 英镑不等。

八、高品质产品的创新与保持

策划一项度假旅游产品并不仅仅是选择合适的目的地、签约订购各种产品要素，然后确定其价格这么简单。在竞争激烈的旅游市场上，策划出优质的旅游产品同样至关重要，尤其是在公众变得越来越挑剔、稍有不满就会投诉的情况下更是如此。

评估旅游项目质量的一种方式就是向游客发放调查问卷以得到他们对所体验的旅游产品的反馈信息，大多数旅游经营商都会向游客们分发调查问卷。这类调查问卷从饭店的服务水平到旅游公司业务代表的友好程度等无所不问。大多数旅游经营商都会认真对待这些从游客那里反馈回来的信息。他们会纠正问卷中所反映出的问题，有时甚至会开除达不到标准的公司员工。1993 年，帝王旅游公司宣布，要将评分结果低于固定最低值的饭店从公司的旅游接待计划中除名。

另外一种较为消极的评估旅游项目质量的做法就是查看各旅游产品受到游客投诉的数量。在三大旅游经营巨头中，汤姆逊旅游集团的记录可能是最好的，投诉的比率只占所有预订数量的 1%，相比之下，航空旅游集团占2.5%。当然，这些投诉的严重程度差异极大。航空旅游集团就宣称，在投诉其产品质量存在问题的游客当中有75%的人说他们还将再次参加该集团的旅游项目，以此说明那些投诉并非特别严重。

有些旅游公司依靠派驻度假区的员工的反馈来进行评估，尽管这是一种误差较大的评估方法。贝尔斯(Bales)旅游公司要求所有旅游项目的经理和领队就每次行程准备一份详细的报告，其中必须包括像导游人员和巴士司机是否准时到场这类重要问题的详细情况。这类重要问题可能会被设在英国国内的办事处所忽略，但却会严重地影响客人对旅游的满意程度。

对产品质量的评估还可借助外部机构的评判来进行。例如，航空旅游集团在1993年威胁要起诉消费者权益保护协会创办的期刊《旅游天地》，因为该杂志刊登了一项有关读者对各大旅游公司看法的调查，结果航空旅游集团排名倒数第三(航空旅游集团声称《旅游天地》的读者背景与该集团通常的客人背景不符)。不过一项由莫里公司进行的民意调查显示，有58%的旅游代理商也说航空旅游集团是他们接到投诉最多的一家旅游经营商。此后，航空旅游集团采取了一系列措施将自己重新定位在高端市场上。因为众所周知，大部分投诉案件都源于最廉价的度假旅游产品。

在两种情况下保持旅游产品的质量最为困难：一种情况是旅游经营商经营着多个目的地，而其中一些目的地的生活水平与英国的相去甚远；另一种情况是旅游经营商依赖于诸如饭店业主等供应商，但又无法直接雇用他们。在英国的包价旅游市场上，价格决定一切的现象非常突出，这就使得保持旅游产品的质量变得难上加难，其中最大的难点在于既要提高标准，同时又要压低产品价格。不过大多数旅游经营商都十分清楚保持旅游产品质量的必要性，而且《欧共体包价旅游管理条例》规定，旅游经营商不得随意放弃对其包价旅游产品诸多方面所应承担的责任，从而使得保持旅游产品质量的必要性变得更加迫切了。1993年，汤姆逊旅游集团重新调整了公司结构，将合约签订事宜从日常的经营管理中分离出来，以便在出现问题的时候更易于识别和处理。由于汤姆逊旅游集团不向旅游代理商支付代办佣金，因而需要提供一贯高品质的产品以确保旅游代理商仍然能够为其销售产品。这种调整因此显得尤为重要。

规模较大的旅游公司一向非常乐于考虑采取正规的方式来保证高质量标准的一贯性。它们一般都是通过公司内部的培训计划来达到这一目的。较小规模的旅游公司仍然会对这类培训退避三舍，声称这种做法的成本远远超过了可能带给自己的收益。但是，主要是由小型旅游经营商组成的独立旅游经

请向我们提出您的意见

1. 您参加的是英国航空假日公司(BAH)的哪类旅行?

a) □世界范围　　b) □佛罗里达　　c) □美国与加拿大

d) □城市　　e) □高尔夫　　f) □其他

2. 您从英国启程的时间是何时?

(日/月)____________________________

3. 您参加的旅行的等级?

a) □旅游型(经济型)　b) □俱乐部型　c) □豪华型　d) □协议型

4. 您的主要旅游目的地有哪些?

____

5. 您的旅行是否是通过旅游代理商预订的?

□是　　□否

6. 您是通过何种途径听说我们的?

a) □朋友/家人　b) □旅游代理商　c) □过去参加过我们的旅行

d) □广告　e) □邮寄的宣传手册　f) □其他

7. 您乘坐的是哪个(些)航空公司的飞机?

a)______________ b)______________

8. 在过去的5年里您参加过多少次BAH的旅行?

a) □无　b) □一次　c) □两次　d) □三次以上

如果一次或一次以上,请问都参加过哪些英航的旅游项目?

____

9. 请为您所经历的飞行服务打分。

	非常好	好	一般	不好
登机服务	□	□	□	□
机上行李安置服务与服务态度	□	□	□	□
行李认领服务:				
英国	□	□	□	□
海外	□	□	□	□
机上总体服务	□	□	□	□

10. 请写出您在度假过程中住过的饭店及其地理位置(超过两处时请写主要的饭店)。

	饭店名称	地理位置
饭店1	__________	__________
饭店2	__________	__________

请分别为饭店特色打分:

(饭店1□　饭店2□)

	非常好	好	一般	不好
饭店服务	□	□	□	□
食物	□	□	□	□
娱乐设施	□	□	□	□
洁净度	□	□	□	□
饭店的地理位置	□	□	□	□
饭店的总体服务	□	□	□	□

其他看法____________________________

图3-5　英航假日旅游公司客户服务调查问卷

11.请评价您参加过的旅行的其他特点

(如果没有该项服务请填写 N/A)

	非常好	好	一般	不好
宣传手册的信息精确度	□	□	□	□
预订服务	□	□	□	□
在您的旅行中提供的信息	□	□	□	□
海外代表的服务	□	□	□	□
机场/饭店的接送服务	□	□	□	□
租车服务	□	□	□	□
可选择性短途游览服务	□	□	□	□

12.以下哪种英航的旅行会让您感兴趣?

a)□世界范围　b)□佛罗里达　c)□美国与加拿大

d)□城市　e)□高尔夫　f)□其他

为了帮助我们开展今后的计划工作,了解参与我们的旅行的人群类型会对我们有所帮助。以下信息当然会为您严格保密的。

13.您属于以下哪一个年龄段?

a)□16～24　b)□25～34　c)□35～44

d)□45～54　e)□55～64　f)□65 以上

14.您有几个 12 岁以下的孩子?

a)□没有　b)□一个　c)□两个　d)□三个以上

15.以下最能说明您的工作类型的是:

a)□管理　b)□专业工作　c)□办公室

d)□技术工人　e)□退休　f)□其他

16.您的总体收入属于以下哪一个范围?

a)□15 000 英镑以下　b)□15 000～25 000 英镑

c)□25 000～40 000 英镑　d)□40 000 英镑以上

17.您定期阅读哪种国内报纸或杂志?(请列举)

____

18.请给出您本次旅行的总体满意度?

a)□非常好　b)□好　c)□一般　d)□不好

19.您再次预订我们的旅行产品的可能性?

a)□非常可能　b)□有可能　c)□不可能

20.其他意见或建议。

____

____

____

____

(图 3-5 续)

营商协会已经制定了一份所有成员都必须遵守的《质量宣言》。该宣言将"质量"定义为"提供一定程度的满意度,这种满意度以旅游经营商所提供的相关旅游信息为依据,旨在满足或超出客人的合理期望,无论所售产品的种类或所支付价格的高低"。图 3-6 展示的是独立旅游经营商协会《质量宣言》及其成员所希望提供的质量选择。

THE ASSOCIATION OF INDEPENDENT TOUR OPERATORS

AITO

独立旅游经营商协会质量宣言

独立旅游经营商协会是在旅游度假活动的某些特定领域或类型中从事专业化经营、共同致力于提供高品质质量与高标准个人服务的独立旅游公司所组成的协会。独立旅游经营商协会将"质量"定义为"提供一定程度的满意度,这种满意度是以旅游经营商所提供的相关旅游信息为依据,旨在满足或超出客人的合理期望,无论所售产品的种类或所支付价格的高低"。

以下是我们所要取得的目标:

提供信息准确的宣传册

独立旅游经营商协会的成员保证其宣传册清楚、准确地说明所提供的度假活动与各项服务。

改善产品质量

独立旅游经营商协会的成员听取客人的意见,
欢迎对如何提高服务水平提出建议。
所有顾客在旅行结束之后都会收到一份调查问卷。

提供专业化的服务

独立旅游经营商协会的成员承诺提供高品质的个人服务,
通过对员工的全面培训来保持服务水平。

提供钱财方面的安全保证

独立旅游经营商协会将认真确保所有成员遵守现行的有关保护
客人钱财的《政府管理条例》。

设定专用的会员资格

独立旅游经营商协会拥有严格的入会标准,新的旅游公司必须符合标准方可加入。
所有会员必须遵守约束其经营行为的《商业行为法》。

正确处理环境问题

独立旅游经营商协会承诺在本行业中提高环境保护意识。

此外,作为最后的手段,在出现独立旅游经营商协会成员与客人之间存在无法友好解决争端这一不太可能发生的情况时,任意一方仅需支付少量费用即可请求独立旅游经营商协会下设的独立纠纷调解服务处快速寻找出令双方均能接受的解决方案。

独立旅游经营商协会

质量选择

图 3-6 独立旅游经营商协会《质量宣言》——创建"品质选择"

资料来源:独立旅游经营商协会

(一)饭店的星级评定体系

大多数欧洲国家都有一套全国统一的饭店星级评定体系,各国制定这样一个体系是为了在饭店质量水平一致性方面起到指导作用。但是,这类体系之间差别较大,而且很可能只衡量诸如卫生间数量等有形的设施,而忽略了氛围、装饰和服务水准等。

旅游经营商们更愿意采用自己制定的一套评定体系,因为各国的评定体系不尽相同,而自己制定的评定体系则可以为其位于这些国家的饭店提供统一的服务标准。例如汤姆逊旅游集团拥有自己的T级评定体系,航空旅游集团拥有A级评定体系,而寰宇旅游集团则有着钻石级评定体系。旅游经营商们有时也将自己的评定体系与所在国的评定体系加以比较。以下是寰宇旅游集团对其钻石级评定体系所作出的解释:

官方的分类评定体系并不代表存在一种可以将各国之间住宿的标准,有时甚至是同一国家各类住宿设施的标准加以比较的统一方法。因此我们所提供的信息仅仅具有一般性的指导意义……但是,根据我们对每家饭店的了解(截止到本说明出版之时),同时更重要的是根据您的看法,我们采用自己的钻石级评定体系对每一家饭店进行了评定。寰宇旅游集团的钻石级评定体系为您入住饭店提供了指导,这其中涉及饭店的设施、服务、饮食、舒适度和地理位置等方面。我们同时也考虑到饭店与公寓之间在各方面的不同特色和优势。不同的级别是基于1～5分的分值范围进行评定的。这些分值分别代表着从提供最基本服务的饭店到超出平均水平、提供额外舒适度的豪华饭店等5类不同的级别。在同一级别内并非所有的饭店都一定会提供相同的设施……但我们认为,您会发现这些分类具有很有益的指导作用。

(资料来源寰宇旅游集团)

(二)其他有关旅游度假项目的评定方法

旅游度假项目的评定有时会采取其他一些方式,为的是反映除了质量以外的其他因素。例如有些运动型度假活动是依据活动的难度划分等级的,目的在于确保人们不会参与那些他们的健康状况不足以应付的冒险经历。以下是喜马拉雅王国旅游公司对其在世界最高山脉的山间徒步旅行与探险活动所划分的等级：

温和型：步行全程历时 5 天。一般每天行走 4～6 小时，其间偶然会有攀爬陡坡的情况。这是一项以行走为主、有大量时间观赏四周风光的度假活动。

适度性：置身于更加偏远的山野地带，偶尔需要步行 6～7 小时，但连续行走不会超过 5 天，除非选择了游客们所喜爱的路径。这是一项在相对较低纬度进行的徒步旅行活动。

激烈型：连续 7 天行走在山野之中，途经海拔 12 000～16 000 英尺之间地势很高的山口(有时会被积雪覆盖)。有时一天需要步行 7～8 小时。

艰苦型：是一次健壮的登山爱好者挑战长距离徒步旅行的经历。有时会一连行走 7 天以上，至少穿过一处海拔在 16 000 英尺以上的山口。通常要造访人迹罕至的地带。

(资料来源：喜马拉雅王国旅游公司)

冬季的滑雪旅游项目在对入住的饭店标明等级的同时，还会附上地图。地图会根据滑雪时所需要掌握的专业技巧的程度对当地的滑雪道进行级别划分。滑雪道通常被划分为适合初学者使用、适合中级滑雪者使用或适合高级滑雪者使用等几种等级，并在地图上使用不同的颜色来标明各条滑雪道的类型。

有时，评定体系旨在反映某一项具体的度假旅游活动。例如尼尔森旅游公司使用了山峰的轮廓来表示饭店的等级，而富有想象力的旅行家假日公司(Traveller)则利用卡通骆驼图案来表示其探险型度假项目的整体风格与标准(请参阅图 3－7)。地中海俱乐部使用 2～4 支三叉戟来表示其度假村的舒适级别和氛围等级。

九、海外的消防、安全与卫生标准

《欧共体包价旅游管理条例》规定，旅游经营商必须确保他们所使用的饭店可以提供高标准的安全与卫生服务。这样做不仅是为了保护客人，而且也是为了保护自己在出现问题时不会遭到起诉。但主要问题在于，即使是在欧洲范围之内，不同的国家也都有着不同的标准和不同的规章制度。到目前为止，尽管欧共体发布了《饭店消防安全建议书》(Recommendation on Hotel Fire Safety)，但即便是在欧洲单一市场内也还未能做到强制性要求各饭店采取一致的预防措施。诸如英国国际广播电台的“监督者”节目和消费者权益保护协会的《旅游天地》杂志一类的消费者权益监督机构，已屡次将在消防措施、游泳池以及阳台安全防护等方面达不到英国标准的饭店作了重点曝光。

骆驼与奇幻旅行度假公司

骆驼自古以来就是旅游者的朋友和可以信赖的伙伴，因而在我们看来是代表我们所提供的旅游方式的恰当“标志”。为了帮助您识别适合您自己的合适的度假活动，您将在每一项行程描述旁边看到其中一个标志。

住宿标准和总体设施在不同国家差异极大，因此您将从各国情况介绍中更为详细地了解到某一目的地国的情况和旅游度假活动的安排。但是作为指导，我们的标志可作如下解释：

这一类度假活动是心态年轻者的理想选择。住宿形式种类丰富，其中包括旅游饭店、山地旅社、基布兹(kibbutz)式家庭旅馆以及小型的膳宿公寓。活动中使用的交通工具往往有着更多的变化形式，而且更具活力。例如有毛驴、骆驼、吉普车和三桅小帆船等。

这一标志所代表的旅游活动提供的是更高级别的住宿形式，一般为4星或5星级的饭店和更为豪华的交通工具；有品质一流、安装有空调设施的游船，船上配有私人设施，还有舒适的旅游巴士供观光使用。

专为热爱户外运动的人士提供。一般的宿营活动日程表都会把公认的宿营地和特别精选出的“荒野”营地这两种露营地点结合在一起。我们偶尔也会使用小型的膳宿公寓、山地旅社或者其他对旅行起到辅助作用的特殊住宿点。交通工具为专用巴士。

无论选择哪一类最能够适合您需要的度假活动，您都会享受到同样高标准的服务和针对于您个人的关怀。只有积累了长久的经验才可能做到这一点。

图3-7(a) 奇幻旅行度假公司之评定体系

(a)资料来源：奇幻旅行度假公司

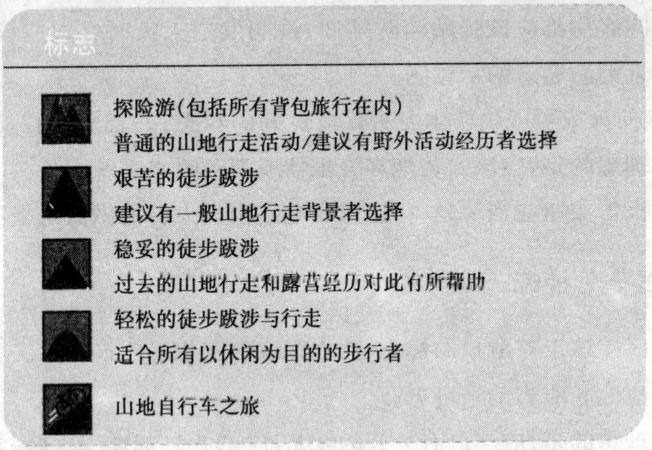

图 3－7(b)　高地旅游公司之探险游与徒步游

(b)资料来源:高地旅游公司

因此,一些大型旅游公司派专人前往准备使用的饭店审查消防与安全情况。从理论上讲,这意味着那些不符合标准的饭店都会被除名。然而,在诸如希腊和葡萄牙这样的国家,由于很多饭店都达不到英国的标准,因此要做到这一点很难。

在实施安全审查工作时,以下方面是旅游经营商主要留意的:

消防安全预防措施

● 如果饭店客房数量超过 25 间,那么至少应该设有两个消防楼梯,以防其中一个被烈火或浓烟所阻断。

● 所有楼梯出口都应该有门并且门可以在行人通过后自动关闭,从而起到隔绝烈火和浓烟的作用。

● 较为理想的是,饭店里的任何地方距离楼梯口或安全出口都不超过 10 米,从而减少人们被烈火或浓烟所困的可能性。

● 应该避免修建仅有一个出口的走廊,以减少客人浪费潜在的宝贵逃生时间这一风险。

● 应该清楚地标明消防通道,同时禁止在走廊里或楼梯上堆放可能妨碍人们在黑暗或浓烟中逃生的障碍物。

● 任何通向外部的出口都不应该处于上锁状态。

● 每一间客房都应该张贴消防须知，说明发生火灾时客人应该采取的措施并标明最近消防通道的示意图。

● 应该使灭火器或消防水龙带保持良好的状态，并且放置在显而易见的地方。较为理想的是，应该安装烟雾警报器或消防喷水系统。

● 火警报告按钮应当清楚可见，依靠电话报告火警的做法是毫不可取的。

游泳池安全措施

● 深水区应该设有醒目的标志，池水深浅的变化不应该过大。

● 游泳池池底应当清晰可见。

● 较为理想的是，应当设有分开的儿童泳池，并且远离深水区。

阳台安全措施

● 阳台的栏杆应该至少不低于 1 米，以防客人不慎从阳台上坠落。

● 阳台栏杆的间距应当小于 150 毫米，以防儿童从缝隙中间坠落。

● 阳台上不应该设有台阶或任何可当台阶使用的物体。

电梯安全措施

● 任何电梯都不得使用单向开启的电梯门。

● 电梯旁边应该张贴警示牌，提醒人们在火灾期间不要使用电梯。

以下是寰宇旅游集团在其 1993 年的环球旅游宣传册中对“安全与当地标准”所作出的说明：

在境外旅游经营过程中所实施的安全标准与规章制度是由东道主国所制定的。令人遗憾的是，这些标准和规章制度并不能够达到英国的水平。因此，安全、卫生、消防等方面的总体水准均低于英国国内的水准。此外，这些当地规章制度的监督与实施工作是由东道主国的政府和提供相关服务的海外供应商负责的。

（资料来源：寰宇旅游集团）

但是，如果客人是在欧盟成员国的饭店入住期间遭遇火灾并蒙受财物损失，那么根据《欧共体包价旅游管理条例》，他也许会以旅游经营商在可预见发生火灾而未能履行合约为由，将旅游经营商告上法庭并要求赔偿。

海滩标准

度假区的海滩标准是旅游经营商所面临的另一个问题，因为旅游经营商们显然不应该对向大海倾倒未经处理的污水或化学废弃物负有直接责任。不过，如果旅游经营商需要在其宣传册中说明海水的清洁程度的话，他们更愿意使用像“干净”、“清澈”或“半透明”这类模糊的一般性字眼。以下是寰宇旅游集团在其1993年的环球旅游宣传册中做出的说明：

我们在宣传册中介绍了度假区海滩的类型和可供选择的所有水上运动或其他与海滩有关的活动。虽然与海滩相比，很多度假者更喜欢游泳池及其四周的晒台，但是作为负责任的公司，我们认为有必要指出，欧盟委员会发表的年度报告列出了在所有欧洲国家中未达到该委员会所规定的最低清洁标准的海滩。

（资料来源：寰宇旅游集团）

问答题与讨论题

1. 试论旅游经营商在为下一季的奥地利与意大利滑雪度假游项目作规划之前，都需要考虑哪些不同的因素。

2. 你认为旅游经营商通过彻底买断饭店可以获得哪些优势？

3. 列举出签约人在承诺履行合约之前会就哪些问题与航空公司和饭店业主进行商讨？

课后作业

1. 假如你就职于一家经营希腊、西班牙、土耳其与突尼斯度假游项目的小型旅游公司。你希望开发一处新的短线旅游目的地。请挑选3处潜在的目的地并以报告的形式总结出支持和反对选择每个目的地的理由。一定要在结论中指出你认为哪一个目的地可能是最佳选择，并说明原因。

2. 就你所选择的目的地之一，以书面的形式探讨签订客房与机票合约的最佳方式，并说明理由。

3. 质量是一个相当模糊的概念。绘制一张图表，其中包括航班、饭店和服务三栏，在各栏中列举出你在判定是否为客户提供高质量服务时需要考虑的所有项目。首先以班级为单位讨论各自的结论，之后说明你将如何衡量每个方面所要达到的标准。

4. 如有可能，请拜访当地一家有度假游客和商务旅游者下榻的饭店。绘制一张图表，记录下该饭店是如何遵守本章所提到的有关消防与安全要求的。

第四章

旅行社提供的产品

本章学习目标

通过对本章的学习，你应该能够：

- 解释短线旅游产品与长线旅游产品之间的区别
- 掌握旅游经营商所提供的旅游产品的主要类型
- 了解不同类型的旅游产品的主要特征
- 评估哪些产品属于热销旅游产品，哪些产品属于专项旅游产品
- 判断出哪些旅游市场正在扩张，哪些旅游市场正在萎缩

一、引言

旅游经营商最初提供的是前往文化目的地、滑雪胜地以及地中海地区的时间在一星期和两星期左右的短线旅游。然而随着度假旅游市场在20世纪80年代的增长，长线旅游目的地也变得越来越受到人们的欢迎。由于旅游经营商试图确认各种可能存在的度假者需求并设计产品来满足这些需求，旅游市场被细分为各种不同的细分市场。

图 4－1 列出了在 1991 年和 1992 年期间最受欢迎的包价旅游目的地。括号中的数字显示各旅游目的地在 1991 年的排名。

	1991 年 (100 万人次)	1992 年 (100 万人次)
1.(1) 西班牙	2.66	3.08
2.(2) 法国	1.87	2.42
3.(3) 希腊	1.37	1.58
4.(7) 塞浦路斯	0.40	0.74
5.(4) 葡萄牙	0.59	0.68
6.(5) 美国	0.30	0.59
7.(6) 意大利	0.44	0.51
8.(8) 澳大利亚	0.39	0.42
9.(9) 新西兰	0.35	0.39
10.(14)土耳其	0.10	0.22

图 4－1 1991 年和 1992 年最受欢迎的十大包价旅游目的地

资料来源:国际游客调查

这些数字最为清楚表明的一点也许就是,尽管长线旅游目的地越来越受到欢迎,但是事实上,在所有的旅游目的地排名中,长线旅游目的地中只有美国进入了前十名,这主要是因为佛罗里达州深受游客的喜爱。

二、短线旅游产品

短线旅游目的地是指那些距离英国不足 5 小时飞行时间的目的地。属于这一范畴的旅游目的地包括乌拉尔山脉以西的所有欧洲国家以及加那利群岛(the Canaries)、马德拉群岛(the Madeira)、亚速尔群岛(the Azores)和冰岛。摩洛哥和突尼斯也属于短线旅游目的地。从传统上意义上讲，埃及属于长线旅游目的地，但是现在它也出现在一些短线夏季阳光度假目的地的宣传册中(请参阅图 4－2)。

虽然夏季阳光度假旅游产品是短线度假市场中最为重要的组成部分,但是实际上短线海外度假旅游的形式多种多样,其中包括:

- 航空旅行加饭店式旅游
- 航空旅行加自炊式住宿旅游

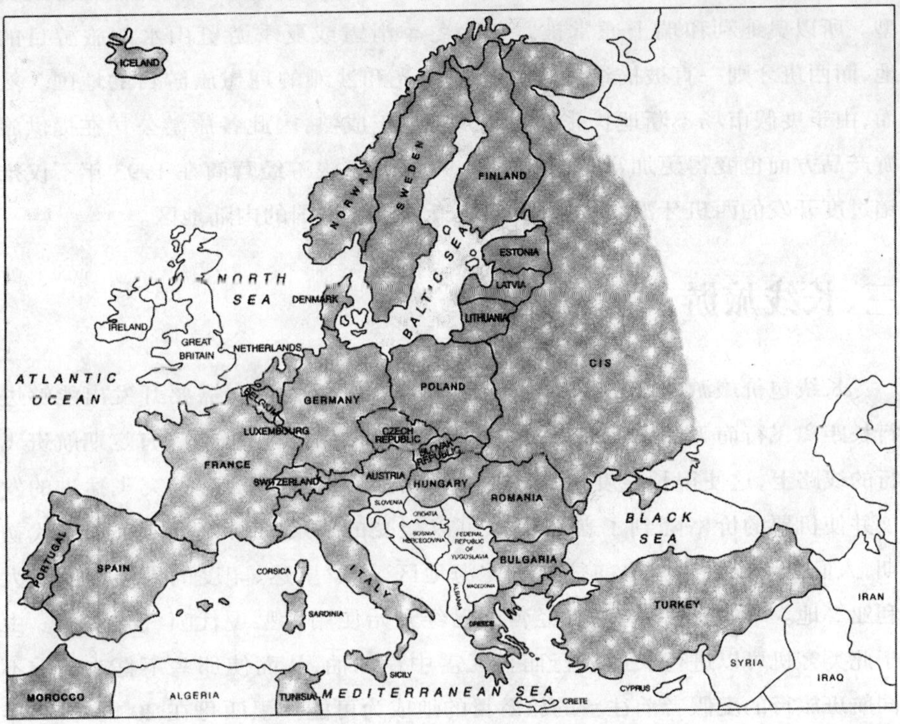

图 4－2　受欢迎的短线度假目的地

- 单一度假区度假游（主要住在一个度假区或城市）
- 多个度假区度假游（住在一个以上的度假区或城市）
- 巴士旅行加饭店旅游
- 巴士旅行加自炊式住宿旅游
- 巴士旅游
- 豪华火车旅游
- 自驾车包价旅游，其中包括轮渡及住宿
- 航空旅行加自驾车包价旅游
- 航空旅行加游轮包价旅游
- 短假或长周末度假旅游（主要是在城市）
- 露营度假旅游

法国也许是接待英国游客人数最多的国家，但是最受英国游客欢迎的包价旅游目的地却是西班牙（包括巴利阿里群岛和加那利群岛）。

旅游目的地的特色不可避免地决定着旅游经营商所提供的度假旅游的类型。所以奥地利和瑞士通常被宣传为冬季滑雪或夏季游览山水的旅游目的地,而西班牙则一直被描绘为可以享受阳光和沙滩的理想旅游目的地国。然而,由于度假市场不断地扩张并且越来越趋于成熟,因此各旅游公司在提供旅游产品方面也变得更加富有想象力了。例如,各旅游经营商在1993年不仅推销过度开发的西班牙沿海地区,并且也开始宣传该国的内陆地区。

三、长线旅游产品

长线包价旅游的开发要晚于短线包价旅游,因为首先需要开发出能够进行长距离飞行而无需中途加油的客机。包机开始出现在以往只有定期航班飞行的线路上,这使得长线度假旅游在20世纪80年代末期有了突飞猛进的发展并使机票的价格降到了普通民众可以接受的程度。到20世纪90年代初期,人们已可以乘坐包机前往加勒比海地区、佛罗里达、印度的果阿以及澳大利亚等地。事实上,一些包机经营商已经开始使用大型现代喷气式客机。由于此类客机可以进行长途飞行而且无需中途加油,从而使那些不喜欢转乘不同航班旅行的度假者前往新的旅游目的地成为可能。墨西哥在20世纪80年代末期未能成为英国大众度假旅游目的地的部分原因,就是没有从英国直飞坎昆和阿卡普尔科(Acapulco)的航班,这使得度假者不得不在休斯敦和墨西哥城转机。

表4-1 库奥尼旅游公司1993年十大最畅销的旅游目的地

1993年	1994年预测	1993年	1994年预测
1 (1)香港	1	6 (3)埃及	13
2 (2)泰国	2	7 (8)圣卢西亚	9
3 (4)新加坡	3	8 (12)马尔代夫	5
4 (5)美国	7	9 (10)巴巴多斯	10
5 (7)巴厘岛	4	10 (9)马来西亚	8

(括号里的数字为1992年的排名)

长线旅游经营商提供大部分与短线旅游经营商相同类型的度假旅游产品。但是由于路途过长并且所需过境国家的数量众多,人们通常乘坐飞机前往长线旅游目的地,尽管他们随后会乘坐巴士、火车或游轮旅游。长线旅游经营商所提供的度假类型也取决于旅游目的地的特色。例如，前往印度（果阿除外）度假的游客绝大多数是去探索那里的文化遗产和观赏野生动植物，而前往尼泊尔的旅游者主要是去攀爬喜马拉雅山。然而，长线旅游市场也开始出现了多元化发展的趋势，因此那些从前只提供单——旅游产品的国家现在也开始提供不同类型的度假旅游产品了。例如，有关前往肯尼亚旅游的宣传册现在不仅介绍野生动物观赏游，而且还开始宣传海滨度假游了；有关前往泰国旅游的宣传册既促销海滨度假游也促销山地旅行；印度的果阿现在已经成为很受游客欢迎的冬季阳光度假目的地丁。

长线度假旅游产品的宣传册通常较为简洁精美。宣传册一般都列有全年的旅游线路安排，而不像短线旅游产品手册那样分为冬季和夏季。长线度假旅游产品比短线度假旅游产品更多地利用定期航班。

由于所宣传推销的旅游度假区最初都只是针对富裕阶层，因此住宿设施基本上都是饭店。然而随着包机业务的增长，诸如佛罗里达和加勒比海地区等度假区的自炊式住宿设施也有了大幅度的发展，从而降低了总体价格。

四、度假旅游产品的类型

过去，短线旅游目的地与长线旅游目的地在旅游产品类型方面有着明显的差别。长线游客更喜欢体验异国的文化和观赏那里的野生动植物，而短线游客则通常对阳光、沙滩和夜生活更感兴趣。但是随着长线旅游市场的扩展，这种差别已经缩小。如今在泰国、肯尼亚以及地中海沿岸地区喜爱夏季阳光的游客随处可见，而喜爱冬季阳光的游客则前往冈比亚、加勒比地区以及加那利群岛。既有在意大利的巴士旅游，也有在印度的巴士旅游。航空加游轮的包价旅游线路既有去地中海沿岸地区的，也有前往加勒比海地区的。但是，诸如观赏野生动植物等旅游产品则或多或少仅限于长线旅游目的地而不是短线旅游目的地。

（一）夏季阳光度假旅游产品

最详细、最厚重的宣传册通常是在促销那些一成不变的阳光、海水和沙滩类夏季度假旅游产品，促销的对象包括所有的人，但主要是有孩子的家庭、青年夫妇以及单身人士。1993 年夏季阳光度假旅游产品占总体度假旅游市场的

78%,这与1986年的82%相比有所减少,但高于1991年和1992年的76%。

夏季阳光度假旅游产品通常持续一周或两周,住宿的地点一般为饭店或自炊式公寓。但是也有一些度假产品的持续时间比较长,可能是5个夜晚、10个夜晚或11个夜晚,主要是在4月初和10月底,因为届时航空公司会根据冬季或夏季的变换而改变航班时间。许多航空公司都会在此时提供特价机票,以期减少空舱运营的成本。大多数人仍会乘坐飞机前往其目的地,但是有时也可以乘坐火车或巴士。夏季阳光度假旅游产品主要集中于地中海沿岸地区,但是冈比亚有时也会出现在夏季阳光度假旅游宣传册中。这些度假旅游产品的主要目的是为了放松、游泳、晒太阳、享用美食以及参观事先安排好的旅游景点。此类度假旅游产品缺少探索性与教育性。

夏季阳光度假旅游宣传册为家庭型游客提供各种各样的优惠价格,包括为儿童提供的折扣与免费项目,并提供有关儿童假日俱乐部的信息。这是度假市场中最大的部分。

图4-3 最受英国度假者欢迎的夏季阳光旅游目的地

由于夏季阳光度假旅游产品是旅游市场的基石，因此也是本书关注的重点。为此，本章主要论述与夏季阳光度假旅游相关的产品及其从属产品。

(二)短假或短期度假

在20世纪80年代末期，工薪人士日益增加的收入与更长的假期使短假旅游变得十分流行。短假旅游通常是在周末，时间从两个晚上到四个晚上不等。短假包价旅游产品一般包括乘坐飞机、火车或巴士以及入住连锁饭店并

完全不同的景色

绿树成荫的卢森堡位于比利时以南，该城市的绿化程度令人叹为观止。卢森堡位于或者说坐落在细长的佩特鲁斯河(the River Petrussc)两岸。佩特鲁斯河蜿蜒穿过一条宽阔的峡谷，将建于岩石上、有着梦幻般建筑的古老卢森堡一分为二。卢森堡的另外一部分则是鳞次栉比的高楼大厦。但是与布鲁塞尔一样，该城市的魅力并不在于其现代化建筑，而是在于其传统的风格：这座高雅的城市有着自己的圣母院(Notre Dame)、典雅的建筑、浪漫的大公宫殿(Grand Duke's Palace)、步行商业街以及各种漂亮的广场，露天咖啡馆的小桌摆放在挂满彩灯的树下，构成当地独具一格的风景。

卢森堡是一座具有独特欣赏价值的城市，因此来此游览不应该带有先入为主的印象。那里的生活毫无疑问是文明的并且像当地莫塞尔葡萄酒一样的清新。

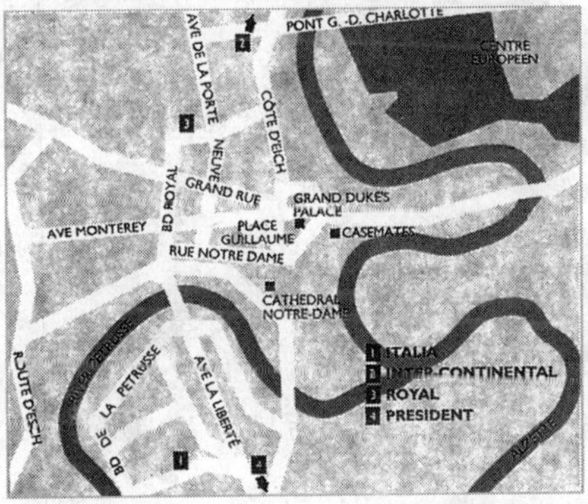

住宿设施

大多数的饭店都位于老城区附近，步行即可到达(洲际饭店除外，请参阅后面的饭店简介)。这些饭店的客房均有专用的浴室，其中包括浴缸或淋浴和卫生间。饭店的星级评定主要是根据其价格以及我们对其标准的评估。以下是有关各饭店的简介。

> 一些饭店可能会收取额外的费用或给予额外的折扣——这些额外的收费或折扣是指平均每人每晚的标准并附在具体饭店的简介之中。如果3个人合住一间客房的话，有些饭店会给予优惠，但是需要由客人提出打折的要求。

意大利饭店　　2星

这是一家经营良好的小型饭店，其意大利餐厅的菜肴远近闻名。该饭店交通便利，位于火车站与老城区之间。所有的客房均配有电视和直拨电话。没有电梯。

> 较大的高级客房每人每晚需要加收费用：4英镑(仅限双人间)

总统饭店　　4星

这是一家品位高雅的饭店，与火车站和各商店仅有咫尺之遥。饭店的休息室富丽堂皇、美轮美奂，餐厅提供的各种美味佳肴令人垂涎欲滴。客房内的装饰古朴典雅，并配有电视、迷你酒吧以及直拨电话。房价为周末价(周五、周六和周日)(没有标出具体房价)。

> 平日每人每晚需要支付额外费用(周一至周四)：15英镑(双人间) 20英镑(单人间)

卢森堡的公共节假日

1992年　4月20日、5月1日、5月28日、6月8日、6月23日、8月15日、11月2日、12月25日和12月26日

1993年　1月1日和2月22日

洲际饭店　　4星+

物超所值——周末特低价及夏季优惠价

这是一家5星级的现代化饭店，位于欧洲公园内，乘坐饭店免费提供的巴士前往市中心仅需要10分钟。洲际饭店拥有健身中心和温水游泳池。饭店内所有的客房都配备有空调、直拨电话、迷你酒吧和电视。此外还提供自助式早餐。房价适用于周末(周五、周六和周日)或7月和8月的任何一天。

皇家饭店　　豪华型

这是一家位于市中心公园的豪华型现代饭店，店内设施包括宽敞的大堂和休息室、阶梯型餐厅、钢琴酒吧、游泳池、健身中心以及中央空调。提供自助式早餐。饭店内所有的客房都配备有电视、迷你酒吧和直拨电话。房价适用于周末(周五、周六和周日)或7月15日至8月31日之间的任何一天。

图4-4　卢森堡的闲暇旅游公司——短假实务

资料来源：闲暇旅游公司

享有半膳宿。大多数短假包价旅游都是前往富有文化魅力的欧洲城市，如巴黎、阿姆斯特丹、罗马、维也纳和布拉格等，但是也有人喜欢去参加各种活动和庆典，如荷兰的花卉展览和德国慕尼黑的啤酒节等。专营短假旅游业务的旅游经营商包括闲暇旅游公司、旅游之景旅游公司、科克旅游公司(Kirker)以及鸿桥旅游集团(巴黎旅游代理社、阿姆斯特丹旅游代理社等)。诸如汤姆逊旅游集团和帝王旅游公司等主流旅游经营商也越来越多地提供短假旅游产品了。

闲暇旅游公司早在 1967 年就开始推出前往巴黎的短假旅游产品。到 1992 年该公司已推出包括纽约和伊斯坦布尔在内的 24 个城市的短假旅游线路。闲暇旅游公司是这样解释其成功的原因的：

我们率先开发了城市短假旅游业务。闲暇旅游公司最初开始这项业务时，只能提供前往巴黎的短假旅游。但是我们经营得当并且与众不同，因为我们允许客户灵活地选择交通方式和入住的饭店。我们为客人安排好行程，为他们提供热心的导游和游览图，尽量让客人们感觉自己是在独立地旅游，虽然这一切都是闲暇旅游公司事先为他们安排好的。一旦出现问题，即使不是我们的过错，我们仍然会尽快并有效地加以解决，以此证明我们客人至上的经营宗旨。

我们总是将客人的利益放在第一位，将利润放在第二位，因为我们认为这是一条值得恪守的原则。公司内部的员工也同样占有重要的地位。每位员工都担负着一定的职责，所有这些职责——加上我们行业中许多同行们所担当的必不可少的辅助性角色——不仅使闲暇旅游公司得以生存，而且也为闲暇旅游公司持续不断的成功作出了贡献。

我们一直努力使闲暇旅游公司独具特色、与众不同。我们一直在努力扩展，但又不会感到力不从心。最重要的是，我们确信我们对服务细节关注的程度确保了我们一流的服务水准。

(闲暇旅游公司提供)

但是，在经历了 20 世纪 80 年代末期的繁荣之后，短假旅游市场在 20 世纪 90 年代初期出现了滑坡，这在一定程度上是因为经济衰退使得人们的第二个假期成为可以放弃的奢侈品。一些新兴的东欧旅游目的地，如布拉格和布达佩斯等以及一些更具异国情调的城市，尤其是伊斯坦布尔等，也开始夺去了诸如巴黎和阿姆斯特丹等传统旅游目的地的一部分业务。旅游之景旅游公司 1993 年排名前 20 名的短假旅游目的地城市还包括了雷克雅未克、纽约和哥本哈根。

由于英国的度假者已经放弃了在海滨度假两周这一传统的习惯而更喜欢在乡间、城市或诸如中央公园等高档的度假营地度短假，因此短假市场对于英国境内的旅游经营商来说变得越来越重要了。在旅游经营商看来，令人遗憾的是度假者们往往自行组织短假旅游或者从各家饭店而不是旅游经营商那里购买包价旅游服务项目。

(三)双重目的地或多重目的地度假游

双重目的地或多重目的地包价游可以使游客在一个以上的地方度假而无须参加巴士旅游。游客在此类包价游中，第一个星期游览文化景点，第二个星期在海滨度过，或者是前3天游览一座城市而后4天游览另一座城市。不同地点之间的交通工具可以是旅游巴士、火车或飞机。意大利是多重目的地度假游中的一个热门目的地，行程的安排可能是在佛罗伦萨游览2天，在威尼斯游览2天和在罗马游览3天或是其他类似的组合。

随着长线旅游市场日趋成熟，一些旅游经营商开始开发前往美国的双重目的地包价度假游，如在奥兰多游玩一个星期(参观迪斯尼游乐园)，然后去佛罗里达州的迈阿密海滩或基斯休闲放松一个星期。可以以此为模式开发出更为复杂的包价旅游度假项目，如佛罗里达加牙买加、巴哈马群岛或墨西哥，加利福尼亚加夏威夷、阿拉斯加或南美洲，或是百慕大加纽约或波士顿。美国梦幻之旅公司甚至可以提供前往科罗拉多和佛罗里达的滑雪与阳光度假组合旅游项目。

1.巴黎	(1)
2.阿姆斯特丹	(2)
3.布鲁日	(3)
4.罗马	(5)
5.维也纳	(4)
6.威尼斯	(6)
7.佛罗伦萨	(7)
8.直布罗陀	(11)
9.马德里	(8)
10.布鲁塞尔	(10)

图4-5 旅游之景旅游公司1993年最受欢迎的十大短假旅游城市目的地

城市与湖泊

佛罗伦萨——威尼斯——里瓦

旅行线路

14夜

周六从伦敦希斯罗机场出发，乘坐意大利定期航班飞往比萨。乘坐火车和迷你巴士或旅游巴士前往佛罗伦萨饭店或最近的旅游景点（行程大约为1小时30分钟）。在佛罗伦萨住4晚。

周三离开佛罗伦萨，乘坐火车的头等包厢前往威尼斯（行程约为4小时30分钟）。在威尼斯住3晚。

周六离开威尼斯，乘船和旅游巴士前往里瓦（行程大约为3小时30分钟）。在里瓦住7晚。

周六离开里瓦，乘船前往威尼斯机场（大约需要3小时）并从那里乘坐飞机返回希斯罗机场。

旅行的方式	
出发	返回
从希斯罗机场飞往比萨	从威尼斯飞往希斯罗机场
有关航班的细节请参阅图5-9	

马尔塞辛(Malcesine)

里阿尔托(Rialto)

威尼斯——马尔塞辛或里瓦

旅行线路

14夜

周六从伦敦希斯罗机场出发，乘坐意大利航空公司的定期航班飞往威尼斯。乘船前往饭店或最近的旅游景点（行程约为1小时30分钟）。在威尼斯住7晚。

周六离开威尼斯，乘船和旅游巴士前往马尔塞辛或里瓦（行程约为3小时30分钟）。在马尔塞辛或里瓦住7晚。

周六离开马尔塞辛或里瓦，乘巴士前往威尼斯机场（大约需要3小时）并从那里乘坐飞机返回希斯罗机场。

旅行的方式	
出发	返回
从希斯罗机场飞往威尼斯	从威尼斯飞往希斯罗机场
有关航班的细节请参阅图5-9	

里瓦的嘎达湖(Lake Garda)

佛罗伦萨大教堂(the Duomo)

饭店

以下仅是部分可以入住的饭店。如果需要选择其他的饭店或行程逆向的话，请拨打081 686 5533，就可以马上了解到相关的价格。

出发日期					5月1日～28日	5月29日～6月25日	6月26日～7月16日	7月7日～8月6日	8月7日～20日	8月21日～9月3日	9月4日～9月17日
团号	住宿			过夜次数	14	14	14	14	14	14	14
	威尼斯	马尔塞辛		全膳宿							
2L14	阿拉饭店	V.斯迈罗尔达饭店		BB/HB	689	729	799	809	849	859	779
2L15	多伯兹饭店	莫里殿饭店		BB/BB	559	569	579	589	599	605	605
2L16	帕纳达饭店	B.S.洛伦佐饭店		BB/HB	839	849	889	899	979	999	929
	威尼斯	里瓦									
2L07	帕纳达饭店	V.尼可利饭店		BB/HB	769	809	829	839	919	909	899
2L06	多伯兹饭店	欧洲饭店		BB/HB	759	799	809	829	919	929	869
2L05	阿拉饭店	索乐饭店		BB/HB	809	869	959	969	1009	1029	899
2L08	基伯里奥利饭店	丽都宫饭店		BB/HB	1 079	1 149	1 169	1 179	1 199	1 219	1 229
	佛罗伦萨	威尼斯	里瓦								
3C43	阿尔伯饭店	阿拉饭店	索乐饭店	BB/BB/HB	799	849	899	909	979	989	909
3C45	理福饭店	帕纳达饭店	欧洲饭店	BB/BB/HB	819	869	899	919	925	939	889
3C47	P.鲁切斯饭店	卡瓦勒托饭店	杜拉克饭店	BB/BB/HB	1 139	1 159	1 189	1 199	1 229	1 239	1 219

注:BB=住宿加早餐;HB=半膳宿;所有价格均以英镑计算,且指合住双人间客房或以最低入住人数合住公寓房的每人收费价格。

图4-6　典型的意大利多重目的地度假游

资料来源:意大利城市之旅旅游公司(Citalia)

为了获得成功,组织此类度假游需要提供连接两个目的地之间的便捷交通工具,对比两个目的地之间不同的旅游特色,并让客人们感到物有所值。从旅游经营商的角度来看,双重目的地度假游还可以开拓新的潜在市场。例如,从传统意义上来说,加勒比海地区属于享受二人世界的度假目的地。但是如果诸如航空旅游集团等主要针对家庭型游客的旅游公司将加勒比海地区与佛罗里达组合在一起加以推销的话,一些家庭很有可能会考虑尝试一下。一旦尝试过一次,他们在将来也许会再次前往该地区。据估计,在墨西哥的坎昆度假的英国人中大约有25%的人是参加双重目的地度假游的。

野生动物观赏与狩猎游日益成为双重目的地度假游不可或缺的一部分,这其中包括东非沿海地区以及一些狩猎公园。游客们在体验了相当消耗体力的野生动物观赏与狩猎游之后不仅将有机会休息一下,而且还可以尽情地领略一个遥远的国度的风情,因而将会感到不虚此行。

远东是特别受欢迎的多重目的地度假地区,这也许是因为许多游客希望游览香港、新加坡和曼谷但又不想在那里呆得太久的原因。便利的交通使得库奥尼等旅游公司能够将巴厘岛或泰国南部的海滩度假与城市游览安排在一起,让游客们体验到东方国家的众多不同之处。加勒比海地区也适合安排在各岛屿之间活动的双重或多重目的地度假游。例如,汤姆逊旅游集团将巴巴多斯与圣卢西亚、安提瓜、多巴哥或格林纳达安排在一起;英航假日旅游公司将牙买加与古巴、格林纳达与穆斯蒂克(Mustique)在一起安排。

到了1993年,作为长线旅游市场龙头老大的库奥尼旅游公司75%的包价旅游都属于多重目的地度假游。

(四)自驾车包价旅游

随着越来越多的家庭在20世纪70年代购买了汽车,驾车出国的想法开始变得越来越流行,因为这使得人们在选择目的地方面具有更大的灵活性并且几乎可以无限制地携带行李。虽然有些人喜欢自己亲自预订轮渡和饭店,以及安排保险事宜,但是旅游经营商却可以迅速地为人们提供相应的安排。包括轮渡经营商在内的一些旅游经营商现在已经开始提供包括船票、饭店代金券和汽车保险单(如汽车协会5星级保单或欧洲救助保单)等包价旅游,以方便人们在欧洲大陆随意驾车游览。法国仍然是最受自驾车游客欢迎的目的地之一。法国受欢迎的程度在1992年又进一步得到了提升,因为当时欧洲单一市场的形成使得前往欧洲大陆的英国游客可以携带更多的酒类饮品回国。1995 年海峡隧道的开通也使法国更受欢迎，因为英国游客可以更加便利地开车通过海峡隧道。一家名为穿梭度假的新旅游经营商将会利用海峡隧道推出一系列短假旅游项目，其中包括航空加自驾车度假旅游等项目。

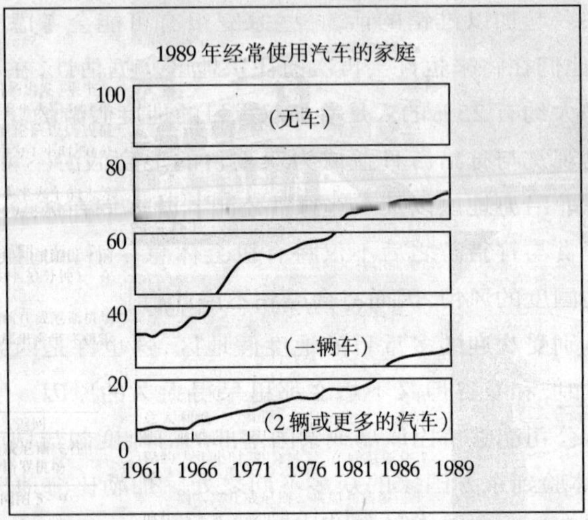

图 4－7　英国私人汽车拥有量的增长

资料来源：交通部

公司的名称	产品的类型
重点露营公司	露营、别墅和民宅
海文度假公司	露营与活动房屋
阳光地带公司	露营
旅游之景旅游公司	饭店度假和游览
克莱斯塔度假公司	饭店度假和短假
法国度假专营公司	民宅与别墅度假
法式生活旅游公司	饭店、民宅、度假村和露营
欧洲宿营地公司	露营和活动房屋
独角兽度假旅游公司	在法国、西班牙和葡萄牙的高档饭店度假
AA 汽车度假旅游公司	法国自炊式汽车火车联运游
蒙迪色彩旅游公司	西班牙自驾车度假游
莫斯温度假公司	住宿德国民宅

图 4－8　1993 年提供自驾车包价旅游项目的英国旅游经营商

(五)山水风光度假游

夏季度假市场中最受欢迎的细分市场非山水风光市场莫属了,因为一些人更喜欢在景色秀美的山区度假一周或两周。山水风光度假游通常是在法国、奥地利、瑞士、意大利、挪威、匈牙利、罗马尼亚和斯洛文尼亚等国家,尤其受到中老年夫妇的喜爱。山水风光旅游经营商包括英格汉姆旅游公司、地中海旅游公司和航空旅游公司等。事实证明经济衰退对这一市场所产生的影响相对较小。英格汉姆旅游公司的销售额在 1993 年甚至增长了 30%以上。

(六)巴士旅游

巴士旅游是度假市场中的另外一个重要的细分市场,主要是为那些对人文景观感兴趣的游客设计的。英国在 1994 年共有 150 家注册的巴士旅游经营商。典型的巴士旅游一般是游览一些欧洲的城市,时间为 7 天、10 天或 14 天。有些巴士旅游是以游览一个国家为主,而另外一些巴士旅游则会尽可能游览更多的国家(有些人甚至抱有类似"如果是周二就必须游览布鲁塞尔"的心态)。一些旅游公司,如华莱士·阿诺德旅游公司,专营巴士旅游,而另一些旅游公司,如寰宇旅游集团,则只是把巴士旅游作为一项旅游产品与其他更为传统的夏季阳光度假旅游产品一起推出。巴士旅游更受年龄段在 45 岁~65 岁的游客们的欢迎,这也许是因为此类旅游包括提供当地迎送服务、有导游随时可以解决问题以及将行李运送至饭店门口等服务。

一些旅游公司还提供长线巴士旅游项目,特别是去美国的巴士旅游项目,因为那里有着出色的公路与汽车旅馆系统、低价的燃料以及各种不同的自然景观。选择长线巴士旅游的客人一般来说也是年龄较大,但是他们要比选择短线巴士旅游的客人更富有。除了美国之外,加拿大、澳大利亚、新西兰、南非、印度、墨西哥以及远东等国家和地区也会出现在巴士旅游宣传册中。长线巴士旅游经营商要么提供包括机票和住宿在内的安排(如库奥尼旅游公司、寰宇旅游集团和杰特塞夫旅游公司),要么只是向那些已经自行预订好机票与住宿的客人出售由境外旅游经营商安排的地面活动项目。

巴士旅游不同于巴士住宿游。诸如寰宇旅游集团、阳光乘客旅游公司(Sunrider)、欧洲之旅旅游公司(Travel Europe)和坎塔布里科俱乐部旅游公司

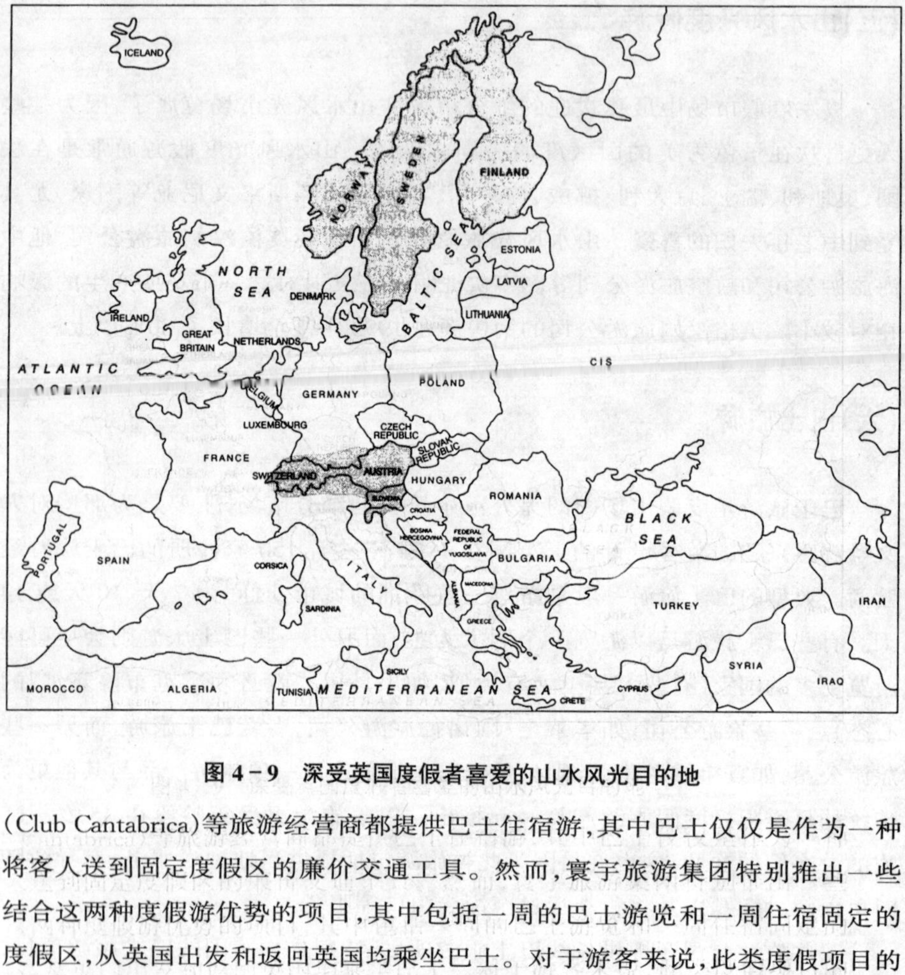

图 4-9 深受英国度假者喜爱的山水风光目的地

(Club Cantabrica)等旅游经营商都提供巴士住宿游，其中巴士仅仅是作为一种将客人送到固定度假区的廉价交通工具。然而，寰宇旅游集团特别推出一些结合这两种度假游优势的项目，其中包括一周的巴士游览和一周住宿固定的度假区，从英国出发和返回英国均乘坐巴士。对于游客来说，此类度假项目的一个优势就是巴士公司通常提供一系列接送站服务，而飞离本地机场的航班或飞往伦敦的航班可能价格昂贵。例如，寰宇旅游集团拥有 200 多个本地接送站。但是从巴士公司的角度来看，如果仅有一两位客人需要接送的话，那么设立覆盖面很广的客人接送网将会极大地增加营运成本。

巴士旅游是英国国内度假旅游市场中为数不多的经过预先安排并由旅游代理商销售的旅游项目之一。占市场主导地位的华莱士·阿诺德旅游公司和席林斯旅游公司(Shearings)拥有 25% 的市场份额，其他的是一些较小的区域性旅游经营商，如精益旅游公司(Excelsior)、博文斯旅游公司(Bowens)、罗宾逊旅游公司(Robinsons)和大英旅游公司(Grand UK)等，而支持这些区域性旅游

八日游 255 英镑起

八日游的主要游览内容

- 乘车游览海牙市容
- 参观阿姆斯特丹的钻石工厂
- 游览沃伦丹姆(Volendam)
- 游览波恩市容
- 乘游船游览莱茵河地区及洛勒赖山岩(Lorelei Rock)
- 乘车观赏莫塞尔山谷(Moselle Valley)的秀丽景色
- 参观埃伯内 (Epernay) 香槟酒酒厂
- 游览巴黎市容

游览莱茵河地区并乘坐游船游览布鲁塞尔、海牙、阿姆斯特丹、波恩、卢森堡和巴黎。

第一天:从英国出发,穿越海峡隧道,抵达布鲁塞尔。您可以通过我们设在伦敦以及英国各地的免费接送站服务与旅游

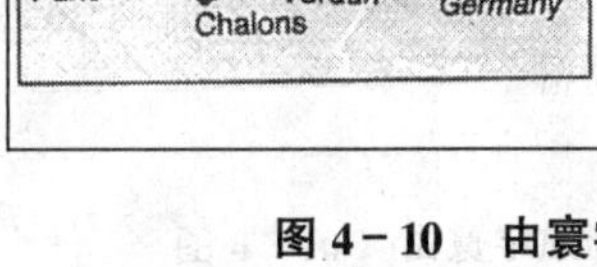

团队会合。您将到达海峡港口并在那里乘渡轮穿过海峡。寰宇旅游集团的导游将在欧洲大陆的另一端迎接您。您在那里与旅游团队会合并乘坐舒适的巴士前往布鲁塞尔。

第二天:上午在布鲁塞尔游览海牙和阿姆斯特丹。作为欧洲经济共同体现代化中心的布鲁塞尔仍然不乏古老城市的魅力。您将有时间进行一些有选择性的游览活动。下午乘车通过荷兰的拦海堤坝,游览海牙市容,然后前往阿姆斯特丹。

第三天:全天的活动都在阿姆斯特丹。阿姆斯特丹是一个有着上千座桥梁的美丽城市。您可以任意选择一条游览线路,乘坐运河游船,参观一家钻石工厂并游览风景如画的沃伦丹姆。

第四天:离开阿姆斯特丹,下午抵达波恩,游览莱茵河地区。首先将游览位于莱茵河畔的科隆,并参观著名的科隆哥特式大教堂,该教堂在二战期间的狂轰滥炸中得以幸存。随后前往波恩。波恩是贝多芬的出生地。现在,贝多芬的故居已经成为博物馆。游览俯视莱茵河的高大老海关(Alter Zoll)、老市政厅和罗曼蒂克教堂可以令人心旷神怡。然后乘车前往浪漫的莱茵河河谷并在那里住宿。

第五天:游览莱茵河地区——科伯兰兹 (Coblenz),乘汽船观光,游览特里尔(Trier)。首先将游览位于山脚下、莱茵河与莫塞尔河交汇处的科伯兰兹。本日最重要的活动项目是游览传奇般的莱茵河及其窄峭的峡谷、古堡、木建筑的葡萄酒村、葡萄园以及观赏著名的洛勒赖山岩。安排乘坐汽船游览观光,前往位于莫塞尔山谷、风光旖旎的特里尔并欣赏沿途秀美的景色。

第六天:离开特里尔,前往卢森堡、凡尔登、沙隆(Chalons)和巴黎。穿越卢森堡大公国,进入美丽的法国乡村。游览第一次世界大战位于凡尔登的战场遗址。穿过沙隆,欣赏马恩河畔(the River Marne)绵延不断的葡萄园,并参观位于埃伯内的一家香槟酒酒厂。傍晚时分抵达巴黎,您可以自己选择去观看巴黎的卡巴莱歌舞表演。

第七天:巴黎休闲。可以用一整天的时间来探索这座激动人心的城市。有导游讲解的观光将包括巴黎圣母院等著名的景点。参观巴黎大学,游览圣日尔曼大街、埃菲尔铁塔、大歌剧院、香榭丽舍大街和丽佛里大街(Rue de Rivoli)。下午您可以选择参观凡尔赛宫。晚间最值得游览的是蒙马特。最后参加告别宴会。

第八天:离开巴黎,穿过海峡隧道,返回英国。当您乘车向北前往海峡渡口结束此次旅游之际,您还可以最后一次地欣赏巴黎的市容。经过短暂的海峡轮渡之后,我们的接送服务将把您送至你所居住的城市或地区。

图 4-10 由寰宇旅游集团提供的游览 5 个欧洲首都的巴士旅游

资料来源:寰宇旅游集团

经营商的则是大量的本地零售网点。大多数旅游经营商的规模都很小并且直接面向公众销售而不是通过旅游代理商销售自己的产品。英国国内度假旅游的时间变得越来越短,如今大多数英国的巴士旅游都不超过 5 天,往往是在周

三或周四出发，前往沿海度假区。然而，苏格兰仍然是最受欢迎的旅游目的地。从固定地点出发进行短线游览的定点度假旅游项目也开始比那些移动性的度假旅游项目越来越受到人们的青睐。与大多数经营境外旅游业务的经营商不同，华莱士·阿诺德旅游公司主要对位于热门旅游目的地的饭店进行投资，以期在更大的程度上控制其价格。通过对短途游览单独收费也可以使价格看上去比实际的低。

用于度假旅游的巴士一般都很时尚新潮，并配备有空调、录像以及卫生间等设施（卫生间在长线的欧洲大陆旅游中必不可少）。乘客在巴士上一般都不允许吸烟，但是在较长的线路上一般都会经常停车以便于乘客活动一下腿脚和吸烟。一些巴士旅游公司有时也允许游客按照先后顺序预先选择所喜爱的座位，而其他的巴士旅游公司则安排乘客轮换座位以使每位乘客都有机会坐上最好的座位。如果巴士座位可以预先选定的话，那么预订表格中通常会附有巴士座位示意图（请参阅图 4－11）。

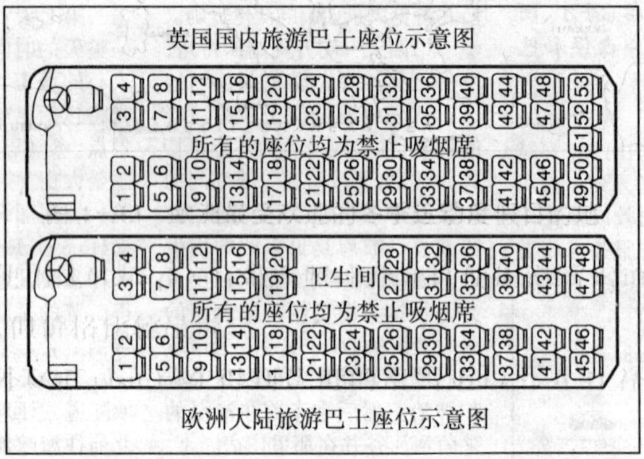

图 4－11　贝克斯海豚巴士旅游公司（Bakers Dolphin）在英国国内与欧洲大陆活力旅游的巴士座位示意图

资料来源：贝克斯海豚巴士旅游公司

一些旅游经营商在其宣传册中规定：

游客预订大多数度假旅游线路时都可以申请获得具体的座位，但是有时候座位是严格地按照游客预订的先后顺序加以分配的。虽然我们会尽力按照示意图和游客的预订来分配座位，但如果出现意外的情况，我们将保留更换座位的权利并且不接受那些把获得某些座位作为旅游前提的预订。对于提供从接送网点到主要度假出发地之间接送服务的巴士，以及前往机场和码头或从机场和码头返回的巴士，我们将不提供安排具体座位的服务。

华莱士·阿诺德旅游公司创建于1912年，是度假旅游行业中元老级的旅游经营商之一。该公司在20世纪80年代通过收购ILG公司的大陆长线和金环产品以及苏格兰的科特斯(Cotters)巴士公司而得以扩张。如今，华莱士·阿诺德旅游公司经营着前往欧洲大陆、美国、加拿大、新西兰以及英国国内的度假游业务。截止到1992年，该公司通过其遍布英国各地的700多家零售网点每年为大约35万人安排度假活动。

(七)欧洲露营度假旅游

一些露营度假旅游经营商提供欧洲大陆露营地的固定帐篷设施。欧洲露营公司(Eurocamp)是此类经营商中最大的一家，占据了该类市场40%的份额，而航空旅游集团下属的欧洲宿营地公司则占据了该市场25%的份额。其他主要的经营商还包括重点露营公司、海文度假公司和康瓦斯度假公司(Canvas)。

从传统意义上来说，露营度假旅游一直深受有车家庭的欢迎，因为他们喜欢自己驱车前往度假地。然而，一些度假旅游公司也提供巴士运送客人前往露营地的服务。帐篷设施往往舒适宜人，并内设冰箱。露营地越来越多地提供许多额外的设施(如儿童俱乐部等)，而这些额外的设施都是传统度假型饭店中不可缺少的。露营地常常也配备游泳池以及诸如迷你高尔夫球场和乒乓球场地等其他体育设施。

在20世纪80年代末期以前，这类露营地相对而言价格昂贵。但是，欧洲宿营地公司的产品(1989年推出)开始采取降低价格的策略以期增加在不景气的市场中的份额。这一策略与航空旅游集团在20世纪80年代初期采取的策略如出一辙。

露营度假旅游主要是面对公众进行直销。在所有通过代理商的销售中，度假栖息地公司获得了25%的份额，欧洲宿营地公司的份额为20%，而作为露营度假市场龙头老大的欧洲露营公司仅得到18%的份额。寰宇旅游集团在1993年首次推出了优惠价露营项目，即为那些准备预订巴士车票，但直到出发日前两周才知道分配给他们的是哪一个露营地的度假者提供价格低廉的度假。

优惠价或超值价项目

优惠价项目是一种航空加住宿式的安排。享受优惠价的游客仅需要支付低于常价的费用,但是他们不知道自己将会入住度假区里的哪家饭店。此类安排对于旅游经营商来说比较合算,因为这样有助于甩卖多余的机票,但这样做有时也会使旅游经营商在最后时刻还得尽力为游客寻找合适的住宿设施。有时,游客们并不知道自己将入住的饭店的具体情况,而是被告知将会入住某种价位的饭店,并且是宣传册中所介绍的饭店。但是,游客有时入住的饭店并不在宣传册介绍的饭店之列。由于游客对所要入住的饭店几乎毫不知情,并且所入住的饭店可能由于不符合旅游经营商最初的标准而没有被列入宣传册,因此这类优惠项目很可能会造成各种问题。大多数优惠项目通常在夏季推出,但是在冬季,尤其是在一些滑雪度假地,也推出了越来越多的类似项目。

(八)冬季度假旅游

在20世纪70年代,经济的繁荣与闲暇时间的增多使得冬季度假旅游市场逐渐形成。旅游经营商们不失时机地迅速开发出了这一市场,因为这使他们能够在全年的范围内均摊固定成本并以此降低平均成本。最初,冬季度假旅游的收益只是用来支付旅游经营商的可变成本并分摊一小部分固定成本。这些低价位项目主要是针对老年游客和短假游客,并且专门为老年游客开发了长期度假。但是到20世纪80年代末期,冬季度假旅游市场已经变得非常成熟并且可以像其他细分市场一样地定价。正如最初的夏季阳光度假旅游目的地仅有欧洲,然后才扩展到世界各地那样,最初的冬季度假旅游都是些短线产品。而现在已经增加了很多长线冬季度假旅游产品,尤其是以加勒比海地区为目的地的冬季度假旅游,因为该地区宜人的冬季气温令南欧各国也望尘莫及。

在20世纪80年代末期到90年代初期的经济衰退期间,冬季度假旅游受到了重创。尽管所有的度假旅游都属于可支配性消费,但是冬季度假旅游尤其如此。各家庭可能会认为夏季度假旅游无法割舍,但却可以推迟冬季度假旅游。在1986年,冬季度假旅游仅占总体市场18%的份额。到1992年,冬季度假旅游所占的市场份额上升至24%。在1986年至1992年期间,总体趋势一直是稳步地增长。然而在1993年,冬季度假旅游却出现了轻微的滑坡,其市场份额降至22%。

我们可以将冬季度假旅游市场分为两种类型。

1. 冬季阳光度假

虽然加那利群岛是最受欢迎的度假旅游目的地，但是冬季阳光度假旅游市场也开始转向以下度假目的地：

- 西班牙南部及马略卡岛
- 阿尔加夫
- 马德拉
- 马耳他
- 塞浦路斯
- 克里特岛(Crete)和罗德岛
- 意大利南部
- 佛罗里达
- 摩洛哥和突尼斯
- 埃及
- 以色列
- 冈比亚和塞内加尔
- 加勒比地区
- 肯尼亚
- 印度的果阿

冬季阳光度假旅游市场的旺季是在圣诞节和新年期间，并且在一定程度上与学校2月份的期中假相吻合。长期冬季度假可以使人们以非常低的价格(有时低至平均每天2.95英镑)在阳光海岸(Costa del Sol)或特内里费(Tenerife)居住长达3个月之久。这样就可以省下留在家中需要花费的取暖费了。

冬季阳光度假旅游宣传册没有夏季阳光度假旅游宣传册那么厚，但是他们的设计以及所提供的住宿设施种类十分相似。在20世纪90年代初期旅游市场出现停滞不前的情况时，冬季阳光度假旅游宣传册越来越多地推出与夏季阳光度假旅游宣传册相似的促销项目(如儿童度假免费或打折等)。

2. 冬季运动项目

冬季运动市场是总体度假旅游市场中包价程度最高的细分市场之一。在1993年，去法国滑雪的人中有78%是通过包价的形式去的。冬季运动市场主要集中在以下国家和地区：

- 法国
- 奥地利
- 瑞士
- 保加利亚和罗马尼亚
- 挪威
- 安道尔
- 意大利阿尔卑斯山山区
- 美国和加拿大

冬季运动市场的旺季是在学校2月份的期中假期间，届时大多数欧洲冬季度假区的地面上已经有了厚厚的积雪。当然，圣诞节和新年也是冬季运动的好时机。旅游经营商开始提供更多前往度假地的交通方式（航空、铁路、巴士和自驾车等）并且允许游客自由选择入住饭店或自炊式住宿设施。更具特色的是，旅游经营商还提供别墅度假，别墅的服务人员大多接受过高级厨艺培训并将精心地照顾客人。由于别墅的客厅和浴室是共用的，因此这类度假最适合团队或家庭客人。别墅度假的安排通常包括一顿丰盛的早餐、下午茶以及一顿丰盛的晚餐。除非一家人预订了整个别墅，否则12岁或16岁（取决于不同的经营商）以下的儿童是不允许入住别墅的。大多数旅游经营商都提供餐具，但有些并不提供床单或也不代为支付本地的税费。在有些度假村里，客人有时必须自付电费。

就冬季运动度假旅游而言，旅游经营商还必须提供各种各样的额外服务项目，如出租滑雪板和滑雪鞋、滑雪培训以及代办滑雪索道使用证等。这样就提高了平均价格。旅游经营商们也许还需要帮助客人将其滑雪板或雪橇运送到度假地（包机通常需要对此收费，但是定期航班在行李不超重的情况下是不收取额外费用的）。

在经济衰退期间冬季运动度假旅游市场受到了严重的影响，其中部分原因是滑雪度假往往被视为第二次度假，并且所有这些额外服务项目可能会使滑雪度假变得十分昂贵，因此在经济不景气的时候也就成了人们可以放弃的活动。1992年英镑的贬值使得许多欧洲最受欢迎的滑雪目的地（奥地利、瑞士和法国）变得更加昂贵。20世纪90年代初期，学校滑雪旅游市场出现了急剧的萎缩。此外，人们日益热衷于滑雪也带来了许多问题，如滑雪者排着长队等待使用登山索道、滑雪道上过于拥挤以及由此带来的滑雪者可能相互碰撞的危险等。众多的滑雪者也使得滑雪这一精英度假旅游形象黯然失色。在1993年，有人开始声称，源于20世纪80年代“泡沫经济”的滑雪度假热已经开始降温了。在1991年～1992年冬季和1992年～1993年冬季，滑雪度假旅游市场下滑了15%。对此，旅游经营商采取了各种不同的应对策略：

- 提前推出新的宣传册以赢得较早的预订者。
- 针对初学者以期扩大市场的规模。
- 寻求降低价格的各种途径，比如将更多的滑雪度假地选在意大利而不是法国，因为意大利的货币币值较低；增加自驾车滑雪包价项目的数量；或提供更多的自炊式住宿设施。
- 将滑雪度假安排在价格较为低廉的前东欧集团国家的度假地，如保加利亚、罗马尼亚和斯洛文尼亚等。

● 推出特惠价。例如在 1993 年至 1994 年期间，猎鹰和萨莉度假公司提出，如果有游客发现在任何地方有相同的但价格更低的度假项目的话，将退还价格的差额部分。

● 减少包括在价格之中的"额外服务项目"。滑雪度假伙伴公司在 1993 年把滑雪索道使用证和保险的费用减掉，使价格平均下降了 100 英镑。这也使旅游代理商可以用低价吸引顾客并出售自己的保险。也许这会让他们更愿意销售滑雪度假产品。

● 将儿童优惠价的年限从 11 岁变为 19 岁。

汤姆逊旅游集团
水晶旅游公司
尼尔森旅游公司
英格汉姆旅游公司
企业旅游公司
布莱顿专线旅游公司

图 4-12　冬季运动度假旅游的主要经销商

滑雪度假旅游产品是一种很复杂的产品，因为这需要对实际的滑雪运动有一定的了解。例如，哪些滑雪场适合初学者，哪些适合具有中级水准的滑雪者，哪些适合高水准的滑雪者等。与滑雪相关的术语对于没有实际经验的人来说也是件令人头痛的事。以下是一些需要理解的最为重要的术语：

滑雪后的社交活动（Apres-ski）：滑雪度假村的晚间娱乐活动对于滑雪者和他们不滑雪的伴侣来说都是十分重要的。典型的滑雪后社交活动包括烧烤、涮肉晚宴、乘雪橇、打保龄球、山上野餐和化装舞会等。滑雪后社交活动的费用可能会因所选择的度假地不同而有所区别。

冰川滑雪（Glacier skiing）：在一些度假地甚至在夏季都有可能在冰川上滑雪。

由直升机运送的高山滑雪（Heliskiing）：直升机将有经验的滑雪者运送到没有滑过的雪地并在滑雪坡道的尽头再把滑雪者接走。

长距离滑雪（Langlauf or cross country skiing）：在平地而不是沿坡地自上而下的滑雪。

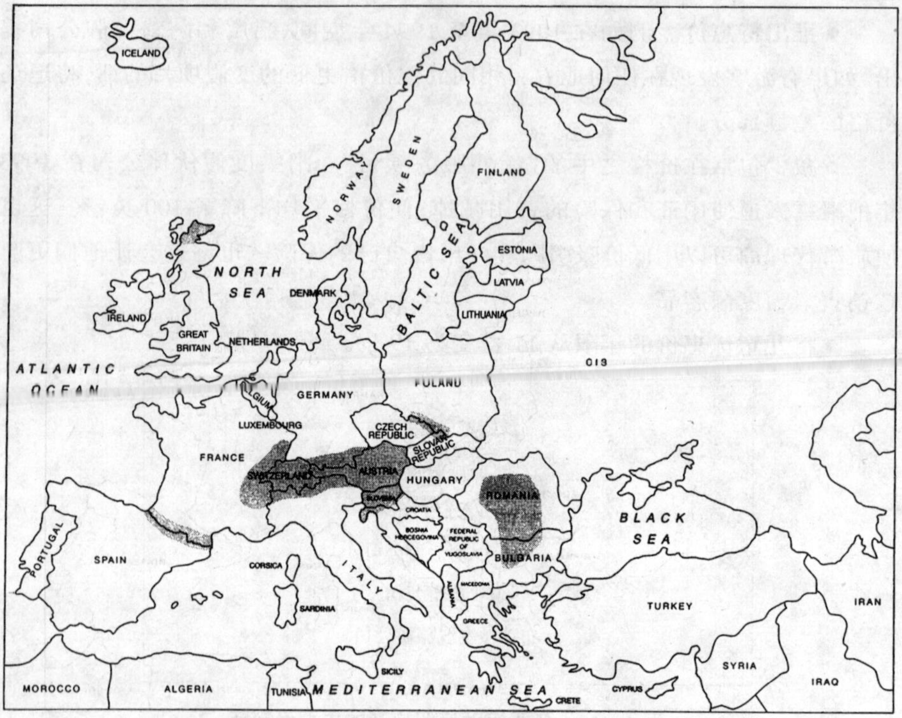

图 4－13　欧洲最受欢迎的冬季运动度假目的地

滑雪索道使用证(Lift pass):带有照片并允许使用滑雪索道的证件。类似公共汽车月票,但价格比较昂贵。

滑雪道以外(Off-piste):在得到认可的滑雪道以外并有着原始积雪的区域。

滑雪道(Piste):设计好的滑雪通道。

领滑者(Ski leader/escort/guide):一位有经验的滑雪者。他的任务不是教人滑雪,而是带领一群滑雪者借助并充分利用坡道下滑。这一设想最初是由尼尔森旅游公司在 1983 年构思而成。

滑雪索道(Ski lift):达到滑雪坡道顶端的方法,滑雪索道可以是座椅式、牵引式或缆车式的。关键是应该有足够的索道以避免在旺季出现滑雪者排长队等候的现象。

滑雪用具(Ski pack):包括租用的滑雪板、滑雪杖和滑雪靴,有时会免费提供滑雪培训并可以免费乘坐滑雪索道。滑雪用具有时可以在英国国内预订和付费,有时也可以在英国国内预订但在度假地付费。在度假地而不是在英国国内租用滑雪用具可以避免因携带它们所需要支付的额外空运费以及滑雪靴不合脚的情况。

滑雪学校(Ski school):教授初学者在初级滑雪道学习滑雪的地方。

雪橇速滑(Snowboarding):一项被称为是冲浪、滑板和风帆冲浪混合体的运动。该项运动使用雪橇而不是滑雪板从山上自上而下飞速地滑下。

造雪机(Snow Cannon):如果自然雪太少的话,那么一些滑雪场使用造雪机将人造雪喷洒到滑雪道上。

有雪保证(Snow guarantee):有关在所预订的滑雪场没有雪的情况下将客人带到有积雪的滑雪场的协议(请参阅图 4 - 14)。在气候不好的年份这样做对旅游经营商来说可能是代价昂贵的。

尼尔森旅游公司

有雪保证

如果积雪的状况使得您无法在现有的滑雪场滑雪的话,我们将免费把您送到可以滑雪的场地去。

如果您预订了尼尔森旅游公司的滑雪度假旅游,而您所在滑雪场又无法进行滑雪活动,那么您将自动地享受免费交通,前往可以滑雪的滑雪场。

如果由于缺少积雪或天气不好而出现下述情况:

(1)度假地官方的滑雪道地图上标明的索道和滑雪坡道中仅有 20%或 20%以下开放。

(2)当地滑雪培训学校教官认为滑雪场的状况不适合学习滑雪。

那么本公司将保证做到每天为滑雪者安排交通前往附近的滑雪场。如果您已经预订了滑雪索道使用证,那么我们将会为您重新换取新的索道使用证,无需额外付费。

尼尔森旅游公司的有雪保证仅限于下滑式滑雪,不包括长距离滑雪。但是如果由于积雪过多、大风或坏天气等原因而无法使用滑雪索道或进行滑雪培训的话,本有雪保证亦适用。

如果您购买了尼尔森旅游公司的滑雪保险,并且遇到上述情况,那么您将可以在返回英国之后向尼尔森旅游公司进行索赔。如果尼尔森旅游公司未能为您安排前往其他滑雪场的交通,那么您将可以获得每天 25 英镑的补偿。如果您需要提出此类索赔要求,请与尼尔森旅游公司的客户服务部联系。

利兹普得塞区休塞路 71 号 LS28 9BR

图 4 - 14 尼尔森旅游公司的有雪保证

资料来源:尼尔森旅游公司

旅游经营商在其宣传册中使用不同的色彩识别系统来表明不同滑雪坡道的难易程度(请参阅图 4－15),这使得旅游代理商的工作变得容易多了。旅游经营商还使用定级系统(尼尔森旅游公司使用山峰,英格汉姆旅游公司使用星星,水晶旅游公司则使用钻石)来从总体上区别哪些滑雪场适合初学者,哪些适合中级或高级滑雪者。但是,个人的亲身体验总是难以替代的,因此一些旅游经营商邀请旅游代理商前往度假地进行实地考察并提供在国内的培训,有时还会安排旅游代理商在英国国内的“干雪”滑雪坡道上体验滑雪。

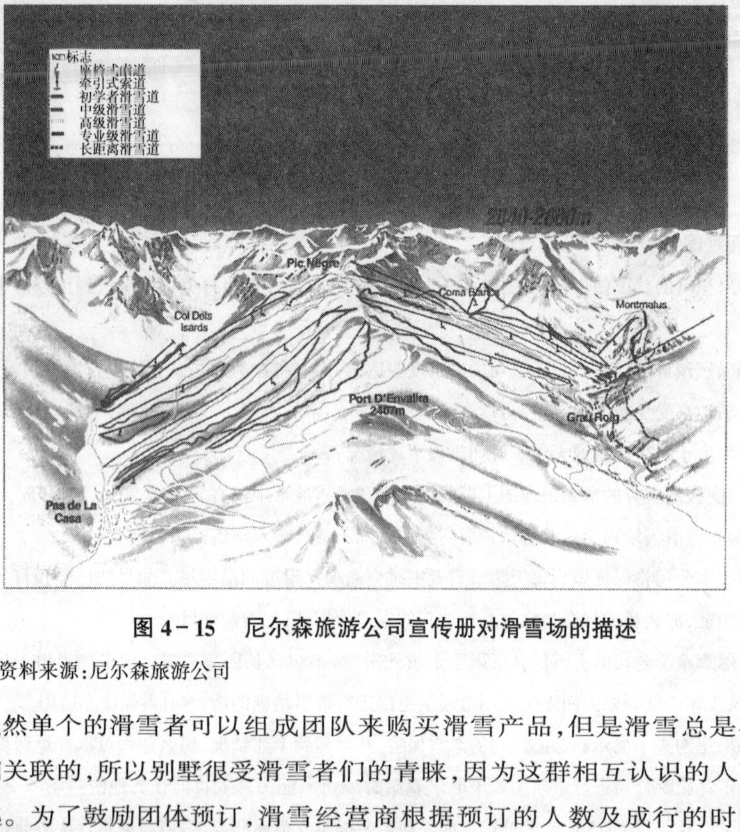

图 4－15　尼尔森旅游公司宣传册对滑雪场的描述

资料来源:尼尔森旅游公司

虽然单个的滑雪者可以组成团队来购买滑雪产品,但是滑雪总是与团体预订相关联的,所以别墅很受滑雪者们的青睐,因为这群相互认识的人可以住在一起。为了鼓励团体预订,滑雪经营商根据预订的人数及成行的时间来给予不同的优惠,这可能是给予在圣诞节度假的一个 8 人团队其中的 1 人打 8 折的优惠,或是给予在 12 月上旬出行的一个 36 人团队中 5 人免费的优惠。优惠价通常只是在使用包机度假时提供。为了防止滥用“团队”这一概念,优惠价仅限于那些在同一日期出发,使用相同类型的交通工具,入住同一类住宿设施以及入住时间相同的团体。但是,同一团队的成员有时可以从不同的地点出发。团体优惠价通常仅适用于基本的度假价格，不包括保险、客房附加费以及租用滑雪用具等费用。

在1993年，大多数旅游经营商都在竭力吸引初学者，因为滑雪培训市场的萎缩意味着他们将失去刚刚开始喜欢滑雪的爱好者这一客源市场。

滑雪者很可能会变得越来越难以预测。虽然滑雪者在过去会满足于现状并且重复地前往同一个滑雪场，但是现在的一些滑雪者却开始寻求新鲜感，这给旅游经营商们带来了很大的压力，因为他们不得不像夏季和冬季阳光旅游公司在过去做的那样不断地推出新的滑雪场。

(九)航空加自驾车度假旅游

航空加自驾车度假旅游在20世纪80年代变得越来越受欢迎，因为这一类型的度假旅游方式可以使人们在较短的时间内抵达遥远的目的地，并且到达目的地以后他们就可以自己驾车旅游。航空加自驾车度假旅游一般利用定期航班，并在目的地(通常是机场)为游客提供租用车辆服务。该旅游项目的基本价格中一般包括租用最小型、最廉价的汽车的费用，并且包括第三方保险、当地的税费以及无限的驾驶里程数。租用较大的汽车则需要支付额外的费用。总价中有时也包括饭店代金券。前往美国和加拿大的航空加自驾车度假旅游往往租用旅行房车(motorhome)。租用旅行房车要比租用一般的汽车昂贵，但是却可以节省住宿费。

(十)“仅售机票”式度假旅游

在度假旅游经营的早期，复杂的规章制度使得旅游经营商很难开展不带住宿的机票业务。但是在20世纪80年代，这些规章制度逐渐变得不那么严格，旅游经营商开始以“仅售机票”的方式出售多余的机票。这一方式既满足了独立的旅游者的需求，同时也满足了那些越来越多的在欧洲大陆拥有房产(其中包括分时共用房产)的人的需求，因为他们希望以最经济的方式到达其位于欧洲的房屋。从理论上讲，旅游经营商仍然应该提供住宿。而越来越多的情况是，这只不过是提供对客人来说可有可无的住宿代金券。1992年欧洲共同市场形成之后，如果欧盟成员国坚持将“仅售机票”与基本住宿代金券捆绑销售的话，将是违法的。但在欧盟以外的国家，此类规章制度仍然合法。例如,塞浦路斯仍然拒绝没有预订住宿的乘客入境。在 1991 年,英国境外旅游共计 1 050 万人次,据估计其中 250 万人次事实上可能是通过"仅售机票"的方式成行的。在 1993 年,最受欢迎的仅售机票式度假旅游目的地是马拉加、阿利肯特和法罗。

与包价旅游市场中的多数细分市场一样,"仅售机票"这一细分市场受到了 1991 年～1992 年的经济衰退的影响,从而导致了包括航空短假旅游公司、飞行乐趣旅游公司和飞行探索者旅游公司在内的若干个度假旅游公司的破产。但是,实际情况并非像人们从表面上看到的那样糟糕,这在一定程度上是因为这种不包括住宿的旅游项目比传统的包价旅游更便宜。到 1993 年,所有大型旅游经营商都在制作有关仅售机票旅游项目的宣传材料。这些宣传材料通常是针对夏季和冬季的,而且以短线目的地为主,但有时也包括长线目的地。然而这样做也存在风险,如果航班舱位太多而乘客太少,将会导致激烈的削价竞争。事实上,旅游经营商都过高地估计了团队度假旅游市场的总体规模,因此不得不以"仅售机票"这一廉价的方式甩卖多余的航班舱位,这样做的后果是减少了专项旅游经营商的利润。

"仅售机票"项目具有很高的价格敏感度。客人们往往为了便宜几英镑就会同意乘坐起飞时间不方便的航班。此外,大部分的生意来自那些预订很晚的旅游者,这使得旅游经营商很难确定能够售出多少机票。同时,这也意味着机票销售受外部因素的影响更大,如有利的汇率和旅游客源国国内的坏天气等对机票销售都会造成影响。大多数航班是从盖特威克机场和曼彻斯特机场出发的。但是到 1993 年,越来越多的出发地改在了一些区域性的机场,特别是格拉斯哥机场、伯明翰机场和加的夫机场等。

对于"仅售机票",大型旅游经营商有着不同的看法。汤姆逊旅游集团和航空旅游集团仍然将其视为甩卖多余航班舱位的一种策略,而海外业主旅游集团则将其视为一种具有自身价值的产品。但是,市场的领导者都是经营业务量很大的旅游经营商。在 1993 年,埃夫罗旅游公司获准售出了 75 万张机票。

从传统意义上来说,"仅售机票"的做法一直适用于包机上多余的舱位。但到了 1993 年,由于欧洲定期航班的票价也开始降低,人们认为包机有可能最终会从某些航线(如飞往德国的航线)上消失,从而迫使消费者重新使用定期航班。包机业务也是新公司迅速替代倒闭公司的一个领域:蓝鸟特快公司(Bluebird Express)替代了破产的欧洲特快公司(Euro Express);飞行公司(Flight Company)替代了飞行乐趣公司(Flights Delight);而空中巴士公司

(Skybus)替代了帕加索斯公司。

(十一)探险与内陆旅行度假游

在20世纪70年代初期,大批的青年人从内陆穿过伊朗、巴基斯坦和阿富汗到印度与尼泊尔旅游。从那时起,一些旅游公司(如1972年成立的内陆旅行公司)就开始打造内陆度假旅游产品了。这些旅游公司的促销材料侧重于宣传一些长期旅游项目(有些长达6个月之久),其目标市场是那些喜欢长途跋涉的旅游者而不是那些喜欢晒太阳的休闲度假者。大多数此类旅游都针对年轻人(主要是40岁以下的群体),但由于这是一个日渐缩小的细分市场,因此一些旅游公司除了提供长途旅游之外,还推出了时间较短的野生动物观赏游和山地徒步旅游。此类旅游使用能够应对复杂地貌的大型卡车,并且常常需要在野外宿营。更富有想象力的是,高层旅游公司(Top Deck)将双层巴士改装成双层住宿汽车(Deckerhomes)(请参阅图4-16)。尽管此类旅游项目越来越多地包括诸如登山、徒步旅行、漂流和其他活动在内的各种活动机会,但是"探险"却取决于所访问国家的特性。虽然最初的内陆旅游公司主要经营横跨亚洲大陆的线路,但是现在大多数公司的业务都集中在大多数发展中国家以及发达国家中人烟稀少的地区。

大多数内陆度假旅游公司的业务都集中在长线目的地,但是有些公司也推出了不寻常的欧洲度假旅游项目,如在科西嘉岛徒步旅行等。由于此类度假旅游主要针对年轻人,因此这些公司有时会对参团者作出最高年龄和最低年龄的限制。由于时间较长,此类度假中的一些项目看起来似乎很昂贵,但以平均每周的费用来计算则绝对的物有所值。例如,1994年一次为期24周、从丹吉尔到加德满都的内陆探险旅游的费用是3 565英镑,平均每周的费用仅为148.5英镑。有些内陆度假旅游公司也要求旅行团队的成员额外支付一些零星的费用以便途中购买食品和其他必需品之用。

这些旅游不可避免地会进入世界上一些政治不安定的国家或地区。海外探险旅游公司是这样描述可能会出现的问题的:

内陆旅游本身的特性决定了它总是会受到各种政治动荡的影响。自从我们1974年首次经营探险旅游以来,我们已经在3大洲里经历和应对了无数次的政变、战争和革命。我们的导游经验丰富、机智灵活,善于寻找办法来规避那些由于政治斗争而引发的问题。即使他们遇到了无论如何努力也无法解决

高层旅游公司独一无二的双层住宿汽车

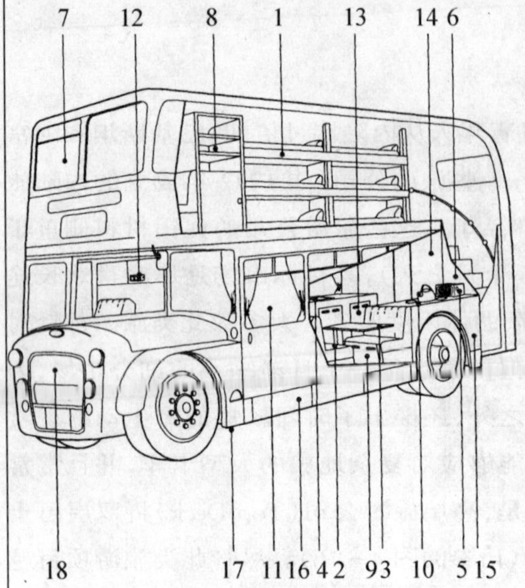

1. 固定床铺
2. 宽大的座椅(所有的座椅均有布罩)
3. 所有的座椅都面向餐桌
4. 水池与自来水(来自装有大约120升水的水箱)
5. 烤箱——适合烤面包和烘制蛋糕
6. 做饭用的煤气灶
7. 观看无与伦比景色的观景台
8. 个人物品存储箱(每人一个)
9. 食品及存储间
10. 做饭用的平台
11. 从所有的座椅都可以清楚地看到景色
12. 立体声收音机/录放机和话筒
13. 设备齐全的厨房,包括各类炊具和餐具等
14. 放置工具、零配件、汽油和防滑剂的存储间
15. 备用的煤气罐
16. 柴油油箱架
17. 加高的车底盘离地面的距离
18. 带有油压制冷的特殊散热器

问:伙食费是如何支配的?

答:伙食费将用于在双层住宿汽车居住期间的每日3餐。在旅行期间,导游负责管理这笔费用,并且确保每天从当地的市场买到足够的食品。偶尔也会使用伙食费在餐馆就餐。但是请注意,如果您不是在住宿汽车上而是在餐馆就餐的话,那么您可能需要自行付费。这主要取决于伙食费的使用情况。

问:如何安排睡觉?

答:双层住宿汽车最多可供21名乘客睡觉,但是我们将团队的人数限制在20名乘客。乘客可以在上层的固定床铺上睡觉(固定床铺也可以在白天旅行的途中使用)。如有必要,可以在上层和下层的桌子和座椅上铺放10公分厚的海绵床垫,将其改变成临时床位。这使得双层住宿汽车变得十分舒适、自己自足。请不要忘记携带您的睡袋。

问:可以照顾有特殊饮食要求的乘客吗?

答:如果有可能的话,是可以照顾的。请您在预订时告诉旅游代理商并在填写预订表格时告诉我们。上车后请告诉旅游团的领队以便作出必要的安排。

问:需要我帮助做饭、打扫卫生和洗涤餐具吗?

答:是的。每个人都要参与做饭和打扫卫生。我们希望您在旅途期间将双层住宿汽车看作是您的家。不会做饭吗?那没有关系。您的旅游伙伴们将会热情地教您。

问:卫生情况如何呢?

答:双层住宿汽车将会携带纯净水以及简易急救箱。重要的是,司乘人员制定了严格的规章制度来确保整个团队的卫生状况良好。

问:我可以携带多少行李?

答:您应该尽量少携带个人行李。请阅读一下出行前有关携带衣物的注意事项。不允许携带行李箱。最好使用软背包或手提包来装您的物品。请携带结实易洗的衣服。请记住,在亚洲购买衣服很便宜,并且购买的衣服可以成为很有意义的纪念品。

问:双层住宿汽车上有淋浴设施和洗手间吗?

答:没有。您需要在野营地使用上述设施。在旅行途中,我们将在各个方便的地点停留。

图4-16 双层住宿汽车

资料来源:高层旅游公司

我们的探险旅游越野车

内陆旅游的关键就是接触感受所游览的国家和地区以及与其他同行的旅游者进行交流。因此，我们认为探险旅游车应该尽量是敞开式的，团队的成员可以看见彼此并可以进行交谈。所以(除非气候长时间寒冷，如南美)完全没有必放下车棚，因为车棚使得旅游者无法欣赏所经过的乡村的美景并且妨碍他们与当地人进行交流，而这正是他们旅游的部分原因。从理论上讲，面向正前方的安排是座位很好的，但实际上这样的安排使我们只能看到越野车一旁的景色，而且使我们经常看到前面乘客的后脑勺。连续两三个月处于这样的位置会令人感到很乏味。我们大多数的越野车都备有面向车体两侧的座椅，这样可以使乘客清楚地看到周围的景色。我们的梅塞迪斯越野车在车厢的3个不同的部位备有面向正前方、面向正后方以及面向两侧的座椅，可以使乘客清楚地看到周围的景色。

在探险旅游过程中配备适合当地道路状况的车辆是十分重要的。我们会根据不同的路况全力建造符合各种驾驶要求的车辆。因此，海外探险旅游公司越野车的标准无一相同。我们公司的车辆一部分是伯德福德牌，而更多的则是梅塞迪斯牌，因为梅塞迪斯越野车的马力更大，空间也更宽敞。亚洲和南美洲的道路状况一般来说较好，因此更适合于速度快的双轮驱动的越野车。而在非洲，如果你喜欢独辟蹊径，那么四轮驱动的越野车必不可少。

所有的越野车都备有可供随时使用的个人行李存储箱。另外还有一些设在车厢内或车厢外的存储箱，分别存放着食品、炊具和零配件。在车厢顶部的网架上可以放置一些体积较大、但重量较轻的物品，如睡袋等。座椅后面的地方可以放照相机和手提包等物品。鉴于安全性、灵活性以及取放行李的便利性等方面的考虑，我们不使用拖车。

所有的座椅都配有坐垫并有足够的可供头部和腿部活动的空间。大型油箱和水箱可以确保长距离的旅行而不必添加燃料或水，因此，如有必要，我们可以在长时间内做到自给自足。车厢配备了带有明亮窗户的防水帆布，但是车厢四周的帆布大多数时间都是卷起来的，以便观看四周的景色。当我们在亚洲和南美洲遇到寒冷天气的时候，乘客车厢里备有的无需汽车引擎提供动力的加热器供暖。此外，我们在南美洲的越野车的车厢是完全封闭的，可以在任何时候抵御最寒冷的天气。若想更多地了解我们的探险越野车，请参阅我们探险旅游的详细材料。

图 4-17 海外探险旅游公司的越野车

资料来源：海外探险旅游公司

的问题,那么作为与各方面有着广泛联系的探险旅游经营商,我们将动用所拥有的各种资源来解决问题,以确保我们的探险旅游顺利进行。

该旅游公司对于内陆探险旅游的性质是这样描述的:

本宣传册所描述的旅游均属于探险旅游,因此难以将其划分为通常意义上的旅游或度假。此类旅游的原则就是允许出现变化,允许有较大程度上的灵活性。因此,必须把为每次探险旅游所制定的线路仅仅看作是旅游团应该行走的线路。使旅游线路出现变化的因素包括当地的条件、航班的取消、机械故障、天气、出入境的限制、疾病以及其他无法预见的情况。参加本宣传册所介绍的任何探险旅游的基本条件是:必须接受这种灵活性并且承认我公司对于延误、变更及其后果——即由此造成的不便、不适或失望——不承担任何的责任。

(资料来源:海外探险旅游公司)

绝大多数内陆探险旅游公司都不是英国旅游代理商协会的成员,但是他们当中有一些旅游公司是独立旅游经营商协会的成员。

康蒂基	欧洲、英国、俄罗斯、斯堪的纳维亚
内陆探险	亚洲、非洲、南美洲
海外探险	欧洲、非洲、亚洲、南美洲
探索	欧洲、亚洲、非洲、中东、北美洲、中南美洲、新西兰
格尔巴	非洲
内陆旅行	非洲、亚洲、独联体各国
奇幻旅行	埃及、土耳其、约旦、以色列
拉美之旅	中南美洲
高层	欧洲、俄罗斯、埃及、中美洲、中东亚洲、南美洲、非洲、澳大利亚、美国、加拿大、墨西哥
足迹	非洲
美洲徒步游	美国、加拿大、墨西哥

图 4-18 大型内陆旅游经营商

(十二)野生动物观赏游

在度假期间,客人们乘坐观光车去观看野生动物。观光车通常是多用途越野车或面包车,车体表面往往涂上斑马线作为保护色。由于可视性是野生动物观赏游过程中的一个重要特色,许多旅游公司都声称其观赏游可以保证提供靠窗户的座位。图 4－19 展示了海依斯 & 贾维斯旅游公司有关野生动物观赏游的说明。

野生动物观赏游中的体验

野生动物观赏游是一次激动人心的旅行，当置身于非洲丛林，远离城市的喧嚣之时，您就可以近距离地欣赏各种野生动物悠闲自得地生活在它们的栖息地的情形。多少个世纪以来，它们一直都是那样自由自在地生活着。传奇文学所描述的那种充斥着搬运工、枪手、戴硬壳太阳帽的人以及因徒步寻找象牙和纪念品而显得疲惫不堪的人群的场面已经不复存在了。今天，您可以住在舒适的旅馆里，乘坐改装过的小型巴士。经验丰富并且会讲英语的司机兼导游将会把您运送到最佳的位置，使您能够拍摄到一些您一生中最难忘的画面。

图 4－19 野生动物观赏游中的体验

资料来源：海依斯 & 贾维斯旅游公司

野生动物观赏游的有关注意事项

● 野生动物观赏游途中的住宿设施可能不尽相同，其中有些可能是很简便的。我们在途中住宿的所有旅馆(除了马拉地区的树上旅馆和欧库拉克旅馆以外)都备有游泳池。食物都很可口并且充足，但是请不要期望可以点菜或选择各种各样的酒水。

● 在入住野生动物公园期间，您将乘车观赏野生动物。乘车寻找野生动物是您旅行中最为激动人心的时刻。我们通常是在清晨或傍晚出发，因为此时动物最为活跃。

● 变更游览线路或动物观赏线路也许是很有必要的。虽然我们有着一些最好的车辆，但是由于车胎的偶尔爆裂、道路状况的恶劣以及住宿设施的缺乏等原因，我们也许不得不临时改变游览观赏线路。

● 途中的单人住宿可能会成为一个问题。在旺季与他人同住往往是唯一的办法。如果您预订了单人房间而又不得不和他人同住一间客房的话，我们将会把差价部分退还给您。

● 我们建议携带 12 岁以下儿童的家庭单独乘坐游览车。这样做既是物有所值，又可以确保您不必担心您的小孩会打扰其他游客观赏动物。参加的旅游活动如果包括入住树上旅馆、方舟式水上旅馆和山上旅馆等，您所携带的儿童必须年满 7 岁以上。如果需要了解详情，请参阅具体的价目表。

● 尽量少携带随身行李。在大多数野生动物观赏活动期间，您可以将大件行李存放在您在内罗毕或蒙巴萨入住的饭店里，然后在返回的途中取回。

● 务必记住：非洲的道路崎岖不平、尘土甚多。观赏野生动物的最佳时候是清晨和傍晚，因此清晨乘车观看野生动物将是您此行中非常兴奋的时刻。

图 4－20 库奥尼旅游公司向参加野生动物观赏游的游客所提供的建议

资料来源：库奥尼旅游公司

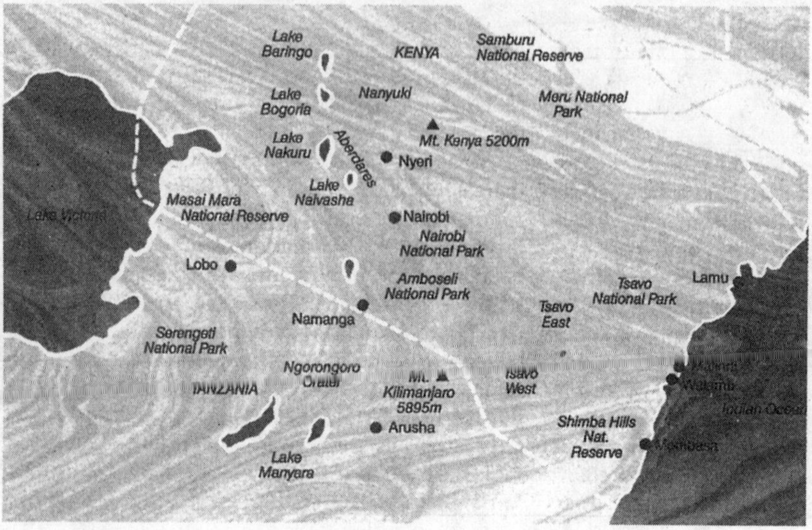

图 4-21 肯尼亚和坦桑尼亚的野生动物公园分布图

资料来源:库奥尼旅游公司

从传统意义上讲,野生动物观赏度假游是一个专门针对非洲而开发的产品,主要是游览肯尼亚、坦桑尼亚(请参阅图 4-21)和南非的野生动物公园。但是,现在野生动物观赏度假游也包括前往印度、赞比亚、津巴布韦、博茨瓦纳以及其他有着丰富本地野生动物种群的国家。典型的野生动物观赏游每次仅能允许少数游客参加。游客们徒步进入扎伊尔或乌干达的热带雨林去观看野生状态下的银背大猩猩。如果参加类似的但更稀有的野生动物观赏游,游客们就可以有机会观赏生活在扎伊尔或西非的野生黑猩猩。有时,可以把两三天的野生动物观赏游作为非洲沙滩度假游的一部分来预订。诸如库奥尼等旅游公司还可以安排一些具有个性化的野生动物观赏游。也可以把野生动物观赏游与其他类型的度假旅游结合起来,从而构成双重中心包价游:现在许多旅游经营商都推出了一周在肯尼亚的蒙巴萨或马林迪(Malindi)的海滩度假游加一周野生动物观赏游的项目。有些旅游经营商把肯尼亚野生动物观赏游与为期一周的传统埃及观光游结合起来一起推出。也可以把肯尼亚野生动物观赏游与在毛里求斯或塞舌尔的沙滩度假游结合起来。前往津巴布韦的野生动物观赏游通常也包括观看维多利亚瀑布,而前往坦桑尼亚的野生动物观赏游有时也会包括游览桑给巴尔岛。

参加格尔巴旅游公司组织的旅游团——超凡体验、不容错过

非洲野生动物观赏游与内陆探险旅游并非适合所有的人。由于这两类旅游的特点是地点偏僻遥远，因此存在着许多无法预见但又须要克服的挑战。参加探险旅游会令人产生真正的参与感和成就感。如果您的身体状况良好、心态年轻、喜欢冒险并且愿意忍受偶尔出现但又不可避免的艰苦的话，那么非洲正在恭候您的光临。

所有的游客都需要参与每日的杂务：拾柴、帮厨、采购食品以及在必要时铺路修桥等。在所有参团的游客中很少有人有过类似的经历，但是大家很快就会习惯这种野外的生活方式了。

绝大多数参团游客的年龄在20～50岁之间，但是会有少数低于或高于这一年龄段的游客参团并且也会玩得很开心。格尔巴旅游团是在世界各地销售的，因此大多数团队都有4个或4个以上不同国籍的游客参加，但是他们都有着一个共同点，那就是希望亲眼目睹和亲身体验“真正的非洲”。获得这种体验的唯一途径就是摆脱标准旅游团队的各种限制，并且愿意为此而对艰苦的挑战而放弃舒适的享受。请不必为自己孤身一人参团而感到担心，因为人人都是如此。参团的所有游客都会像您一样热切地期望着亲眼目睹非洲并从这一冒险旅游中获益。我们向您保证，此类旅游一定能够为您带来无穷的乐趣，而且也许还能使您从一个全新的视角来观察我们所居住的这个世界。

旅途中的生活

在您抵达非洲之后，您将与格尔巴旅游公司的接待人员以及团队的其他成员会合。每个团队在出发之前都要开会介绍情况，例如所使用的车辆、旅途中的生活、每个成员如何参与以及如何为旅游的运转作出应尽的贡献。需要参与的工作可能包括拾木柴、为蓄水箱加水、帮厨、协助宿营地的管理员或其他任何需要做的工作。

在旅游开始之后，所有的游客将很快就会习惯每天的作息。我们需要在很早的时候吃早餐，因为我们必须充分利用日光。收拾好野营的用具之后，我们就开始上路了。旅游的线路是灵活多变的，这将便于我们拍摄在旅途中所遇到的意想不到的独特的景物。我们将会停车以便游览一些有趣的地点，去乡村的集市上购买新鲜的食物，选购有意义的手工艺品或者与当地的居民聊天。

在傍晚时分我们则开始寻找宿营地。每位团员都开始行动起来，有的点篝火，有的烧开水，有的架帐篷，有的搬出宿营座椅。空气中弥漫着饭菜的香味。此时此刻，团员们可以坐下来享受一下沙漠中的寂静，聆听丛林中野兽的啸鸣以及附近村庄传来的悦耳音乐之声。我们围坐在篝火旁，谈论着一天的所见所闻，并了解第二天的安排。晚间是休闲放松的时刻：在旅游车的后面听音乐、写日记或与他人友好地打牌或下棋。

在抵达城镇的时候，我们可以享受一下当地餐馆的美食以及那里的夜生活，偶尔也可以入住一家旅馆。

图4－22　格尔巴旅游公司组织的野生动物观赏游

资料来源：格尔巴旅游公司

除了传统的野生动物观赏游之外,还出现了越来越多的新兴的野生动物观赏游。例如,有些旅游公司向游客们推出了乘坐热气球游览马萨伊马拉野生动物公园的旅游项目。这些新兴的观赏游览活动费用昂贵,而热气球能否升空完全取决于天气的好坏。有时,在活动结束之际还会提供葡萄汽酒早餐。其他较为昂贵的野生动物观赏游包括骑骆驼而不是乘坐旅游车游览。徒步野生动物观赏游偶尔也是可行的,但是这取决于所旅游区域野生动物的类型及其危险程度。野生动物观赏游的线路一般说来相当灵活,以便客人们欣赏自己特别喜欢的景物。内陆旅游公司推出的更为冒险的旅游为客人们留有时间去攀登肯尼亚山或乞力马扎罗山。

肯尼亚的野生动物公园

安波塞里(Amboseli):位于非洲最高山峰乞力马扎罗山下的马萨伊人的居住地。在那里可以看到水牛和大象,偶尔也可以看到狮子和豹子。在有些季节里还可以观赏到各种各样的鸟类。

游览项目——豹子栖息地和塞伦盖蒂。

察沃国家公园(Tsavo National Park):位于内罗毕与蒙巴萨之间,是世界上最大的公园之一。察沃国家公园西区与安波塞里毗邻,是现在著名的姆兹玛泉的所在地。在那里常常可以乘坐水下观光艇观看在水下活动的河马。

游览项目——豹子栖息地及观赏野生动物。

肯尼亚山与阿布代尔国家公园(Mount Kenya and the Aberdares):那里有着世界上最著名的树上旅馆。山地旅馆也许是最好的树上旅馆(所有的客房都配有供个人使用的各种设施并且可以俯瞰水塘)。树顶旅馆名气最大,而方舟旅馆的设计则最为别出心裁。所有这些旅馆附近都有配有强力照明设备的水塘和盐碱地,直至深夜都可以看见在那里的野生动物。该地区风景如画,野生动物种类繁多——大象、水牛、森林大野猪、各种羚羊、猴子和鸟类。

游览项目——猎豹栖息地、豹子栖息地、狮子栖息地、赤道地带以及野生动物观赏俱乐部。

桑博鲁公园(Samburu)(水牛泉):宽阔的尼罗河流过该公园并吸引了众多不同种类的野生动物。在这里可以看到独一无二的长颈羚、格利威斑马和身上带有网状图案的长颈鹿。旅馆的四周常常有豹子和狮子出没。尼罗河里的鳄鱼和河马时隐时现。

游览项目——猎豹栖息地、豹子栖息地、狮子栖息地、赤道地带以及迪克·海吉斯野营地。

巴林哥湖(Lake Baringo)、纳库鲁湖(Lake Nakuru)和纳伊瓦莎湖(Lake Naivasha):在大裂谷中所有的湖泊都栖息着种类繁多的鸟类,其中纳库鲁湖以其大量的火烈鸟而最为著名。在巴林哥附近的博格利亚湖(Lake Bogoria)以其温泉而著名并且是稀少的捻角羚的栖息地。纳伊瓦莎湖有着340种鸟类,其中包括鱼鹰。

游览项目——猎豹栖息地、豹子栖息地、赤道地带、电影《走出非洲》的原拍摄场地和迪克·海吉斯野营地。

马萨伊马拉野生动物保护区:位于肯尼亚南部的边界,北临塞伦盖蒂,是肯尼亚主要的野生动物保护区。那里有大片的草原,因此吸引着大量的牛羚、斑马、羚羊以及无数其他的平原野生动物。这些动物又吸引来了食肉类动物。这是所有我们提供的野生动物公园中最令人激动的公园之一。

游览项目——猎豹栖息地、豹子栖息地、赤道地带、电影《走出非洲》的原拍摄场地、野生动物观赏俱乐部和迪克·海吉斯野营地。

图4-23 库奥尼旅游公司有关主要野生动物公园的介绍

野生动物观赏游的住宿设施各不相同。现在，非洲大多数大型野生动物公园内的旅馆都可以与最好的饭店媲美，而且有些旅馆还建造在地势非常有利的地方，因此游客足不出户就可以看到野生动物。例如，从靠近盐碱地的旅馆可以看到大象、水牛、南非羚羊和犀牛。位于阿布代尔国家公园的树顶旅馆是建造在支架上的巨大树型房屋，其下方是一个水塘，附近还有几块野生动物前来摄取盐分的盐碱地。这些旅馆中有些是档次很高的，要求男士在吃正餐的时候穿西装、打领带。贝尔斯旅游公司(Bales)在其高档旅游项目中包括了去肯尼亚的野生动物观赏游。在旅游期间将入住位于阿布代尔乡间俱乐部的方舟旅馆、位于肯尼亚山上的肯尼亚山野生动物观赏游俱乐部、位于巴林哥湖畔的巴林哥湖俱乐部以及位于纳伊瓦莎湖畔的纳伊瓦莎湖旅馆。为低档野生动物观赏游安排的住宿是帐篷，其舒适程度可能会相差很大，但是却适合那些愿意以放弃洗热水澡和吃美味佳肴为代价来换取较为艰苦的户外体验的游客。所有的帐篷都是防蚊型的并且通常备有洗漱池和煤气灯，而露营地一般都设有独立的淋浴室和卫生间。有时，淋浴设施和卫生间甚至是设在帐篷里的。

虽然一些野生动物观赏游的住宿和餐饮可能是上乘的，但是总体的体验却可能十分艰苦。这是因为许多非洲的道路条件都很差，而且在旱季里灰尘很多、路面坑坑洼洼，在雨季却是泥泞不堪、湿滑无比。

(十三)全包价度假旅游

旅游经营商提供前往世界上某些国家或地区的全包价度假旅游，其标价包括每日 3 餐、酒水、娱乐、体育运动及小费等费用。最先推出的全包价旅游目的地是加勒比海地区。以桑德斯度假公司和超级俱乐部公司为主的一些旅游公司提供前往该地区的全包价度假旅游。但是，现在全包价度假旅游目的地已经扩展到遥远的地区或国家，如泰国、马尔代夫、墨西哥以及安提瓜、巴巴多斯、百慕大、开曼群岛、古巴、格林纳达、牙买加、圣基茨岛和圣卢西亚岛等。全包价度假旅游可以使游客在整个度假过程中寸步不离饭店，不必冒险外出。这特别适合那些不喜欢近距离接触不同文化的游客。由于此类度假旅游在旅游者的周围设置了有效的屏障，使其避免接触到本地人，因此给当地文化造成的损害也最少——虽然有人对此可能会持不同的看法。由于此类度假旅游是在旅游客源国国内预订和付款，所以除非游客入住本地人经营的饭店，否则旅游接待国可能在经济方面获益不大。

在1993年,库奥尼旅游公司30%的加勒比海度假旅游业务都是全包价式的。

汤姆逊旅游集团的HCI度假旅游在欧洲范围内提供了一种完全不同的全包价产品。尽管长线全包价度假产品主要是针对夫妻二人的,但是HCI度假旅游却是一项专门为家庭开发的产品。HCI度假旅游可以使父母感到放松,因为他们知道周围的地段是安全的。大多数度假地甚至拥有专用的海滩。与其他类型的度假旅游不同,HCI度假旅游中大多数体育运动和娱乐活动都是免费的。甚至连佐餐的葡萄酒和软饮料也都包括在总价之中。

法国的地中海俱乐部公司(Club Med)在全世界100多个专营的海滩度假村里只提供全包价度假旅游项目。这些地中海俱乐部公司的度假村遍布世界各地,如法国、西班牙、以色列、土耳其、摩洛哥、突尼斯、象牙海岸、圣卢西亚岛、瓜德罗普岛、马提尼克岛、巴哈马、特克斯和凯科斯群岛、多米尼加共和国、海地、美国、墨西哥、巴西、毛里求斯、泰国、马来西亚、印度尼西亚、博拉博拉岛、莫里亚岛、新卡里多尼亚和澳大利亚等。此外,该公司还推出了前往19个度假村的全包价滑雪度假游。这些度假村分别位于法国境内的阿尔卑斯山、比利牛斯山、瑞士、奥地利、意大利和日本。以下是地中海俱乐部公司在宣传册中对其度假村所做的介绍:

……我公司为您提供的地中海度假村不仅仅是一个度假饭店,而且还是一个自给自足的社区。在这里可以满足您度假中的各种需求,各类设施应有尽有,其中包括住宿设施、餐厅、酒吧、精品店、医疗保健设施、银行、运动设施、儿童俱乐部以及娱乐设施等。

然而,虽然饮料包括在一些全包价度假旅游的价格之中,但是地中海俱乐部公司的旅游产品价格只包括提供免费的佐餐葡萄酒。客人们必须购买塑料的"酒吧珠子"或是酒吧套票才能够在酒吧里喝酒。

地中海俱乐部公司非常重视运动与美食。其客人的平均年龄为38岁,虽然有些俱乐部也接待仅有4个月大的婴儿。在许多地中海度假村里法语是第一语言。

(十四)游轮旅游

乘坐游轮旅游属于一种全包价的度假旅游形式,其总体价格包括了食宿、

坦桑尼亚野生动物观赏游

旅行时间为17天或24天，入住旅馆/山地旅舍/露营地——可以观赏到世界上最为壮观的野生动物景象

只有在非洲您才能在各种不同的地方看到处于最自然状态下的野生动物。我们使用特殊的四轮驱动越野车来探索一些世界上最好的野生动物栖息地。

为期3天的徒步野生动物观赏游

在此次旅行最初的几天里，我们将探索阿鲁莎(Arusha)国家公园种类繁多的动植物。当我们在公园管理员的陪同下沿着崎岖的小路向梅鲁火山口(Meru Crater)行进的时候，可以看到许多不同种类的森林动物。我们从这里观赏到壮观的火山灰柱和梅鲁山顶峰(15 000英尺)的悬崖峭壁。

曼亚拉湖(Lake Manyara)

在下山之后，我们驱车前往塔兰吉罗国家公园(Tarangire)。那里各种各样的野生动物漫步在原始的猴面包树林里。我们将在曼亚拉湖畔逗留一段时间，观赏那里的野生动物。曼亚拉湖畔因那些善于爬树的狮子而闻名于世。之后，我们前往大裂谷并在纳特隆湖(Lake Natron)畔休息。纳特隆湖是数以百万计的火烈鸟的栖息地。

塞伦盖蒂大平原(Great Serengeti Plains)

随后我们进入以拥有大量狮群以及无数牛羚、斑马和格兰特瞪羚而闻名遐迩的塞伦盖蒂大平原。可以在这里看到的其他野生动物包括鬣狗、豺、转角牛羚、猎豹等。在罗博旅馆附近通常可以看到许多长颈鹿。我们还将参观位于奥都维峡谷(Olduvai Gorge)的考古遗址。在那里利基博士发现了非洲原人的化石。

恩格龙格鲁火山口(Ngorongoro Crater)

沿着陡峭狭窄的小路向下行走，就来到了美丽的恩格龙格鲁火山口的中心地带。有人认为，这里就是著名的伊甸园。这

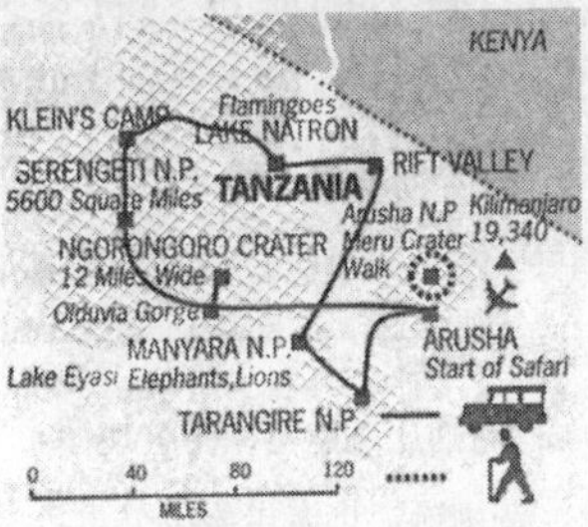

里100平方英里的塌陷地面构成了壮丽的自然奇观，并且是世界上最大、保存完好的火山口。这里有着非洲最为集中的野生动植物种群，全年都可以观赏野生动物。为期17日的野生动物观赏游将在阿鲁莎结束。也可以在此次旅行的基础上增加徒步攀登乞力马扎罗山这一活动。

旅行代号TZ，线路：第一天，从伦敦出发，乘飞机前往阿鲁莎；第二天，抵达阿鲁莎(海拔4 600英尺)；第三天，乘车前往阿鲁莎国家公园，从莫迈拉门徒步前往米里亚堪巴旅舍(需要花3个小时)；第四天，探索梅鲁火山口(需要4至5个小时)，晚间入住米里亚堪巴旅舍；第五天，徒步返回莫迈拉门，乘车前往塔兰吉罗国家公园，驱车观赏野生动物；第六天，乘车前往曼亚拉国家公园，驱车观赏野生动物；第七天，继续游览大裂谷；第八天，乘车前往纳特隆湖；第九天，在纳特隆湖畔观鸟；第十天，乘车前往克莱恩露旅舍；第十一天，前往塞伦盖蒂；第十二天和第十三天，住在塞伦盖蒂，驱车观赏野生动物；第十四天，途经奥都维峡谷前往恩格龙格鲁火山口(海拔7 500英尺)；第十五天，在恩格龙格鲁火山口住宿，观赏野生动物；第十六天，乘车前往阿鲁莎；第十七天，乘飞机返回伦敦。

旅行代号TZK，增加攀登乞力马扎罗山：第一天至第十六天，同上；第十七天，乘坐巴士前往莫西；第十八天，徒步前往曼德拉旅舍(海拔9 000英尺)；第十九天，继续前往霍郎姆博旅舍(海拔12 300英尺)；第二十天，住在霍郎姆博以适应那里的高度；第二十一天，徒步前往基博旅舍(海拔15 500英尺)；第二十二天，拂晓攀登主峰，返回霍郎姆博旅舍；第二十三天，最终返回莫西；第二十四天，乘飞机返回伦敦。

住宿与餐饮：在旅馆为住宿加早餐(两个晚上)；在阿鲁莎国家公园的米里亚堪巴山地旅舍期间提供所有的餐饮(两个晚上)；其他地点均为露营与露营餐饮(11个晚上)。增加攀登乞力马扎罗山——与上述相同，但另加在旅馆(两个晚上)和山地旅社(5个晚上)的食宿。

旅行方式：乘坐四轮驱动的乌尼莫格越野车(Unimog)，为期3天前往梅鲁的徒步旅行。

说明：我公司使用的高护栏乌尼莫格越野车属于专用型越野车，适合在崎岖不平的野外驾驶，是观赏野生动物的理想车型。本次旅行提供双人帐篷、露营设备、野生动物公园门票。请自行携带睡袋、垫子、手提包。建议游客在攀爬梅鲁火山口时穿步行鞋和比较结实的袜子。

团队规模：最多9～11人(最少6人)。

司机/领队：在前往梅鲁火山口的徒步旅行期间，有一位携带枪械的公园向导陪同。此外，还有一位厨师随行。

旅行档案、旅行代号TZ：可以根据游客的要求提供旅行档案。

图4-24 内陆旅游体验——一次由探索旅游公司安排的野生动物观赏游

资料来源：探索旅游公司

娱乐项目、出入港口费等费用。客人们通常只需要支付含酒精的饮料、上岸游览以及小费等费用。在 1993 年,25 万英国的度假旅游者选择了乘坐游轮旅游。这是一个持续增长的市场。在游轮旅游期间,客人乘坐的游轮实际上是一座浮动的从一个港口驶往另外一个港口的豪华饭店,游轮市场主要集中在:

加勒比海连接旅游公司
汤姆逊遥远海岸旅游公司
寰宇远方之梦旅游公司
航空旅游集团
海依斯 & 贾维斯旅游公司
SILK CUT 旅游公司
库奥尼旅游公司
英航假日旅游公司
加勒比旅游公司
哈乐昆度假公司
优你捷旅游公司
维尔京度假公司

图 4－25　一些提供全包价旅游项目的旅游经营商

- 地中海地区
- 黑海地区
- 斯堪的纳维亚、波罗的海和北海地区
- 加勒比海地区
- 美国西海岸和太平洋沿岸地区
- 东南亚和澳大利亚
- 大西洋上的各岛屿
- 北冰洋和阿拉斯加
- 印度洋
- 南极洲

此外,游轮业务也存在于欧洲的多瑙河与易北河、非洲的尼罗河(有 200 艘游轮)、北美洲的一些河流、南美洲亚马逊河、中国的长江以及亚洲和大洋洲的一些河流。

一些游轮度假旅游仅持续几天(例如,游览位于厄瓜多尔附近的加拉帕哥斯群岛),而环球游轮旅行也许要持续大约 3 个月。有些游轮旅游可以在英国登船(如南安普敦、蒂尔博里、利物浦或布里斯托尔),但是游客通常需要先飞往港口,然后在那里上船(即航空旅行加游轮)。一般来说,乘游轮旅游被视为是昂贵的度假。但是,可以通过选择不同的船舱来降低价格,朝外带窗户的船舱要比朝内不带窗户的船舱贵一些。航空旅游集团 1995 年进入游轮市场并率先推出了价格仅为 399 英镑的西地中海游轮度假 7 日游,这预示着游轮产品开始进入价格低廉的新时期。

乘坐游轮旅游与乘坐巴士度假旅游十分相似,因为这同样也可以使客人四处移动并游览许多不同的地方。但是,乘坐巴士旅游"需要"不断地收拾行李,装箱开箱,因此令人感到十分疲惫。而乘坐游轮旅游则是饭店随着客人走,因此使人觉得旅行很轻松。大多数游轮都组织上岸游览,但是此类游览并不是必须参加的。与传统的游览一样,此类游览的价格差异很大。激烈的竞争使得许多前往加勒比海地区的游轮旅游的基本价格看起来似乎十分具有诱惑力。但是每次上岸游览的价格可能会在 50 英镑到 70 英镑之间。与此相比,在地中海地区每次上岸游览的价格更为便宜,仅在 20 英镑到 30 英镑之间。

西加勒比海游轮度假公司的游轮度假 9 日游

1994 年 1 月 1 日至 12 月 10 日

星期	港口	抵达时间	出发时间
周六	飞离伦敦/抵达迈阿密,入住迈阿密的一家饭店		
周日	上午自由活动,前往迈阿密港登船		下午 5:00
周一	在海上		
周二	墨西哥的普莱雅德开曼港	上午 7:30	上午 8:30
周二	墨西哥的科祖迈尔港	上午 9:30	下午 5:30
周三	大开曼岛的乔治敦港	中午	下午 6:00
周四	牙买加的奥克里约港	上午 8:30	下午 5:00
周五	在海上		
周六	巴哈马的科克凯港	上午 8:00	下午 5:00
周日	抵达佛罗里达州迈阿密港;乘车前往迈阿密的一家饭店;自由活动;乘车去机场乘机返回伦敦		上午 8:30
周一	上午抵达伦敦		

特价假日游轮旅游:海上皇家号游轮将在 12 月 15 日、23 日和 31 日分别推出特价的圣诞节前游轮旅游、圣诞节游轮旅游和新年游轮旅游。有关详细内容,请垂询您的旅游代理商

图 4-26 西加勒比海游轮度假公司航空旅行加游轮游览项目的典型线路

资料来源:西加勒比海游轮度假公司

销售建议

以下是一些有助于旅游代理商销售更多的游轮旅游产品的建议:

●许多游客不喜欢乘坐飞机,而且越来越多的游轮都是在英国的港口出发和返回。可供出发和返回的港口的数量也在日益增加,其中布里斯托尔港、哈维奇港和利物浦港属于新的或重新使用的出发港口。

●对那些希望尽可能多看一些地方(这样做也许只是为了在朋友、亲戚和邻居面前炫耀一番)的游客,应该告诉他们乘坐游轮旅游在舒适程度、娱乐和餐饮方面要远胜于乘坐巴士旅游。最重要的是,在旅途中可以免去不断地收拾行李,装箱开箱的烦恼。

●陌生人也许很令人厌烦,但是现在的游轮都很大、很宽敞,所以腼腆的和喜欢安静的游客如果不愿意与他人交往,则完全可以避开他人的打扰。甚至连就餐也不例外,因为大多数的游轮不仅备有传统的大餐桌,而且还有可供两个人就餐的小餐桌。

●可以很有信心地将大多数游轮推荐给那些怕晕船的游客。只有那些探险或冒险型的线路才会偶尔忽略游轮业中有关游轮只能前往温暖并且气候变化不大的目的地的规定,有时甚至会来往于各大洲之间。所有的游轮都装有稳定器。如果游客仍感到晕船,那么游船上还可以提供几种很受欢迎的防治晕船的良药(或安慰剂)。

●在展示窗上贴有乘客运输零售商协会(PSARA)的标签虽然不能保证您的游轮业务源源不断而来,特别是在目前这种各公司竞相给予优惠的时期,但是这样做肯定有好处。要确保乘客运输零售商协会的一位员工随时在场,并且其他的员工都了解有关游轮产品的益处。

●最后,游轮旅游的价格仅仅是看上去很昂贵,因为这些价格包括了交通费、中转费、住宿费以及全天(有时也包括夜晚)的饮食费和娱乐费。额外的付费主要包括饮料、小费、上岸游览以及博彩过程中所欠的赌债。一些更为昂贵的游轮的价格还包括除赌债以外的所有其他费用。这就意味着这类产品可以带来更多的附加值和佣金。

图 4-27 乘坐游轮游览的益处

资料来源:旅行周刊

游轮旅游主要吸引的是年龄较大的游客,他们当中许多人的年龄是在 55 岁以上。然而,这是一个以旅游目的地为导向的市场。加勒比海地区被视为稍微年轻一些的游客的旅游目的地,因此更受首次乘坐游轮旅游的游客们的欢迎。在挪威海峡附近游览的游轮上很难看到儿童。美国的游轮旅游市场比较大,因此可以做一些市场细分。科斯塔旅游公司现在经营美国家庭游轮旅游

公司名称	目的地	游轮的名称
美国夏威夷公司	夏威夷	
嘉年华公司	加勒比海、巴哈马、墨西哥湾	轰动号、奥林匹克号、梦幻号、欢喜号、魅力号
名人游轮公司	加勒比海、斯堪的纳维亚、百慕大	地平线号、子午线号、顶点号、美国号、英国号
科斯喏－CCL游轮公司	地中海、斯堪的纳维亚、南美洲、远东、环球航游	梅莫兹号、海洋之珠号、浪漫海岸号、恩里克海岸号、达芙妮号、埃勒格拉海岸号、古典海岸号
水晶游轮公司	巴拿马运河、远东	水晶和谐号
CTC游轮公司	非洲、加勒比海、挪威海峡、北极圈、波罗的海和俄罗斯、斯堪的纳维亚、加那利群岛、地中海、以色列、埃及、黑海、澳大利亚、新西兰、远东、太平洋、加拿大、南极洲、亚马逊河、加拉帕格斯岛	卡莱利亚号、亚泽贝德赞号、巡航号、白俄罗斯号、哥伦比亚卡拉维尔号
库纳德游轮公司	加勒比海、地中海、波罗的海、阿拉斯加、巴拿马运河、新西兰、环球航游	皇冠宝石号、皇冠王朝号、皇冠帝王号、库纳德公主号、库纳德女伯爵号、海峡传奇号、海上女神一号、海上女神二号、海峡风景号、伊丽莎白女皇二世号
钻石游轮公司	地中海	雷迪逊钻石号
发现游轮公司	地中海	奥德修斯号
比罗蒂基游轮公司	地中海	海神号、奥德修斯号、帕拉斯·雅典娜号、特赖登号、贾森号
节日游轮公司	地中海	蓝天号
福莱德奥尔森游轮公司	地中海、尼罗河、莱茵河、摩泽尔河、斯堪的纳维亚	黑王子号
荷兰美国游轮公司/风星游轮公司	加勒比海、地中海、阿拉斯加、远东、太平洋各岛屿、环球航游	斯塔腾丹号、马斯丹号、林丹号、鹿特丹号、海风精神号、海风之歌号
克劳斯特游轮公司	加勒比海	
挪威游轮公司	加勒比海	向风号、梦幻号、挪威号
海洋游轮公司	远东	珍珠号

图4－28 主要的游轮旅游经营商

东方游轮公司	东南亚、中国、日本、新西兰、南美洲	马可·波罗号
英国铁行集团公主游轮公司	地中海、挪威、俄罗斯、大西洋各岛屿、美国、加拿大、阿拉斯加、巴拿马运河、加勒比海、波罗的海、红海、远东、澳大利亚、环球航游	堪培拉号、奥丽埃娜号、王妃号、金色公主号、太平洋公主号、岛屿公主号、海洋公主号、皇家公主号、王室公主号、蓝天公主号
摄政游轮公司	加勒比海、地中海	摄政彩虹号、摄政精神号、摄政宝石号、摄政蓝天号、摄政海洋号、摄政太阳号、摄政之星号
皇家游轮公司	地中海、斯堪的纳维亚、阿拉斯加、巴拿马运河、墨西哥、美国西海岸、加拿大、远东、澳大利亚、新西兰	奥德赛之星号、皇冠奥德赛号、皇家奥德赛号
皇家加勒比游轮公司	加勒比海、巴哈马、百慕大、巴拿马运河、墨西哥、阿拉斯加、地中海、希腊、斯堪的纳维亚、俄罗斯、加那利群岛	北欧王子号、北欧女皇号、海上皇家号、海上帝王号、海上君主号、维京太阳号、挪威之歌号
皇家维京游轮公司	地中海、波罗的海、巴拿马运河、南美洲、环球航游	皇家维京太阳号、皇家维京女皇号
海上目的地游轮公司	地中海、波罗的海、巴拿马运河、加拿大、南美洲	海上自豪号、海上精神号
银海游轮公司	加勒比海、地中海、波罗的海、斯堪的纳维亚、巴拿马运河、南美洲、东非、塞舌尔	银云号、银风号
星线游轮公司	非洲、远东	皇家星号
希腊天鹅游轮公司	地中海、尼罗河、缅因河	奥菲士号

(图 4－28 续)

游项目，而嘉年华旅游公司则推出了针对拉美市场的玛莉娜节日号游轮旅游项目。一些游轮公司，如发现游轮公司，也为学校提供带有教育性质的游轮游览活动。还有一些较小的游轮在经过改装后用于探险性质的旅行(例如，前往南极洲等)，但是这类游轮上的条件通常比较艰苦。航空旅游公司在推出其皇家海翼号游轮游览产品时，着重强调该游轮适合家庭度假的特色。皇家海翼号游轮的其他特点包括：

- 父母无须离开游轮就可以享受夜生活
- 很容易找到照看孩子的保姆

- 特别的儿童餐
- 全包价格
- 为两组不同年龄儿童设立的儿童俱乐部
- 小型迪斯科和儿童卡拉 OK 表演

游轮上游客的人数一般是在 180～1 900 人之间，但是现在人们也可以不必乘坐大的游轮，而是乘坐小船进行观光游览。例如，佛洛蒂拉度假公司（在希腊和土耳其沿海一带经营）拥有一些小船并由一位业务代表负责管理这些小船。每只小船可以乘坐 4～8 名游客。熟谙水性的游客可以包租不带船员的空船。这样可以乘坐 4～12 名游客，而那些希望轻松一些的游客可以包租大一些的船只。这样，算上船员可以乘坐 20 人或 20 人以上。

由于乘坐游轮旅游属于一种豪华的体验，因此船员与乘客之间的比例可能非常高。例如，福莱德奥尔森公司的黑王子号游轮可以接待 450 名乘客，但其员工人数却高达 200 人。

旅游代理商一直把游轮旅游视为一种不同于一般的包价旅游的产品，而且大多数游轮旅游的预订都是通过旅游经营商进行的。在大量吸引回头客的市场里，采用直接销售的方法似乎也是顺理成章之举。有时，在一次出航中有 30%～40% 的游客都是通过旅游经营商直接预订的。但是，自从 20 世纪 80 年代中期以来，为了努力扩展游轮旅游的市场，乘客运输零售商协会一直试图通过组织参观停泊在港口的游轮和安排培训活动来使旅游代理商们更易于出售游轮旅游产品。

到了 1994 年，各游轮旅游经营商对英国市场越来越感兴趣。这主要是因为经营迈阿密线路的各游轮公司之间日益加剧的打折风气严重地影响了其经营利润，而利润是维持游轮在高固定经营成本下运营的必要前提。游轮的大部分利润来自“额外项目或服务”的销售（饮料、商品和上岸游览等）及其赌场的博彩收益。打折本身也许不会对利润产生很大的影响，但是却有可能吸引来不太富裕的游客，而此类游客是不太可能在游轮上进行大量消费的。

（十五）旅行结婚与蜜月游

越来越多的诸如库奥尼那样的旅游经营商开始提供男女双方同去外国结婚的包价旅游。在 1993 年，英国大约有 8 000 对男女预订了去外国旅行结婚的包价旅游。受人们欢迎的旅行结婚目的地包括巴巴多斯、安提瓜、牙买加、圣卢西亚、格林纳达、巴哈马、佛罗里达、肯尼亚、塞舌尔、毛里求斯、巴厘岛、马来西亚的槟榔屿和泰国的普吉岛等。推出旅行结婚项目的旅游经营商需要提供有关目的地相关法律信息(例如,游客必须住满多少天才有资格在那里办理结婚登记手续,需要随身携带哪些必要的证明文件等)。参加旅行结婚需要支付的额外费用包括:

在肯尼亚、印度洋和远东各国结婚的法律要求						
	肯尼亚	塞舌尔	毛里求斯	巴厘岛	槟榔屿	普吉
结婚前最少居住期限(＊工作日)	5	3	3*	7	7*	3*
护照:双方的前六页	√	√	√	√		√
双方的出生证	√	√	√	√	√	√
如果离婚,必须出示离婚证	√	√	√	√	√	√
如果鳏居,必须出示配偶死亡证	√	√	√		√	√
如果正式改名,出示法律证明	√	√	√			
法定年龄为18岁	√	√	√			
双方的全名、地址、职业、宗教	√	√	√			
双方父母的全名和地址	√					
双方父亲的职业的详细情况	√					
英国教会牧师签署的未婚证明	√					
浸礼与信教文书的副本				√		√
单身身份保证书					√	√
天主教教士的许可(如果适用)和教士有关双方未婚的证明					√	√

图 4-29 在肯尼亚、印度洋和远东各国结婚的法律要求

资料来源:库奥尼旅游公司

- 结婚蛋糕的费用
- 一瓶葡萄汽酒的费用
- 为新娘和新郎准备的鲜花的费用
- 举办结婚仪式的费用
- 主持婚礼的牧师的费用、办理结婚证的手续费、举办宗教婚礼仪式和前往结婚场所的交通费用等
- 聘用伴郎、伴娘和见证人的费用

● 请人录像和聘用摄影师的费用

汤姆逊旅游集团的“天堂婚礼”产品大概是此类市场中的佼佼者，在这一市场中的其他旅游经营商包括库奥尼、寰宇、航空旅游、加勒比旅游、航空波、优你捷和海依斯 & 贾维斯等。

如果一家旅游经营商推出特殊的蜜月旅游项目，那么此类项目一般都是乘坐星期天的航班前往目的地的。通常会在新婚夫妇下榻的饭店客房里为他们准备好鲜花和葡萄酒。

(十六)单身度假游

存在着两类截然不同的单身度假游市场，第一类(通常是较为年轻的群体)包括那些也许并非是独自旅行的单身男女。他们外出度假旅游的动机很多，希望有机会接触异性也许是这些动机中比较重要的一个。另一类则是真正意义上的单身旅行者，他们独来独往的原因也许是未婚、鳏居或离异等。

上述两类市场中的第一类比较容易满足，因为不一定存在为他们寻找单人客房的问题。在经营包价旅游的早期阶段，旅游经营商们认为年轻人的需求与中老年人的需求是一样的。但是精明的旅游经营商很快就意识到专门为年轻人安排度假旅游已经切实可行，因此旅游运营商就安排年轻人入住没有家庭游客和老年游客的饭店，并且挑选善于营造聚会氛围的度假区业务代表来接待他们。地平线旅游公司在 1961 年与英国联合航空公司签订了一份合同，出售其难以推销的周三和周四的夜航机票。地平线旅游公司凭借其 18～30 岁度假俱乐部来应对航空旅行淡季的设想完全符合日益富裕起来的年轻人的需求，并且也迎合了当时出现的青春狂热现象。18～30 岁俱乐部一直属于地平线旅游公司，后来大卫·赫德于 1972 年将其收购，因为经营青年人旅游市场就是大卫·赫德最初的设想。大卫·赫德独立经营着 18～30 岁俱乐部并在 1978 年将该俱乐部出售给其竞争对手巴蒂斯旅游公司。18～30 岁俱乐部最终成为 ILG 旅游公司的一部分，并且有了吸引喜欢喧闹和酗酒游客的坏名声。汤姆逊旅游集团于 1984 年推出了名为“我行我素”的旅游度假项目，锁定的是其他几个产品以前所针对的类似目标市场。ILG 旅游公司于 1991 年倒闭之后，18～30 岁俱乐部改名为俱乐部旅游公司并由此重获新生，目前其经营业绩尚佳。汤姆逊旅游集团于 1993 年重新推出了“我行我素”的旅游项目，但是由于难以把握年轻人市场而再次急流勇退，因为年轻人的生活方式实在是变幻莫测，并且难以培育回头客。汤姆逊旅游集团还认为，不会有很多人真的希望享有特殊的待遇。但是航空旅游集团在1995年推出了名为“浪迹人生”的旅游项目，专门针对18～30岁这一市场。创建于1977年的二十年华旅游公司以及俱乐部旅游公司是目前该市场的带头人。

年轻的单身旅游市场有着十分鲜明的特征：

- 具有很高的价格敏感度
- 尤其关注“形象”和“时髦”的地点
- 对聚会而不是文化观光更感兴趣
- 对口头推荐推崇备至

因此，这一市场主要集中在相对来说较少的一些度假区，尤其是那些有着良好的迪斯科音乐设备和夜生活的度假区。多年以来，伊比萨(Ibiza)一直是最受欢迎的度假目的地，但是科孚岛(Corfu)、罗德岛、克里特岛、米科诺斯岛(Mykonos)、赞特岛(Zante)、科斯岛(Kos)、贝尼多姆(Benidorm)、马略卡岛、加那利群岛和土耳其的博德鲁姆(Bodrum)等都是深受欢迎的度假目的地。

从旅游经营商的角度来看，雇用适合在度假地工作的业务代表尤其重要。这些业务代表应该是那些能够长时间工作并善于营造恰当氛围的人。此外，能够为所有的饭店吸引足够多的预订以便使举办聚会成为可能也同样至关重要。

自从20世纪70年代末期以来，18～30岁这一年龄段的游客的数量一直在减少。面对这一不景气甚至萎缩的市场，旅游经营商们试图采取多元化经营的策略。俱乐部旅游公司试图推出各种长线旅游产品，但是只获得了有限的成功。这也许是因为那些很乐意花费400英镑和两周时间前往科孚岛度假的游客没有能力参加为期3周、费用高出很多的澳大利亚度假游。康蒂基旅游公司和高层旅游公司都推出了针对年轻人并具有聚会氛围的探险性度假旅游项目。包括这两家公司在内的一些旅游经营商发现，挖掘来英国旅游的海外游客市场的潜力(主要是来自澳大利亚、新西兰和美国的游客)要更容易些，因为这类游客希望把游览欧洲大陆作为来英国旅游的一部分。

真正意义上的单身游客给旅游经营商带来了特殊的问题，尤其是在为他们寻找住宿的单人客房方面。据估计，在1993年98%的度假者要求提供单人客房，而且许多地中海地区的饭店根本就没有单人客房。传统的解决办法就是对单独出租给一位客人的客房加收单间费。这样使得相对来说较为便宜的度假变得十分昂贵,因此不受欢迎也就不足为奇了。然而,单身生活的成年人的数量却在不断地增加。1991年的人口普查显示,26%的英格兰和威尔士家庭是只有一位成年人的单身家庭。亨利预测中心认为,到2000年这一数字将会增加20%。因此,一些旅游经营商开始对单身旅游者表现出更大的兴趣。例如,帝王旅游公司的"小小世界"产品针对的就是单身旅游者,有时还在民宅或古堡里举办小型的聚会。

一些旅游经营商会试图为单身的游客结伴以使他们共住一间客房并避免额外付费，尽管这样做一般被认为是费时费力之举。由于其客人的年龄比较大，因此巴士旅游公司往往会这样做。寰宇旅游集团的全景旅游项目不仅可以安排陌生的游客同住一间客房，并且在安排巴士座位时还可以让他们坐在一起。这样游客们就有机会相互认识。越来越多的旅游宣传册（尤其是长线旅游）提出可以在某些日期——通常是在淡季——不收单人住宿附加费。

单亲也会被旅游经营商视为问题,因为打折的前提通常是两位支付全部费用的成年人带着一个儿童共住一间客房。但是随着单亲家庭数目的日益增长,一些旅游经营商也开始同意给带着小孩旅游的单亲家庭打折了。有时,这些优惠仅限于某些特定的日期。

(十七)老龄度假游

随着人们变得越来越健康并且越来越长寿,一些旅游经营商也开始提供针对老年人的旅游度假产品。有关"老年人"的定义各不相同,有些人认为是指55岁以上的人,也有人认为是指60岁甚至是65岁以上的人。这一市场中最大的旅游经营商是从事直接销售的传奇度假公司,但是现在所有的大型旅游经营商都有针对老龄客人的产品。

针对老龄市场的旅游宣传材料中刻意强调的一点就是长期度假。长达3个月的度假可以使老人们远离冬季并可以省下在国内的取暖费,而在阳光海岸等地度假每天的费用仅需要2.95英镑。大多数旅游经营商推出的是阳光沙滩度假与游览观光混合在一起的旅游产品,这样可以使游客们有许多机会步行观光。

在20世纪90年代初期,利率的下滑使投资于储蓄的收入减少了,从而严重地影响了老龄市场度假游。

公司名称	产品名称
汤姆逊旅游集团	年轻的心
航空旅游集团	金色的岁月
企业旅游公司	休闲的日子
寰宇旅游集团	金色的时光
阳光世界旅游公司	金环

图 4-30 为老龄人设计的项目

(十八)运动度假游

虽然有些旅游经营商专门经营运动度假游,但许多主流的旅游经营商也提供一些专项运动度假游,尤其是高尔夫球度假旅游或潜水度假旅游。

1.高尔夫球

每年大约有 5 万名英国的高尔夫球爱好者购买高尔夫球运动度假旅游产品。特别受欢迎的高尔夫球度假游目的地是法国、爱尔兰、葡萄牙(阿尔加夫)、西班牙(阳光海岸)和美国(佛罗里达州和南卡莱罗那州)。泰国、马德拉、肯尼亚、突尼斯和南非等地也开始受到人们的青睐。但是高尔夫球度假游市场在 1992 年十分不景气。库奥尼旅游公司推出了前往加勒比海地区和远东地区的高尔夫球度假游产品以期打入该市场,但却以失败告终。

远距离高尔夫度假公司
英航度假旅游公司
帝王旅游公司
全景旅游公司
葡萄牙航空旅游公司
克莱斯塔旅游公司
卡多根旅游公司

图 4-31 提供高尔夫球度假游产品的旅游经营商

2. 潜水

特别受欢迎的潜水度假游目的地是红海/沙姆沙伊赫(埃及)、肯尼亚、科摩罗、毛里求斯、马尔代夫、泰国、马来西亚、澳大利亚/大堡礁、科祖梅尔(墨西哥)和开曼群岛。那些经营潜水度假游的旅游经营商们通常会签订一份包括潜水保险在内的保险单。

3. 徒步旅行和登山

许多经营内陆旅游的旅游经营商都提供徒步旅行度假游产品。事实上,在较长的旅行过程中,徒步旅行也许只是某一段行程中可选择的项目,而且该行程也许基本上与徒步无关。例如,那些在非洲内陆游览的游客前往乌干达或扎伊尔去看大猩猩的旅行,或者那些在亚洲内陆的尼泊尔徒步旅行或是在泰国参观山地部落的旅行等。同样,此类包价旅游也许包括可选择的登山项目,如攀登非洲的肯尼亚山或乞力马扎罗山或马来西亚东部的基那巴鲁山等。由于一些内陆度假旅游的确涉及此类颇费体力的活动,因此旅游经营商规定参团者的身体状况需要达到一定的标准。那些可能比较劳累的度假旅游有时被描述为“探险旅游”以强调这一点。因此,介绍拉丁美洲之旅的宣传册就将其宣传为一系列“环境探险旅游”。

其他一些旅游经营商专营与登山相关联的徒步旅行以及真正的高山探险旅游。这些经营商中包括名称与其经营项目相符的喜马拉雅王国旅游公司和高山旅游公司。这两家旅游经营商同时也组织在肯尼亚进行的骑自行车探险旅游,骑自行车、徒步和乘船穿越印度南部等旅游项目。

(十九)中途停留包价游

随着飞往澳大利亚和新西兰的长线航空市场在 20 世纪 80 年代末期的扩张,越来越多的人能够购买那些无须花费太多额外费用就可以在长途旅行的过程中做短暂停留的机票。最初,途中短暂停留仅限于向东飞行的航线。但是在 20 世纪 90 年代初期在向西飞行的航线做短暂的停留也成为可能。各旅游经营商(有时与航空公司有着密切的联系)不失时机地开发出中途停留游览包价游以满足客人需求。澳大利亚旅游局于 1993 年进行的一项调查显示出了游客们对中途短暂停留目的地的喜好程度:

国家	游客选择的百分比
新加坡	53
香港	36
新西兰	23
泰国	22
美国	20
夏威夷	17
斐济	15
马来西亚	11
加勒比海地区	7
不做短暂停留	4

中途停留包价游通常较短，也许仅持续3个或4个晚上，并且一般都包括往返机场的交通、饭店住宿以及观光等项目。世界上有些国家几乎没有团队度假游旅游者，而仅有一些中途稍做停留的乘客。有着精美的免税店并且处于前往印度和远东地区途中这一理想位置的迪拜正是这样一个国家，但是该国正在逐渐地成为一个正式的度假旅游目的地。

(二十)个性化包价游

从某种意义上来讲，个性化包价游这一说法是很矛盾的，包价旅游的最初设想是出自于将各分散的要素整合在一起出售而不是满足个体需求这一理念的。但是随着公众已经习惯于旅游并且从整体上来讲变得更加成熟，相当多的度假旅游者显然不喜欢团队旅游那种“被人赶着走”的感觉。从另一方面来说，这些人又希望享受旅游经营商批量购买所带来的较低价格并且愿意由经验丰富的行家来为其安排度假。因此，包括库奥尼旅游公司和考克斯/金斯旅游公司在内的许多旅游经营商现在都设立了个性化旅游部，专门负责安排各类包价旅游以满足客人的个性化需求。这有助于满足那些希望前往多重目的地度假旅游的客人的需求，尤其是那些前往美国或远东地区旅游的客人。

在计算机未普及的日子里，安排个性化包价旅游对于大多数旅游经营商来说非常费时费力。但是现在安排个性化包价游要容易多了，因为旅游经营商已经与各航空公司诸如伽利略预订系统在内的各种预订系统联网。这使得是否可以预订变得一目了然。由于便捷的计算机联网有助于降低成本,因此个性化包价旅游并不会昂贵得让人望而却步。

个性化包价旅游起步的程度可以通过这样一个事例来加以说明。成立于1938年的国际旅行社是前苏联的国有旅游公司,一度曾因为像“赶羊群”似的对待团队游客而名声不佳。这样一家旅游公司也于1993年推出了名为“独立旅行家”的游览俄罗斯及其周边国家的个性化包价旅游项目。

问答题与谈论题

1. 人们经常预言包价旅游的消亡。对此,旅游经营商都采取了哪些应对措施?在现有的旅游产品中有哪些证据可以显示包价旅游产品将能够在独立旅游这一发展趋势的冲击下成功地开展下去?

2. 为什么摩洛哥和突尼斯被认为是短线产品而埃及却通常被视为是长线产品?如果把摩洛哥和突尼斯视为长线产品,而将埃及看作是短线产品,那么将会有哪些不同?

3. 哪些产品领域具有最长期的潜力?其原因是什么?哪些产品领域正面临着问题?你认为这些问题能够被克服吗?

4. 你是否能够想出一个旅游经营商目前没有提供但又具有市场潜力的产品领域或类型?

5. 请看库奥尼旅游公司1992年和1993年最热销的十大目的地及其对1994年的预测。试论这些目的地热销的原因以及它们在1992年和1993年相对排名变化的原因或是预计将在1994年发生变化的原因。

课后作业

1. 假如你是一家“二类”旅游公司的产品开发经理,该公司有着一些冬季阳光度假游业务。目前所有这些冬季阳光度假游产品除了冈比亚之外都是前往地中海地区各旅游目的地的,而你已经成功地宣传冈比亚3年了。目前,你的所有度假游产品都不能算是专项旅游。你希望为下一个冬季推出一个新的长线旅游产品,因此你正在试图从竞争对手的产品中获得灵感。请收集一些有关冬季阳光度假旅游的宣传册。这些宣传册可以是较大旅游经营商推出的宣传册,其中应该包括一系列不同的度假旅游选择,也可以是二类旅游经营商的宣传册。这些二类的旅游经营商也许与你一样只是推出一个非地中海地区的目的地,但不一定是冈比亚。分析这些材料,然后写出一份有关3个新的旅游目的地及其利弊的报告(可以想象得出,你也许希望建议一个目前其他旅游经营商似乎都没有推出的目的地,尽管并没有什么太好的原因)。报告中必须包括这样一些信息,如抵达这些目的地的交通是否便利,那里冬季的气温是多少,游客们在那里可以做些什么,那里的安全状况如何等。最后,决定你将要推荐哪一个目的地并说明你推荐该目的地的理由。

2. 班级里的每一位成员都应该选择一个产品领域。每个人都应该准备一份产品介绍,然后向全班的其他同学介绍该项产品的特点及其在销售中的优势与劣势。

3. 将学生两个人分为一组。要求他们设计并进行一项调查以确定哪些度假旅游产品属于热销产品。为了使调查具有真实性,学生们必须询问那些非本校学生的人士。只有那些参加过住宿一夜以上度假旅游的本校学生才可以作为被调查对象。每个小组应该在征求老师的意见后再确定被调查对象的人数。在所有的调查结束之后,全班同学可以在一起分析总体的调查结果并决定向校方提交调查结果的最佳方式。

第五章

旅游宣传册的制作

本章学习目标

通过对本章的学习,你应该能够:

- 了解作为旅游经营商推销工具的宣传册的重要性
- 阐明宣传册的制作程序
- 列举宣传册的各组成要素
- 了解宣传册已经从介绍所有旅游产品转向介绍专项旅游产品这·发展趋势

一、引言

英国旅游代理商协会将旅游宣传册定义为“详细说明旅游经营商所提供的一次旅游、度假或旅行安排等具体内容的出版物”。由于旅游产品与众不同、无法触摸,因此宣传册在旅游产品的销售过程中至关重要。宣传册必须能够:

1. 激发人们对其所宣传的旅游产品的购买兴趣;

2. 提供必要的信息来打动客人，说服他们报名参加旅游；

3. 在客人的心目中树立并强化公司的形象。

因此，宣传册必须提供该次旅游所涉及各饭店和景点的详细资料以及航班、报名方式、保险种类以及特价情况等信息。宣传册在提供上述信息的过程中必须遵守包括《产品说明法》和《欧共体包价旅游管理条例》在内的一切现行法律的各项要求。

由于宣传册在推销假日旅游中具有至关重要的作用，英国旅游代理商协会已为宣传册的制作设立了种种标准，这些标准构成了《旅游经营行为准则》的一部分。

(一)宣传册的尺寸规格

大多数宣传册均设计为 A4 版尺寸，因为这一尺寸：

1. 符合大多数旅游宣传册展台的尺寸规格；

2. 符合标准信封与标准信函的尺寸规格。

在 1992 年之前，专营城市休闲旅游的公司——任逍遥旅游公司制作的宣传册采用的是那种广告宣传单的较小型尺寸规格，虽然将其置于宣传册传送带或展示架上不费吹灰之力，然而它与标准的 A4 宣传册展台的规格大小不一致。尽管该公司宣传册的与众不同，显出其标新立异、独树一帜，然而考虑到尺寸较小会造成货架空间的浪费，从而会使其销量受到影响的原因，该公司最终于 1992 年将其宣传册改为普通的 A4 规格。

(二)纸张质量

大多数宣传册均选择光滑的彩色页面。宣传册越大，用来印刷的纸张就越薄。这样做一方面是为了降低成本，另一方面是为了避免宣传册过重。长线旅游的宣传册(以及内容较少的短线旅游的宣传册)通常选用厚实且光泽度高的纸张。价目表则通常设计为活页，使用价格低廉的纸张，并且打印字体为单色。为避免在运输与上架的过程中磨损，并且创造更佳的公司形象，有些旅游经营商使用厚实而光滑的纸张制作宣传册的封面与封底。

罗蒙德湖与特罗萨克斯山脉

119英镑，5日游

本次旅游可以领略到苏格兰美景中的极品，堪称游有所值。在这次活动中，我公司不仅安排了旅游线路内的统一活动，还安排了自愿参加的爱丁堡之旅。所有旅游活动均由经验丰富的旅游巴士司机担任导游。

本次旅游预订的饭店包括位于迷人的阿罗赫尔的科布勒饭店以及可以眺望长湖的阿罗赫尔饭店。这2家饭店皆置身于优美的景色之中，其客房均设有独立的私人设施并提供必要的设备以方便顾客自己泡茶、煮咖啡。2家饭店内均设有舒适宜人的休息室、电视房和酒吧，处处弥漫着苏格兰热情殷勤的气氛。不论选择哪家饭店都可以体会到苏格兰人的热情好客。

旅游活动日程安排：

- 参观著名的格兰塔雷特酿酒厂以及高原城市克里夫、基林和多查德福尔斯；
- 游览法恩湾上的格兰湖、奥本、因佛拉里，并在“恬憩园”稍作停留；
- 苏格兰首府——爱丁堡一日游是自愿参加的。

此次出游定能让您刻骨铭心、回味无穷。

激情214A	激情214B
科布勒饭店	阿罗赫尔饭店
10月4日、25日 11月8日 129英镑	2月22日 119英镑 3月8日、22日；4月19日、26日 129英镑
无单人房附加费	单人房附加费：11英镑

激情之旅

图5-1 贝克斯海豚旅游公司——简约明快

资料来源：贝克斯海豚旅游公司

(三)纸张色彩

尽管大型旅游经营商通常会制作彩色的宣传册，然而减少颜色就会降低成本。因此，许多小型旅游经营商在翻印宣传册时只选择2种或4种颜色。例如，丽晶假日旅游公司的宣传册通常只使用2种颜色（以不同的颜色来区分不同的宣传册及其目的地，使人一目了然）。总部位于布里斯托尔的贝克斯海豚旅游公司推出了“激情旅游”项目。该项目为英国国内或去欧洲大陆的短期休闲旅游项目,其宣传册只有封面为彩色,而其他部分仅使用了4种颜色。

即使公司制作彩色宣传册,其价目表、交通条件的详细说明以及其他细节资料的页面也有可能只选用2种或4种颜色,尤其是在为便于更改而将这些页面制成活动插页的时候。在正式宣传册的制作尚未完成期间,有些旅游经营商也会推出2色或4色的宣传册预告来吸引游客提前报名。例如,1993年8月底皇家游轮公司制作了8页“游轮旅游极品介绍”的简易宣传册,宣传册为普通的白色页面黑色字体。书中概括了该游轮1994年的活动安排,并为早期的报名者提供九五折优惠。这一做法足以令那些熟悉该游轮布局等各种情况的回头客大为心动。

有时旅游经营商会在同一本宣传册内采用不同颜色的页面来区分不同的目的地。这时页面的颜色可以和目录页上所列出的目的地的字体颜色相一致。

(四)宣传册的必备内容

英国旅游代理商协会为旅游经营商制定的标准规定:凡宣传册都应该做到“内容清晰、明白、准确且易于理解,以便于客户在选择的过程中能够作出明智的判断”。该协会认为,宣传册必须具备的基本内容包括:

1. 政府/法定执照发放当局:所有信息都必须符合民航管理局以及其他政府或法定执照发放部门当前的各项法规。

2. 合法身份:负责出版旅游宣传册、假日旅游宣传册或旅行安排宣传册的旅游经营商必须具备合法身份,在必要时还应该提供英国旅游代理商协会为该公司签发的会员编号与英国民航管理局为其签发的营业执照编号。

3. 旅行方式:旅行方式包括轮船、火车、长途巴士、机动车、包机以及定期航班等。

4. 目的地与旅行路线:恰当的目的地与旅行路线。

5. 离境与返回的日期、地点与时间:离境与返回的日期、地点以及大致时间。如果上述安排因故需要加以变更,那么应该事先获得管理部门(例如机场调度委员会)的批准。

6. 食宿设施的特点:食宿设施的特点介绍包含在价目表中。

7. 附加设施:所有附加设施或特殊安排均包含在价目表中。

8.报名条件:(见下文)。

9.保险细节:如果旅游经营商提供假日旅游保险,宣传册必须准确并且详细地表明所提供保险的条款以及相关的保险金额。此外,旅游经营商还必须在基本价格的旁边注明这些保险条款与保险金额在宣传册中的具体位置。

10.价格政策:(见下文)。

11.健康问题:宣传册必须包含有关旅游目的地国健康要求的充分的信息或卫生部宣传品——《在国外保护好你的健康》的参考资料,该宣传品在卫生部或英国旅游代理商协会辖下的所有旅游代理商手中均可购得。此外,应该建议游客在旅游出发前与其私人保健医生联系,以便了解某些特殊地区是否有必要注射预防针,如果有必要,需要注射何种预防针。

12.仲裁:(请参阅第十章)。

13.噪音:以介绍假日旅游景点为主的宣传册必须详细指明度假胜地现有的、可能会有的、或有理由被认为将会引起顾客不满的各种噪音。这些噪音的来源包括夜总会、酒吧、迪斯科舞厅、游乐园以及机场,但并不仅限于此。

14.施工工程:对于可能会为假日旅游带来负面影响的施工工程,凡已知或可以预见将在宣传册所介绍的活动时间内发生的,必须在相关页面上做详细具体的说明。

15.出版日期:宣传册必须标明出版年月。

16.出发延误:宣传册必须清楚明白地说明旅游经营商在处理游客因故延误旅游出发与返回时间的政策。建议旅游经营商根据延误时间的长短以及假日旅游的性质而适时地为延误的游客提供茶点、用餐或一晚的住宿。此项服务纯属自愿,旅游经营商没有义务必须如此。此外,宣传册必须说明在无法实施上述政策的情况下将采取的措施。

1993年的《欧共体包价旅游管理条例》将英国旅游代理商协会的这些行业指导准则中的许多条款定为具有法律效力(请参阅第十章)。

二、封面

封面决定着客人对宣传册的第一印象,故而是至关重要的。因此,封面的设计既要引人注目,同时又必须能够传递重要的信息。首先,封面的顶端通常必须写明旅游公司的名称及标志;其次,必须注明宣传册的有效期。例如,夏季旅游活动通常为4～10月,冬季旅游通常为11～来年3月,而全球性旅游活动通常为全年。目前，宣传册再版发行时，价格往往会有所调整，因此宣传册的封面还需注明其版次。

除去上述3个基本方面之外，宣传册封面还可以隆重推出其“震撼价格”(即宣传册中最便宜的价格)、所有无附加收费的保证或其他一切突出的特点。例如，从游客所在当地的机场出发、为儿童打折的景区等。有些宣传册还会将其介绍的各旅游景点列举在封面上，以便客人对各景点是否投其所好一目了然。

封面的设计还必须能够传达公司的其他重要信息。例如，图片的选择应该能够清楚地表明所推销旅游活动的类型——碧海沙滩彰显夏日格调，棕榈树海滩突出加勒比风情，而著名旅游景点反映出城市休闲旅游的特色等等。此外，图片还能够表明旅游活动所瞄准的目标客源。例如，俱乐部旅游公司制作的宣传册封面图片醒目地勾绘出年轻情侣之间的耳鬓厮磨、浓情蜜意(请参阅图5－2)，而汤姆逊旅游集团的夏季旅游宣传册则选用了海滨度假的家庭型

图5－2　俱乐部旅游公司制作的宣传册封面

资料来源：斯图尔特威廉斯旅游公司

画面。然而,所推出的旅游活动越昂贵、异域情调越浓郁,将目标客源表现于封面的可能性就越小,因为旅游经营商更愿意集中地表现旅游目的地。

封面还会提示宣传册所瞄准的市场价位。阳光国际旅游公司在1991年转让之前基本上定位于低价位的市场,在整个旅游市场中属于价位最低的。其封面图片通常为身穿比基尼泳装的女性素描,而非精致考究的照片。航空旅游集团早期的市场价位也较低,这一市场形象在其封面的选择上也得到了反映。然而,到1993年该集团开始瞄准高价位市场,宣传册的封面也出现了相应的变化——变得越来越时尚,并且某些宣传册完全不选择人物作封面。例如,航空旅游集团希腊旅游部选择了坐在沙滩上的女性艺术摄影为其封面,整个封面图片的颜色为迷人的古铜色。然而航空旅游集团滑雪旅游部选择的宣传册封面图片是雪地上留下滑过雪的回旋痕迹。甚至所使用纸张的质量都能表明宣传册内推出的旅游产品的相关情况。因此,以豪华的长线旅游为目标市场的旅游经营商制作宣传册所使用的纸张应该更光滑,而以精打细算、经济节省的顾客为目标客源的旅游公司所使用的纸张应该更普通。

令人遗憾的是,虽然旅游经营商全力以赴地设计既引人注目又传达特殊信息的封面,然而这种努力却由于旅游代理商在宣传册封面上随意粘贴不干胶片而付之东流。在20世纪80年代初期,旅旅游代理商尚能考虑周到,粘贴胶片时尽量不破坏宣传册封面的整体效果,而胶片上仅给出了旅游代理商的地址和电话,以便读者与其联系。然而到了90年代,胶片上给出了打折与特价的各种信息,因此不干胶片通常比较大。建议旅游经营商在设计封面时留出粘贴胶片的地方来解决这一问题。

(一)宣传册正文前的部分

宣传册的开始几页包括了后面所介绍的假日旅游的总体信息,因此这部分内容至关重要。宣传册中通常首先有一页或一段着重介绍所推出旅游活动的最大卖点,目录排在其后。目录通常按照地理区域来排列旅游活动所涉及的各景点,并注明页码。

宣传册在正文开始之前还会表明旅游经营商的价格政策——即在任何情况下都不另外加收费用,或是在市场价格浮动时保留追加收费的权利。如果加收费用,还会说明加收费用的具体情况。下面2则收费说明摘自1993年的宣传册。

您此次假日旅游的费用为最终价格，公司不再收取任何形式的额外费用。一旦您报名并交纳预付款，您此次假日旅游的费用就不会再上涨。

一经报名，我公司将向您或您报名的旅游代理商确定您此次假日旅游的费用以及其他一切细节。一旦我公司收到报名确认，并为您开具最终发票，您此次假日旅游将得到最后确定，此时各项价格将不会做任何形式的变动，即使飞机燃料费、机场建设费或汇率等发生变化，也绝对不再另外加收额外费用。

宣传册在正文开始之前还会介绍一些五花八门的信息，其中包括：

- 宣传册中使用的符号所代表的含义；
- 为儿童打折优惠以及免费的景区；
- 团体预订；
- 其他打折优惠，例如可以节省费用的春秋淡季，不需要支付单人房附加费的时期，只需付 2 周的价格即可享受 3 周服务的特价期，等等；
- 特殊饭店的信息，例如西班牙金太阳连锁大酒店(Spanish Sol)；
- 长假旅游的详细信息；
- 所乘坐航班的信息等。

(二)宣传册的正文部分

宣传册的正文部分通常会按照某种地理顺序详细介绍所推出的假日旅游。每涉及一个新地区，通常都会首先用一页左右的文字对其所在国进行总体介绍，有时还会附有地图说明。然而对于像西班牙这样拥有无数旅游胜地的国家，其每一个旅游胜地所在的区域都将被当作一个独立的国家来对待，即第一页为该地区的总体介绍及地图展示。在总体介绍中还会详细说明该旅游胜地的天气情况(通常将该地的气温与国内气温相比较)，并以平均气温表示(请参阅图 5－3)。此外，还会介绍除该旅游胜地之外的其他旅游景点。尽管俱乐部旅游公司试图增添背景图像以使其气温图表与众不同，但是不同的旅游公司介绍天气情况的方式仍然会大同小异。

宣传册正文部分的每一页将主要介绍一个或一个以上的饭店。饭店的星级将标注在饭店的名称旁，而星级的评定通常是根据某个外部评级系统或公司内部评级系统来进行的，如汤姆逊旅游集团的 T 级评定系统等。地图会标明该饭店在此旅游胜地内的位置。此外，宣传册还提供所介绍的饭店的实景图片。对于宣传册交付印刷时仍未实际建成的饭店，则无法提供实景照片，但

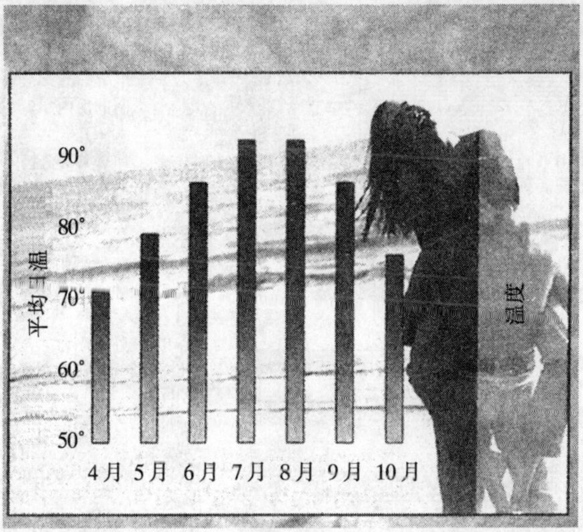

图 5-3 俱乐部旅游公司表明旅游胜地气温的方式

资料来源:斯图尔特威廉斯旅游公司

是会提供该饭店的设计构想或建筑图样。滑雪旅游的宣传册还提供指示旅游胜地与滑雪场相关位置的地图,图中滑雪场以彩线勾画,突出了滑雪场的气势磅礴。游轮旅游的宣传册将展示甲板平面布局图,以表明各船舱与轮船其他部分的位置关系。主办旅游活动的经营商将提供该次旅游的大致线路,有时还辅以该线路的地图图示。

每家饭店都配有文字介绍与特色介绍。这些介绍说明必须符合产品说明准则,做到准确无误,不带有任何欺骗性。

在每页价日表上通常会注明各次假日旅游的出发日期以及各种费用、饮食安排、航班情况等信息,但是有时这些信息的全部或部分也会印在宣传册的封底或中间活页上。当价格与航班等情况发生变化而对宣传册的内容进行修改时,活页的使用可以避免将整本书重印。

(三)页面设计

大多数旅游宣传册的实际页面设计并非特别引人注目,有时页面的设计只是力图做到与所宣传的旅游活动主题保持一致。例如,把页边设计成行李牌的外形,或者页面的底色做成淡淡的大理石条纹背景。通常只有那些意图

皇家公主号游轮

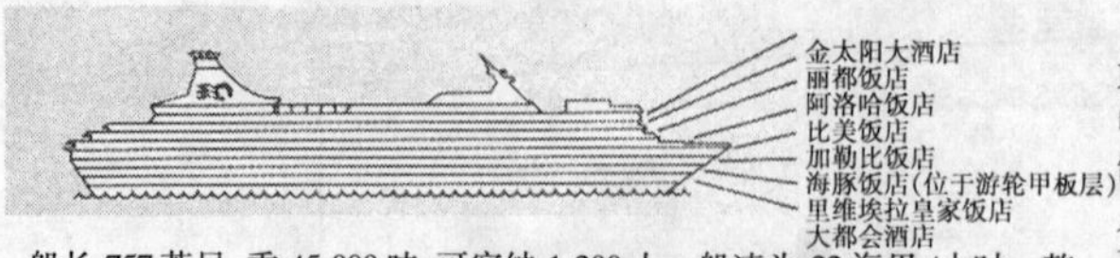

船长757英尺，重45 000吨，可容纳1 200人。船速为22海里/小时。整体空调设施，船身平稳。英国船籍。

金太阳大酒店

丽都饭店

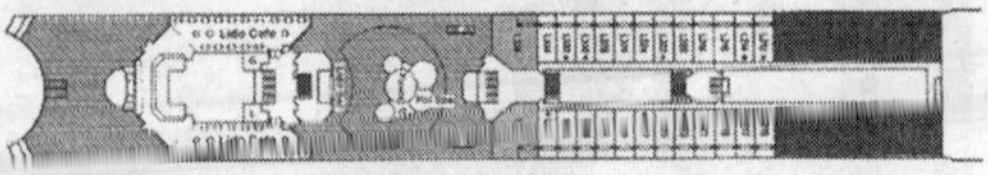

阿洛哈饭店

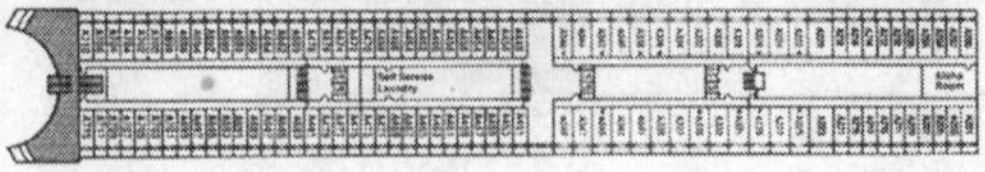

比美饭店

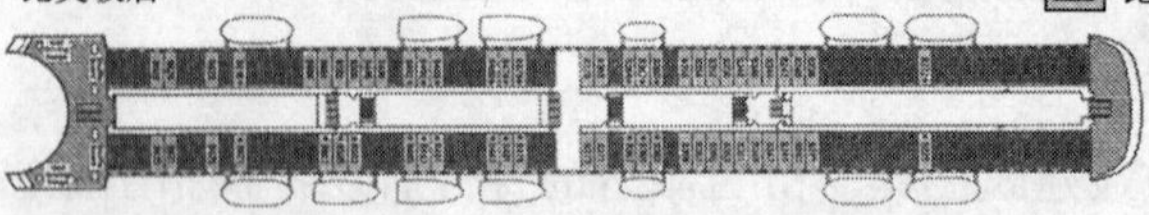

海豚饭店（位于甲板层）

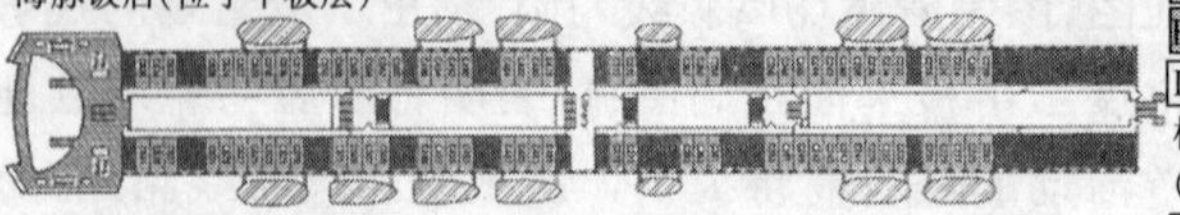

加勒比饭店

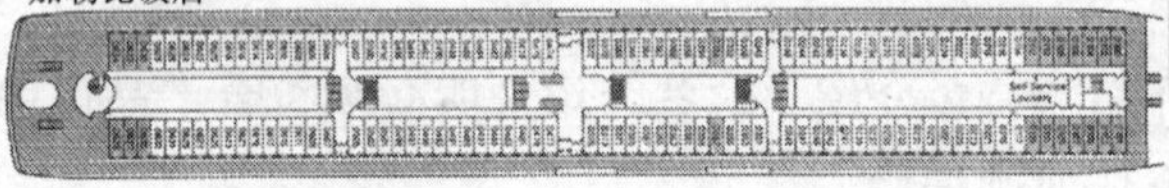

里维埃拉皇家饭店

大都会酒店

游轮上各饭店均为一级饭店——如未另外说明，均设有私人卫浴、彩电、冰箱、多频音乐系统、电话、单独控制的房内空调、标准床位（可变换为双人床）。

顶层套房，外带阳台

双人房、独立的起居室、"极可适意"按摩浴缸、观景窗

AA

豪华套房，外带阳台

双人房、独立的起居室、观景窗

A

小套房，外带阳台

独立的起居区域、观景窗

B C

标准房，外带阳台

观景窗

DD 阿洛哈饭店专用甲板A200－A221，A448－A481

D 阿洛哈饭店专用甲板A680－A715

标准房，外甲板

EE 比美饭店专用甲板

E 加勒比饭店专用甲板

F G

标准房，外甲板

（安全设施使观景受到部分限制）

HH 比美饭店专用甲板

H 加勒比饭店专用甲板

I

标准房，外甲板

（安全设施完全遮蔽外景）

JJ 比美饭店专用甲板

J 加勒比饭店专用甲板

K

在DD－K级的所有客房内，为使室内有更多的活动空间，在白天时会将其中一个标准床位折起。

3个床位的特等舱

●指定的特等舱设有3个床位，该床位在比美饭店设为上铺，而在阿洛哈与丽都饭店则为沙发床。

L 女厕

G 男厕

特等舱彩色钥匙牌

该彩色钥匙可区分出不同的船舱类别，并与游轮价目表上对应的船舱颜色相一致。由于钥匙牌的颜色与船舱类别相一致，因此可根据所持钥匙牌的颜色寻找相应的饭店或特等舱。

图5－4　英国铁行集团皇家公主号游轮布局图

资料来源：英国铁行集团游轮公司

	公寓式客房	南特市普拉亚俱乐部 不提供用餐				儿童房价	南特市普拉亚俱乐部 提供2餐				
	假日旅游代码	DDPTA					DDPSA				
	客房标准	4人的1居室公寓式客房					私人卫浴及阳台				
	天数	7 成人	10 成人	11 成人	14 成人	7/10/11/14 1儿童	7 成人	10 成人	11 成人	14 成人	7/10/11/14 1儿童
根据不同时段每人应付的住宿费基本价 单位£	4月8日~16日	—	—	—	—	—	324	—	—	364	198
	4月17日~30日	—	—	—	—		259	—	—	339	98
	5月1日~9日	209	224	227	229	59	304	379	389	419	59
	5月10日~17日	219	234	237	239		314	389	398	429	
	5月18日~24日	229	247	249	254	98	324	419	419	159	129
	5月25日~29日	289	289	294	298		379	439	449	469	
	5月30日~6月8日	239	279	284	289		334	389	409	449	
	6月9日~22日	249	289	304	309		344	414	429	479	
	6月23日~7月6日	289	334	337	339		389	484	494	559	
	7月7日~13日	314	365	369	375	139	409	519	539	594	159
	7月14日~20日	324	385	389	395		429	529	549	598	
	7月21日~8月7日	339	434	437	439	179	459	539	559	619	198
	8月8日~14日	339	434	437	429		459	529	554	614	
	8月15日~22日	339	424	427	419		449	514	539	594	
	8月23日~31日	339	389	389	398	129	429	479	498	534	159
	9月1日~13日	289	334	337	339		364	419	434	469	
	9月14日~25日	269	294	297	298	89	349	398	398	449	98
	9月26日~10月31日*	229	243	245	249		304	379	394	429	
	每人每晚的附加费	5月/10月 6月/9月 7月/8月 3人房 £1.49 £2.79 £4.59 2人房 £3.98 £6.98 £11.98				—	—				

*住宿7晚、10晚或11晚以及在10月17日~22日住宿的客人需另外缴纳40英镑。航班具体情况、代码以及附加费的具体说明详见第394~403页。保险条款详见第411页。请阅读第404~405页的寰宇旅游集团的消费者权益保护方案。

图5-5 典型的住宿日期价目表

资料来源：寰宇旅游集团

迎合追求时尚的青春族品味的旅游经营商才会竭尽全力使其设计新颖别致。其中最为前卫的设计当属俱乐部旅游公司制作的宣传册。由于俱乐部旅游公司使用了个性鲜明的黑白照片以及胶片拍摄的一系列连贯的主题照片而使其1994年的宣传册脱颖而出。宣传册中每页的内容,例如饭店图片、兴高采烈的游客照片、介绍说明性文字以及价目表都被叠印在双色度的重影背景图案上。

制作出的图案能够在整本宣传册中反复翻印的旅游公司并不多见。因此,奇幻旅行度假公司(即前环球旅游公司)使用卡通骆驼的形象并非仅为其假日旅游提高品位,而且也能使其宣传册形象生动、活泼有趣,令人喜闻乐见(请参阅图5-6)。

图5-6　奇幻旅行度假公司之骆驼照相

资料来源:奇幻旅行度假公司

(四)宣传册的封底

宣传册的封底与其封面一样,也应该介绍宣传册中所有假日旅游的较为重要的信息。其中可以包括:

1.预订步骤的详细说明;

2.包含在价格中的服务以及不包含在价格中的服务的说明;

3.所乘坐航班类型的资料;

4.为假日旅游费用之汇率确定时间的信息;

5.旅游经营商提供保险的条款细节与保险金额;

6.阐明客户的权利以及旅游经营商权利的《公平交易协议》说明。由于该说明实际上是旅游经营商与客人之间合同的细节内容,因此这一页的内容至关重要，而且其重要性因《欧共体包价旅游管理条例》中关于旅游经营商必须将合同的详细内容提供给客人的明文规定而愈加突出。预订方式与假日旅游信息的篇幅逐渐扩展为2页以上。尼尔森旅游公司与阳光世界为使其信息内容更加清晰而采取了为顾客答疑的方式来分段介绍其假日旅游情况。设计的问题包括“我参加假日旅游是否需要投保？”或“我的钱财是否安全？”等；

7. 预订表格；

8. 汽车租赁体系详细说明；

9. 有关签证与健康要求方面的信息。在环球旅游的宣传册中这部分信息尤其重要。

英国旅游代理商协会之《旅游经营商行为准则》详细地规定了宣传册应该说明有关预订的信息内容，并规定该项内容不得与预订表格在同一页，也不得印于预订表格的背面。除非旅游经营商另外为预订者准备了一份有关该部分内容的表格。换言之，客人手中必须保留一份合同。该行为准则规定这些信息的内容必须包括：

(1)押金支付与结算账目的到期日；

(2)预订确认；

(3)价格政策；

(4)客人变更已确认的预订将承担的责任；

(5)旅游经营商变更已确认的预订将承担的责任；

(6)客人取消已确认的预订将承担的责任；

(7)旅游经营商取消已确认的预订将承担的责任；

(8)处理投诉的程序；

(9)旅游经营商应该承担的义务；

(10)当前交通运输公司的交通条件。

1993年的《欧共体包价旅游管理条例》实际上再次将英国旅游代理商协会的行为准则指定为必须遵循的法定条文。

三、预订表格

尽管有些旅游经营商，例如航空旅游集团，废除了传统预订表格的使用，然而大多数旅游经营商仍然将预订表格印于宣传册的封底。为使宣传册可以再度使用并避免浪费，一些小型旅游经营商将预订表格做成活页。预订表格上必须注明公司的地址、电话以及英国旅游代理商协会的会员编号与英国航空运输经营执照编号。

在预订表格上通常需要填写以下信息：

● 3间客房内住客的姓名与身份以及截止到出发日前未满18岁者及年逾60岁者的具体年龄与出生日期；

●预订查询以及进行选择与确认预订的日期；

●所预订饮食安排的说明；

●特殊要求的详细说明（通常注明所提要求不能保证一定得到满足）；

●各种汽车租赁的详细说明：司机姓名、提车时间、汽车所隶属的公司名称、租用的期限与日期；

●保险情况说明。该说明中通常会有一条退保条款，根据该条款，除非游客另行说明，并且提供已经投保险种的详细内容，否则将认为游客同意加入旅游经营商提供的保险；

●所包含的押金数额、余额以及保险金额的说明；

●客人签名（未满18岁者由其父母或监护人签名），表明报名各项条件已经仔细阅读并同意。留出空格书写其他通信地址。

在预订表格的底端是一张需要由旅游代理商寄送的汇款单据，通常可剪裁。该单据上需要填写：

●预订查询编号；

●旅行社的英国旅游代理商协会会员编号；

●客户的出发日期；

●航班班次；

●旅游团领队的姓名（即报名表签字者的姓名）；

●汇款金额。

此外还留有空白之处，以便旅游代理商在汇款单背面上加盖含有旅游代理商名称与英国旅游代理商协会会员编号的公章。

由于许多游客都是通过视讯系统来预订并确认预订，旅游代理商通常会在加盖公章后保留这些预订表格存根。因此，客户仍然可以书面确认预订，其书面确认将与客户的其他详细资料一并保存，以备将来不时之需。

收费政策

英国旅游代理商协会的《旅游经营商行为准则》还要求旅游经营商必须在

寰宇旅游集团 1993 年夏季旅游预订表格

一旦您报名参加我公司的假日旅游，您所报名的当地旅游代理商将请您填写本预订表格，并支付适当数额的押金。您将在 2 周左右的时间内接到预订确认表(该确认将成为您的账户)。本次旅游需要缴纳费用的余额必须在出发日前 6 周内交讫。在出发日前 6 周内报名，则必须在报名时缴纳全额费用。因此您必须保证及时向旅游代理商交费，以便旅游代理商有充足的时间在规定期限内将交付款送达寰宇旅游集团。(请参阅寰宇旅游集团之消费者权益保护条例)

请用大写字母书写。请勿填写在空白处之外。　　第 2 版

预订查询	出发日	旅游或旅行代码	旅游代码的人数	住店天数	婴儿除外的人数	离境机场	饭店、公寓或旅游团名称

住宿类型(不提供用餐、仅提供早餐、提供 2 餐、提供 3 餐)

在所报名旅游代理商的非办公时间出现意外情况时，紧急联系电话为→

	客房类型	先生 女士 小姐 儿童	姓名首字母缩写	姓(注：预订表格签名人之姓氏必须列于首位)	年龄 截止到出发日前年龄未满 20 岁者填写
客房 1					
客房 2					
客房 3					

将由旅游代理商保留

1993 年

3月		4月
星期一	1 8 15 22 29	5 12 19 26
星期二	2 9 16 23 30	6 13 20 27
星期三	3 10 17 24 31	7 14 21 28
星期四	4 11 18 25	1 8 15 22 29
星期五	5 12 19 26	2 9 16 23 30
星期六	6 13 20 27	3 10 17 24
星期日	7 14 21 28	4 11 18 25

5月		6月 June
星期一	3 10 17 24 31	7 14 21 28
星期二	4 11 18 25	1 8 15 22 29
星期三	5 12 19 26	2 9 16 23 30
星期四	6 13 20 27	3 10 17 24
星期五	7 14 21 28	4 11 18 25
星期六	1 8 15 22 29	5 12 19 26
星期日	2 9 16 23 30	6 13 20 27

7月		8月 August
星期一	5 12 19 26	2 9 16 23 30
星期二	6 13 20 27	3 10 17 24 31
星期三	7 14 21 28	4 11 18 25
星期四	1 8 15 22 29	5 12 19 26
星期五	2 9 16 23 30	6 13 20 27
星期六	3 10 17 24 31	7 14 21 28
星期日	4 11 18 25	1 8 15 22 29

9月 mber		10月 October
星期一	6 13 20 27	4 11 18 25
星期二	7 14 21 28	5 12 19 26
星期三	1 8 15 22 29	6 13 20 27
星期四	2 9 16 23 30	7 14 21 28
星期五	3 10 17 24	1 8 15 22 29
星期六	4 11 18 25	2 9 16 23 30
星期日	5 12 19 26	3 10 17 24 31

特殊要求(不能保证一定得到满足，需视情况而定)

游轮假日旅游 确认预订时的游轮船舱类型	1 号船舱	2 号船舱

保险：当事人不加入寰宇旅游集团提供的保险，则删除。　是___

如果不选择删除“是”，则报名表上所有人员都将自动接纳本公司所提供的假日旅游保险。如果接受本公司的保险，那么在支付押金时即自动入保，保险费包括在旅游费用中。如果不加入寰宇旅游集团提供的保险，则必须填写下面已经为您办理保险业务的保险员姓名，并且所投保险应该与本公司提供的保险等值或超出其价值。

我的保险员姓名：

我代表以上各人保证：已阅读并接受寰宇旅游集团之消费者权益保护条例、假日旅游的相关信息和 1993 年夏季旅游宣传册中的其他信息，以及本《价格与航班指南》和本次假日旅游的所有最新价格信息情况。我授权旅游代理商代表我报名参加本次旅游，另附上支付给寰宇旅游公司的支票/邮局汇款，其价值为　£

其中押金标准为 £60/人(如果目的地是埃及和加勒比地区，则为 £75/人)，并委托寰宇旅游集团根据其要求来处理本预订表格。

签名：　　　　未满 18 岁者之父母或监护人的签名：

日期：

寰宇航空旅游集团　　寰宇巴士旅游有限公司

英国旅游代理商协会

第 23318 号(寰宇航空旅游公司)

第 24043 号(寰宇巴士旅游有限公司)

寰宇旅游集团现金支付凭单——《1993 年夏季旅游》——第 2 版

邮寄地址：寰宇航空旅游集团图拉玛大厦霍慕斯代尔大道 17 号布罗姆利市肯特郡 邮编 BR2 9LX

旅游代理商

预订表格由旅游代理商保留。如果需要个人汇款，请将支付款与本单据一同邮寄。

旅游代理商公章或客户地址

预订查询____________________

英国旅游代理商协会会员编号__________

邮寄金额____________________

领队姓名____________________

出发日期____________________

图 5-7　旅游经营商的标准预订表格

资料来源：寰宇旅游集团

宣传册中说明其收费政策。收费政策可以在宣传册中集中说明，也可以一分为二，分别在前、后进行表述。宣传册必须写清：

1.总体价格的计算方式，并简要说明所包含的服务。如果旅游经营商提供了多种价位以供游客选择，那么它必须清楚说明该次旅游活动的基本价格以及基本价格所包含的服务。所示价格必须包含增值税以及价格达到一定金额时必须缴纳的所有附加费用(国外旅游时当地收取的税金除外)。在基本价格旁，应该注明不同价格需要交纳不同金额的附加费用，以及自愿交纳附加费用的情况，或者可以在基本价格旁边标注出附加收费的详细说明在宣传册中的位置。自选性额外消费的情况说明，例如汽车租用费，可以印在宣传册中任何适宜的位置。

2.用于计算价格及相关汇率的基准日，其汇率为该日刊登在《财经时报》上《世界流通货币指南》中的汇率。

3.如果旅游经营商需要收取附加费用，则必须在基本价格旁边进行说明，并注明更为详细的说明在宣传册中的位置。

四、正文

宣传册正文部分的目的是以迎合潜在顾客兴趣的方式来推出旅游经营商的产品。由于旅游产品不同，假日旅游中需要重点宣传的方面也不同。例如，夏季旅游的宣传册往往重点强调无拘无束、风味美食、拓展友谊(与归属感)、休闲放松、心满意足以及超值购物的特色。相反，陆路旅游的宣传册(众多长线旅游的宣传册在较小程度上)强调的是异域风情、探险特色、偏僻遥远、目的地的不同凡响，有时甚至仅仅强调旅途的艰险。

大多数旅游宣传册都过分追求华丽的辞藻、优美的描述、夸张的表达。因此，人们戏谑地称之为促销宣传册，意即原本并非格外舒适或十分惬意，却往往被夸大其词地描绘成人间极品：天空总是碧空万里，如宝石般湛蓝；海水总是晶莹透明，水晶般清澈；沙地非白即黄，而沙滩边上往往有排排的棕榈树掩映成趣。当地人总是笑意盎然、热情好客；当地的风景总是优美秀丽、令人叹为观止；食品总是令人垂涎欲滴，而建筑总是彰显着异域格调，美轮美奂。按照宣传册的描述，即使村中最后一位渔民早已在若干年前就收起渔网不再靠打鱼为生，该村落仍然会被称之为渔村。对于那些按照商品说明准则去描述就难免会暴露其不足之处的情况，宣传册往往会对此只字不提。因此，几乎没有宣传册会去详细描述目的地的贫穷与肮脏,即使宣传册中介绍的旅游目的地是贫穷与肮脏随处可见的发展中国家也不例外。

经过宣传册这样的润饰描述,不同地域之间的差别被抹杀了。下面几则介绍性文字是从近期的一些宣传册中随机选取的,其描述的旅游度假胜地分别位于土耳其、希腊和冈比亚。这些国家的风土人情、人文地理有天壤之别。然而从下面的描述中很难区分出这些不同的国家。

……当地较长的日照时间是享受日晒的理想之选,此外,其棕榈树点缀的海滩、热情友好的当地人也令人乐不思蜀。

优美迷人的小镇,丰富的夜生活令人流连忘返。日照时间长,风光旖旎。

……偏僻的海湾、美丽的海滩,是宁静祥和与激情活跃的完美组合。当地人热情友善、殷勤好客。

迷人的渔村,无忧无虑的休闲氛围,是享受日晒的理想场所。

……当地人的热情友善、殷勤好客实为人所罕见,周围的环境清新自然,毫无人工斧凿之痕迹,令人无忧无虑、神清气爽。

……临海把盏、碧浪美景,艳阳高照、日月同辉。入夜,可尽情享受激情豪放的夜生活……

有些旅游公司试图避免在宣传册中使用绚丽的辞藻来哗众取宠,例如任逍遥旅游公司聘用了专业旅游作家为其撰写介绍性的文字。一些长线陆路旅游公司则尽量真实地描述其旅游目的地。事实上,朱尔斯·凡尔纳旅游公司率先推出了一种新型宣传册,该宣传册摆脱了标准宣传册的框框,而更接近于杂志,书中包含了介绍当地风土人情的文章(请参阅图 5-8)。另外一种做法是在宣传册中加入知名作家或历史上的著名旅行家对旅游目的地所作的描述性散文作品。一家山地旅游公司——峙岳旅游公司即采取了这种做法。他们在宣传册中直接援引了现代探险家罗宾·汉布里-泰尼生(Robin Hanbury-Tenison)与17世纪旅行家里查德·布思比(Richard Boothby)的作品。然而,宣传册实质上仍然是一种销售工具,因此,即使是那些意欲真实反映旅游目的地原貌的公司也难免会重点强调目的地的正面因素以及那些有可能迎合潜在客源需求的特色。

宣传册正文的主要部分还有另外一个特点,即不论推出何种旅游计划,频繁使用"您"、"我们"和"我们的"来强调游客及其需要的中心作用以及宾至如归的感受,甚至是境外旅游也不例外。通常表述文字中不使用完整句子以便突出客户将从其假日旅游的特色活动中获得的优惠,例如从饭店服务中享受

凡尔纳科幻探险旅游公司

对于想领略土耳其田园诗般质朴、天然、无忧无虑的海岸线风光的人来说，乘坐马尔代夫图拉号游船是一次绝佳的机会。欢快而舒适的马尔代夫图拉号是一般巨型私人游艇，可容纳40名乘客。航程起自安塔利亚，沿迷人的利西亚原始海岸线参观各著名古迹以及一些人迹稀少、具有浪漫传奇色彩的地方。乘船旅行使我们有机会参观最偏远、最富魅力的海港。游船缓缓而行，沿途可以欣赏卡什东部半凹陷建筑构成的独特风景。

本次旅游活动的主题是自然、古迹、休闲。然而在魅力无穷的伊斯坦布尔度过的3天却紧张忙碌、引人入胜。参观的景点包括从建筑精美的圣索菲亚大教堂到恢弘雄伟的托卡比皇宫等一系列得天独厚、无与伦比的景点。

马尔代夫图拉号游船

该船于1984年建造，土耳其船籍，在伊斯坦布尔注册，是土耳其唯一一条在爱琴海上航行的注册游船。该船的载重量为394.65吨，船上装有最现代、最精密的航海设备与安全设施，可容纳40名乘客。马尔代夫图拉号是较小型聚会的理想之选，可以为假日旅游增添上别墅聚会的愉快氛围。船上26名船员及其经验丰富的资深船长不仅为您提供了友善与卓越的一流服务，并为您准备了精美佳肴。船上装有整体空调，所有客房均配有私人卫浴设施，标准床位均为下铺。

但是该船并非豪华游轮——不必为晚餐准备正式场合的着装，也没有人们事先一直担心的剑拔弩张的争执喧哗。我们保证船上绝无任何形式的违法活动。我们的宗旨是为您观光历史古迹、观赏自然美景的休闲旅游提供舒适的环境。

日程安排

第1日 伦敦/伊斯坦布尔：下午从伦敦希斯罗机场出发，乘坐土耳其航空公司的航班飞往伊斯坦布尔。入住位于老城素檀何密清真寺区的一家特色饭店——帕什饭店。该饭店建筑原为18世纪晚期宫廷御医长的府邸，曾经得到了很好的修复，至今仍保存着许多当时的特色。该饭店有37间客房、1家餐厅、1家吧厅以及1座带围墙的花园。在此住宿3晚。

第2日 伊斯坦布尔：上午自由活动，下午城市观光，包括伊斯坦布尔的主要景点，例如圣索菲亚大教堂、蓝色清真寺和跑马场。

第3日 伊斯坦布尔：全天自由活动——休闲日，可自由逛街、购物，汇入大街与市场熙攘、繁忙的人海之中，还可以参观恢弘雄伟的托卡比皇宫博物馆，该博物馆就是前奥斯曼帝国最高统治者神话般的宫殿。

第4日 伊斯坦布尔/安塔利亚：早餐后赴伊斯坦布尔机场，乘坐飞机前往位于土耳其南海岸的安塔利亚。抵达并登乘马尔代夫图拉号游船，该游船于当晚起航。

第5日 米拉/凯科夫岛：早晨抵达后乘车前往米拉。古罗马剧院在米拉保存尚佳。游船于午餐时间开往凯科夫岛，从汽艇上观赏其城堡与陷落的城池。晚餐时返回马尔代夫图拉号之前可尽情畅游。傍晚时起航前往卡尔坎。

第6日 卡尔坎/盖米利岛/费特希耶：乘车前往位于托罗斯山脉脚下、环绕月牙湾的美丽渔村卡什。海港上排列的渔船色彩鲜艳明快，狭窄的街道与海港相接。在街上随处可见传统的白墙平顶房，屋顶为赤陶土所制，阳台饰有精雕细琢的浮雕，木制阳台上摆满了鲜艳的九重葛和不少大花盆的八仙花。卡什建在利西亚安迪菲勒斯的原址上，其古希腊剧院依然保存完好。返回马尔代夫图拉号用午餐，游船驶往无忧无虑、风光旖旎的盖米利岛——游泳与休闲的天然佳境。黄昏时分返回游船，驶往费特希耶。

第7日 费特希耶（铁鲁梅索斯）：参观神奇的利西亚石墓和“死海”（野餐式午餐）。中午返回游船，游览费特希耶港湾的迷人风光。

第8日 大连/马尔马里斯：海滨游览——乘坐汽艇去考纳斯并参观这座古镇的遗址。中午返回马尔代夫图拉号用餐，游船驶往马尔马里斯旅游胜地。海滨游览——乘坐汽艇去参观托伦秋、库姆路布尤克地区、磷洞与水族馆。午夜起航。

第9日 达特恰/库尼多斯/博德鲁姆：抵达达特恰。上午自由活动，午餐时游船驶往库尼多斯，到达后自由活动，随意游览。库尼多斯建于公元前1000年，其寺庙与希腊女神阿芙罗狄蒂的雕像驰名世界。傍晚时返回游船，驶往博德鲁姆。

第10日 博德鲁姆：博德鲁姆是一个绚丽多彩、充满生机的旅游胜地。上午游览圣彼得堡、摩索罗斯王陵墓和海洋馆。下午在博德鲁姆自由活动，午夜起航。

第11日 库沙达瑟：登岸后乘车前往附近的以佛索，并参观其主要景区。返回库沙达瑟，在舒适豪华的饭店住宿4晚。

第12－14日 库沙达瑟：自由活动。

第15日 依兹密尔/伦敦：上午乘车前往依兹密尔，并于依兹密尔机场乘坐土耳其航空公司的航班飞往伦敦希斯罗机场，途经伊斯坦布尔。

出发时间与价格
1994年每星期四
标准间客舱房价/人
4月 14、21、28日
5月 5、12、19、26日
6月 2、9、16、23、30日
7月 7、14、21、28日
8月 4、11、18、25日
9月 1、8、15、22、29日
10月 6日
下舱（里侧）£899.00
主舱（外侧）£985.00
上舱（外侧）£1 085.00
按要求支付单人客舱附加费。

总价中包含的费用有：往返机票、交通、住宿、船上所有膳食、库沙达瑟/安塔利亚的2餐饮食、伊斯坦布尔的早餐、海滨游览、地陪的服务费。不包含的费用有：旅游保险、机场建设费、5英镑的签证费、船员的小费。所列价格会因实际情况的变化而稍有出入。

注意：根据日程安排，游船每周轮流驶往库沙达瑟与安塔利亚，因此如果前一周在库沙达瑟住宿4晚，则后一周将在安塔利亚住宿。

5星级住宿条件

如果希望将住宿条件升等为5星级（即伊斯坦布尔的华美达大酒店，安塔利亚的福来兹大酒店和库沙达瑟的泛塔西雅大酒店，其中库沙达瑟及其饭店需视航线不同而有变化），则每人需支付的附加费用为标准间£135.00（单人房附加费为£65.00）。

报名方式

报名请致电 071－723 5066 凡尔纳科幻探险旅游公司，选择您恰当的出行日期。本公司工作日的办公时间为上午9点至下午5点半，周末只接受电话报名，办公时间为上午9点至下午5点。

凡尔纳科幻探险旅游公司

多塞特广场21号，邮编：NW1 6QG
ABTA 68215 ATOL 883B

主图：博德鲁姆港（艾丽森·玛斯卡的水彩画作品）
左图：安塔利亚尤利米那雷利清真寺
右图：马尔代夫图拉号游船

图 5－8　凡尔纳科幻探险旅游公司宣传册的一页

资料来源：凡尔纳科幻探险旅游公司

到的优惠。下面几个例子随机地取自1993年和1994年的分类广告宣传册:

在当地人以最热情、最殷勤的方式欢迎您而使您受宠若惊时,您就会了解奥地利词语“gemutlichkeit(和蔼可亲)”的真正含义。

提供各种活动……因此,如果您希望在旅游逗留期间过得充实,您会如愿以偿……您可以打网球,还可以打壁球……

我们的拉贾斯坦邦之旅以陆路旅游为主,可以欣赏到沿途众多的精彩景致……因此,可以灵活地改变计划并调整出充分的时间去欣赏这片神奇而古老土地上的各种奇观。

距离海滩仅700米,距离热闹喧嚣、繁荣发达的市中心仅1公里之遥……不论您选择哪家饭店,2家饭店内凡属于俱乐部的服务设施都可供您使用……灯红酒绿、博彩嬉戏、杂耍表演……或者还可以在游泳池边的晒台上晒黑皮肤。

(一)摄影图片

摄影图片在销售工作中也起着至关重要的作用。由于摄影图片能够产生更直接的效果,因此,很多人认为它发挥的作用远胜于文字说明。正如宣传册正文对目的地进行描述时选择其尽可能的最佳状态一样,摄影图片上的选景也采用了同样的做法。宣传册中选用阴天拍摄的饭店照片的情况实属罕见,甚至是在晴天很少的希腊也会选用阳光明媚的图片。

为“问题”饭店选择最佳拍摄角度有两种方式。如果饭店四周高楼林立或者饭店毗邻公路主路,那么使用特写照片往往会掩盖这些令人不满意的地方。相反,如果饭店占地面积大,四周没有其他建筑物的干扰,则可以采用高空摄影来突出这一特色。

毋庸置疑,宣传册所选用的一切照片当然都必须是高质量的原版作品。许多公司为了突出照片的效果,可能会更愿意展示其最佳住宿条件,甚至当其住宿容量受到限制时也不例外。然而,如果它导致饭店最终不得不拒绝大量顾客的住店预订,则会采取产生相反效果的策略。

夏季旅游与冬季旅游宣传册中的大多数照片都是以饭店为拍摄对象。然而,也会有一些图片用来显示当地特色。远程旅游的宣传册更有可能选取实际目的地的展示图片,而住宿环境的图片通常难得一见,因为旅游公司确信,游客对其旅游目的地风土人情、自然景观的兴趣要远远胜于他们对所住宿饭店的兴趣。几乎所有类型的宣传册都会展示以前的游客快乐、开心、尽情享受的图片，以便激发潜在游客发挥想象。因此，选用的图片显然必须清楚地表明旅游产品所针对的游客类型。例如，在夏季旅游宣传册中以家庭为目标市场，加勒比旅游宣传册则瞄准情侣，游轮或巴士旅行适合老年人、陆路旅游适合青少年，而俱乐部的宣传册则瞄准年轻一族。（同样，这一目的也可以在宣传册正文中得以实现，例如，喜马拉雅王国旅游公司因其旅游团的长途探险旅行十分艰辛，而对旅游团成员的年龄与性别要求作了明确表述。）

尽管照片确实能够真实地再现事物的原貌，但是旅游评论家仍然对宣传册图片中表现当地人的手法颇有微词。因为当地人在照片中毫无例外地展示出卑躬屈膝的表现（热切地等候着游客，并驱车陪同其观光等），或者只被当作异域景色的一部分。在有些宣传册中当地人与当地的动植物同侧，并与动植物无异。毫无疑问这是由于选择远程旅游目的地的游客通常要寻找“另类”，并醉心于旅游目的地国中有别于自己国家的那些方面。然而，由于只表现旅游目的地国的异域格调，就难免会因为忽略了其他现象而具有欺骗性。例如，前往印度的一些游客会对其贫穷感到震惊，因为贫穷在宣传册中只是一笔带过，根本不会有图片展示——图片通常拍摄的是泰姬陵、头裹穆斯林头巾的拉贾斯坦部落成员（以便彰显异域风情）以及孟加拉虎。相反，当大多数宣传册将镜头对准吉隆坡车站那神话般的建筑时，几乎都没有表明，马来西亚作为迅速实现现代化的远东国家，其首都吉隆坡实际上是一个迅速实现了现代化的城市。

因此，有人会认为大多数宣传册都使用目的地的过期图片，正如他们的介绍性文章也已经过时一样。实际上，浏览过大量远程旅游目的地宣传册之后，不难发现这些照片都是从同一家图片社租用的同一组图片而进行反复复制的。

（二）广告

到 1993 年，一些旅游经营商都在利用宣传册空余的地方（例如封底）来做广告。有时他们只是为其旅游计划的其他部分进行宣传。然而，1993 年航空旅游集团滑雪旅游的宣传册在最后部分用了 3 页的篇幅为滑雪服、滑雪设备与录像带做广告。更令人吃惊的是，寰宇旅游集团 1993 年夏季旅游宣传册在封底所做的广告有悖常理——竟然是伊拔图公司（Ibatur）宣传自己为使巴利阿里群岛保持“被保护的群岛”这一称号所采取的各种措施。

五、宣传册的法律义务

除提供已经讨论的所有信息外，旅游经营商制作宣传册还必须符合一定的法律要求，尤其要符合《商品说明法》、《不合理合同条款法案》以及《欧共体包价旅游管理条例》(请参阅第十章)的各项条款。

根据《商品说明法》，“粗心大意”地出版有悖事实的文字属于违法行为。然而，由于旅游经营商印制宣传册必须远远早于其推出假日旅游的实际时间，因此宣传册几乎难免会带有几分不真实的因素。如果旅游经营商能够证明自己对于旅游产品的描述已经格外谨慎并力求真实，那么他们就可以避免违反该项法律。帝王旅游公司对其宣传册中描述进行的说明即采取了这一做法：

本宣传册对旅游胜地、饭店、公寓等的描述均经过我公司员工的检查以及反复核实，保证各项描述均准确无误后才编辑出版。然而，在某些场合下……尤其是旅游淡季……饭店业主以及旅游胜地各项服务设施的经营者等有关人员可能会决定撤出一部分设施的使用。而其他一些设施也有可能因为各种原因而暂时无法使用，例如游泳池需要清洁、迪斯科舞厅需要装修等。此外，我公司在出版宣传册后，饭店业主也可能会决定将其供餐方式改为自助式，或者将自助式又改回点菜式。同样，空调或温水游泳池以及饭店介绍所提及的其他一切设施，均可能由于饭店业主的临时决定而只能在一年的特定时候开放。遗憾的是，这些情况都超出了我公司的控制范围。然而，一旦我公司了解了这些变化，就会在您报名时通知您，如果您已经报名，在时间允许的情况下，我公司会在您出发前与您联系。

公共假日和宗教节日也可能会影响到旅游胜地的设施与饭店设施的使用。相关的国家旅游局可以提供这些节假日的具体介绍以及您所选择假日旅游目的地的更为详细的信息。

(资料来源：首选旅游集团)

六、宣传册的道德义务

20 世纪 80 年代末期，人们开始关注宣传册介绍假日旅游目的地的方式，其部分原因在于长线包价旅游产品的数量与日俱增。只要欧洲人旅游不超出欧洲的范围,旅游目的地国与他们自己的国家通常会大同小异。除南斯拉夫之外,欧洲大多数受欢迎的旅游度假胜地自 1945 年以来,政治都相对稳定。一旦国内出现了重大变故(例如,1967 年希腊上校发动的政变、1975 年西班牙统治者——佛朗哥元帅的去世),这些变故就会立即被宣扬得满城风雨、人人皆知。1993 年潜在的旅游者群体都清楚地了解,去南斯拉夫旅游已不再可能。然而,如果旅游超出了欧洲范围,情况就会完全不同。首先,游客去旅游的目的地国可能有着与自己的国家截然不同的文化背景(如摩洛哥和印度)、或者自己国家的生活标准与旅游目的地国居民的生活标准有着天壤之别(如肯尼亚、冈比亚和印度)或者旅游目的地国的政治相当不稳定(如斯里兰卡和南非)。由于这些国家十分遥远,大多数报纸都不愿意为其浪费纸墨,即使涉及有关这些国家的报道,也只能在报纸的夹缝里见到。因此,大多数游客对他们要去旅游的一些国家知之甚少。最后终于导致了事态的激化——1992 年埃及的伊斯兰教原教旨主义者对着一辆旅游大巴射击,使一位英国女游客不幸中弹身亡。而此前,这些教徒早已宣布将会袭击外国旅游者。即使在虽然相距遥远、但与英国文化背景极为类似的国家中,如果不提高警惕,也会遇见各种危险。如果该国存在着一无所有的下层阶级,则情况尤其如此,因为这些下层阶级会把外国游客当作活动的提款机。1993 年几名游客在新奥尔良、华盛顿和迈阿密遭枪击身亡,使得美国和那些有着浓郁异域氛围的国家一同被列入危险的旅游目的地国的名单。

对于究竟应该由谁来负责提醒度假游客警惕境外旅游目的地的潜在危险,众说纷纭,莫衷一是。有人认为外交部应该担负起提醒游客的责任,也有人认为游客自己应该询问清楚自己将去的旅游的目的地可能会出现的各种情况,而更多的人则认为这是旅游经营商的责任。然而,毋庸置疑的是,旅游经营商有责任确保在推销旅游目的地的过程中没有在其宣传册中误导读者(请参阅图 5-9)。

然而,即使旅游经营商在介绍假日旅游目的地时做到了严格把关、杜绝一切不实的描述,也仍然会存在问题,因为宣传册的出版比所宣传假日旅游的实际时间要提前几个月。国家政变等情况均属于突发事件,无法预料,因此,旅游代理商通常应该担负起将各种情况通知给公众的责任。例如,1992 年泰国策划了一起未遂政变。由于泰国通常被认为是相对安全、相对稳定的远东旅游目的地国,因而旅游经营商无法预料到这类事件的发生。而另一方面,由于这些事件的解决通常比较迅速,因此,旅游经营商也没有必要在后面的宣传册中提到。然而旅游代理商或许应该在事件过后几个月，而最终结局尚未明朗化时，提醒潜在游客对这类事件的关注。

蒙巴萨

英国国际直拨长途电话代码：010 254 11

概述：位于印度洋上的蒙巴萨市在重要性与领土面积上仅次于内罗毕。长期以来，它一直是与东方国家进行贸易往来的主要商埠。与东方国家的贸易联系使该城市具有中东的格调和阿拉伯式的古城风韵。此外，还可以看见停泊在其港口的传统阿拉伯帆船和独桅帆船。该市所在的岛屿通过堤道与海岸相连，向南延伸至利客尼(Likoni)渡口。旅游饭店位于该市的南北两侧，向南北两侧各绵延20英里，其间被无限延伸的深远而平坦的海滩所分隔。

大多数饭店彼此间的距离都较远，而且每家饭店周围都比较空旷。该市最繁华的旅游景区当属北海岸的班布伊(BAMBURI)与南海岸的迪亚尼(DIANI)。这两个景区内建有各种商店、银行、旅行社、餐厅、酒吧，甚至还会有一两家迪斯科舞厅。一般情况下，饭店各项服务设施一应俱全，可以满足游客的一切需要，从而避免了游客四处奔波之苦。晚上外出尤其应该避免步行，乘坐出租汽车方为上策。游客们普遍反感的是海滩小贩的苦苦纠缠、穷追不舍，因此，实际上几乎没有游客愿意躺在户外的沙滩上，他们宁可光顾饭店的游泳池。然而，迪亚尼海滩的日光浴却另当别论。尽管饭店的主要客源是来自欧洲的包价旅游团，蒙巴萨和内罗毕的名门望族在周末也会频频光顾饭店。

住宿：饭店的房价存在着季节性的差别。冬季的12月～来年3月是蒙巴萨传统的旅游旺季，圣诞节期间会增收附加费。夏季在过去通常为淡季，但是近些年来7、8月份的游客人数因为来自欧洲的包机旅游而一直出现上升的趋势。饭店的房价通常包括税金、政府的培训费以及10%的服务费。

娱乐与消遣：陆地运动主要局限于饭店所提供的运动类型——很多饭店都有网球场与壁球场，位于蒙巴萨以北几英里处的尼亚利(Nyali)地区还有高尔夫球场，感兴趣的游客可以与其联系；水上运动——几乎所有的饭店及其分店都提供各种各样的水上运动。在向海中延伸半英里至一英里的整个海滨遍布着近海珊瑚礁。饭店通常会有自己指定的海上公园以及为数众多的潜水乐园，此外还会提供海滩沿岸的深海捕鱼活动。所有的海滩都是多沙而宽阔，在落潮时则会显得格外辽阔，但是往往会有遍地的海草(在雨季尤其如此)。有些饭店会定期清除这些海草，然而并非所有的饭店都会这样做。海面有时会波涛汹涌、黑浪翻滚。为避免珊瑚礁伤脚，游泳或在海边漫步时最好穿上鞋。

公共交通：出租车是常用的交通工具，但是在乘坐前要先议定价格，因为它们通常价格不菲。虽然游客可以自己驾驶租来的汽车，但其费用较高，而且当地路面状况不佳。因此，对于不打算过多观光的游客来说，最好选择出租车或集体组织的游览专车。想要租车的游客必须具备英国驾照，左侧驾驶，并且年满23周岁。许多饭店都提供进城班车。去往内罗毕可乘坐火车或汽车(乘坐汽车需要7小时)。利客尼渡口连接着蒙巴萨及其南部海岸，是交通要道，所以排长队的现象屡见不鲜。

图5-9 高度客观性…《长线旅游目的地辞典》之蒙巴萨的说明

当地的游览：团队旅游在各饭店报名。蒙巴萨城市观光半日游——乘坐巴士，参观老城区、海港和集市，偶尔还有机会乘坐独桅帆船；丛林观光半日游——乘坐巴士，参观内陆村落的民间舞蹈与手工艺品展览，有时还会参观水族馆与蛇场；辛巴山(Shimba Hills)半日游——乘坐巴士到达距离蒙巴萨最近的禁猎区，位于蒙巴萨南部内陆，可以欣赏美丽迷人的海岸风光与野生动物，如大象与野牛；独桅帆船一日游——从蒙巴萨南北各处出发，通常沿海岸航行，在船上或近海岛屿上用午餐；沃西尼岛(Wasini)一日游——野餐式午餐，在远离南海岸的岛屿上潜水(佩带通气管)；马林迪与杰迪遗迹一日游——乘坐巴士前往位于蒙巴萨以北75英里的马林迪，之后乘坐玻璃船底的小舟游赏国家海洋公园的珊瑚礁(注意：小舟的质量并非上乘)。途经14世纪的杰迪古城遗迹时逗留，通常会去观赏部落舞蹈团的表演；拉穆岛一日游——先乘坐飞机，再乘坐小艇，前往斯瓦希里人的拉穆城，参观拉穆博物馆，海滨观光。如果愿意，可以在拉穆城停留数日，那里的水上运动首屈一指；东察沃国家公园游——在早晨的较早时间启程，从蒙巴萨乘坐巴士或是吉普车向内罗毕的方向行驶60英里便到达该游乐园。可以观赏到大量的野生动物，其中包括长颈鹿、犀牛、瞪羚、大象，晚上可以欣赏夜景。当晚在景区内的旅馆住宿。如果想去更远的背靠乞力马扎罗山的安博塞利国家公园游览，还可以安排更长时间的住宿，或者先乘坐飞机到达内罗毕，之后乘坐汽车到达马萨伊马拉。为使游客体验狩猎生活，一些旅游经营商推出了安波塞里一日游活动，乘坐飞机往返，不需住宿。

(图5-9续)

资料来源：《旅游代理商长线旅游目的地手册》，里德旅游集团1994年

有些人对游客到遥远国家旅游的安全问题有顾虑，另外一些人则会更关心旅游接待国的当地民情。由于不明智的旅游开发与游客不恰当的行为会给旅游目的地国的居民带来损害性的负面影响(请参阅第十一章)，所以有人认为旅游经营商应该负责为其游客提供充足的信息，以便游客到达旅游目的地国时清楚地了解他们可以去哪些地方、可以做哪些事情。旅游经营商备受谴责的做法是过分强调发展中国家居民的异域情调，而掩盖了这些国家生活状况的悲惨现实。在1992年题为《旅游营销——图片的力量》的一次会议上，赫特福德大学的蒂娜·布莱恩特对大量不同类型的长线旅游宣传册进行了剪辑整理。从这些剪辑中可以看出，肯尼亚不同部落的人均不分青红皂白地被称为马萨伊人，这大概是因为马萨伊人是肯尼亚最知名的部落的原因。人们普遍认为，游客很难在旅游目的地国作出明智的判断，因为了解真相的人为游客提供的所谓“真实情况”总是以假乱真地取代了真实的实际情况，仿佛实际情况不过是偶然出现的意外。

在宣传册中使用当地妇女的肖像会引来更猛烈的抨击。尽管大多数英国的旅游经营商与其远东的同行相比都会更低调地处理性旅游这一问题，然而

1989年红翼旅游公司为其泰国假日旅游推出的《圣曼最佳旅游目的地》宣传册，却因其描述——"当你看见酒吧里的姑娘穿着故意撕烂的短裤，带着一条活蛇极具挑逗性地翩翩起舞时，不要误以为她是妓女，其实她不过是想让成年人大跌眼镜的小姑娘在搞恶作剧"——而导致了一场轰动一时的丑闻。因为当时一些机构已经在为曼谷与芭提亚日益增长的未成年人卖淫问题忧心忡忡，随之而来的便是铺天盖地的非议，这使红翼旅游公司不得不重印了10万本宣传册。甚至一时之间似乎在整个泰国境内都无其容身之处。当时持有红翼旅游公司50%股份的英国航空公司，也因此而蒙羞。

旅游经营商可能会不无道理地抱怨说，为提供更多的信息，宣传册就难免会越来越大，从而使宣传册的制作成本变得越来越高。专项旅游经营商显然更易于在其宣传册里如实反映目的地的情况。考克斯 & 金斯旅游公司自从1958年以来，一直在计划推出印度之旅。随意翻阅就可以发现，在对印度次大陆进行图文介绍方面，该公司的宣传册与其他公司的宣传册如出一辙。然而阅读该公司宣传册封底的小字部分就会发现，贫穷、乞讨与低效的问题（请参阅图5-10）在书中或多或少有所交代。有些陆路旅游公司为了避免宣传册中出现过多的空白，将更多的信息刊印在单页的"旅行线路说明"上，而这些资料只有在客人预订时才会提供给他们（请参阅图5-11）。有时，想预订的客人也会要求为他们提前送来3份线路说明以供选择。

印度次大陆旅行建议

考克斯 & 金斯旅游公司认为，度假愉快并非全凭运气而要靠明智的判断。因此，我们准备了下列旅行建议来帮助您了解本次印度次大陆旅行的大致特点，并为您准备假日旅游提供参考。我们万无一失的经验表明，在印度旅游，小问题会时有发生。虽然我们的工作人员总会在现场及时处理这些问题，然而我们仍然建议您在印度次大陆旅行时尽量保持耐心和宽容。

●货币

为了安全起见，我们建议您除随身携带的零钱外，大额钱款要使用英镑账户支付的旅行支票。各大饭店和银行均可轻松兑换英国货币。请注意，由于将卢比换回英镑时需要货币兑换凭证，所以请您务必保留好这一凭证。携带印度卢比出入境属于违法行为，故在离境前无法兑换卢比，而在回国时则必须将其换成国际通用货币。

大多数饭店、餐厅及大商场均接受国际通用的信用卡，例如美国运通卡、大来卡、维萨卡以及万事达卡。

●机场建设费

本次旅行的费用不包含机场建设费，因此您必须支付当地的机场建设费。您到达印度时，旅游经理或导游会告知您当天建设费的价格。

图5-10　考克斯 & 金斯旅游公司向游客介绍印度旅行的文化冲击

●住宿——见饭店指南

●饮食

各大城市饭店均提供印度与东方国家的饮食以及西餐。在较偏远的地区或较小型的饭店、旅馆里,饮食供应非常单一,以印度菜系为主。建议在这些地区选择素食以避免引发肠胃不适。由于各饭店都清楚欧洲人对印度饮食的不适应,因此在食品卫生方面都十分注意。游客虽然可能会生病,但通常都是由于饮食的变化或食物的消化引起的小毛病。

●购物

在印度可以买到许多精美的手工艺品,但是我们特别强调要采取下列防范措施。记住检查您想要购买物品的进口税的征收标准。在德里、孟买以及一些小城市的国营商场可以购买到各种各样的印度手工艺品。这些国营商场里的商品价格稳定、质量上乘。此外,每个城市都有集市,然而在集市中购物要懂得杀价——这是做生意的诀窍。请留心"真品"或贵重物品是否为赝品。此外请注意,对于您所购买物品出现的问题,我公司概不负责。如果您回国后对所购物品不满意,或者出现送货延迟的情况,我公司无权代表您的利益进行交涉。

●穷人/乞丐

不可否认,印度次大陆确实存在着相当贫穷的地区。我们会尽量避免去这些地区,但是为参观某些庙宇与历史遗址,一些令西方人感到震惊的穷困景象可能会无法避免。印度确实存在大量乞丐,部分原因是由于许多印度人出于宗教信仰要送给乞丐钱财或施舍。在饭店或旅游景点附近的乞丐通常为职业乞丐,所以请记住并非所有的乞丐都是真正的乞丐。请注意,在印度,贫穷现象与乞丐随处可见,我们建议您不要给任何乞丐以施舍。如果有人赠送您小礼物,随后又要求您为此付费,请毫不犹豫地将礼物退还。如果您确实想帮助印度人,请与知名的慈善团体联系。

●汽车旅行

大多数汽车均为印度制造。这些车虽然式样陈旧,但是完全适合印度的路况而令人感到舒服。客运巴士也以印度制造为主,虽然不是欧洲规格,但却舒适,并且质量达到了较高的水准。在印度南方没有空调车,因为南方对空调车的征税较高,因此请注意,在印度北方旅行时,我公司为游客提供空调巴士,而在印度南方旅行则无法做到这一点。

●火车旅行

在大多数情况下,印度的火车都比较简陋,但是都比较舒服,我公司将尽可能预订头等车厢或空调车厢,但是无法保证每次都能预订成功,而且并非所有线路上都有此种车厢。如果您想了解您所乘坐车次的设备情况,请与我公司的旅游顾问联系,他们会为您提供相应的建议。

●飞机旅行

在印度旅行乘坐的飞机通常都属于国内大型航空公司——印度航空公司。该航空公司的飞机主要为波音737及大型客机。该航空公司因其不准时而出名,而在某些情况下它的确名副其实。飞机上提供的饮食比较简单,一般包含三明治、印度小食品以及茶或咖啡。性急的游客往往会对印度航空公司极不满意,而解决的良方就是耐心与幽默感。

印度与欧洲国家大相径庭,其不可预见性及其处理日常生活的不同方式正是其魅力所在。印度次大陆无法尽如人意,但这一直就是人们所知道的印度。

(图5-10续)

资料来源:考克斯 & 金斯旅游公司

探索旅游公司

小规模探险型假日旅游，会更多地欣赏到埃及

游览尼罗河谷与寻宝

1992年10月出版。有效期：自1993年1月1日～1993年12月31日

从伦敦启程，赴境外旅游

15日（14晚）游，其中包括伦敦—开罗—伦敦的往返班机

星期一　从伦敦希思罗机场起飞，开始在开罗的旅游（日程安排第1日）。入住饭店。

星期一　从开罗返回（日程安排第15日），并于当天到达伦敦希思罗机场。

开始境外旅游

15日（14晚）单线旅游

开罗至开罗

星期一　开罗游开始（第1日）

星期一　开罗游结束（第15日）

预订了单线旅游的顾客必须自己前往开罗游的集合地点。请向领队索取单页的“参加说明”，从中找到饭店的名称与地址以及集合时间。

尼罗河谷的著名古迹可以追溯到文明的起源，是世界上最古老、最非凡的遗迹。现在生活在这片古老土地上勤劳坚韧的人们都是5 000年前金字塔建造者的后裔。我们将探索西部沙漠的一片广阔的绿洲，参观汴尼哈山、泰勒阿马尔奈、阿比杜斯和登德拉（Dendera）的考古遗址与庙宇遗址，并在卢克索世界法老遗址逗留2天，这一世界古迹可以引发人们无限的思索和无尽的兴趣。此外，还将去吉萨参观世界上最伟大的人造奇观之一——雄伟的金字塔。其中最大的金字塔为基奥普斯大金字塔（原建筑高为475米，宽760米），其次为克普雷恩（Khepren）金字塔（高445米，宽690米），而米凯里诺斯金字塔最小。这一金字塔群中包含了用坚硬的岩石雕刻、蹲伏的狮身人面像斯芬克斯以及花岗岩庙宇。古埃及的法老一经掌权，就会开始为其金字塔（即陵墓）设计规划。约在公元前2 600年，古埃及人仅依靠最简陋的工具、人力运输，花去20多年的时间建成了大金字塔。老城区的其他名胜古迹还包括萨拉丁的城堡（从这里可以欣赏到俯瞰开罗和金字塔的壮丽景色）和清真寺，例如苏丹侯赛因清真寺与阿尔阿扎清真寺。此外，历史古迹学院也是值得一看的旅游景点。

第4日 乘车游览，途经法尤姆和明亚

沿尼罗河谷驱车行驶，在加龙湖稍作停留。加龙湖原为一个内陆海，良好的灌溉使得周围的土地肥沃富饶，因此被称为埃及的花园。该地种植了大量的水果，例如桃、橙、柑橘、橄榄、仙人果、葡萄以及石榴等。道路两旁是成排的棕榈树、柽树、刺槐和桉树。湖里鱼虾成群，是古代法老猎捕鳄鱼与野鸭的场所。法尤姆的鸽子窝与古老的“萨其亚”——即以绳固定陶罐于其上的水车闻名遐迩。切记带上充足的胶卷。接下来到达贝尼苏韦夫，之后沿尼罗河的绿化带，经迈加盖与贝尼麦扎尔到达明亚，在明亚住宿一晚。一晚的饭店住宿及早餐。

第5日 前往亚述特参观贝尼哈桑

上午探访贝尼哈桑一些著名的碎石陵墓，这些陵墓用颜料勾画出中世纪埃及人的日常生活——手工艺品、运动、竞赛和舞蹈。从这里可以俯瞰尼罗河，向远望去，大片沃土尽收眼底，在其对面是……

图5－11　探索旅游公司的埃及假日旅游的旅行线路说明

资料来源：探索旅游公司

七、宣传册的制作

宣传册根据“创意概要”进行制作，该“概要”应该计划出：

1. 宣传册的需求量；

2. 宣传册的页数（通常以4的倍数来计算，即采用A4纸双页双面编页）；

3. 每页涵盖饭店与旅游景点的数量；

4. 总体说明的类型；

5. 所使用的纸张的类型与大小；

6. 将采用的一切设计特色。

“创意概要”还应该指明每本宣传册最高的预算成本——通常在50便士至2英镑之间。最大的旅游经营商可能会计划刊印100万册以上的宣传册，而中型旅游经营商则刊印约50万册。

“创意概要”通常在年初时起草，因此设计者通常在年初时开始工作，这时与旅游经营商的联系比较频繁，以便在春季完成宣传册的版式设计。大型旅游经营商往往自行设计和制作宣传册，有时这项工作会交给销售与市场营销部去完成。小型旅游经营商通常会把工作交给设计公司与印刷厂。在这种情况下，设计公司还负责设计宣传册的封面。

宣传册采用的摄影图片可以来自：

- 商业图片社，例如美光彩色图片社；
- 饭店业主；
- 国家旅游局；
- 专业摄影师；
- 领队或特邀讲解员

当设计公司制作“创意概要”时，旅游经营商必须计算出假日旅游的成本，以便能够与即将印刷的宣传册相符。为了减少竞争以及尽可能周全地考虑可能出现的各种意外情况，最终的预算成本不得过早泄露出去。

设计公司为宣传册制作的目录不仅要为宣传册内各部分内容标明页码，还要突出强调重点饭店，这些饭店通常是旅游经营商的合同饭店。之后，是宣传册制版。这时旅游经营商仍然可以对宣传册的内容进行变更或改进。制版完成后，文本部分则交付印刷。如有必要，英国旅游代理商协会也可以核对校样以确保文本所述及的一切内容与事实相符，其细微的出入也能够保持在各项法规条款所允许的范围之内。

印刷厂制作出第一批印版校样，即活版盘后，送交旅游经营商检验。旅游经营商同意印刷后，印刷厂会根据校样制作金属刻版。一旦金属刻版制作完成，再想更改就会增加成本。印刷厂会从金属刻版上制作出新校样，即晒图，之后再送交旅游经营商检验。最后是彩色校样的制作与检验。

到达这一阶段时，宣传册即将打印装订。书页经过印刷后，再由印刷厂工人对其进行修整与装订。此外这些工人还负责完成宣传册制作的扫尾工作，例如上漆、封面的光泽整理以及底色处理。高雅时尚的宣传册最终完成。

最后，宣传册被送往销售点。

1. 起草"创意概要"。
2. 设计师为议定的版式制作样图。
3. 创作宣传文字，并收集图片。
4. 起草预订条件与保险细节。
5. 设计封面。
6. 制作宣传册书页的实物样本。
7. 将实物样本送往印刷厂，制作活版盘校样。
8. 修改校样，同意印刷。
9. 制作彩色校样并检查。
10. 加入价目表。
11. 通过最终审校、上色定稿。
12. 印刷宣传册，制作完成。
13. 销售宣传册。

图 5-12 宣传册的制作过程

今天，一些小型旅游经营商或许会选择使用台式电脑打印机自行制作宣传册而不再委托印刷厂制作。在这一方面做得比较出色的公司是全景假日旅游集团。由于从正文的打印到校样以及彩色标示字体的检验等一切工作都可以在公司内完成，从而大大地节省了资本，还大大地缩减了宣传册由于各种细节问题的处理在旅游经营商与印刷厂之间来回传递的往返时间。

(一)宣传册的种类

在20世纪70年代与80年代初期,大型旅游经营商制作的宣传册只有一种,该宣传册通常为综合型,囊括了所有的假日旅游项目。然而到80年代末期,这些大旅游经营商推出的假日旅游项目数量繁多、种类五花八门,旅游目的地五湖四海,因此这种老式的做法就不再能够满足市场需求。如今,大型旅游经营商制作的宣传册以夏季旅游为主,同时辅以大量的、针对性较强的特色旅游宣传册。制作、销售小开本宣传册成本低。另外,小开本旅游宣传册市场目标明确,人们可以根据自己的旅游意向来购买,而大本宣传册中通常只有2～3页的内容与游客的需求相关。由于游客只需要购买市场目标明确的小本宣传册,而不必购买昂贵的大本宣传册,从而避免了浪费。然而,旅游代理商的宣传册展放架空间有限,他们或许不愿意只让一家旅游经营商的宣传册占去展放架的大部分空间。

(二)回应率

"回应率"一词是用来描述每获得一人预订而需要送出宣传册的数量。旅游经营商希望达到的理想结果是每制作50本宣传册即可获得6～7人确认预订,然而他们或许不能总是如愿以偿。回应率在很大程度上是受到旅游代理商的制约而非旅游经营商。根据1993年的估算,每本宣传册的平均制作费用为72便士,然而由于回应率极低,实际度假者有时要为宣传册的浪费支付高达20英镑的金额,而这笔钱通常包含在该次旅游的整体价格中。据说有些旅游经营商的回应率低到每送出32本宣传册才能获得一个旅游预订的程度。而1993年英国公众旅游业服务公司的一项调查指出,保留旅游宣传册订购记录的旅游代理商仅占44%(私营旅游代理商占31%)。而如果没有这些记录资料,他们可能无法意识到自己工作效率的低劣程度。

制作宣传册的成本通过假日旅游的整体价格转移到了消费者身上,因此,如果一本宣传册的制作成本为2英镑,而平均每送出8本宣传册才会获得1人报名。那么实际上,假日旅游活动总价中有16英镑是用来支付宣传册损失费的。

八、宣传册的分发

旅游经营商希望宣传册在印刷出来之后能够立即送给旅游代理商。如果顾客表示想直接向旅游经营商进行预订的话,他们将收到直接寄达的宣传册。类似汤姆逊旅游集团这样的大型旅游经营商通常会组织自己的宣传册分发网络,然而小型旅游经营商或许就要依赖其他专门经营商,例如由英国公众旅游业服务公司为其分发宣传册。

大批量的宣传册将寄给为旅游经营商销售产品的旅游代理商。邮寄工作必须尽快完成。然而,为了保证旅游代理商在接到大批宣传册之前就可以开始着手工作,旅游经营商或许会首先寄出带有一本宣传册正本的促销材料袋以及销售与市场营销部经理的一封信,该信函对该次旅游活动的各主要特色进行了概括。促销材料袋里面可能会装有一些橱窗宣传海报和活页报名表,而橱窗海报表明了该项旅游产品正在开始热卖。

截止到 1994 年之前,英国旅游代理商协会下辖的旅游代理商就达到 7 010家。将大批量宣传册寄给所有的这些旅游代理商耗资巨大,大多数旅游经营商都无力承担,因此只有几家最大的旅游经营商才有能力采取密集性分发,将宣传册提供给大多数旅游代理商进行销售,而其他旅游经营商则不免厚此薄彼,采取选择性分发,只将宣传册供应给少数旅游代理商。例如,旅游经营商首先会选择其利用的机场所在城市的旅游代理商。因此,如果旅游经营商选用曼彻斯特机场而非利兹/布拉德福机场,那么在为曼彻斯特市与布拉德福市的旅游代理商寄送宣传册时,旅游经营商会首选曼彻斯特市。这一原则意味着南方的旅游代理商往往会享受优先权,因为南方城市的机场附加费比北方城市较低,因此大多数人优先选择在南方机场乘坐飞机。

尽管形成一定的格局需要 2～3 年的时间,旅游经营商还是会根据旅游商的销售业绩来对其进行评定。销售业绩最佳的旅游代理商获得宣传册的数量最多。通常,具有良好销售业绩的旅游代理商可能获得 500 本宣传册,而销售业绩不佳的旅游代理商只能获得 20 本宣传册。如果聘用了专门的分销公司进行宣传册的分配工作,则必须详细说明宣传册应该寄给的旅游代理商以及所寄宣传册的数量。

收到宣传册正本的 5～6 天后报名工作正式开始,此时旅游代理商通常会收到配给总量 30%的宣传册。在其后的 6 周内再收到 30%,此后还会再分两

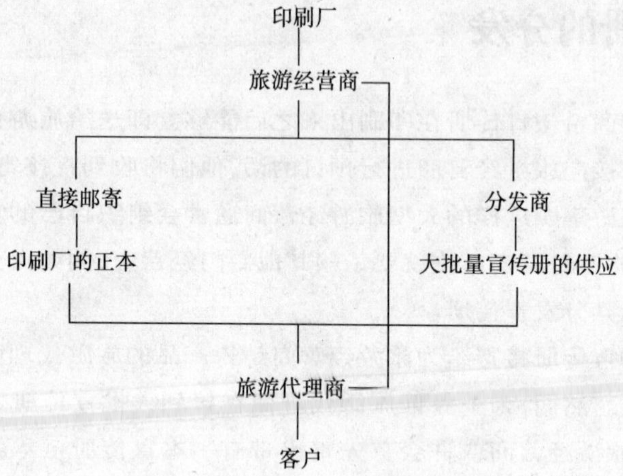

图 5-13　客人获得宣传册的方式

次陆续收到各占总量 15% 的宣传册。另外的 10% 旅游经营商可以根据旅游代理商的要求在任意时间寄出。一般说来,旅游经营商在旅游产品销售期间或许要向销售业绩良好的旅游代理商邮寄 5～6 次宣传册。

(一)将宣传册寄送旅游代理商的方式

旅游经营商主要采取 3 种方式将宣传册送给旅游代理商,即:

1. 包裹邮递

寄送宣传册最迅速的方法是通过类似皇家包裹邮递公司这样的邮寄专递公司将宣传册寄给旅游代理商。该公司将白天收取的宣传册在当晚通过当地的邮件自动分类处递送出去。由于不需要大型的运货车,因此即使到泊车困难的繁华商业区也易如反掌。

2. 运输公司运送

此外,旅游经营商还可以通过运输公司(即专门经营陆路运货的公司)邮寄大批量的宣传册。然而这一方法的邮寄时间要长于普通包裹邮寄所需要的时间。

3. 混装邮寄

对旅游经营商来说，最经济的邮递方式就是将宣传册与其他旅游经营商的宣传册封入同一包装或将各公司独立包装的宣传册捆在一起后统一邮寄。虽然这一方法可以为小公司缩减邮寄成本，然而混装邮寄所花费的时间最长。此外，不同旅游经营商的宣传册混装邮寄，在到达旅游代理商时，远不如旅游经营商单独邮寄宣传册更能够引起旅游代理商的重视。

分发成本要计入宣传册的印刷成本之中，而印刷成本是根据计算将获得宣传册的旅游代理商数量与各旅游代理商将获得宣传册的数量而定。例如，假设有 7 000 家旅游代理商，而每家将获得 50 本宣传册，那么需要印刷 35 万本宣传册。如果每包宣传册的邮寄费为 1 英镑，那么单是分发成本就需要 7 000英镑。

英国公众旅游业服务公司

总部位于肯特郡阿时福德的英国公众旅游业服务公司自 1972 年以来就开始与旅游业各公司携手合作。该公司拥有容积为 240 万立方尺的仓库，仓库内存放着包装、集装以及收缩薄膜包装等各种设备。英国公众旅游业服务公司为旅游经营商提供宣传册的包装服务，并将宣传册送往位于北安普敦郡的塔夫内尔斯包裹快递公司为其邮寄。为了便于识别，每份包裹均有自己的号码。因此，在需要追踪查询时，可以做到方便快捷。此外，英国公众旅游业服务公司还为 500 家以上的客户提供下列服务：

1. 宣传册在线——可通过捷迅、话易通(Istel)或新可视图文系统使用宣传册订购的网上服务。为了鼓励旅游代理商使用该项服务，这一服务对旅游代理商免费。此外，旅游经营商还许诺，凡在宣传册在线网上注册的旅游代理商均将榜上有名，并将受到参团旅游者的青睐。注册该网上服务的旅游代理商有海文度假公司、首选集团、海依斯 & 贾维斯集团联合旅行社以及其他众多旅行社。

2. 宣传册送递服务——将宣传册送往英国境内英国旅游代理商协会所辖各旅游代理商的标准服务需要 3 个工作日，根据旅游经营商的具体要求而提供的专递服务仅需 1 个工作日。

3. 中宏数据库——旅游经营商根据旅游代理商的销售业绩来决定其获得宣传册数量的旅游代理商排名，经常得到更新。

4. 宣传册管理系统——为计算回应率以及决定宣传册寄送量提供统计数据。

5. 邮件袋——每半周为商业街上各旅游代理商提供的邮寄服务。可根据旅游经营商的具体需求提供灵活的服务。例如,宣传册只寄送给联营公司或有国际航空运输协会营业执照的旅游代理商。邮件袋环球运输公司为3 700家巴士旅游经营商提供邮寄服务。

6. 传真邮寄——旅游经营商可以向3 900家旅游代理商或其中的一部分旅游代理商发送传真。

7. 宣传册热线——每日12小时,每周7天的热线电话服务,受理旅游代理商订购宣传册的要求。旅游经营商可以选择自己专用的热线,也可以与其他公司合用1条热线。

8. 假日旅游搜寻/航班搜寻服务——显示8周内最新旅游/航班信息的图文系统。旅游经营商选出其"热卖"旅游项目,并以金色突出渲染。

9. 销售服务——将宣传册销往7 000家旅游代理商。

10. 通报服务——英国公众旅游业服务公司的外销业务员将不定期造访旅游代理商,并向其通报旅游经营商推出的旅游新路线,强调其一贯的卖点、留下存档原件并检查宣传册的上架情况。

(二)其他邮件

旅游经营商还需要将单页宣传品与宣传海报分送给旅游代理商。这些宣传材料中的一部分将通过一般邮政服务寄发。然而,为了节省,旅游经营商同样可以将其宣传材料与其他公司的宣传材料混合包装邮寄。英国公众旅游业服务公司提供混装邮寄服务来处理这一要求,此外还提供设计、打印宣传单的服务。通常设计、打印1 000份单色、单页、A4版面的宣传单的费用约为92英镑,每加印1 000份,费用增加32英镑。

当假日旅游产品销量不佳,或旅游经营商要寄送大量最新旅游情况介绍和特价说明时,分发公司通常会格外忙碌。然而,现在这类信息越来越多地通过电脑信息系统——例如话易通——转送给旅游代理商。有些公司在该系统中拥有自己的网页,这样他们可以直接更新信息。其他公司购买"伞叶"信息供应商的网页,或者使用类似假日搜索2 900的浏览网页。假日搜索2 900网页通常会列出旅游经营商当日所有有效的旅游产品。

即使旅游代理商使用了效率最高的分发系统，他们仍然会发现宣传册不够用，尤其在活动期即将结束时。尽管在计算机系统发达的今天，一些旅游代理商十分乐于通过计算机屏幕将信息传达给想要报名旅游的客户，然而大多数旅游代理商仍然会将使用过的每种宣传册至少保留一份作为存档，以便将来查询。美国电话电报公司的话易通一度致力于“欧洲之最”企划，根据该企划的设想，旅游代理商只需在计算机屏幕上轻松点击即可看到旅游经营商宣传册中的饭店图片与餐厅介绍等。这一企划有望为旅游经营商降低打印与供应成本。然而，该企划在 1993 年由于投资基金枯竭而不得不中止。

(三)不同于宣传册的其他宣传形式

即使是最好的宣传册也不能超出以平面手法来表现立体产品的效果。随着 20 世纪 80 年代家庭录像设备在英国的普及，一些旅游经营商开始制作家庭录像带，用以对其最时尚的旅游目的地进行介绍。尽管录像带仍然无法完全真实地表现任何假日旅游，然而其生动的画面远非图片展示所能及，因此有可能成为今后介绍旅游产品的流行趋势。尤其当旅游目的地具有更浓郁的异域格调、截然不同的风土人情时，录像带的介绍说明会更清晰，效果会更显著，因此具有显著的优势。然而录像带的使用存在着一个主要障碍，即现在宣传册均为免费提供，而录像带则必须付费。每次的费用通常为普通录像带的价格，即约 12 英镑。然而一些旅游代理商采取了出租录像带的方式，价格公道，并且如果顾客在租看录像带后决定报名参加旅游，则租金折算在报名费中。

1994 年托马斯·库克旅游公司率先推出了旅游服务亭，该服务亭内提供了人机交互式假日旅游宣传册，顾客可以在电脑屏幕上浏览该公司的城市休闲旅游与欧洲迪斯尼旅游宣传册内各页面上的说明介绍，按下按钮还可以了解更多有趣味内容。随后，顾客可以通过录像电话与彼得伯勒总部联系，进行预订等事宜，并以信用卡付账，最后从机器中获取打印好的预订确认。如果这一做法取得成功，这类服务亭将被安装在各大超市与银行。

光盘驱动技术使用光盘来存储大量的图片与数据资料，这些图片与数据可随时调出，展现在屏幕上。这一技术显然也有可能代替传统的宣传册而得到广泛的使用。

问答题与讨论题

1.取走宣传册却不报名参加旅游的人越多,假日旅游的费用就会因此而变得越高。讨论提高宣传册回应率的方式以及能够对该回应率产生影响的因素。

2.列举度假者在境外旅游时会遇到的所有危险。其中哪些危险你认为应该提前明确告知游客?确保游客了解所有险情的责任应该在旅游经营者还是旅游代理商?宣传册是否是使游客掌握信息的最佳方式?

3.目前,宣传册是旅游经营商的重要销售工具。此外,他们还可以采取何种方式推销其假日旅游?旅游代理商是否有望完全摆脱宣传册?如果不是,为什么?

课后作业

1.假如你就职于一家设计公司,你公司希望能为一家中型旅游经营商制作宣传册。这项业务对你来说属于全新领域,因此,为了能够胜任这项工作,你必须进行一些背景调查。请从当地旅行社收集6本不同的宣传册,分析这些宣传册的设计,同时注意:

(1)公司徽标;

(2)封面设计;

(3)目录页面;

(4)一页旅游胜地的介绍;

(5)一页正文部分的饭店情况图文介绍;

(6)价目表(有可能和上述内容在同一页);

(7)航班一览表。

分析宣传册选择特定图片的原因、使用的颜色以及提供信息的清晰度等。确切了解宣传册意图迎合的市场类型。概括分析结果,撰写报告,总结你认为最佳的设计方案以及最佳的理由。选择最佳设计的各个成功之处,这些成功之处不必出自同一本宣传册。

2.你负责宣传册印刷前的校稿。阅读下面宣传册的文本,使用后面列出的校对修改符号,标出需要进行修改之处。

探索博德鲁姆

博德鲁姆……繁华度假胜地的激动与喧闹、真正宏伟的城堡、绚丽的游艇船坞以及仙境般美景，所有这一切都使博德鲁姆成为爱琴海岸的假日旅游之都。

博德鲁姆因其集东、西方的繁荣于一身而吸引了来自世界各地的游客并使其成为欢快活泼、独一无二的国际型旅游胜地。然而博德鲁姆的超凡魅力主要来自于得天独厚的自然美景——背靠连绵起伏的群山，一幢幢白墙别墅，街道两旁棕榈树成荫，著名的圣彼得十字军城堡守护着博德鲁姆2条相接的海湾。入夜，博德鲁姆溢光流彩、喧闹欢快，是名副其实的旅游胜地。其海滨及迂回弯曲街道上令人眼花缭乱的酒吧、饭店、酒家热闹欢腾、充满生机。位于近海处圆形露天剧场内的哈利卡那斯迪斯科舞厅以及激光表演是博德鲁姆的著名一景，不容错过。

●夜晚的生机盎然、欢声笑语与白天的舒适惬意、阳光明媚使博德鲁姆成为黄金旅游地；

●西方国家的精致复杂中掺入典型的土耳其格调；

●前往贡比特海滩(Gumbet)和图尔古特雷海滩(Turgutreis)交通便利。

从阿德南(Adnan)、曼德列斯河或达拉曼机场到博德鲁姆：乘坐巴士3小时10分钟至4小时的路程。

航班日程

伦敦盖特威克机场	星期五、星期三
* 斯坦斯特德	星期三
布里斯托尔	星期三
* 加的夫	星期三
* 英格兰中东部地区	星期三
伯明翰	星期三
曼彻斯特	星期五、星期三
* 纽卡斯尔	星期三
格拉斯哥	星期三

旅游胜地实际情况介绍

●一般特性：生机勃勃的国际型旅游胜地，东、西方景色的梦幻组合。

●精彩亮点：拥有辉煌壮观的城堡 激动人心的夜生活以及绚丽多彩的游艇船坞，是探寻土耳其古典特色的理想之所。

●消极方面：没有完全安静下来的时候。

●海滩：乘坐小巴(dolmus)仅需10分钟即可到达贡比特沙滩，乘坐小巴还可以去附近的比特兹海滩和图尔古特雷海滩。

●水上运动：可以租船进行滑水与降落伞滑翔活动。

●迪斯科舞厅：时尚经典，其中哈利卡那斯迪斯科舞厅卓越超伦。

● 酒吧/餐厅:种类繁多、五花八门,从快餐厅、西餐厅到数不胜数的海味餐厅和传统餐厅。
● 公共设施:超市、银行、药店、诊所与邮局。
● 交通运输:通往该半岛内各村落的小巴来往频繁。此外,每日都有渡轮前往希腊科斯岛。
● 适合对象:喜欢紧张忙碌生活的人。

玛雅饭店

玛雅饭店提供舒适的住宿条件,四周环境宁静祥和,距离旅游胜地中心地带步行仅有几分钟的路程,距离海港仅150米之遥。饭店内提供多种设施,其中包括一个小型的体育馆、桑拿浴室、乒乓球室和游泳池,游泳池配套设施包括大面积的平台与酒吧,此外还有一个儿童游泳池。

● 舒适的住宿条件
● 游泳池与儿童游泳池
● 餐厅与露天平台,平台上绿树成荫
● 设施优良
● 地图参考 B3

房价包含住宿与早餐,客房内设有2～3张标准床位以及卫浴设施。

艾丽斯饭店

艾丽斯饭店迷人而妩媚,位于博德鲁姆的核心地带。距离市中心仅一箭之遥。艾丽斯饭店整洁简朴,休息室舒适安逸,游泳池动感诱人。如果您喜欢水边嬉戏,那么乘坐小巴到达贡比特海滩比较方便快捷。晚上,附近的酒吧和餐厅开始营业。

● 游泳池趣致可爱
● 饭店舒适迷人
● 位于博德鲁姆市中心的优越地理位置
● 地图参考 C/D5

房价包含住宿与早餐,标准间内有2张床位以及卫浴设施。另外提供双人间。

曼德琳旅馆

曼德琳旅馆热情友善,隶属玛雅饭店,是其分店,因此住店客人可以免费使用玛雅饭店的花园、游泳池、体育馆、桑那浴室、酒吧与餐厅。饭店提供早餐。住宿条件虽然简朴,但是却整洁舒适。地理位置优越,距离海港与海滨散步区步行不足2分钟的路程。

● 简朴、舒适、整洁的住宿条件
● 可以使用玛雅饭店的全部设施
● 海港与市中心近在咫尺
● 热情友善、殷勤好客
● 地图参考 B3

房价包含住宿与早餐,标准房间含有2张床位以及卫浴设施。另外提供双人间。

校稿修改惯例

修改样稿时,应该使用以下印刷厂熟悉的符号:

含义 | 页边空白处标注的符号 | An invitation to meet ABTOF! | 页边空白处标注的符号 | 含义

换字
调换位置

On Wednesday 1st December 1993 ABTOF will be introducing itself to the Press at the New Connaught Rooms, Great Queens Street, London WC2. We are delighted to take this oppartunity to invite you to meet our members and other important figures in the French Tourism Industry over a buffet luncheon from 1pm to 3.30pm. To join us, simply fill in the enclosed registartion form and return it to us by fax or post before November 24th.

Here are three good reasons to attend:

删除字符并缩进空格

1. Get to know ABTOF!

改为大写字母
颠倒顺序

The Association of British Tour Operators to France respresents the majority the of British travel Trade specialising in France. Over 100 Tour Operators make up the membership of ABTOF, ranging in size from the smallest one-man concern to the very largest operators. **The unifying factor is their interest in France as a holiday destination.**

字样错误
插入"d"
插入句号

The majority of ABTOF member companies will be attending the luncheon – mostly represented by their key decision makers – an virtually all of them will have their new brochures out for 1994, making this an ideal opportunity for you to find out how the trade views the coming year

改为小写字体

2. Collect your copy of the brand-new ABTOF Handbook and register for regular ABTOF PRESS Releases.

不分段
删除字

As a holiday destination, France offers a host of possibilities!

Keeping track of all of the the new product developments is extremely time-consuming. ABTOF has, therefore, developed a handbook which will prove to be invaluable to you – not only does it list companies by holiday types offered, but also by region and, of course, alphabetically. At our December Press Luncheon you will be able to collect a copy of the Handbook AND at the same time we shall ensure that you are registered to receive regular ABTOF Press Releases that will updateyou with all the latest developments in travel to France.

插入空格

3. Exclusive Statements from ABTOF Sponsors

另起一段

M. Patrick Goyet, Director of the French Government Tourist Office, will address the luncheon on the French view of tourism trends in France. Other ABTOF sponsors, including Eurotunnel, National Breakdown, Europcar and Travellog Systems, will also be present. All of these companies have a major influence on the shape of travel to France and all of them are keen to issue statements and comments at the ABTOF Press Luncheon that will be exclusive to those journalists and travel writers attending the function.

删除字间空格
不缩进

The occasion will also provide an excellent opportunity for you to 'corner' key decision makers from these companies to put your own questions to them.

3. 假设你的职业是作家，你想为当地的一家旅游经营商撰写宣传册中的介绍性文章。参观当地的一家饭店并为其撰写一篇简短的介绍性文字，以作业第2题中的文字说明为例，掌握介绍性文字中需要涵盖的内容。如果有可能，为该饭店拍摄照片以配合你的文字介绍。另外，为当地城镇或乡村写一篇简短说明作为饭店介绍的补充。最后附上给旅游经营商的说明信，介绍自己并表明意图，并随信附上饭店介绍、城镇介绍及图片。

4. 阅读下面旅游经营商制作的宣传册中对印度与斯里兰卡的介绍。并去图书馆查阅这两个国家的相关资料。可供查阅的优秀作品包括：《英国旅游代理商协会/ANTOR 世界旅游指南》、孤独行星出版社关于印度与斯里兰卡的旅游指南以及《国际大赦组织手册》（Amnesty International Handbook）。

判断下面宣传册中的介绍是否准确、翔实地对这两个国家进行了说明，以及游客阅读了它的说明之后是否会对这两个国家有清楚的了解。从这两个国家中任选其一，为其重新撰写一篇你认为胜于所给出文字的介绍说明。重写时不必采取与原文同样的格式。

印度

1. 印度次大陆因其神奇的自然景观与激动人心的场景而吸引着热衷于旅游的人……它那各种令人难忘的景致给人留下了种种难以忘怀的记忆。在印度可以欣赏到千变万化的景色、服饰、语言和食物，其绚丽多姿的景色令人叹为观止、难以描绘。到印度旅游的游客经常会发现，当地的景色妩媚多姿、变化无常而纪念碑种类繁多，这一切都证明了作为历史与文化发源地的印度在过去的辉煌。此外，混杂着葡萄牙人和印度人祖先的果阿世间罕有、独一无二。它金色的海滩无限延伸，生活节奏缓慢，气候宜人。这一切构成了印度……让人眼花缭乱、心醉神迷的庞大景观。

自由点评：印度次大陆拥有五光十色的景色与景观、五花八门的食品、不计其数豪华壮观的城堡以及数不胜数的宗教教派，可谓空前绝后。作为世界上的人口第二大国，仅仅是人口的数量就令人触目惊心，而众所周知的印度的官僚制度意味着在印度旅游必须具备耐心与幽默感，尤其是在机场！

2. 印度游会给您带来独一无二的感受……宗教、种族与文化的超凡混合所产生的异域景观令您一饱眼福，其不同凡响的感受令您乐不思蜀。印度各邦几乎自成世界，各地的差异十分悬殊——德里的熙熙攘攘、热闹繁忙与拉贾斯坦邦烈日炎炎的沙漠以及果阿阿拉伯海边棕榈树成排的迷人海滩构成了鲜明的对比……首先，这些差异的数量之广令人不可思议，然而正是这些差异令印度之行多姿多彩，而这也正是印度神秘魅力的根本所在。

自由点评:要想欣赏印度的迷人风光,往往要在烈日下走上很远的路程。由于我们在整个旅行中选择了优质的饭店,并且在每天清晨天气凉爽的情况下出发,因此,我们整个旅行比较舒适(虽然交通状况良好,然而印度境内的航班通常晚点,并且订票困难)。印度人谦恭殷勤、热情好客,您做客印度定会因获得的无上殊荣而受宠若惊,但是同时也将会感受到文化冲击以及缓慢的生活节奏。印度的美食令人垂涎欲滴,但是第一次品尝一定要谨慎。

斯里兰卡

1.斯里兰卡,即阿拉伯人所谓的锡兰,被人称作璀璨的明珠之岛。因为几乎没有哪个国家能像这座迷人的岛屿一样异乎寻常地混杂着美丽、恬静、神秘与激动而名副其实。它像一块梨形的绿色宝石静静地伏卧在印度的脚边。它神话般的海滩仿佛人间仙境,是享受日晒休闲的最佳场所,人类的想象难出其右。神奇的斯里兰卡遍布磅礴的景色、旖旎的风光,崎岖陡峭的山峦、湖泊、高原、郁郁葱葱的茂密丛林和绵延起伏的凉爽的丘陵。丘陵上的茶园仿佛是一层绿色的地毯,与采茶女所佩带的莎丽的活泼颜色相映成趣。你可以发现"失落的"城市的大量遗迹、追溯到2 500多年前的精美庙宇与神殿以及葡萄牙人、荷兰人与英国人留下的教堂与堡垒。难怪几百年来,锡兰的游客总会因其美丽的景色而叹为观止。

自由点评:斯里兰卡通常被称为伊甸园,虽然在过去战火不断,人们仍然无法抗拒它超凡脱俗的魅力。娱乐与旅游设施尚不完善,服务往往拖沓迟缓。虽然服务生总是姗姗来迟,但他们通常都面带微笑、礼貌友好。海滩可爱迷人,风景得天独厚、优美壮观。

2.斯里兰卡位于印度的东南端,是泪珠形的热带岛屿。即使是最见多识广的游客也难免会被它的魅力所折服。神秘的古城、茂密的丛林、凉爽的山中避暑地以及一望无际的棕榈树阴下的海滩都令人难以抗拒。仿佛所有这一切仍不足以令人对它趋之若鹜,热情友好的当地人因其根深蒂固的佛教信仰对外国游客总是笑容可掬、热情洋溢。

自由点评:斯里兰卡是世界上风光旖旎、最富有魅力的岛屿。低廉的物价令人难以置信。当地人格外热情好客。斯里兰卡超凡绝伦的海滩、大量的文化景观以及众多的历史古迹令众口不再难调。然而这里的娱乐设施尚不完善,食品也并不精致。某些旅游饭店与较低档的海滨饭店十分简陋,而在5～10月的雨季,在西海岸的海滨游泳是十分危险的。

5.阅读一本夏季旅游宣传册和一本长线旅游宣传册。罗列出适用于所有旅游目的地、纯属增强效果而在宣传册中反复出现的所有描述性文字与词句——即所谓的华丽辞藻。选择一个旅游目的地,为其重新撰写介绍说明,尽量避免使用这些陈词滥调。将你自己的作品与原来的描述进行分组比较。你认为如果使用你(希望是较为适度)的描述,假日旅游产品是否依然好卖?

第六章

预订与行政业务

本章学习目标

通过对本章的学习,你应该能够:

- 了解英国中型旅游经营商主要行政业务部的工作
- 掌握不同的旅游预订方式并权衡计算机预订系统与人工预订系统之间的利与弊
- 说明销售代表的作用
- 熟悉支持预订的文案工作与行政业务工作

一、引言

所有的英国旅游经营商都是从其总部进行产品策划与组合以及指导促销活动的。一家中型旅游经营商通常设置独立的预订部和行政业务部分别负责预订和行政业务工作,并且还可能设立一个特别的晚期预订部以及一个专门的咨询处来回答客人在预订之后所提出的各种问题。一些旅游经营商还拥有零售部直接面向公众进行销售,其中有些可能是专项旅游业务,如会议和奖励旅游。

宣传册一旦印刷完毕,旅游经营商必须雇用足够的销售人员处理来自公众或旅游代理商的直接预订,同时还要解答那些与旅游经营商进行计算机联网的旅游代理商所提出的任何问题。直到20世纪80年代初,所有预订工作都是依靠复杂的图表并通过人工完成的。计算机化使得旅游经营业务发生了翻天覆地的变化。现在,只有小型旅游经营商和专项旅游经营商仍然使用图表进行预订工作。所有的旅游经营商都可以获得少量来自公众的直接预订,尤其是来自回头客的直接预订。然而,一些旅游经营商更倾向于面向公众进行直接销售,以减少旅游代理商这一中间环节。家用计算机和图文电视技术为我们勾勒出这样一种前景:人们最终足不出户就可以直接办理好所有的旅游预订手续。

典型的旅游经营年度有可能是以下这样的:

1月～3月:传统的预订高峰季节。大部分的行政人员都需要参与解答电话咨询、处理预订表格和收取押金。

2月末～3月初:为4月份或5月份出发的客人开发票。到3月末,旅游经营商必须完成夏季旅游项目60%的销售工作。

3月末～4月初:把机票、收据、行李标签和旅游注意事项寄送给客人。

5月:发布冬季阳光游/冬季滑雪游宣传册,开展促销活动。

5月中～6月初:处理夏季晚期预订。

6月末:为旅游旺季参团的游客寄发文件材料(异常繁忙时期)。

7月:开始为下一旅游季节做准备。

8月中:发布新的夏季阳光游宣传册,随即展开促销活动。

8月末:旅游旺季一旦结束,员工就可以开始休假。

一般而言,1月和2月是夏季旅游预订的高峰期。但是到了20世纪90年代,越来越多的客人(尤其是那些没有孩子,因此度假日期的安排更为灵活的客人),在很晚的时候才会考虑度假安排事宜。如果英国出现阴雨连绵的天气,那么人们都希望能够挤出一周的时间,在阳光灿烂的度假区里换一个好心情。为此,7月份和8月份也可能出现大量晚期预订的情况。当然,对于从事直接销售的旅游经营商来说,1月份和2月份仍然非常重要,因此这两个月成为他们邮寄宣传材料和做广告宣传的主要时期。

二、英国的预订部和行政业务部

规模极小的旅游经营商的所有员工都需要分担一些行政工作。如果旅游经营商经销着若干不同的旅游产品，那么每个员工必须负责处理某一项产品或某一个地区的销售工作。但是，大型旅游经营商则会分别设立预订部和行政业务部。

(一)预订部

预订部的员工负责接受来自旅游代理商和公众的预订。大多数预订部都已经全部采用计算机办公，员工在同客户联络时头戴耳机，这样他们的双手就可以空出来操作键盘。当客人选择旅游路线时，预订部的员工应该与旅游代理商一样，能够向客人提供适合他们的旅游建议。当然，因为他们只推荐本公司的产品，因此对每一条旅游线路都了如指掌。滑雪经营商可能会设立一个专门的预订处来处理团体预订，因为团体预订的业务量较大，内容复杂，常常涉及人名的改变和变更，而且与普通预订相比，还需要花费更多的时间来回答客人提出的大量问题。

(二)行政业务部

行政业务部可能会设有以下 4 个独立的处室：

1. 预订审核处的员工负责核对预订并寄出预订确认发票。

2. 票务处的员工负责出票并把机票送到文案处。

3. 文案处的员工在客人交纳全部旅游费用之后，将旅游线路简介、机票、行李标签、代金券和相关资料等寄给客人。

4. 游客处的员工列出每个旅游团队的游客名单，并将名单寄发给相关的航空公司、饭店、地接社和度假区业务代表。

(三)客户服务

在小型旅游经营商中，客人预订之后的所有咨询服务都由为其办理预订的工作人员负责。但是中型旅游经营商会安排专门的工作人员来处理旅游前、旅游后和旅游期间客人提出的任何问题。

(四)晚期预订

小型旅游经营商主要由预订部的工作人员处理晚期预订。而中型旅游经营商会设立一个专门的部门处理这种耗工费时的预订,其中包括给度假区打电话确认是否还有多余的客房,给航空公司或机票代理商打电话确认是否还有多余的机票等。当然,计算机的应用大大简化了他们的工作。

(五)零售经营

一些旅游经营商既设有总部,也设立一两个零售办事处。这些办事处也许会接受公众的直接预订,或处理与以下两方面相关的专项旅游业务:

- 会议和奖励旅游
- 商务旅游

三、人工预订系统

起初,所有的旅游预订工作都必须依靠人工完成。一旦某个旅游项目通过审批,那么工作人员就会把所有相关的旅游项目登记在索引卡片或列在挂图上。为了制作一份专用的旅游预订参考图,必须把航班座位和饭店客房按照星期顺序排列成表,每间客房、每个座位都将被赋予一个代码以便与旅游的日期和期限相对应。例如,2010T5202114 代表的含义是:游客于 10 月 20 日出发,使用的双人房间号是 5,飞机座位号是 20 和 21,假期持续 14 天。

员工在接到客人询问之后可以查阅航班座位和饭店房间表。另外,预订的标记方式也千差万别。在某些标记系统中,预订人员在标注航班座位和饭店客房时,对于虽有意向但尚未确定的预订采用不同于常规的标记方式进行处理。比如,用一个红点。当接到预订表格后,即当客人不确定的意向已经变成真实预订时,必须对标记符号作出相应的改动。比如,红点变成蓝三角。其他颜色和符号也可以用来表示团体预订、余款补齐、特殊要求、票已发送等。

在其他的一些系统中,挂图中的每次航班和每家饭店的旁边都有一个挂钉，上面悬挂一个彩色标牌。当某项预订工作开始进行时，该标牌被取下来，装进一个注明预订细节的信封中。当所有彩色标牌都被取下来后，就表明该项目已经售完。

人工系统要求预订人员的工作一丝不苟，旅游经营商的规模越大，出现错误的概率就越高。以下列举出人工预订系统的一些缺陷：

1. 当用来悬挂挂图的墙面面积有限时，人工系统就显示出其局限性。虽然寰宇旅游集团过去拥有布里斯托尔办事处，但是人工预订系统非常有限的挂图面积致使该旅游集团只能承接从布里斯托尔、加的夫和艾克塞特出发的旅游项目预订。

2. 晚期预订通常需要单独设置布告板，然后再把原有布告板上的数据抄写上去，这项工作必须在出发日前的6个星期之内完成。由于空间有限，预订人员为了读到这些布告的内容经常相互拥挤在一起。

3. 人工预订系统还要求预订人员准确算出每次预订的价格，致使出错的概率大增。

4. 如果某一旅游项目超过了一定的规模，在阅读挂图分栏时非常容易出现看错行的情况，尤其是需要边打电话边隔着很远的距离查看挂图时，就更容易出现错误。

5. 如果预订人员忘记了未经确认的预订意向，就有可能出现客房无法售出的情况。而自动预订系统通常会在一定的时间后，从系统中自动删除未经确认的预订。

6. 如果销售人员为了向旅游代理商提供更多的信息而将住宿卡片临时从挂钉上摘下来，那么此时别人就无法看到这个卡片。另外，在使用卡片之后，极有可能出现把卡片放错位置的情况。

7. 极有可能出现这样一种情况：在不知道只剩下两个航班座位的情况下，两个销售人员可能会同时接待有关同一个旅游项目的咨询。先从挂钩上取走标牌的销售人员成功地办理了预订，而迟到的销售人员只好通知客人超额预订的情况。

8. 极有可能把一份备案的预订意向放错位置。因此，当客人希望确认预定意向时，却无法找到该预订意向书。

9. 即使在信封上注明预订细节的信息也并非万无一失，因为某些人的字迹很难辨认。另外，如果客人放弃了预订，所标注的文字会被划掉并重写上新的预订。

10. 通过人工完成一个直接预订大概需要 15 分钟(如果是晚期预订,时间要再长一些),这使旅游代理商难以承受高额的电话费用。而且,旅游经营商还要花费更多的时间进行文案整理工作。

一些小型旅游经营商仍然使用人工预订系统,因为他们的业务有限,他们既不需要、也没有经济实力来安装昂贵的计算机预订系统。然而,随着计算机预订系统的销售人员不断地提供一些优惠措施来刺激旅游经营商与他们签订购买合同,继续使用人工预订系统的旅游经营商正在迅速地减少。然而,大型旅游经营商在检测新产品或新度假区的经营效果时,也许还会继续使用人工预订系统。

四、计算机预订系统

1976 年,汤姆逊旅游集团引进了 TRACS 计算机预订系统,后来,这一系统通过数据传输系统可以与旅游代理商进行直接联网,从而取代了传统的人工预订系统。随着 20 世纪 80 年代计算机技术的突飞猛进,大多数大型旅游经营商都用计算机预订系统取代了人工预订系统。目前,计算机已经广泛应用于一线接待工作(预订)和二线辅助工作(行政和票务等),而中置办公软件则可以被用来连接两个完全独立的工作领域。

在安装计算机预订系统之初,可能存在一些问题。并非所有的工作人员都熟悉键盘的输入,就如同他们记不住必要的机场代码一样。有些人还可能对计算机产生恐惧。但是,只要选择了合适的系统,配以恰当的培训,所有问题都将迎刃而解。一旦计算机系统建立起来并开始运转,人们往往将会很难想象过去所使用的预订系统有多么的复杂。

(一)选择计算机系统

因为使用计算机的成本极为昂贵,因此选择合适的计算机系统至关重要,而选择的过程可能需要很长一段时间。负责选择计算机系统的工作人员在选择之前务必清楚以下的问题:

1. 为什么需要计算机系统?计算机系统应该完成什么工作?计算机系统能否胜任其他一些工作?

2. 一种计算机系统能否满足所有的业务需要?

3. 计算机系统必须完成多大的任务量？

4. 计算机系统是否可以随着业务量的增加和改变而不断升级？

5. 为该项目预留了多少预算？预算是否符合实际？

6. 有哪些潜在的供应商？是否有熟人正在使用你所打算安装的计算机系统，这个熟人可否推荐一个供应商？

在解决了上述问题之后，旅游经营商就可以起草一份 ITT，即投标邀请函，邀请潜在供应商展示他们的产品。对所有的产品展示进行评估后，旅游经营商可以向合适的供应商询问报价。报价不仅应该包含运输和安装等即期费用，而且还要包含员工培训和系统维护的后期费用。

即使已经确定准备购买的计算机系统，也还是要预留出时间进行系统安装、用必要的数据编制程序、解决使用初期的小问题并且培训员工操作该系统等一系列工作。

(二)建立系统

在旅游经营商使用自己的计算机系统的过程中，数据处理员或预订部的员工必须在每个预订季节来临之际，在系统中安装所有旅游项目的信息。

第一步，必须建立主要住宿档案，即旅游行程中使用的所有饭店的信息，具体如下：

- 住宿设施的类别——饭店/别墅/营地/游轮等
- 住宿设施的名称
- 地址、电话、传真号码
- 提供的各类服务
- 接受代金券的具体条件

然后还需要为每个住宿单元建立住宿单元档案，其中包括：

- 单元的类型——客房/帐篷/客舱等
- 单元的规格——带有私人卫生间的双人间、单人间、可以观赏海景的双人间等
- 床位数量/额外的床位

同时还需要把某类住宿单元的可获性程度输入系统中(无论是客人提出的要求、合同规定的、还是可选择的)。

第二步，必须建立主要航班档案，其中包括：

- 交通工具的类别——班机/火车/渡轮等
- 线路——例如从伦敦盖特威克前往雅典
- 航班/交通代码
- 飞机型号

交通代码必须与旅游团的出发日期相符，而且必须将所有与出发日期相关的信息全部输入计算机系统之中：交通是免费提供还是自由选择，是按游客要求提供还是根据合同提供等。同时还必须把每次航班/旅游目的地的当地出发和到达的时间输入计算机系统之中。

如果旅游经营商同时经营游览旅游，那么还必须建立包括旅行日程框架以及住宿和交通的相关信息的档案。

每个出发日期的旅游项目的基本价格，以及所有的折扣和额外费用都将会被输入计算机。还可以在计算机预订系统上安装相应的程序来计算每个旅游项目的佣金。此外，还可以根据需要计算出附加费。

最后，还可以建立有关汽车租赁细节的档案，而且可以预先在英国国内付款租赁汽车。

选择合适的计算机系统至关重要。理想的计算机系统应该能够快速将类似新增值税率(VAT)的信息进行升级。而且还应该能够在旅游项目名额已满的情况下为客人提供备选方案，这样预订人员就可以轻松自如地向客人推销其他旅游产品。另外，计算机系统还能够在尽可能多的变量基础上进行搜索：日期、住宿类别、出发机场、停留期限等。

(三)应用计算机进行预订

大多数的计算机预订系统的工作程序是对输入特别序列的信息进行处理。信息包括：

1. 旅游目的地
2. 最佳旅行日期
3. 行程期限
4. 出发地
5. 游客人数
6. 所需住宿设施
7. 游客姓名

计算机还应该能够回应某些咨询，如“在某一日期，我可以选择去哪里旅游？”“我什么时候可以出发？”“如果我选择了这一航班，我将会住在哪家饭店？”以及“什么时候可以入住这家饭店？”等。

一旦所有信息输入完毕，所有的问题解答完毕，计算机将显示是否还有剩余名额，并会自动产生一个预订意向号码。如果预订意向号码没有在规定的时间内得到确认，那么将会被收回以供他人继续选用。在旅游预订季节之初，所规定的时间可能是5～7天，随着出发日期的临近，所规定时间就可能缩短到24小时，即仅够客人交纳全部旅游费用的时间。当客人希望确认预订意向时，预订人员使用预订意向号码（预订确认号/参考号码）就可以在屏幕上找到相关信息。如果无法找到该号码，还可以使用客人的名字（预订使用的名字）或出发日期来找到预订选项信息。然后，可以通过输入付款方式的信息确认预订。预订一旦确认，计算机将会产生一个预订号码来取代预订意向号码。

如果客人希望取消预订，只需调出该项预订，然后输入取消指令。随后，计算机就能计算出取消预订的费用，并将该项旅游名额重新归入可供选用的名额之中，最后再把所取消的预订信息储存起来以备后用。同样，预订可以随时调到屏幕上加以修改。

20世纪90年代，许多旅游经营商开始使用矩阵来获取潜在预订的基本信息。使用矩阵时，旅游日期和旅游类型被填在矩阵的上端和一侧，该系统可以显示最低旅游适用价格。这种方式处理晚期预订非常有效，它保证预订人员可以迅速确定客人的预算是否与所提供的旅游项目相符。

与人工预订系统相比，计算机预订系统具有许多优势：

1.速度更快，因此更便宜。

2.只要信息输入正确，出错的概率远远低于传统方法。

3.计算机能够在处理咨询的同时计算出每个旅游产品的价格。

4.计算机预订系统解决了长期困扰旅游经营商和代理商的晚期预订的问题。因此可以说，事实上科技进步对晚期预订起到了推波助澜的作用。

计算机预订系统不仅可以处理预订和进行成本计算。它还可以用来打印确认（尚未结清余款的）发票（一般与预订索引号相同）、机票、航班旅客名单、饭店住宿名单和其他各类数据，这一切更方便旅游公司掌握销售情况。计算机预订系统还可以处理日常工作，如快速打印大量印有旅游代理商名字的标签。以便邮寄信函使用。

确认发票通常显示以下内容：

- 发票号码以及它是否已被确认/最后的/修改的或被取消的发票
- 客人的姓名和地址,或旅游代理商的地址
- 游客人数和每个游客的姓名
- 出发日期
- 交通说明
- 住宿说明和度假胜地名称
- 住宿几晚
- 租车说明(如果有此项服务)
- 旅游基本价格
- 附加服务和/折扣
- 保险费用
- 任何可能出现的附加费
- 租车费用(如果适用)
- 任何特殊要求的备注(可能无法保证)
- 预付押金
- 结清余款日期

如果预订是通过旅游代理商进行的,那么旅游代理商出具的发票复印件上应该标明预订佣金数额的汇款通知。

毕竟,安装计算机的费用十分昂贵。因此,只有在旅游经营商拥有足够的业务量时,使用计算机才能做到物有所值。但是,小型旅游经营商的一些员工认为,传统的挂图预订系统便于快速浏览、一目了然,而这正是计算机预订系统无法比拟的。

不论选择什么类型的预订系统,最重要的无非是其性能的可靠性。如果旅游代理商无法拨通连续占线的电话,那么旅游经营商将会失去潜在客源。而如果计算机预订系统出现故障或旅游代理商无法进入该系统,那么旅游经营商同样也会失去潜在客源。面对众多相互竞争的旅游经营商,旅游代理商可以轻而易举地找到另外一个合作伙伴,根本不需要浪费时间反复拨打某一个旅游经营商的电话。1993 年,航空旅游集团在预订角逐中输给了汤姆逊旅游集团。在其随后所做的总结中,航空旅游集团就将部分责任归咎于预订系统中存在的问题,因为旅游代理商有时无法进入该预订系统。

1991 年,ILG 旅游公司倒闭后,多家旅游经营商迅速实现了计算机网络化以保证自己可以获得从天而降的额外业务(依博罗特尔旅游公司甚至从 ILG

旅游公司破产管理人手中购买了 LTS 系统)。然而,确实有许多旅游经营商需要得到帮助以便作出正确的决定。为了帮助它们,英国旅游代理商协会于 1991 年建立了一家名为埃博技术公司的技术咨询服务公司。该公司目前由一家独立的旅游咨询机构——互联创新咨询公司管理,其服务宗旨是提供免费并且客观的咨询服务。埃博技术公司目前也为独立旅游代理商协会的成员提供咨询服务。

公司名称	计算机系统名称
汤姆逊旅游集团	TOP
首选旅游集团	TOFS
航空旅游集团	SPACE
库奥尼旅游公司	KUDOS
英航假日旅游公司	PAL/BA - LINK
阳光世界旅游公司	LTS
水晶假日旅游公司	JFA

图 6-1　一些旅游经营商所使用的计算机预订系统的名称

虽然大多数旅游经营商都希望控制自己所使用的数据库,但是其中真正希望管理自己计算机预订系统的旅游经营商却是微乎其微。所以汤姆逊旅游集团在 1992 年就对 TOP 系统的管理工作进行了公开招标,米德兰网络服务公司(现在更名为伊米纽斯公司)竞标成功。汤姆逊旅游集团希望通过此举可以节省维护计算机网络的成本,尤其是面临着使用 10 年之久逐渐老化的预订系统而每年的维修费用日益增加的严峻问题。虽然许多独立的代理商已经通过美国电话电报公司(AT&T)直接与 TOP 计算机预订系统联网,但是使用拨号上网的旅游代理商现在还在使用伊米纽斯公司的快速信息通道服务进行连接。

一些计算机公司,包括自动档案公司(Autofile),占星公司(Astrologic),FSS 公司的主要业务就是专门为旅游经营商设计专用的计算机预订系统。

(四)旅游代理商与旅游经营商联网

汤姆逊旅游集团是首家通过可视数据系统(viewdata)使旅游代理商进入

自己公司计算机预订系统(TOP - Thomason Open - line Program)的旅游经营商。目前,汤姆逊旅游集团接受旅游代理商通过计算机进行的预订。但是,由于现在越来越多的旅游代理商可以同时进入其他旅游经营商的计算机预订系统,因此旅游代理商的预订同客人直接打电话给旅游经营商进行预订相差无几。这种变化大大改进了旅游代理商的工作,具体如下:

1. 大大缩减了等待旅游经营商电话答复的时间。

2. 与旅游经营商进行业务联系的话费大幅度减少。通过电话上网的计算机进入预订系统——比如说位于爱丁堡的旅游代理商如果使用计算机,可能需要支付高额的电话费。但是,大多数大型旅游经营商都为旅游代理商提供按本地话费计费的系统联网服务。

3. 计算机可以计算出每条被咨询线路的价格。因此,即使每家旅游经营商计算费用的方式各不相同,但同时代理多家旅游经营商产品的代理商仍然可以应付自如。

4. 实时进入系统的优势在于旅游代理商可以获得即时的预订情况,而不是几个小时以前的情况,从而可以避免这样一种尴尬的局面,即客人满心欢喜地预订了某个旅游项目,但是旅游代理商在与旅游经营商联系之后却失望地发现该旅游项目的名额已经销售一空。

5. 文案工作量也得以减少。因为在大多数情况下,旅游代理商只需要给旅游经营商寄一张汇款单,而不是整张预订表格。

与航空公司的计算机预订系统有所不同的是,大多数旅游经营商所使用的计算机预订系统都是便于用户使用的。所以,旅游代理商使用该系统之前并不需要接受特别复杂的培训,因此也绝对不会因感到恐惧而重新使用电话联系方式。从客人的角度来看,目前存在的问题是,旅游经营商所使用的计算机预订系统各不兼容。所以,虽然旅游代理商输入一个日期,系统就会在该旅游经营商的所有产品中搜索相应的产品,但却无法交叉搜索以便同时了解其他旅游经营商的相关产品信息。为此,旅游代理商必须先退出一个计算机预订系统,然后再进入另外一个计算机预订系统。这一转换过程既缓慢又麻烦。于是,美国电话电报公司于 1994 年重新推出了一套针对晚期预订的中央数据库。它保证中小型旅游经营商能够将有关剩余名额的详细情况传送到该数据库,以便旅游代理商同时获得这些信息。这种获取信息的方式比单独的传真或邮寄更为经济有效。

大多数旅游代理商仍然使用可视数据系统/双向可视图文系统,而尚未使用效率更高、可以处理订票、发单、会计和其他行政工作以及预订包价旅游的个人计算机。在他们看来，双向可视图文系统的优势在于无须掌握技术，这样就不必进行专门的员工培训。1993 年有 3 家主要为旅游经营商提供双向可视图文系统的公司，它们是：

- 美国电话电报公司

伊米纽斯公司——快速信息通道

新普莱斯特尔公司(新快速电视电话咨询服务公司)

使用这种直接联系服务，旅游代理商只需要交纳年费就可以不限时地使用计算机系统。与此相比，使用拨号上网服务的旅游代理商每次使用计算机系统都要支付本地电话费。

从旅游经营商的角度考虑，允许更多的旅游代理商进入计算机预订系统可以节省本公司预订人员的工作时间，便于他们更有效地处理来自那些不使用计算机的旅游代理商和公众的咨询。例如，虽然公众可以通过可视数据系统查询到所有优你捷旅游公司的旅游项目，但是在 1993 年该公司的预订部每天还会接到多达 6 000 个电话咨询。只要这种情况继续存在，旅游经营商就需要保留一个十分庞大但却并非必不可少的预订队伍。因此，旅游经营商在 1993 年～1994 年的主要任务之一就是帮助旅游代理商熟悉计算机预订系统，并努力劝说他们放弃使用电话，转而使用计算机预订系统来销售其旅游产品。英航假日旅游公司认为，由于只有 20％的预订是通过 PLA 计算机预订系统完成的，因此大量的人工预订使其工作人员无暇接听所有的电话，所以损失了大约 20％的电话预订。海上阳光旅游公司在 1993 年宣布破产之前就一直在抱怨无法说服旅游代理商变电话预订为计算机预订。

然而，并非所有的旅游经营商都可以有效地使用可视数据系统。卡多根旅游公司于 1993 年决定放弃为旅游代理商提供的可视数据系统，其理由就是该公司仅有 7％的预订是通过可视数据系统完成的，而一套可视数据系统的年均使用成本高达 2 万英镑。卡多根旅游公司的平均旅游价格为每人 680 英镑(同期的平均行业价格为 346 英镑)。支付如此高额旅游费用的客人通常希望预订极具个性化的旅游项目或需要进行大量的协商，因此旅游代理商必须与旅游经营商进行电话联系。有人认为，计算机的大量使用导致旅游经营商与旅游代理商的关系日渐疏远，而两者之间定期的电话联系则不会造成这样的结果。

不论采用什么类型的计算机预订系统，可靠性都是至关重要的。在 1994

年夏季预订季节，航空旅游集团所使用的计算机预订系统出现了故障，致使该公司丧失了大量的预订。1994年汤姆逊旅游集团也遇到了同样的困扰。

(五)计算机预订系统的前景

旅游经营商正在努力将自己的计算机预订系统与各航空公司的计算机预订系统(CRS)联网。自从1989年红翼旅游公司同英国航空公司的BABS计算机联网之后，大约有10%的旅游经营商已经开始使用"透明度预订系统"，这样，他们无须使用复杂的CRS语言就可以通过本公司的计算机进入各航空预订系统，迅速了解票价和机票供应情况。大多数旅游经营商都与伽利略或环球公司直接联网。为客人提供使用定期航班及个性化长线旅游的旅游经营商以及专门从事批发定期航班折扣机票的旅游经营商从这种联网中获益匪浅，但是对于使用包机的短线旅游经营商来说则获益甚微。

旅游经营商借助"透明度预订系统"来预订饭店客房要比预订机票困难得多，其中部分的原因在于，许多饭店并不热衷于在CRS系统中为旅游经营商推出最新的房价。另外一部分原因在于，大多数旅游经营商更希望以单独的定价与饭店签订合同，而不喜欢接受计算机系统中推出的行业平均房价。许多小型的独立饭店根本不将自己的价格公布于CRS系统之中。一些旅游经营商，如水晶假日旅游公司和终极休闲旅游公司，已经能通过可视数据系统为旅游代理商量身定制旅游线路。这些旅游经营商首先通过联网进入CRS预订系统以获取机票供应方面的信息，通过自己的计算机预订系统获取签约合作饭店的客房信息，然后再提供给相关的旅游代理商。

目前，旅游代理商投资与CRS预订系统联网的主要目的在于处理商务旅游业务，而不是休闲游业务。对旅游代理商来说，只有在CRS系统既能够进行机票、客房和租车预订，又能够进行团队旅游预订的条件下，才值得将其休闲旅游业务纳入CRS预订系统。已经认识到这一点的美国航空公司CRS预订系统的运营商萨伯利公司(Sabre)目前正在研究其可行性。

直到1993年年中，汤姆逊旅游集团一直在同伽利略公司和美国电话电报公司合作，研发通过一个计算机终端将CRS预订系统与可视数据系统合二为一的个人计算机系统。这个名为GTI的项目致力于用高速的电子数据交换(EDI)取代速度缓慢的可视数据系统的信息处理。航空旅游集团和海外业主旅游集团都对这一个人计算机系统表现出浓厚的兴趣，因为该系统既能够大大降低旅游经营商和旅游代理商之间网络通信的费用,又可以加快旅游代理商的预订速度。同时,还可以把旅游代理商从大量繁重的预订工作中解放出来,以便处理更多的问询。但是在 1993 年 5 月,兰·波利连锁旅行社表示不再对使用该系统感兴趣了。实际上,这无异于宣告了该项目的终结,因为没有代理商的支持,该项目也就丧失了其商业价值。因为连锁旅游代理商越来越注重销售其旅游经营商的产品,所以,他们根本不可能对一个并非专门为旅游经营商设计的系统感兴趣,尤其是如果这意味着他们还需要支付高昂的费用来对已有的计算机系统进行升级换代。另外,采取纵向联合的旅游代理商也希望能够控制本系统旅游经营商在屏幕上展示产品的方式,而如果使用了 GTI 项目,他们就有可能失去这种控制。

虽然 GTI 项目中途夭折,但是,同样致力于利用电子数据交换技术的旅游技术倡导公司(TTI)仍然在继续努力开发这一技术,以便旅游经营商与旅游代理商可以通过计算机进行有效的沟通。旅游技术倡导公司与 80 家旅游经营商(包括航空旅游集团和海外业主旅游集团)、旅游代理商和科技公司共同合作,希望能够开发出一种统一的预订程序并且同时改善行政管理系统。

(六)未来?

从理论上说,便于用户使用的技术已经使旅游者可以轻松地绕过旅游代理商这一中间环节。例如,现在越来越多的家庭可以进入 CEEFAX 系统查阅旅游预订情况。1993 年,一家名为朝恩特利的公司全力开发一种可以安装在超市里并且为客人查询符合其旅游需求的新型计算机系统。为此,这一新型计算机系统需要与各旅游经营商的数据库进行联网而会更为方便快捷,无需像现在这样,即旅游代理商在为客人提供合适的旅游项目时,必须逐一查寻各旅游经营商的计算机预订系统。如果朝恩特利公司成功地研发出这一计算机系统,那么旅游者就可以通过该系统向自己所满意的旅游经营商直接进行预订。这种计算机系统不仅可以安装在超市里供客人使用,而且人们还可以通过家里的有线电视网进入。

虽然在 20 世纪 90 年代初期很少有旅游代理商大量使用个人计算机,但是这种情况似乎将会迅速地改变。

五、预订表格

如果采用人工操作系统进行预订，旅游代理商必须向旅游经营商寄送一份具有客人签名的预订表格。预订表格将成为旅游经营商和客人签订旅游合同的依据。如果使用计算机系统进行预订，旅游经营商不再要求旅游代理商寄送预订表格（虽然一些旅游经营商还倾向于保留一份有客人签名的文件以备日后的查询）。旅游代理商只需提供一份可以证明费用已付的汇款单据。汇款单据可能是传统预订表格中的一部分，旅游经营商可以将它剪下来（请参阅图5-7）。包括汤姆逊旅游集团在内的一些实现计算机化的旅游经营商已经不再把预订表格包括在其宣传册之中了。

六、直接销售的旅游经营商

直接销售的旅游经营商使用的预订系统与上述系统相同。例如，波特兰假日旅游公司的PACE系统（波特兰假日旅游公司先进的计算机环境）中储存着与汤姆逊旅游集团TRACS计算机系统一样的数据信息。客人不通过旅游代理商，而是同直销旅游经营商直接联系。

七、预订季节

包价旅游的传统预订高峰从1月份持续到3月份。圣诞节刚刚过去，阴郁枯燥的冬季已经来临。这时，人们就开始计划去哪儿度过为期两周的阳光假日，于是，他们一窝蜂似的涌向旅游代理商。所以，大多数旅游广告都集中在这一时期。直销旅游经营商也在这个阶段获得大量的业务。

然而，夏季阳光游的宣传册的制作在很长一段时间之前就开始进行了，而且制作日期还有继续提前的趋势。10年前，宣传册的制作一般从9月份开始，而到了1993年，宣传册的制作已经提前到了8月中旬。因此，第一阶段的预订从8月中旬开始到12月份结束。这个阶段的重要性日趋突出，尤其对于那些一心扩大自己市场份额的旅游经营商来说更是如此。在20世纪80年代末期和90年代初期，晚期预订逐渐成为一种趋势，其中部分原因在于，在经济萧条和高失业率的时期，许多潜在旅游者不敢过早地签订旅游合同。甚至在长线旅游市场和游轮旅游市场上也出现了晚期预订的趋势。鉴于此类旅游花费比较大，这种情况似乎让人感到有些不可思议。对此，旅游经营商颇感不满，因为首先这意味着无法尽早地收取客人交纳的旅游费用，从而无法利用这笔款项进行投资以赚取更多的利润。更重要的是，由于无法掌握旅游项目的销售量，所以很难决定是否需要合并航班或取消一些合作饭店的客房合约。由于很多剩余的旅游名额尚未售出，因此旅游经营商只好降价打折，这样就难以保证他们的预期利润。恶性循环由此产生：旅游经营商越是给予晚期预订较低的折扣价，旅游者就越会推迟预订时间以期获得更低的折扣价。

结果到了1993年的夏季，旅游经营商的销售重点变成了如何在推出宣传册之后获得理想的销售额。为了实现这一目的，旅游经营商和旅游代理商都推出早期预订优惠和其他奖励措施。旅游经营商这样做的依据是，销售得越多越好，销售得越早越好，因为这样便于确定哪些旅游项目尚有剩余名额，从而在1月～3月这一阶段加以调整。但是也有一些旅游经营商认为这样做并不明智，因为以折扣的形式提前获得预订无异于放弃了一部分本来迟早可以到手的利益。1993年，这种优惠策略确实成功地鼓励人们提前预订，尤其是鼓励了对长线旅游和游轮旅游的早期预订，而此类旅游最大的折扣大约是九折。例如，皇家加勒比游轮公司为提前预订的游客提供最高可达250英镑的折扣，结果大约有61%的游客选择了提前预订。分析数据的结果显示，航空旅游集团在1993年9月仅完成了1994年夏季预订的19%，海外业主旅游集团仅完成了9%，寰宇旅游集团和依博罗特尔旅游公司则分别只完成了6%，而汤姆逊旅游集团却完成了46%，其1993年9月的销售额是1992年同期的两倍。

尽管竭尽全力鼓励人们提前预订旅游项目，但是面对着1992年和1993年不景气的局面，旅游经营商们还是步履维艰。事实上，1993年5月旅游项目的销售情况非常不妙：如果没有折扣，销售根本无法进行。遗憾的是，折扣又使公众确信：只要坚持住，1993年夏季的旅游价格一定会下降。

冬季旅游项目也遇到类似的预订情况，滑雪旅游经营商同样提前推出宣传册（至少是宣传预告）并鼓励人们提前预订。1993年，水晶假日旅游公司还采取了另外一项鼓励提前预订的措施：为在7月份宣传册尚未发布之前，就根据宣传预告预订旅游项目的游客提供每人30英镑的折扣。

总体而言，销售精心策划的旅游产品的前60%并非难事，但是余下的30%以及最后关键的10%则难以销售，而这30%及10%恰恰意味着是否能够保本和盈利。

晚期预订

一般来说,晚期预订是指在旅游出发日前56天或8周以内进行的预订。但是有些旅游经营商把所有在旅游出发日前12周以内进行的预订统称为晚期预订。晚期预订给旅游经营商带来诸多的问题。例如,旅游经营商通常会把通过配给合约所获得的多余机票和饭店客房退还给航空公司的饭店,以避免滞留那些无法售出的机票和客房。这意味着旅游经营商可能需要使用传真或电传临时向航空公司和饭店预订机票和客房。有时,旅游经营商还需要将客人安排入住一些宣传册没有介绍过的饭店。如果预订发生在发团日的前两周,旅游经营商则需要安排"出发取票"服务,使客人在机场拿到机票和相关的旅行文件。如果晚期预订的是需要办理签证的长线旅游,那么就会更加麻烦。一些旅游经营商会采取措施,通过动用各种关系迅速办理好签证。当然,这种服务需要额外的付费(大约10英镑)。此外,旅游经营商在安排滑雪装备以及满足晚期预订者的各种特殊要求方面也颇感力不从心。

尽管困难重重,但是晚期预订仍可以接受。毕竟,晚期预订保证了航班出发前机票和签约饭店客房的销售。有时,旅游经营商还会特别制作活页广告和海报来宣传尚未售出的剩余旅游名额。在20世纪的80年代末期和90年代初期,旅游经营商还借助晚期预订的折扣进行推销,尽管这种做法带来了意想不到的副作用,即旅游者进行预订的日期越来越晚,以期获得最优惠的价格。大型旅游经营商每天甚至是每小时都在对旅游旺季期间各价位产品的销售情况实施监测,以确定是否需要调整价格。

如果预订发生在出发前的8周之内,旅游经营商会要求客人在预订时使用现金、信用卡或有银行或住房抵押银行签发的保兑支票支付全额费用。

晚期预订全年都会出现,但是主要集中在夏初和夏末。仅售机票和滑雪旅游的预订最有可能在旅游出发前的一刻进行。

八、接受预订

预订可以被视为旅游经营商中的一项业务职能。当然,还包括许多其他的业务工作,其中一些涉及接受预订、收取费用以及确保在旅游团队出发之前把所有相关的票据和旅行材料及时地送到旅游代理商和客人手中。

在接到一份预订表格后，预订部负责检查表格的各项内容是否填写正确并改正查出的错误。然后将预订表格送至财务部并由财务部负责核实费用并加以确认。财务部的工作人员要把需要支付的押金和需要收取的保险费等具体数据输入计算机系统。如果是人工预订，那么需要将这些具体数据打印出来。财务部还需要出具一份注明未交余款数额和最后缴费期限的收据。旅游经营商保留一份确认收据。第二份确认收据由旅游代理商保留，这份确认收据需要注明在扣除代理佣金和保险费用之后，旅游代理商需要付给旅游经营商的款项总额。第三份确认收据交由客人保存。一旦出具了确认收据，旅游代理商就必须对旅游费用承担责任，因此必须向客人收取足额款项来支付给旅游经营商。

一般来说，数据处理人员负责打印确认收据。这项打印工作一般是在正常的销售时间以外进行，以避免计算机负荷超载。数据处理人员负责核对确认收据和预订表格是否相符，然后将其交送预订部，再由预订部将其送给旅游代理商。数据处理人员根据出发日期和旅游目的地保留一份确认收据并将其存档。

如果预订发生任何改变，就必须出具一份新的收据。如果预订被取消，就需要出具一份注明所需支付费用的预订取消收据，并将其送给客人。这样，客人就可以根据自己投保的类型提出索赔。如果客人在预订取消时所支付的款项超过了所需支付的费用，旅游经营商必须退还客人多付的款项。

所欠的余款收据大约在出发日前的第十个星期内打印出来。届时，旅游代理商必须收取所欠的余款并将注明余款金额的汇款收据寄送给旅游经营商。

直接销售旅游经营商则必须采取一种略有不同的操作程序，信贷控制员和财务部在确保客人不拖欠余款方面起着举足轻重的作用。因为在没有旅游代理商作为中介的情况下，如果客人未能支付费用，那么旅游经营商就得自己偿付拖欠饭店和航空公司的所有债务。

九、各类票据及旅行材料

普通行政人员或预订人员负责将与每个旅游项目相关的票据及旅行材料放入厚纸文件夹内。下面是一部分或全部相关的票据及旅行材料：

- 组团说明

- 机票
- 住宿凭单
- 旅游线路详解
- 行李标签
- 保险证书
- 有关免疫与健康的注意事项
- 有关签证要求方面的信息
- 促销活页。例如,有关机场停车情况

(一)机票

提供定期航班的航空公司只有在旅游经营商支付票价后才会出票。至于包机航空公司的机票,尤其是那些由旅游经营商自己拥有的包机航空公司,旅游经营商可以自己印制机票或者在事先印好的机票上手写具体内容。如果旅游经营商储备了机票,那么必须妥善保管好这些机票,因为它们具有实际价值。

如果旅游经营商使用计算机系统,那么一旦输入余款已付的信息,计算机系统就会自动出票。有时计算机系统还可以根据不同的日期自动出票。在这种情况下,必须扣留余款尚未支付的机票直到余款结清后再放票。大多数计算机系统都设有手工修改机票功能。

在出票之后必须将机票送交旅游代理商。红翼旅游公司曾经试图引进一种卫星机票打印机,以便旅游代理商自己出票,但是并未成功。部分原因是旅游经营商的开发成本过高,另一部分原因则是旅游代理商不愿意为新的打印机投资。MNS公司也开发了一种叫做“快速出票”的系统,但是旅游经营商对这一系统同样缺乏热情,其原因可能是他们正在观望航空公司研制的ATB系统(机票和登机牌自动打印系统)的效果。ATB系统还具有对预订电子记录功能,该系统旨在提高安全性,并且最终加快办理登机手续的速度。P&O欧洲轮渡公司和TTI公司也正在开发一种名为ATB Mark Two的票务与登船/机牌自动打印系统,而各汽车租赁公司正努力研制一种通用的租赁单打印系统。对于旅游代理商来说,较为理想的是在一种可以处理所有票务的系统问世之后再投资新型打印机。

(二)住宿凭单

旅游经营商也可以自行印制住宿凭单。一些住宿凭单可以作为实际的付费手段,另外一些住宿凭单仅作为费用已付的凭证。

(三)旅游线路介绍

旅游经营商还可以自行制作旅游线路介绍,这种线路介绍性材料对于个性化旅游项目或多重目的地的旅游项目非常重要,因为这类旅游项目产生误解或出现错误的可能性非常大。旅游线路介绍的具体内容可以由海外经营部确定,并由公司内部的计算机制作或在别处印制。

(四)行李标签

行李标签除了可以区分游客的行李之外,还可以同时用来提高旅游经营商的知名度。

(五)团队会合说明

这些说明向客人解释应该于何时在何处办理登机手续,以及团队会合的方式和前往度假区的相关安排。

(六)有关健康和签证要求的信息

虽然这类信息一般是在机票送出之后才会寄给客人,但是这样做实在是有些为时过晚。客人需要在出发日期前掌握这些信息以便进行接种疫苗、服用预防疟疾的药片以及办理签证等准备工作。《欧共体包价旅游管理条例》规定,旅游经营商必须向客人提供有关签证和健康要求的信息。

(七)促销活页

旅游经营商可能向客人发送在始发机场停车事宜说明和入住机场饭店优惠价以及销售诸如变压器等旅游商品的详细信息。在某些情况下,如果客人选择了上述优惠项目或商品的话,旅游经营商可能会获得销售佣金。为此,旅游经营商需要在材料中使用一个代码来表明促销的来源。

十、内部文件

除了处理预订和付款的书面工作以及每个预订的文件处理工作之外,行政业务部还需要负责饭店和航空公司所要求的书面工作。

(一)旅客名单

航空公司需要一份列有所有客人姓名及所有儿童年龄的旅客名单。预订人员可以将这些信息连同客人的所有特别要求(如清真食品或轮椅等)用计算机一并打印出来。预定人员需要在机票送出之前再次核对机票和姓名。之后,将一份旅客名单的复印件寄给本国的机场送行人员,另一份复印件寄给公司的海外业务代表或当地的地接社。第三份复印件则留在总公司备案。

巴士旅游也要准备相同的旅客名单或到达游客名单。因为在通过边境时需要出示这些文件。所以,旅客名单上还需要附有旅客的护照号码。

与其他文件一样,这些旅客名单有时也需要在销售工作以外的时间内印刷,以避免计算机负荷超载。有些计算机可以连接传真或电报挂号机,这样旅客名单的复印件可以直接传送到度假区的传真机或电报挂号机上,这样既节省了时间也节省了邮资。

(二)住宿名单

在所有旅游团出发前的一个月之内,预订人员都要为饭店复印一份住宿名单,内容包括所需客房类型(单人房、双人房等)和食宿安排的预订情况等。需要将一份住宿名单寄送给饭店和度假区业务代表。饭店能够根据住宿名单来决定为哪些客户预留哪些客房。

(三)接机单

接机单上附有一家旅游经营商的所有乘坐某一航班的乘客的姓名,但是为了方便业务代表接机,会根据乘客所属的旅游团队或所入住的饭店进行分类。

如果需要确认其他具体事宜,旅游经营商或者将这些信息连同住宿名单一起或者单独寄给度假区业务代表。

一、支付旅游经营商的方式

大多数旅游经营商收到的款项主要是由旅游代理商签发的支票。但是,直销旅游经营商通过支票、信用卡、赊账卡或银行支票、住房抵押银行的支票收取费用。有时,直销旅游经营商也接受以现金的形式付账。在处理晚期预订时,他们要求使用现金或信用卡来支付旅游费用而不接受个人支票。

(一)现金付款

旅游经营商接到现金时必须小心查点,而且最好是当着客人的面进行。如果处理一笔数额巨大的现金,他们最好请第三方参与查点。旅游经营商必须谨慎验钞避免假币。无论谁收取现金,都必须按照发票仔细核对钱款,确保金额准确。旅游经营商还必须准备好发票,或者当场开给客人或者随后立即寄给客人。所有现金在收取之后必须立刻存放在现金箱或保险柜中。

(二)支票付款

当接受支票时,旅游经营商必须确保:

(1)大小写的金额相吻合

(2)日期准确无误

(3)支票上有签名

(4)旅游公司的名称准确无误。

另外，必须核对发票与支票金额是否一致。

一般来说，如果接受个人支票的一方将支票卡号码写在支票背面，那么大多数银行最高只保证承兑 50 英镑。现在，各银行为拥有良好信誉的顾客发行可承兑 100 英镑的个人支票卡。同时使用若干张支票而每张支票金额低于 50 英镑的做法是不予接受的。如果支票金额巨大，那么银行的 50 英镑承兑保证将不适用，银行甚至连前 50 英镑也不会保证承兑。如果接受金额超过 50 英镑的支票，那么必须留有充分的时间交由银行系统核实。如果账户资金不足，则会拒收该支票。但是，银行或住房抵押银行发行的支票具有全额承兑保证，因为如果事前没有对客人的支付能力进行调查，银行和住房抵押银行是不会发行支票的。

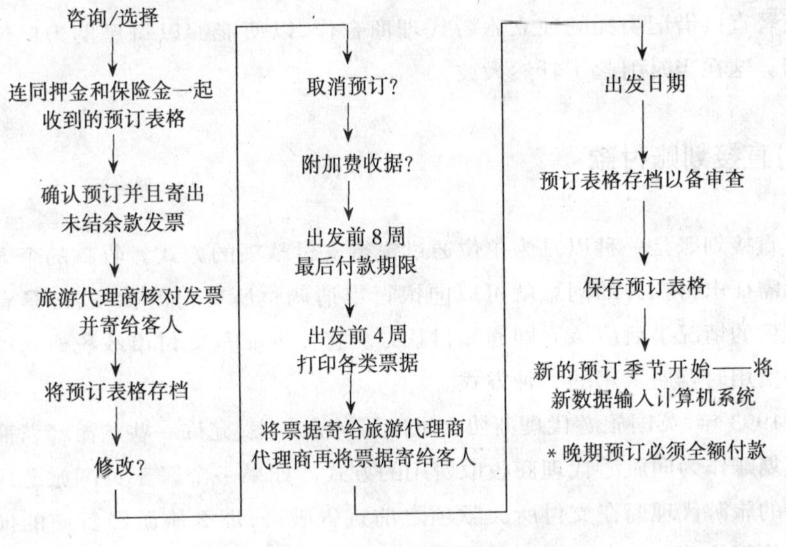

图 6-2 预订环节

(三)信用卡或赊账卡付款

大型旅游经营商目前接受使用维萨卡、便捷信用卡、美国运通信用卡和大来卡支付旅游费用。但是在接受信用卡之前，首先需要得到发卡公司的授权许可。必须将授权许可号码记录在信用卡登记表中。

使用信用卡对于晚期预订尤其重要，因为客人需要立即付款。客人甚至可以通过电话来完成付款。在这种情况下，只能将机票寄到持卡人登记居住的地址。

由于发卡公司对使用其信用卡收取佣金，因此旅游经营商可能会对所接受的发卡公司十分挑剔。从理论上说，旅游经营商可以对持卡消费者收取高于现金或支票消费者的费用，以便支付因使用信用卡而支付给发卡公司的佣金。

（四）旅游代理商使用信用卡付款

大多数旅游代理商以月份为单位，通过一张支票与旅游经营商结清账目。在接到支票以后，旅游经营商需要核对发票与支票的金额是否一致，然后将钱款分配给不同的预订单。在1993年，英航假日旅游公司声称，该公司今后只同签署直接借记委托的独立旅游代理商合作，以便能够以每星期为单位收取费用。这在当时引起了轩然大波。

（五）直接划账付款

直接划账是一种以月为单位通过银行支付款项的方式。收款的个人或公司无需征求付款方的同意就可以向银行申请调整所支付的款项，但是有关调整款项的情况事后应该立即通知付款方。直接划账是支付市政税或水电煤气费等费用时普遍采用的一种方式。

1993年，英国旅游代理商协会批准了一个方案，允许一些旅游经营商使用直接划账作为向旅游代理商收取费用的方式。如果一个属于英国旅游代理商协会的旅游代理商在支付所欠款项之前宣告破产，那么旅游经营商的损失可以用旅行代理商基金来赔偿。航空旅游集团、巴尔干假日旅游公司、英航假日旅游公司、全球旅游公司、汉密尔顿旅游公司、依博罗特尔旅游公司、灵感旅游公司、库奥尼旅游公司、休闲在线旅游公司、首选旅游集团、落日余晖旅游公司、汤姆逊旅游集团、优你捷旅游公司以及维尔京旅游公司都推出了直接划账的付款方式。计算机系统专业公司——自动文档公司有望研制出一种适合其他旅游经营商的系统。

十二、其他行政功能

计算机系统可以帮助旅游经营商建立旅游代理商档案，其中需要包括以下信息：

- 旅游代理商的名称、地址、电话和传真号码
- 英国旅游代理商协会或英国独立旅游经营商协会的会员号
- 联系人的姓名及其职位
- 旅游代理商的情况介绍
- 地区和最近出发地点
- 类别——根据业务量

这些档案将来可以用来记录：

(1)宣传册发布的日期

(2)客人选择的旅游意向

(3)旅游意向成为实际预订的比例

(4)旅游代理商出售旅游经营商产品的销售额

还可以使用这些档案为旅游代理商印制附有其名称和地址的标签。旅游经营商有时还需要为不属于英国旅游代理商协会的旅游代理商建立单独的档案。随着稳定机制于 1993 年的废除，为个体旅游代理商建立单独的档案也许会变得司空见惯了。

撰写报告

计算机极大地方便了撰写各种总结性报告，比如有关旅游经营商自己的保险业务销售额、汽车租赁安排、预约短途游览、滑雪设备等方面的报告。还可以使用计算机来撰写其他类型的报告，比如显示每周或每月的预订情况，以及旅游或度假项目的盈利率等情况的报告。此外，还可以利用计算机所储存的数据对不同的年份加以快速比较。所有这些都有助于策划下一年度的旅游项目。

十三、销售代表的作用

从传统意义上讲,实力雄厚的旅游经营商会雇用销售代表来负责走访旅游代理商并帮助他们解决问题。销售代表走访的频率取决于旅游代理商的销售业绩。最优秀的旅游代理商可能每6周接待一次销售代表,而其他的旅游代理商可能根本没有机会。航空旅游集团和汤姆逊旅游集团于1993年撤消了各自的销售代表,三大巨头中只有海外业主旅游集团仍然定期派销售代表走访其旅游代理商。

销售代表通常不会参与硬性推销。他们的工作通常是解答旅游代理商的咨询以及帮助他们解决当前所面临的问题,如需要更多的宣传册等,从而使销售业绩好的旅游代理商可以在销售工作方面更上一层楼。销售代表还可以协助安排橱窗展示、预订宣传册等,甚至还可以参加由旅游代理商主办的促销活动。他们负责为一些精选的旅游代理商进行培训,还会参与选择派往度假区进行实地考察的人员。实地考察往往被视为是一种对旅游代理商销售业绩的答谢形式。销售代表也有可能亲自陪同旅游代理商进行实地考察。

如果旅游经营商无力拥有自己的销售代表,那么也可以花钱使用诸如BP旅游行业服务公司的专业服务。BP旅游行业服务公司拥有统一着装的销售队伍,可以为不同的客户实施某些销售代表的职能。例如,核实旅游代理商在收到宣传册后是否安排上架展出。

客户关系

旅游经营商每年都要与大量的客人打交道,因此投诉现象的发生在所难免。其中大部分投诉都由旅游经营商长驻度假区的业务代表进行处理,但是其他的投诉必须等到客人返回之后,由顾客关系部或客户服务部负责解决。

旅游经营商通常是在其宣传册的最后部分介绍有关投诉的步骤。客人应该尽快地向度假区的业务代表投诉。如果无法圆满地解决问题,客人应该填写一份报告,详细说明投诉的原委。度假区的业务代表需要保留一份报告的复印件。客人还应该投诉不称职的有关第三方(如旅游巴士司机、餐厅服务员等)。在返回之后,客人应该立即给客户服务部写信说明事情经过,提供自己旅行的预订号码和投诉报告号码。投诉期限一般是回到英国后的28天以内。

英国旅游代理商协会的《旅游经营商行为准则》针对旅游经营商解决投诉的时限作出了相关的规定:投诉确认书应该在 14 天(两周)以内发出,确切答复(或者未能及时作出确切答复的解释原因)应该在 28 天以内作出。整个事情必须在接到客人投诉后的 56 天(两个月)之内解决。

如果双方还是无法达成满意的解决办法,那么客人或旅游经营商可以向特许仲裁委员会提出仲裁请求。该仲裁委员会根据书面证据以及申请人赔偿的有限责任,提供一种简单经济的仲裁方式。但是,该仲裁委员会不受理旅游费用超过每人 1 500 英镑或总费用超过 7 000 英镑的仲裁申请,并且也不受理主要是由于人身伤害、疾病或由于此类原因而引起的纠纷的仲裁申请。

十四、各种环境因素

旅游经营与其他行业一样距离无纸化办公还相差甚远。但是 20 世纪 90 年代以来,越来越多的旅游经营商至少已经开始意识到应该在经营过程中努力做到减少浪费。由于每年宣传册的印刷量大约是一亿二千万册,所以在宣传册这一环节中显然存在着改进的余地。现在,一些旅游经营商声称其宣传册是使用环保型材料印制的。例如,汤姆逊旅游集团宣称“制作宣传册所使用的纸张全部是以经济林木和可再生林木为原材料的:每砍伐一棵树木,至少会补种两棵树”。航空旅游集团声称“宣传册在制作过程中不使用任何取材于世界各地热带雨林的纸浆原料。所使用的纸张都源于树木可持续生长的地区,在那里每砍伐一棵树至少要补种两棵树”。

但是就可循环利用而言,仍然是任重道远。AFD 合伙人公司于 1993 年进行的调查问卷的结果显示,当被问及如何处理剩余宣传册时,67%的旅游经营商回答说送到市政垃圾处理点,18%的旅游经营商要么说不知道,要么就拒绝回答,只有 17%的旅游经营商回答将剩余的宣传册送到废物再利用公司。虽然有人提出在处理宣传册时应该采取统一的废物再生方案,但是目前尚无任何进展。

从理论上讲,科技发展展示出完全摒弃宣传册的前景,Abtech 技术公司已经建议,到 1997 年～1998 年,各旅游经营商开始使用计算机信息网页而不是使用宣传册来经营业务。但是由于人们还是习惯于在家里同家人一起翻阅宣传册,因此这仅仅是一种理论上的设想而并非现实。

十五、招聘和培训

(一)招聘

旅游行业的工作非常受欢迎,因此旅游经营商经常收到许多来自大学生和高中生的就业咨询。尽管如此,旅游经营商主要还是通过在旅游行业期刊(如《旅游与旅行指南》和《旅行周刊》等)上发布广告来招聘员工。旅游经营商一般乐于雇用曾经在大学里学习旅游管理课程的学生或是曾经周末在旅游代理商那里做过兼职的人,因为他们拥有与公众打交道的经验并且熟悉旅游经营业务。

(二)培训

与其他行业不同,旅游经营商不仅要培训本公司的员工,而且还必须培训实际上隶属于他们的销售队伍——分布在全国各地的旅游代理商。一般而言,两组不同的培训人员分别负责英国本部的员工和旅游代理商以及海外员工的培训工作。

1.培训旅游经营商自己的员工

大多数旅游经营商会根据自身的规模为新员工举办就职指导日或就职指导周活动,主要是向新员工介绍本公司的经营规章制度和各部门的不同职能。就职指导活动通常在雇用新员工之初举行,但是也不一定在每个员工就业伊始就举行,因为从经济角度讲,凑足几个新员工一起培训更为合算。在就职指导活动期间,新员工需要了解本公司的产品并掌握一些基本的技能。旅游经营商还有可能为新员工安排实地考察以体验部分旅游项目的内容。

大型和中型旅游经营商雇用自己的培训师为新员工讲授销售、电话营销、信函写作和接待客人等技巧。各部门也许还需要对新员工进行与本职工作有关的特别培训,并且教授他们如何使用预订系统。此外,在一年之中,各航空公司、饭店和国家旅游局也有可能举办一些培训。

一些旅游经营商参加了政府主办的、为期 18 个月的"青年培训计划"。当然，旅游经营商提供的培训机会远远少于旅游代理商所提供的机会。例如，汤姆逊旅游集团每年只接收15名参加青年培训计划的受训者。旅游经营商如果确实雇用了青年培训计划的受训者，那么一般会把他们分配到不同的部门，如果受训者在培训结束时可以通过所有必要的资格考核，那么旅游经营商保证为他们提供一份工作。

一些旅游经营商还设置了大学毕业生培训计划。比如说，汤姆逊旅游集团每年招聘10名大学毕业生并将他们分配到市场营销部和信息技术部工作，为其提供为期4个月的强化培训。

2. 培训海外员工

英国本土的员工还有责任对即将赴度假区工作的员工进行培训。由于旅游经营商的业务代表在客人心目中代表着该旅游经营商的形象，因此这种培训尤其重要。虽然业务代表对客人的态度并非决定人们对旅游度假是否满意的唯一因素，但是他们在体现旅游经营商关爱客人的程度以及重视自身业务等方面发挥着不容忽视的作用。在大多数旅游经营商极力培育客人忠诚度和回头生意的今天，训练有素的业务代表的态度和举止必然会起着决定性的作用。

3. 培训旅游代理商

汤姆逊旅游集团雇用了一位产品促销经理，负责在全英国范围内组织培训活动。仅就如何销售汤姆逊旅游集团的一项滑雪产品，每年大约有1 000名旅游代理商参加为期半天的研讨会性质的培训。

这种培训的规模也许超出了小型旅游经营商的预算(例如，尼尔森旅游公司每年培训2 500位旅游代理商)，因此小型旅游经营商大多是通过促销活动和实地考察来培训负责其产品销售的旅游代理商。大型旅游经营商也会采取此类培训方式，但是也采取在公司总部或在旅游经营商处举办正式的研讨会的形式。大型旅游经营商的销售代表经常在走访各旅游代理商的过程中采用研讨会的培训形式。但是由于汤姆逊旅游集团和航空旅游集团现在已经解散了各自的流动销售代表，因此类似的正式培训可能会越来越少了。随着越来越多的旅游经营商入驻伦敦市内和周边地区，将来大部分培训的接受者很可能会是伦敦的旅游代理商。

大部分的培训工作是围绕着新推出的宣传册展开的。因此，汤姆逊旅游集团为每个旅游代理商准备了“宣传册发布培训包”,突出有别于去年的新产品特色和新变化并提供有关销售新产品的技巧。但是,旅游经营商还会通过有关某一目的地的“实情档案”为销售业绩特别出色的旅游代理商提供更多有关新产品的详细信息。例如,汤姆逊旅游集团的“希腊档案”就利用便于及时更新的散页来提供有关该公司在希腊推出的所有度假村和饭店的详细信息。此外,还有一份汤姆逊滑雪档案和一系列录像片来帮助旅游代理商熟悉名目繁多的各类产品。

(三)英国旅游代理商协会全国培训委员会

位于沃金的英国旅游代理商协会全国培训委员会,也会提供一些面向旅游经营商的培训。该委员会同时也是政府要求旅游经营商举办的青年培训计划的常务执行机构。这个计划的目的是培训年龄在 16 岁以上的青年,使他们通过接受当地大学的正规教育并根据自学辅导指南自学,从而获得旅游经营专业的国家职业资格证书。由于这是一项国家资助的培训项目,因此在受训者接受青年培训计划期间,旅游经营商可以以 35 英镑的周薪雇用他们。1994 年,政府推出了实地旅游经营和导游业务(适合度假区业务代表和导游)专业的新国家职业资格证书。

英国旅游代理商协会全国培训委员会的自学辅导指南同样适用于从事旅游经营的全职雇员在业余时间的自学。一些旅游经营商还为雇员的自学报销一定的费用。

1994 年,英国旅游代理商协会全国培训委员会似乎将会转为私营机构。

(四)旅游经营的职业前景

在汤姆逊旅游集团、航空旅游集团、首选旅游集团或寰宇旅游集团工作的员工可以期望在本集团内享有传统意义上的职业前景,但是受雇于小型旅游经营商的员工也许不得不依赖于跳槽,甚至调往其他城市来获得较好的职业升迁前景。这一现象并非是因为小型旅游经营商不希望从内部提升员工,而是因为其雇员人数有限,所以根本没有任何专业发展和提升的机会。

对于从预订部起步的员工来说,提升可能意味着调动到其他部门,有可能是从事为客人安排具有个性化的旅游活动或组织旅游代理商进行实地考察的工作。此外,也可能意味着去某个度假区担任业务代表或旅游团的领队。

问答题与讨论题

1. 你认为旅游经营业如何才能真正成为"环保型"的产业?无纸化办公和无宣传册办公是切实可行,还是仅仅是纸上谈兵?

2. 试论旅游经营商——其中包括小型旅游经营商——实现计算机化的利与弊。

3. 当前,大型境外旅游经营商的绝大部分业务是通过旅游代理商获得的。你认为这种情况还会继续下去吗?如果不能,请解释原因并说明会对旅游经营商产生何种影响。

课后作业

1. 将学生两人分为一组,就大型旅游经营商宣传册中有关某一度假区的内容,选择一页,分别设计出人工预订系统所需要的文案工作。开始之前,学生们先讨论一下应该如何完成任务以及都需要哪些材料。之后,他们要交给老师一份只涉及一个方面的备忘录,着重阐述他们所遇到的困难以及完成文案工作所需要的时间。

2. 如果贵校设有培训部或培训机构并且可以进入模拟计算机预订系统,那么可以进行一次角色演练。把学生每3人分成一组,一个人扮演客人,一个人扮演不使用计算机的旅游代理商,一个人扮演旅游经营商。如果学生曾经在旅游代理商那里实习过,那么应该让他们自行设计情景,否则将由指导教师负责设计情景。在两场演练中,学生可以分别扮演客人、旅游代理商和旅游经营商。客人正在就一次可能的旅行与旅游代理商进行交谈,而旅游代理商又将有关信息传递给旅游经营商(在现实生活中,这是需要同步进行的工作)。在角色演练结束时,学生们应该清楚:旅游代理商需要向客人了解哪些情况,并且以什么顺序将这些信息有效且经济地告知旅游经营商。

3. 如果贵校有条件进入模拟计算机预订系统,那么让学生轮流使用该系统进行预订。最好还能同时通过电话接受来自其他同学的预订。如果没有条件这样做,其他同学也可以从宣传册中为家人或朋友挑选一些旅游项目,写下细节并交给负责预订的同学。

4.你在一家大型旅游经营商的顾客投诉部工作。你收到了一封来自一位感到非常不满意的客人的投诉信。请设计一份图表,逐条列出客人投诉的详细内容,并用一栏显示每个问题的责任所在。然后起草一封回信,说明公司针对这一投诉所要采取的措施。请牢记,回信的语气应该完全不同于来信的语气,并且应该十分谨慎,不要轻易承认责任,以免公司不得不承担大额的赔偿金。最后,全班同学应该在一起讨论并就如何处理类似投诉发表各自的看法。

亨治

伍得兰兹街

布里斯托尔市

BS1 2BD

1993 年 12 月 24 日

尊敬的先生/女士:

我和我丈夫刚刚从塞舌尔度假归来。我们是通过贵公司进行预订的。这次旅行是我们的银婚纪念旅行。我们原本以为,既然花了大价钱就一定能够享受到一次舒适愉快的旅行。但是我们认为,我们的旅行不仅令人失望,而且完全不合乎标准。像你们这样一家有着良好声誉的公司竟让我们感到如此失望,这实在让我们感到震惊。

我们提前到达机场,以便有足够的时间办理登机手续,但没有想到飞机竟然晚点。事实上,飞机晚点了 8 个小时,但是贵公司的业务代表除了告诉我们不会久等以外,似乎没有作出任何解释。当然,当我们坐上飞机后,我们感到又累又饿,脑子里一片空白,直到飞机降落后才发现我们的两个行李落在了希斯罗机场。

与机场的那个代表相比,岛上的业务代表还不错,至少他给我们提供了一些钱,以便我们可以在行李两天后送到之前购买一些日用品。但当我们办理入住手续时,我们感到更加失望了。我们的房间不仅看不到海景(我们预订并已支付了海景客房的费用),就连我们要求的香槟和鲜花也不见踪影。所以我们第一天上午是在办理行李丢失赔偿,更换客房以及不断地投诉中度过的。这可不是一次旅游度假很好的开端。我想您也一定有同感吧。

宣传册中所描述的天堂饭店令人向往,而且据说还有一个较大的游泳池。事实上,游泳池因维修而关闭了。另外,即便游泳池开放,我也难以相信这是一个较大的游泳池——它更像是一个儿童浅水游泳池。我丈夫在食品方面非常在意,所以我们才特意选择了一家提供英式美食的饭店。但是我们再次感到失望了。如果您入住一家豪华饭店,您绝对无法想象能够品尝到冰凉且半生不熟的炸薯条,对不对?宣传册中谈到了休闲自在的岛屿氛围,我想那大概就是说傍晚时分呆呆地坐在餐厅,等上半个小时才能吃到晚饭吧。我们再一次向业务代表提出意见,但是她好像对投诉已经感到厌烦,因而恶言恶语地对待我们。

最让人无法容忍的是,当我们抵达机场,打算前往另外一个当地岛屿做短途游览时,却发现航班被取消了,而在我们度假期间所有的航班都已经满员。更糟糕的是,我的丈夫患了胃肠炎,接下来的3天不得不卧床休息。

我们认为,此次旅游与宣传册的承诺完全不符,因此我们应该得到赔偿。我们已经支付了2 880英镑的旅游费用,应该至少退赔我们500英镑以补偿我们所经历的失望。

希望尽快得到贵公司的答复。

您忠诚的

玛格里特·史密斯

第七章

海外经营业务

本章学习目标

通过对本章的学习,你应该能够:

- 了解海外经营部的工作
- 说明度假区业务代表的作用
- 列出旅游经营商在海外雇用的其他雇员及其作用
- 解释出现紧急情况时所应该采取的步骤

一、引言

虽然旅游经营商的大部分工作是在旅游客源国进行的,但是境外旅游经营商的业务中的一大部分很显然是在海外开展的。大型旅游经营商不仅在英国国内有众多的员工,而且在海外也有自己的雇员来处理日常的管理事宜。最为抢眼的海外员工非度假区业务代表莫属了。他们实际上代表着旅游经营商的公众形象。度假区业务代表接受度假区经理以及位于国内的旅游经营商海外经营部的双重领导。小型旅游经营商也许没有自己的度假区业务代表,而是利用中介公司。

就巴士旅游而言,导游的作用要比接待游客入住的饭店代表的作用更加突出。在滑雪胜地,滑雪代表会得到滑雪旅游团领队(领队的工作就是为滑雪旅游团提供导游服务)和别墅员工(他们为客人提供饮食与清洁服务并且负责迎送客人前往或离开自己的客房)的支持。

从总体上讲,旅游经营商的海外工作有两个主要的特点:一是季节性强,二是通常收入较低。尽管一些优秀的员工设法在夏季结束之后又找到了冬季的工作并且最终有可能成为一位国内的全职雇员,但是就在海外就职的员工的总体数量而言,这类员工的数量还是很少的。

二、海外经营部

海外经营部必须负责招聘和培训度假区业务代表并对他们在度假区工作期间进行管理。如果度假区位于欧盟以外的国家,那么海外经营部还必须为在那里工作的所有员工申请在该国的工作许可。由于有些国家希望外国公司雇用本地居民,因此申请工作许可有可能会耗费很长的时间。例如,土耳其规定,所有的巴士旅游团都必须配备一名土耳其的导游,尽管英国的旅游经营商也许会坚持派一位自己的雇员随行。

海外经营部的一项重要的职责就是在员工前往海外之前对他们进行培训。

三、海外雇员

大型旅游经营商通常在主要的旅游度假区设立办事处来处理日常的工作。在办事处工作的雇员与度假区业务代表相比很少接触客人。他们通常负责协调交通与住宿事宜以及预订游览项目等。做这些工作通常需要一般的办公技能(如具有基本的计算、打字和组织能力,并且能够使用电传和传真机等)。由于客人可能会打电话或来办事处咨询,因此办事处员工还需要具备沟通的能力。负责行政事物的员工和经理也许还需要会讲当地的语言,以便能够轻松自如地与当地的饭店业主和地面接待人员进行交流。

(一)度假区业务代表

要在夏季工作的度假区业务代表通常是在前一年的秋季和当年的1月之间招聘的。员工招聘的广告是在11月和1月之间刊登在行业期刊上的(如《旅行与旅游指南》或《旅行周刊》等),有时也会在全国性的报纸上刊登。一般是在12月和2月之间挑选第一批应聘者,而最后一批的挑选是在3月。也许还需要从候选名单中招聘一些额外的度假区业务代表以应对7月和8月的旺季客流。

培训在4月初开始,其中一部分是在英国国内进行,而另一部分则是在相关的海外度假区进行。度假区业务代表的培训包括以下的某些或全部内容:

- 介绍公司的历史及其经营方针
- 描述工作的性质及其重要性
- 聘用的条件
- 有关应对消费者的建议
- 介绍行政程序及文书工作
- 介绍有关度假区的情况

——机场

——接送程序

——住宿

——预防火灾的程序

——短途游览

——商品

——度假保险的条件

——如何处理意外事件

英国旅游代理商协会之《旅游经营商行为准则》规定,旅游经营商要求其代表必须熟悉本公司的经营方针,以便能够理解并根据书面程序履行其职责。

并非所有的旅游经营商都配备了度假区业务代表。这也许是因为有些旅游经营商太小了且客人数量不多,不值得安排专门的度假区业务代表。然而,由于旅游市场在20世纪90年代变得越来越成熟,而且有许多经验丰富的旅游者,甚至连一些主流旅游经营商都开始怀疑是否还需要在所有的度假区配备业务代表。1993年夏季，汤姆逊旅游集团决定改变其在科孚岛、特内里费岛和伊比萨岛这些久负盛名的大众度假目的地的安排，并在这些度假区设立了服务中心，服务时间为每天从早上8点到晚上8点，同时撤销了走访各饭店的度假区业务代表。汤姆逊旅游集团期望这将能够减少所需业务代表的数量并降低成本，但是无法确定这样做的最终结果是否会使来自有利可图的饭店外出游览方面的收入也同时减少。

度假区业务代表需要在旅游季节开始时前往其度假区并在旅游季节快要结束时逐步返回英国。地区和度假区经理则一直要在度假区呆到旅游季节结束。

度假区业务代表的作用

度假区业务代表体现着旅游经营商在度假区的公众形象，因此起着至关重要的作用。他们的职责就是确保消费者的度假平安无事并解决任何可能出现的问题。一家大型旅游经营商的各种旅游活动可能需要雇用600多位业务代表及60名助理。

度假区业务代表的工作开始于第一批客人到来之前。他们需要前往所有旅游项目涉及的饭店，熟悉饭店的布局，与饭店业主见面并确保布告牌摆放在显眼的位置上。

一旦旅游季节开始了，业务代表将会前往机场接机，指引乘客离开机场大厅去乘坐巴士。他们身着制服，所以易于客人辨认。在前往度假区的途中，他们向客人们简单地介绍即将入住的饭店、他们自己的工作或者任何其他必要的情况。在抵达饭店后，他们需要确定有饭店接待员为客人们办理入住手续。如果入住饭店的客人很多的话，他们将会为客人们组织一个欢迎会。在欢迎会上客人们一边喝着饮料，一边听度假区业务代表介绍度假安排的细节。此时是推销短途游览活动的最佳时机。

旅游经营商通常会在较大度假区的大饭店里放置一张办公桌，度假区业务代表每天在特定的时间里在那里办公，以便解决任何可能出现的问题。度假区业务代表还会设置一个布告牌，上面列出各种可以参加的短途游览活动或提供各种有关度假区的信息。他们还需要准备有关当地的最新信息，客人们将可以查询并了解有关短途游览、当地的餐馆、娱乐和邮局等信息。

除非设有专门的娱乐代表，否则度假区业务代表还需要在饭店里组织一些娱乐活动。一些度假区业务代表一周五天、每天24小时随叫随到，而另外一些度假区业务代表则是轮班工作。重要的是，必须有度假区业务代表值班以应对紧急情况。

在客人们的度假结束时，度假区业务代表必须负责送走客人，送客程序与接客程序一样，只是顺序相反。首先要乘坐巴士前往各饭店接客人，然后送他们去机场并确保客人们都顺利地办理了登机手续。

如果出现了问题，那么度假区业务代表的作用就显得格外重要了，比如客人遗失了护照或机票或者遭到抢劫等。度假区业务代表还需要处理由于本公司、航空公司、地接社或饭店的失误而产生的问题。在20世纪70年代初期旅游活动起步的时候，超额预订是经常会出现的而又必须加以解决的问题，然而幸运的是，到了20世纪90年代，即使是在旅游旺季，这一问题已经很少见了。一旦超额预订的问题出现了——正如1992年夏季在塞浦路斯发生的那样，度假区业务代表就必须安抚那些由于没有客房入住而发脾气的客人并与公司总部联系，尽快地安排他们入住其他的饭店。事实上，度假区业务代表是大多数客人投诉的第一个对象，特别是那些有可能演变成长期性纠纷的投诉。较为理想的是，度假区业务代表在现场解决问题，或者至少防止问题变得更糟。这样一来，即使需要支付赔偿，那么赔偿的金额也会很小并且旅游经营商还可以尽可能少地避免负面的影响。

除了履行这些职责之外，度假区业务代表还必须处理相关的文书工作和记账工作，如所出售的短途游览项目的文书与记账工作等。

由于是在度假区工作，因此会讲当地的语言对于度假区业务代表来说是有帮助的。这在出现了严重问题(偷窃、死亡等)时显得格外重要。然而，由于客人们来自本国，所以度假区业务代表也不像人们想象的那样绝对地必须掌握当地语言。事实上，英国旅游代理商协会在其《旅游经营商行为准则》中仅仅规定，旅游经营商应该确保其所有的业务代表都可以清楚地使用英语进行交流。大多数旅游经营商只雇用年龄在21岁以上的人作为度假区业务代表。这样做是为了避免在不同的国家接待大多数不同年龄段的游客时可能会出现的问题，同时也是因为需要成熟一些的人来处理发生的问题。度假区业务代表工作的繁重程度取决于他们在哪里工作。在马略卡岛等繁忙的度假区，每周有5个航班抵达。因此在那里工作的度假区业务代表肯定要比那些在每周只有一个航班抵达的希腊各海岛上工作的度假区业务代表忙得多。

年龄:应聘者的年龄应该大约在20~30岁之间

资格:应聘者必须能够流利地使用英语,最好懂至少一门相关的外语。有过为公众工作的经验以及海外旅行的经验的应聘者优先考虑。

我们需要你所具有的个人素质首先是:通情达理、有责任感、待人友好、活泼外向。在与客人交往的全部过程中,你都应该彬彬有礼、富有耐心。我们希望我们的度假区业务代表形象整洁、和蔼可亲。为了能够适应长时间的、困难的工作,你必须身体健康,具有很强的耐力与适应性。

职责:度假区业务代表的工作包括在海外机场迎接客人并陪同他们乘坐巴士前往饭店。你需要为新来的客人举办非正式的欢迎酒会,告诉他们有关饭店和度假区的情况并向他们介绍可供选择的短途游览项目。在规定的时间之内,你必须前往客人们入住的饭店,为他们提供帮助并解答他们可能提出的任何问讯。

你的职责还涉及日常的和详细的文书和记账工作。你需要与公司的地区办事处和饭店的管理层保持联络。度假区业务代表没有固定的工作时间并且应该是随叫随到以处理任何可能发生的问题。

工作条件:度假区业务代表的工作性质是季节性的(通常从4月/5月开始,到10月结束),因此你是临时被雇用的全职员工。我公司有可能提供有限的冬季工作,特别是为那些曾在本公司工作过的度假区业务代表。我们无法保证将你分配到你希望去的度假区并且有时也有必要在同一个旅游季节中把度假区业务代表从一个度假区调到另外一个度假区去。

在度假区工作期间,度假区业务代表们可以获得我们提供的住宿和部分免费餐饮。有时,你也许必须和其他人同住一间宿舍。

我们将为你提供一套制服。你在工作期间都必须身着该制服。

图7-1 寰宇旅游集团对业务代表的职责与工作条件的概述

资料来源:寰宇旅游集团

到了20世纪90年代初期,许多度假者都已经去过国外了,因此度假区业务代表的作用也就变得不那么重要了。在有些情况下,一些客人甚至可能推迟了包价旅游预订,因为他们认为度假区业务代表在陪同他们离开机场去饭店的途中乱开玩笑,并在饭店里把他们与其他的旅游者混在一起。汤姆逊旅游集团于1993年尝试把在科孚岛和伊比萨岛的度假区业务代表从那里的饭店撤出,并且把公司在当地办事处的地址和电话号码给了客人,以便他们有必要时与在办事处的度假区业务代表联系。

星期五的早上,闹钟早早地在7点钟就响了起来,因为你在8点半就要开始工作了。午夜过后你刚把客人从机场接回来,所以这闹钟的铃声怎么听起来都是那么的刺耳。在离开宿舍前去工作之前,你需要迅速检查一下当天要做的工作、工作制服以及穿着打扮是否得体等。

你迅速地吃完早餐并且在大约8点15分左右在饭店餐厅里象征性地巡视了一下。8点30分你准时地坐在了度假区业务代表办公桌旁。

当天的短途游览在8点35分出发。如果你不需要亲自为这次游览做导游的话,那么你肯定应该到场核对一下游客人数,与导游见面,告诉客人们游览的过程,挥手告别并预祝他们玩得开心。

到了8点40分,游览团已经离开了。从此时到上午10点,你需要处理堆积如山的文书、账目和客人们的询问。10点左右,昨天抵达的客人们陆续地来到了饭店的大堂,等候欢迎活动的开始。你手持麦克走上讲台,开始告诉客人们你所收集到的所有相关信息。同时,这也是你运用销售技巧推销各类假日活动的良机。你为客人们分发饮品并收回预订表格,然后为客人们办理游览预订并发放游览券(如果你忘记做这后两件事的话,那你可就运气太不好了)。

办公室的工作在10点半结束。在此之前,你需要去饭店的接待处核实一下当天抵达和离开的客人数量以及没有参加欢迎活动的客人。当然,度假区业务代表应该是一位当地的专家、导游以及了解度假区和周边地区的信息库。此外,度假区业务代表还应该随时提供建议和各种保证,告诉客人当地巴士服务的时间以及当地的习俗等。

上午的工作结束之后,你应该脱掉工作制服,换上短裤和T恤衫,去为上午举行的水球比赛做裁判了。你与客人们一起开心地笑着。客人们说你身为裁判,却有失公允,因此把你抛进了水池。显然,你既需要照顾好客人,也需要保持良好的形象。

中午1点半是午餐时间并且可以休息两三个小时。休息了一小时后,你开始熨平你的制服并为晚上的工作做准备了。

傍晚6点,你再次来到饭店。客人们已经在等候为当天的游览活动付费了。同时也出现了一些问题。例如,一位客人去了医院,另一位客人对饭店客房不满意,还有一位客人认为饭店饭菜的质量有待于改进。突然之间,你的身份由“外交家”转变成奔走于客人与饭店之间的“大使”和“仲裁人”了。同时,你还是一位“秘书”,需要就此事写一份报告。最重要的是,度假区业务代表永远是一个朋友。

在晚上的工作期间,接客巴士不断地将客人送到饭店来。你要不厌其烦地介绍情况,给客人们留下良好的并且是至关重要的第一印象。

你在晚上8点半迅速地吃完晚饭。在晚上的娱乐节目之前,你一定要去露天凉台与客人们亲密地接触。而晚上的娱乐活动则是度假区业务代表的表演。晚上9点半演出开始,你在舞台上快步移动,竭力取悦客人们。

图7-2 真实的写照——度假区业务代表生活中的一天

> 演出结束并且收拾好音响和照明设备后,已经是午夜时分了。此时此刻你想的只是睡觉了。
>
> 哎呀,你应该想的可不只是睡觉啊。你还需要考虑第二天的计划,核实一下值班的情况并且思考一下明天将在什么时间到什么地方去。你痛苦地记起明天是结算日,需要告诉公司办事处你所收取的游览费用的数目并且要做文字记录和签名等工作。
>
> 虽然很忙,但是度假区业务代表的生活绝不是枯燥乏味的。

(图 7-2 续)

尽管度假区业务代表的薪酬不高并且有时候还需要工作很长的时间,但是他们仍然需要总是保持和蔼可亲的形象。大多数大型旅游经营商都发给客人调查问卷,其中包括了解度假区业务代表是否乐于助人、和蔼可亲、平易近人等。这些调查的结果会被认真地对待。与得分不高的度假区业务代表相比,获得高分的度假区业务代表更有可能得到冬季工作和晋升的机会。

大型旅游经营商在诸如阳光海岸等很受欢迎的度假区有可能设有众多的度假区业务代表。因此可能存在着不同的管理层次:度假区业务代表是由度假区经理负责管理的,而度假区经理又是由地区经理管理的。

在每一个旅游季节结束的时候都举行工作汇报会以便旅游经营商了解具体情况。

(二)儿童代表

大多数大型旅游经营商都将其目标锁定在家庭及其子女身上,因此许多旅游经营商都越来越多地雇用专门照顾儿童的代表,从而可以使家长们在一定程度上单独地享受度假。

儿童代表的年龄通常应该在 19 岁以上并且不超过 30 岁。旅游经营商往往更喜欢雇用那些拥有全国护理考试合格证书以及具有护理或照顾儿童资质的人,或有过照顾许多儿童的经历的人。个性通常是一个重要的考虑因素,因为雇主们希望雇用待人友好、细心体贴的人并希望他们不仅能够与儿童们相处得很好而且还能够与儿童的父母也相处得很好。

儿童代表负责管理旅游经营商的儿童俱乐部并提供诸如照看儿童和陪同儿童的特殊短途游览等服务。儿童代表也许还需要照顾儿童吃饭,在儿童睡觉前为他们讲故事,陪儿童散步等。无论何时,儿童的安全都是首要考虑的因素。

除了上述具体职责之外，儿童代表也许还需要负责机场的迎送工作，参加欢迎活动并向客人们说明自己的工作。

(三)娱乐代表

度假区业务代表有时候也需要亲自为客人们提供娱乐演出。当然，旅游经营商也有可能雇用专业演员。汤姆逊旅游集团招聘那些拥有舞台管理、节目主持、音响和照明设备、体育和休闲活动经验的人并提示说他们需要在非正常工作时间工作，也许这就是要求娱乐代表必须是单身并且年龄在 21 岁～35 岁之间的原因。

(四)青年代表

为青年人提供特殊活动的旅游经营商通常会精心挑选并雇用那些能够与 18 岁～30 岁年龄段的青年人进行交往的人来担当代表。青年代表本身通常需要年满 21 岁。但是这类工作非常难做，往往要求青年代表与客人们住在相同的地方并且随时与他们保持接触，为他们组织安排紧凑的娱乐活动。因此与普通的代表工作相比，青年代表这一工作要求应聘者热情奔放、喜欢热闹并且活泼外向。

(五)"友好的组织者"

地中海俱乐部将其代表和客人分别称作"友好的组织者"和"友好的会员"。"友好的组织者"不穿制服并且不得接受小费。他们不仅需要履行所有度假区业务代表的职责，而且还需要积极参与组织体育活动和指导客人们学习诸如带氧气面具潜水等新兴的体育活动。他们也有可能与客人们一起进餐。

四、全陪

巴士旅游经营商雇用全陪而不是度假区业务代表，但是全陪就像是移动的度假区业务代表，与客人们一起乘坐同一辆巴士旅行并在旅行的途中为客人们进行讲解。有时，全陪也会陪同客人游览旅游景点并提供解说，但是有些国家坚持认为解说是地陪的工作。大型旅游经营商通常要求全陪至少精通一门外语而且具有导游经验。全陪的工资一般不是很高，这是因为他可以免费入住饭店，收受满意的客人所给的小费，以及从客人们前去就餐的餐馆和购物的商店那里拿到佣金。

五、滑雪度假区的员工

(一)冬季运动代表

经营滑雪旅游项目的旅游经营商也会雇用度假区业务代表，但是通常要求他们同时也兼任滑雪陪同或滑雪领队。这意味着他们一般必须具有很高的滑雪水平。冬季运动代表的年龄必须在 21 岁～35 岁之间，能够讲英语、法语、德语或意大利语。滑雪代表负责组织滑雪后的娱乐活动。他们的雇用期通常是从 12 月开始，到来年 4 月结束。

虽然冬季运动代表的工资与其他普通代表的工资一样都不是很高，但是他们除了免费的食宿以外还享有相当多的补贴。例如，他们的滑雪用具和登山季票都是免费的，而这也相当于一大笔钱。

(二)别墅代表

随着越来越多的旅游经营商将别墅聚会列入其宣传手册中，对别墅代表的需求也日益增大了。有时，所雇用的从事这项工作的人只有 18 岁。别墅代表的工作就是照看好别墅和照顾好客人。别墅代表通常需要具有餐饮方面的经验，最好是有过为大型团体提供过餐饮的经验。有时，他们的烹饪技能必须达到一流厨师的水准(别墅员工工作的应聘者有时在面试期间需要展示一下烹饪的手艺)。而且别墅代表同时也需要成为能够胜任工作的管家并且也能够滑雪。通常，别墅代表每周有一天的休假，届时他们只需要为客人提供自助早餐和下午茶即可。

(三)滑雪别墅保姆

由于别墅常常出租给家庭,因此一些旅游经营商也雇用保姆来照看年龄在6个月~5岁之间的幼童。滑雪别墅保姆通常需要持有全国护理考试合格证书或相应的资格证书。他们照看幼童的时间一般是每周5天,每天从上午9点半~下午4点半。滑雪别墅保姆一般是在别墅的客厅或餐厅开辟一块儿童活动区,使用坐垫、地毯和楼梯门来确保他们照顾的儿童的安全。如果天气好的话,他们也会安排一些户外的游玩活动。滑雪别墅保姆也可以免费或按钟点计价为家庭临时照顾儿童。一位滑雪别墅保姆一般照顾3~4个儿童,但这也取决于儿童的年龄。

(四)滑雪教练

一些旅游经营商也有自己雇用的滑雪教练,尽管滑雪学校的教练一般都是由本地人来担任的。显而易见,只有经验丰富的滑雪者才会被聘用担当这一工作,因为这有可能是十分困难(特别是如果你教的是一群儿童的话)并且压力很大(你必须能够处理高山上出现的紧急情况。例如,将受伤人员空运到安全地点等)的工作。滑雪教练通常每天需要花2~6个小时的时间教初学者滑雪,并且还需要协助组织晚间的娱乐活动。

雇用滑雪教练的旅游经营商一般要求应聘者拥有英国滑雪教练协会颁发的一级或二级证书。最低的要求是拥有三级证书。经过为期两周的培训、5天的评估以及60小时的教学之后,受训者就可以获得英国滑雪教练协会颁发的三级证书。

六、露营地导游

提供在欧洲固定帐篷露营地度假项目的旅游经营商有时会雇用被称为露营地导游的工作人员,虽然这一工作与传统意义上的导游工作有着很大差别。露营地的工作人员需要欢迎客人的到来,负责清洁没有客人入住的帐篷和活动住房并解决一些诸如汽车故障等日常的问题。与传统的度假区业务代表一样,他们有的时候也需要组织一些晚间的娱乐活动。一些露营地导游还需要负责照看儿童。

在旅游季节开始和结束的时候(3月/4月和9月/10月),必须进行搭建和拆除固定帐篷的工作。有时这项工作是由同一批员工来完成的。但是在其他的一些露营地,旅游经营商会雇用一批临时员工来做这项工作。

仅欧洲露营度假公司一家就雇用了1 000名季节性的露营地员工。这些招聘来的员工大多数都是各大专院校的在校生。但是,旅游经营商也越来越多地雇用退休的夫妇和年龄较大的人员。大多数员工是在每年的1月末招聘的,并有可能在整个旅游季节之内都被雇用,或者是从4月工作到7月中旬或从7月中旬工作到9月底。有关这些工作的广告刊登在诸如《星期天泰晤士报》等报纸上或是在《海外就业指南》上。也会向各大学寄送招聘广告活页。

通常这类工作的工资都不是很理想,尽管会提供免费的帐篷住宿。但是,这一工作的确可以使人了解某一个地方,并提高其语言技能(尽管掌握双语通常并不是雇用露营地导游的一个条件)。

七、探险旅游领队

内陆和探险度假旅游经营商雇用不同类型的导游来带领其旅游团。这类旅游经营商的领队往往必须准备花很长的时间(有时长达3个月~6个月)与主要是由年轻人组成的旅游团队一起旅行。探险旅游领队不仅需要讲解所参观访问的旅游景点并在某些目的地担任导游,而且还需要在旅游团的团结协作、建立露营地、采购、做饭以及解决过境时遇到的问题等方面扮演非常重要的角色。一些旅游经营商仍然期望他们的领队身穿制服,其他一些旅游经营商对领队的着装要求则较为宽松。探险旅游领队一般都很年轻,因为这类工作有可能很艰苦。

相关的招聘广告通常都是刊登在较为严肃的报纸上。旅游经营商对应聘者进行面试并要求他们自费参加为期两周的培训(但是如果应聘者已被雇用的话,这笔费用是可以报销的)。

以下是拉美之旅旅游公司对其旅游团领队的描述:

领队的作用是非常重要的,因为在很多情况下,正是领队的热情和奉献精神才使得旅游得以顺利完成。他或她并不是一个传统意义上的导游,而是实际上带领团队旅游的领导者。领队的某些素质是必不可少的。我们所有的领队都必须会讲西班牙语和/或葡萄牙语,并且熟悉当地的情况。对于每一个领队来说，带领一个旅游团是一份每天需要工作 24 小时的工作，而不是一次休假。但是我们的每一个领队都各不相同：有些领队具有很强的组织能力，有些领队善于独立思考，有些领队极富同情心并善于聆听，另一些领队则喜爱考古或鸟类学或可以滔滔不绝地讲述秘鲁的经济。同样，他们并非在所有方面都是专家，但是他们愿意与你分享他们了解的所有当地情况。他们喜欢这份工作，而且我们对我们的领队有着很高的要求。

此外，我们大多数的领队在不带团去南美的时候是在我们的销售和预订部门工作的。打算去南美旅游的客人可以向这些最近带团去过南美的人咨询。

（资料来源：拉美之旅旅游公司）

有些内陆旅游经营商也雇用一些主要是负责做饭、采购和从事露营地杂务的员工。

八、巴士驾驶员

巴士旅游公司与内陆旅游经营商一样雇用自己的驾驶员。应聘者需要拥有客运车辆执照——申请并获得这一执照大约需要 400 英镑——才能够获得这一工作。内陆旅游经营商还要求驾驶员掌握机械技术，因为驾车路线的地貌特殊，汽车往往会发生机械故障并且有时无法得到帮助。有些内陆旅游经营商雇用掌握双重技能的驾驶员和导游。这样他们就可以轮换驾驶并相互替换其他的工作。格尔巴旅游公司为旅游线路安排了一个主驾驶员和一个副驾驶员。副驾驶员也有驾驶执照，但也许只是一个第一次出团的学员，旨在获得在非洲带团旅行的经验或是熟悉一个新的旅游线路。

九、游轮公司的雇员

大型游轮需要使用大量的员工，例如，“伊丽莎白女王二世”游轮大约雇用了近 1 000 名员工。游轮上的员工分为两类：负责游轮安全航行的员工和负责使游轮发挥“浮动饭店”作用的员工。由于负责游轮安全航行的员工并不直接接触客人，因此我们在这里只讲述游轮上那些负责“饭店”职能的员工的工作。

游轮通常没有培训员工的设施，因此游轮公司通常招聘那些在饭店工作的人员。大多数游轮的豪华特性意味着游轮公司偏爱招聘那些在 4 星级或 5

星级饭店工作过的人员。

由于乘坐游轮航海与享受美食不可分开,所以游轮上通常配备了大量的厨师和助理厨师以及许多提供宴会式服务的男女服务员和专门的葡萄酒服务员等。游轮上还雇用了男女乘务员来负责公共区域,其中包括酒吧和甲板,以及船舱的清洁工作等。一些游轮上还有类似度假区娱乐代表一类的工作,负责安排船上的游艺活动及夜生活。由于游轮的客人年龄较大,因此只有少数几家游轮公司把儿童看护专家作为招聘的重点。

与其他大型企业一样,游轮上也需要配备行政人员来确保一切都运转得有条不紊。游轮事务长办公室负责此类行政事务,如引导客人前往其客舱,回答客人提出的问题,管理外币兑换,安排短途游览项目(这意味着需要解决港口税等问题并确定每位客人都持有有效的证件等),负责游轮上的文书工作以及决定乘务人员的轮换值班等。大型游轮有专门的管理人员来负责"客房服务"。在较小的游轮上,事务长还需要过问厨房和客舱方面的事务。轮船客运公司在招聘事务长时首先看重的是,应聘者是否具有出色的文秘技能,及是否具有接待工作和处理现金的经验。会讲两种语言的应聘者会受到青睐,特别是如果他的能力与游轮客人的需求相符的话(例如,会讲西班牙语,而游轮又是针对拉美市场的;或是会讲意大利语,而游轮又是针对意大利市场的)。

与其他旅游经营商一样,轮船客运公司也使用顾客调查表来评估其员工的工作能力和照顾客人的技能。获得高分的员工有可能得到提升。很显然,在游轮上工作意味着可能几个月都无法回家,但是有时在游轮上工作的员工也有可能会被调到公司的总部工作。

游轮犹如浮动饭店和浮动度假村的混合体。游轮越大并且航行的距离越远,那么所需要提供的设施就越多。所以有时会缺少各种类型的从业人员,如理发师、助产士、商店售货员、演出人员、印刷工和电影放映师等。"伊丽莎白女王二世"游轮雇用了两个女性和两个男性按摩师、3 个赌台庄家、17 个赌台管理员、两个医生、一个图书管理员、4 个摄影师、4 个秘书、10 个舞蹈演员以及两支乐队。有些公司还雇用客座演讲人来为客人做专题讲座:例如希腊天鹅公司就为其艺术与历史专题,聘请了知名的历史学家和考古学家。其他的游轮也选择了各种各样的专家,其中包括著名的旅行作家、博物学家和电视明星等。

值得注意的是,现在游轮公司越来越多地在海外招聘员工以便降低人力成本,所以游轮上的工作是非常难得到的。

十、如何应对紧急情况

如果出现了紧急情况，那么度假区业务代表的工作将会是非常棘手的。典型的紧急情况包括：

- 游客生病或死亡
- 游客在国内的亲属生病或死亡
- 在度假区发生了重大意外事故或事件
- 国际问题，如南斯拉夫爆发内战等
- 旅游度假公司倒闭。

英国旅游代理商协会制定了应对紧急情况的指导原则，但是无论是什么性质的紧急情况，都必须对所出现的情况加以记录。尤其重要的是，必须将所有为此而支付的费用记录在案，以便日后向保险公司提出索赔。任何旅游经营商的雇员都必须言行谨慎，以免被认为是变相承认事故的责任在于旅游经营商本身或其雇员。

请牢记，有些紧急情况的发生是不可避免的，但是旅游经营商可以采取措施防患于未然。例如，各旅游经营商可以制作一份紧急情况联系名单，上面印有公司主要的雇员的电话号码，以便在下班之后也可以与其取得联系。较为理想的是，将这些电话号码印在较小的名片上，以便可以放在员工的钱包里随身携带。英国旅游代理商协会建议，以下机构的联系电话号码应该包括在内：

英国旅游代理商协会
机场
航空公司
汽车出租公司
巴士总站
巴士经营商
其他旅游经营商
在国内外入住的饭店
保险公司
国内外铁路联系人
度假区联系人
出租车公司（在公共交通设施停运的情况下运送员工去工作地点）
游轮公司
轮渡及航运终端站

如有可能，应该任命一位危机处理协调员以便在需要时提供帮助，并且最好事先从公司的保险商那里了解在没有得到具体授权的情况下都可以做些什么和不可以做些什么。

(一)游客生病

如果一位客人得了重病,公司代表必须确保有医生为他/她看病,并且如有必要,将其送到医院。同时,必须向高级代表和公司总部报告所发生的情况。如果是一次事故,那么还必须通知警方。必须定期探望生病的客人。如果可以向他/她的保险公司提出索赔的话,还必须与保险公司取得联系。在咨询过医生与旅游经营商代表之后(有时还会咨询英国驻该地区的领事)保险公司有时会同意将生病的客人送回国。

(二)游客死亡

如果客人在度假期间死亡,那么度假区业务代表必须向高级代表汇报此事,而高级代表则负责与本公司总部联系并通知英国驻该国的领事。必须获得一份死亡证书,最好附有译文。旅游经营商总部需要了解以下事项:

- 客人的全名(以及与其在一起的其他人的全名)
- 他/她抵达的日期与目的地
- 他/她的家庭地址
- 他/她的旅游代理商的详细情况
- 他/她的保险公司的详细情况
- 接受治疗客人的医院的名称
- 英国海外领事的联系电话
- 客人护照的细节内容

旅游经营商总部将会通知英国警方。如有必要,警方将会负责与死者的亲属联系。旅游经营商(或旅游代理商)通常会协助安排死者的亲属前往度假区。除非死者的亲属另有安排,否则英国驻该国的领事通常会负责安排将死者的遗体或骨灰运送回国。由于有些宗教要求死者尽早入土为安,因此必须尽快与死者的亲属取得联系以了解他们的要求。

(三)重大事故或国际问题

可能需要解决的典型问题包括:

- 交通事故——空难、劫机
- 与房屋相关的问题——火灾、建筑物坍塌
- 政治问题——内战、骚乱、恐怖事件
- 劳资纠纷——影响度假者的罢工
- 医疗卫生问题——霍乱的爆发、其他影响健康的疾病的传播等
- 不可抗力的出现——地震、洪水、飓风、火灾、其他自然灾害
- 非自然死亡或受伤

如果发生上述情况，员工们采取迅速而有效的行动是至关重要的。从某种意义上讲，这将会最大限度地减少客人们可能蒙受的损失。在调查开始之前，所有员工都不应该公开发表任何等于承认公司应承担责任的言论。

虽然各旅游经营商也许都有各自的应急程序，但是英国旅游代理商协会还是制定了针对这些情况的总体指导原则，并且参与协调旅游经营商、旅游代理商和官方机构之间的联系。《英国旅游代理商协会手册》包含有关如何记录紧急情况的示范。英国旅游代理商协会有时也会向媒体表达业界的观点。

从总体上来讲，英国旅游代理商协会建议一家旅游经营商应该按照以下步骤去做：

1.度假区的员工应该立即向旅游经营商在英国的总部汇报所发生的紧急情况。

2.旅游经营商事先任命的危机处理协调员将负责处理这一紧急情况。应该设立事故控制办公室并且有时需要每天24小时都有人值班。危机处理协调员也许需要分别成立：

(1)事故现场小组

(2)公共关系小组

(3)游客信息小组

(4)公司信息小组

很显然，只有大型旅游经营商才有可能这样划分工作。对于较小的旅游经营商来说，往往是大家一起来处理紧急情况。

3.需要优先考虑做的是列出所有涉及事故的客人名单，其中包括他们亲属的姓名、联系地址和电话号码等(旅游代理商也许可以提供此类信息)。随着情况的进展，事故现场小组应该详细地记录那里的情况与所采取的措施。

4.应该向旅游经营商的律师、公共责任公司和保险商通报所发生的情况。也应该向员工们通报情况，以便他们应答各种询问。

5.根据所发生的情况，危机处理领导小组也许需要安排有关人员的亲属或牧师飞往度假区。

(四)负责处理紧急情况的人员及所应采取的措施

1.危机处理协调员与危机处理领导小组

危机处理协调员负责成立一个危机处理领导小组来督导整个的处理行动。危机处理协调员还应该与英国旅游代理商协会的公司事务部、本公司的法律顾问和保险公司进行联系。危机处理领导小组应该尽快地评估处理事故可能需要的资源。公共关系小组和游客资料小组均由危机处理领导小组负责指挥。

2.事故现场小组

除非公司总部派人来负责，否则度假区高级代表通常会负责海外事故现场小组的工作，并且一定要掌握所有受到影响的客人的最新名单。事故现场小组负责的具体工作有：与英国驻该地区的领事、当地的警方以及保险公司进行联系；探望住院的客人；办理死亡证明等。如有可能，事故现场小组应该设法了解事故发生的全部细节。由于身处事故现场，该小组成员应该随时记录所发生的一切情况。

3.公共关系小组

所有来自新闻界的询问都应该由公共关系小组来回答，因此公共关系小组需要随时了解最新的情况。较为理想的是，公共关系小组应该迅速发布一份声明，特别是因为新闻界有时采取咄咄逼人的策略来获得具有新闻价值的事故。公共关系小组的声明应该包括：

(1)所发生的事故；
(2)发生事故的地点与时间；
(3)所涉及的游客的数量以及他们的状况；
(4)目前正在采取的措施；
(5)下一步将会做什么；
(6)所涉及的游客的亲属或朋友应该做些什么；

(7)如有必要,提供紧急联系电话;

(8)表明下一次发布声明的时间。

一定要在通知了所涉及的游客的亲属之后再发布有关他们的消息。毋庸置疑,所有发布的消息都应该是得到证实的事实,而不应该是主观推测。应该尽量突出那些有利于旅游经营商的事实。

公共关系小组应该与英国旅游代理商协会的公司事务部密切合作,因为许多来自新闻界的询问都是通过英国旅游代理商协会传递过来的。所接受的所有电话询问都应该加以记录。

在危机结束之后,公共关系小组也许还需要继续工作一段时间。任何其他员工都绝对不允许对新闻界谈论有关此次事故的任何情况。

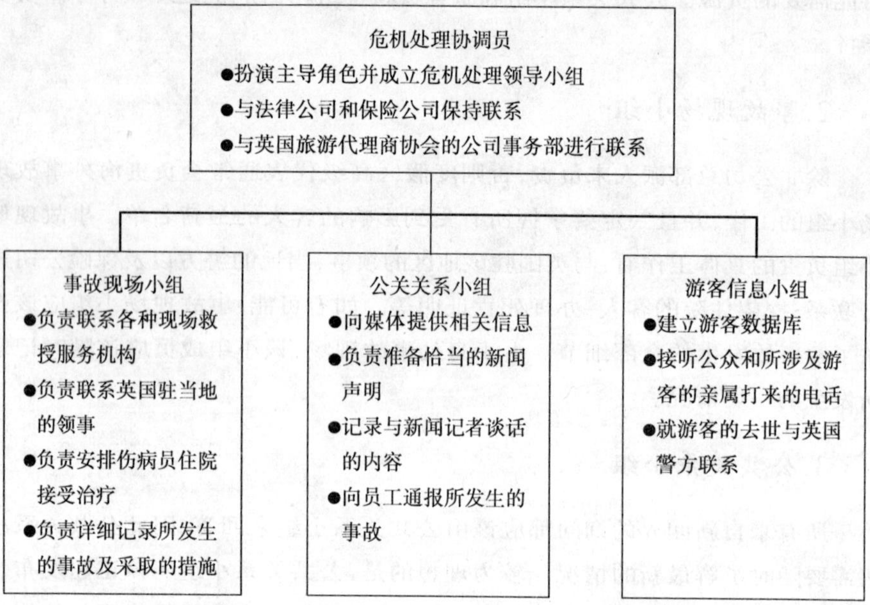

图 7-3 负责处理紧急情况的人员及所应采取的措施

资料来源:《英国旅游代理商协会手册》

4.游客信息小组

游客信息小组需要准备一份包括姓名和地址在内的游客名单并确保在通知所涉及的游客的亲属之前任何有关他们的消息都不会透露给媒体。游客信息小组也许还需要接听和回答客人亲属的电话询问。可能需要回答的问题包括：

(1)事故发生的原因是什么？

(2)正在采取哪些措施来把伤员送回国或安排他们的亲属前往事故发生的地点？

(3)如何办理保险索赔？

(4)如何进行赔偿？

(5)应该由谁来承担责任？

(6)此类事故以前是否发生过？

(7)贵公司正在采取什么措施来确保今后不会再次发生此类事故？

由于游客信息小组无法回答上述所有问题，因此需要准备一份包含建议采用的回答提纲以避免责任风险。

游客信息小组必须与所有相关的旅游代理商取得联系。如果所涉及的旅游代理商太多，那么英国旅游代理商协会可以通过在其可视数据服务网站上刊登网页来提供帮助。

5. 事故处理结束之后

一旦危机结束，旅游经营商应该联系所有的客人并就他们的旅游度假受到影响表示歉意。感谢有关的地方当局所提供的帮助也是一种不错的公关手段。较为理想的是，旅游经营商应该进行事后调查分析以期找出今后可以汲取的经验教训。最后，由于经历事故的员工可能处于非常大的压力之下，体贴关心的雇主应该考虑他们是否需要心理咨询或治疗。

问答题与讨论题

1. 你认为度假区业务代表这一工作都有哪些优势和劣势？

2. 找出旅游经营商在发生紧急情况或重大事故之后不得不通过媒体发布声明的例子。如果在这种情况下你不得不与新闻界打交道，你认为都会面临哪些特别的问题？

3. 有迹象表明，度假区业务代表正在成为“濒危物种”。试论这一现象可能会对旅游经营商和客人产生的影响。你认为度假区业务代表真的是可有可无的吗？

课后作业

1.你在一家旅游公司工作。这家旅游公司希望招聘一些在西班牙工作的新度假区业务代表。许多应聘者似乎对这一工作的性质抱有过于美好且不切实际的想法。对此,这家公司十分关注并要求你为本地的大学生作一次 10 分钟左右的工作介绍,因为希望能从这些大学生当中招聘到新代表。你所作的工作介绍应该突出度假区业务代表这一工作的不足之处,同时也要指出有利之处。你的听众很年轻,因此你所作的工作介绍应该生动活泼,足以引起他们的兴趣。

2.你即将修完一门大学旅游与休闲课程。在听完有关度假区业务代表这一工作的介绍之后,你觉得你想成为一名度假区业务代表。下面是一份在寰宇旅游公司工作的申请表格(见图 7-4)。请仔细填写这份申请表格,特别注意有关询问你觉得自己适合这一工作的原因的部分。然后请再写一封与申请表附在一起的信函。

3.在招聘度假区业务代表的过程中,旅游公司通常更看重应聘者的个性,而不是他/她的学历。面试的部分内容往往是要求一位应聘者站在其他应聘者的面前用两分钟的时间来介绍自己。作为应聘者,你也许会被要求用 5 分钟的时间来谈论一个你感兴趣的题目。请就上述内容准备两次发言并在班里发言。请记住,你应该看起来像是在作即兴发言。

4.你被聘为度假区业务代表,工作地点是一个很受欢迎的地中海度假区,但却是你的公司从未涉足过的度假区。你在抵达度假区后需要准备一份供客人们阅览的本地情况介绍并要制作一个布告牌,上面有着本地短途游览的细节。确定你打算在哪一个度假区工作,然后准备本地情况介绍和布告牌。

授课教师请注意:

这一课外作业最好是在度假区实地完成。带上纸、笔、剪刀、粗头笔、文件夹和胶水。出发之前,任务小组应该确定所要讨论的题目。然后两人一组并确定各自所负责收集的信息。如有可能,用两个下午来完成度假区的工作。最后的结果可以通过你的培训活动来让学生和员工们了解。如果你打算这样做的话,最好是收集本地饭店的信息并与度假区的各类费用加以比较。

寰宇航空旅游集团

业务代表部

个人资料

请附上两张护照照片

所申请的职务＿＿＿＿＿＿＿＿＿＿

名字＿＿＿＿＿＿＿＿　姓氏＿＿＿＿＿＿＿＿

当前的住址＿＿＿＿＿＿＿＿　出生日期＿＿＿＿＿＿＿＿

＿＿＿＿＿＿＿＿　婚姻状况＿＿＿＿＿＿＿＿

＿＿＿＿邮编号码＿＿＿＿　护照号码＿＿＿＿＿＿＿＿

电话号码＿＿＿＿＿＿＿＿　发照地点和日期＿＿＿＿＿＿＿＿

父母或亲属的姓名与住址＿＿＿＿＿＿＿＿　国籍＿＿＿＿＿＿＿＿

＿＿＿＿＿＿＿＿　国民保险号＿＿＿＿＿＿＿＿

＿＿＿＿＿＿＿＿　是否拥有驾照＿＿＿＿＿＿＿＿

邮编号码＿＿＿＿电话号码＿＿＿＿　是否愿意在国外驾车＿＿＿＿＿＿＿＿

相互关系＿＿＿＿＿＿＿＿

所受过的教育(从 11 岁起)

中学/大学	从 / 到	所学过的课程与所通过的考试

请附上相关证书的复印件

所获得其他相关的学历或学习过的课程

(我们对顾客服务、销售、打字、行政管理以及医疗培训等方面的技能特别感兴趣)

＿＿＿＿＿＿＿＿＿＿＿＿＿＿＿＿＿＿＿＿＿＿＿＿

＿＿＿＿＿＿＿＿＿＿＿＿＿＿＿＿＿＿＿＿＿＿＿＿

＿＿＿＿＿＿＿＿＿＿＿＿＿＿＿＿＿＿＿＿＿＿＿＿

＿＿＿＿＿＿＿＿＿＿＿＿＿＿＿＿＿＿＿＿＿＿＿＿

＿＿＿＿＿＿＿＿＿＿＿＿＿＿＿＿＿＿＿＿＿＿＿＿

＿＿＿＿＿＿＿＿＿＿＿＿＿＿＿＿＿＿＿＿＿＿＿＿

图 7－4　寰宇旅游集团的工作申请表

工作经历

请详细说明你现在的工作以及你在过去曾做过的两份工作
(或者是两份与你所申请的工作关系最密切的工作)

曾经担任过的职位＿＿＿＿＿＿＿＿＿＿＿＿＿＿＿＿

公司的名称和地址＿＿＿＿＿＿＿＿＿＿＿＿＿＿＿＿

＿＿＿＿＿＿＿＿＿＿＿＿＿＿＿＿＿＿＿＿＿＿＿＿

从何年到何年＿＿＿＿＿＿＿＿工资水准＿＿＿＿＿＿＿＿

离职的原因＿＿＿＿＿＿＿＿＿＿＿＿＿＿＿＿＿＿

曾经担任过的职位＿＿＿＿＿＿＿＿＿＿＿＿＿＿＿＿

公司的名称和地址＿＿＿＿＿＿＿＿＿＿＿＿＿＿＿＿

＿＿＿＿＿＿＿＿＿＿＿＿＿＿＿＿＿＿＿＿＿＿＿＿

从何年到何年＿＿＿＿＿＿＿＿工资水准＿＿＿＿＿＿＿＿

离职的原因＿＿＿＿＿＿＿＿＿＿＿＿＿＿＿＿＿＿

曾经担任过的职位＿＿＿＿＿＿＿＿＿＿＿＿＿＿＿＿

公司的名称和地址＿＿＿＿＿＿＿＿＿＿＿＿＿＿＿＿

＿＿＿＿＿＿＿＿＿＿＿＿＿＿＿＿＿＿＿＿＿＿＿＿

从何年到何年＿＿＿＿＿＿＿＿工资水准＿＿＿＿＿＿＿＿

离职的原因＿＿＿＿＿＿＿＿＿＿＿＿＿＿＿＿＿＿

请提供两个最近工作的证明人、他们的姓名、职位、地址以及可以联系的时间

姓名＿＿＿＿＿＿＿＿＿＿	姓名＿＿＿＿＿＿＿＿＿＿
职位＿＿＿＿＿＿＿＿＿＿	职位＿＿＿＿＿＿＿＿＿＿
地址＿＿＿＿＿＿＿＿＿＿	地址＿＿＿＿＿＿＿＿＿＿
＿＿＿＿＿＿＿＿＿＿＿＿	＿＿＿＿＿＿＿＿＿＿＿＿
＿＿＿＿＿＿＿＿＿＿＿＿	＿＿＿＿＿＿＿＿＿＿＿＿
可以联系的时间	可以联系的时间
＿＿＿＿＿＿＿＿＿＿＿＿	＿＿＿＿＿＿＿＿＿＿＿＿

你可以开始工作的日期

从＿＿＿＿＿＿＿＿　到＿＿＿＿＿＿＿＿　解聘通知期限＿＿＿＿＿＿＿＿

(图7-4续1)

所会讲的语言　　　　　　　　流利程度

____

____

____

____

你长住过的国家或你特别了解的国家

____

____

业余爱好与兴趣

____

____

____

____

____

健康状况

你是否身体健康？______________________________

请详细说明你有何种严重的疾病/残疾/近期做过的手术/以及定期服用的药物

____

____

____

在认真阅读附带材料之后，请说明你为什么认为自己有资格获得该项工作？

____

____

____

____

____

____

你是否曾向寰宇公司申请过工作？__________如果是的话，是什么时候？__________

申请的是什么职位？______________________________

你申请的结果如何？______________________________

（图 7－4 续 2）

工作制服的尺寸

男性　衣领________　腰围________　女性　胸围________　臀围________

　　　胸围________　身高________　　　　腰围________　身高________

常用尺寸(如 10、12、14 等)________

请注意我们的面试大多数都是在 12 月和 1 月进行的。在这一期间有没有你无法参加面试的时间?

我保证我很清楚地知道我在前面提供的信息都是正确的信息并且我也已经完整地阅读附带材料了。如果我成功地获得了这份工作的话,我将会很高兴地接受所有的条件。

请注意

如果我提供了虚假的信息或有意隐瞒某些信息的话,那么我将会被取消资格并被立刻解聘。

申请人签名________________　日期________________

寰宇旅游集团内部专用

(图 7-4 续 3)

资料来源:寰宇旅游集团

第八章

财　务

本章学习目标

通过对本章的学习,你应该能够:

- 熟悉各种旅游经营商可以获得资金的来源
- 解释一项度假产品的不同价格要素
- 掌握计算度假旅游成本的方法
- 了解合并、改进和收取附加费等做法的成本后果
- 懂得压缩成本的方法

一、引言

旅游经营商需要计算其度假产品的成本以期在价格方面不仅可以比竞争对手更具有竞争力,同时还可以使自己获利。遗憾的是,在 20 世纪 80 年代的大部分时间里,大型旅游经营商相互之间展开了价格战。这使得价格下跌,利润降低。由于人们大多是在寻求阳光、海水和沙滩类型的旅游产品,因此哪里这类旅游产品的价格最低,人们就会转向购买哪里。所以希腊和西班牙受游

客欢迎的程度在交替变换着，主要取决于两者之间谁的价格更低。最终，这一削价策略导致了国际休闲旅游集团的破产。

传统的地中海阳光海滩包价游的成本大致上可以按照以下比例加以划分：

全部成本的百分比	项目分类
37	住宿
37	交通
10	代理费
7	利润
16	经营成本
	照明
	取暖
	租金
	英国国内的工资
	文具
	电话费
	传真/电传
1.5	营销/宣传材料
1.5	度假地员工

如果在交通方面使用定期航班——特别是前往长线旅游目的地，那么交通费用在全部成本中所占的百分比可能会上升到75%。与此相反，如果包价旅游的目的地较近并且使用飞机以外的其他交通工具的话，那么交通费用在全部成本中所占的百分比可能会低于住宿。

到20世纪80年代末期，激烈的竞争已使得各旅游经营商的毛利润减少了7%。

二、预测

旅游经营商首先必须为其旅游项目预测成本和销售额，然后随着预订的开始，对照实际成本和收入来检测这些预测的效果。这种检测也许每个月进行一次。由于预测是在旅游团出发的18个月之前作出，因此难免存在着一些与实际不符的偏差。必须把包括工资、取暖、照明、通讯、广告、娱乐招待和合同款等在内的成本从假日产品销售的预期收入中扣除。所以,如果度假产品的销售额预计为250万英镑的话,那么也许需要扣除190万英镑的海外运营成本和52万英镑的其他费用,结果预期利润仅有8万英镑。

在作出预测的过程中,经济学家们需要考虑:

1.市场是在扩张还是在收缩。

2.旅游经营商想要推出的旅游项目的规模。

3.竞争对手的旅游项目的规模与成本。

4.假日产品的需求是否大于供给。

5.价格是上升、下降,还是维持与上一年同期一样的水平。在确定价格走势的过程中,他们会考虑以下各因素:

- 通货膨胀率
- 抵押利率
- 旅游者可支配的净收入
- 旅游目的地国的通货膨胀率
- 燃料的费用
- 汇率是否稳定

6.是否有足够的飞机。

7.是否有足够的住宿设施。

8.如果销售不太理想的话,是否可以整合预订或者是否必须作出"无预订合并"的保证。

一旦做出了预测,就必须根据这一预测制定相应的预算。一家小型旅游经营商也许只有一个总体的预算,但是一家大型旅游经营商可能会有许多不同的预算,如广告预算、工资预算和招待预算等。所有这些预算都必须在总体的预测范围之内。错误的预测可以导致严重的后果。例如在1992年,大多数旅游经营商都对度假市场规模的预测过于乐观,于是在夏天旅游旺季到来时,他们手里积压了大量没有售出的旅游名额,结果不得不削价处理,从而降低了他们潜在的盈利能力。1993年的预测比较准确,这意味着消费者无法得到多少最后时刻的优惠,但是对于旅游经营商来说却是前景喜人。

三、计算度假产品的成本

一旦预测人员完成了预测,旅游经营商就可以制定一个不包括实际价格的价目表。该价格表可以显示：

- 饭店的名称
- 所计划的餐饮安排
- 出发的机场
- 度假的持续时间
- 出发日期
- 出发时间
- 7晚和14晚度假的首次和最后一次出发日期
- 旅游团的编号
- 出发日期的顺序

一旦做好了这一切，就应该标出旅游度假旺季的各段时期以便制定最高的价格。这些旺季时期恰好是学校的假期、公假日和工厂停业时间。确定可能出现最少游客的日期也是同样重要的，如每年12月的第一个星期。

在此之后，不同的旅游经营商会采用不同的方法来计算其实际的成本。大多数旅游经营商在推出其宣传册之前都会迅速地再次计算成本。

航空旅行度假的成本计算基于这样一种假设，即并非所有的舱位都可以售出。然而，只有较高的"承载系数"才能够降低成本。如果收支平衡点接近满载的话，那么其价格会低于那些为空舱位留有余地而制定的价格。大多数旅游经营商都把承载系数确定为90%，也就是说他们必须销售出90%的舱位才能达到收支平衡点。

(一)计算典型包价假日旅游产品的成本

1. 一个旅游经营商为飞往位于马尔代夫的法罗群岛的60张航班机票支付了6 120英镑。这意味着如果所有的机票都能售出，那么每张机票的售价为102英镑。

2. 这个旅游经营商以90%作为收支平衡点，因此需要售出60张机票中的54张以期达到收支平衡。如果要从这54张机票中收回6 120英镑的话，那么每张机票的成本就会上升到113英镑30便士(6 120英镑÷54)。一旦售出了第55张机票，那么这个旅游经营商就开始盈利了。

3. 机场税和其他的额外费用可能会使每张机票的成本增加14英镑，因此成本达到127英镑30便士。

4. 这个旅游经营商以每晚双人间半食宿 6 765 埃斯库多的价格预定了一家饭店的客房，也就是平均每人每晚 3 382.50 埃斯库多。因此 7 晚的度假意味着每位度假者的饭店成本为 23 677.50 埃斯库多。

5. 必须将埃斯库多以事先商定好的比价兑换成英镑。如果兑换率为 225.50埃斯库多兑换 1 英镑的话，那么 23 677.50 埃斯库多就等于是在度假成本上又增加了 105 英镑。

6. 租用从机场到饭店的巴士的单程费用为 47 918.75 埃斯库多，往返费用则为 95 837.50 埃斯库多。假设乘坐巴士的有 54 名度假者，那么每人往返乘坐巴士的费用为 1 774.75 埃斯库多(95 837.50 埃斯库多÷54)。按照 225.50 埃斯库多兑换 1 英镑的汇率，每人的成本又增加了 7 英镑 85 便士。

7. 到现在为止度假旅游的成本如下：

航班机票	113 英镑 30 便士
各种税费	14 英镑
饭店	105 英镑
机场与饭店之间的交通费	7 英镑 85 便士
	240 英镑 15 便士

8. 因此，此次度假的净价是每人 240 英镑 15 便士。但是这仅仅包括了包价旅游各要素的成本。旅游经营商还需要加价来支付其他的费用，如付给旅游代理商 10％的佣金和利润。如果提价 35％的话，那么每人要增加 84 英镑 4 便士。这样总的成本就达到了 324 英镑 20 便士，也就是大约 325 英镑。

如果旅游经营商以 325 英镑的价格售出了所有 60 个旅游名额，那么总收入就是 19 500 英镑，其中 10％，也就是 1 950 英镑要作为佣金要支付给旅游代理商，因此剩余的总收入为 17 550 英镑。

旅游经营商还需要用这笔钱来支付以下的各项费用：

航班机票	6 120 英镑
机场税费	840 英镑
饭店客房	6 300 英镑
机场与饭店之间的交通费	471 英镑
	13 731 英镑

因此，17 550 英镑的总收入中有 13 731 英镑用于支付包价旅游的各要素的费用，留给旅游经营商用于支付自身费用(工资等)和盈利的钱只剩下 3 819 英镑了。而有些旅游经营商将印制宣传册和做广告的成本单独立项计算。

对于宣传册中所有航空加住宿的旅游项目都必须进行这些复杂的计算。计算 14 晚度假旅游的成本也不是简单地将 7 晚的度假旅游的成本加倍,因为无论客人在度假地居住多长的时间,航空成本都是不变的。如果涉及多重中心旅游线路或较长时间的旅游的话,计算会变得更加复杂。如果旅游经营商推出了若干本宣传册,那么就需要为每本宣传册进行同样的计算。

大多数成本的计算都是在假定出发地是位于伦敦的机场(盖特威克机场、卢顿机场或希斯罗机场)的前提下进行的。如果出发地是伦敦以外的区域性的机场,还需要单独计算额外的成本。同样,如果是想在一天或一星期中最方便的时候旅行,也需要单独计算额外的成本。

最后,旅游经营商必须考虑各种额外的成本,如租车、租滑雪用具等。

在基本度假成本上加价的幅度因出发日期的不同而有所变化。旺季出发的旅游团加价最高(通常是复活节、7 月和 8 月、圣诞节和新年以及 2 月份的寒假等)。与此相反,在淡季最清闲的时候出发的旅游团加价最少。以保本价出售机票毕竟还是胜于让飞机空舱起飞。

一旦完成了成本计算,旅游经营商就可以推出用于促销的诱导价(lead-in price)了。诱导价是在淡季推出的最便宜的价格。这一价位的旅游度假时间很短,一般是从英格兰南部的机场出发前往英国附近的目的地。诱导价的作用与超市里超低价的作用相似。诱导价有时甚至不足以收回成本,但是却可能具有相当大的宣传价值(例如,1993 年航空旅游集团宣布为期两周的古巴游仅需要 299 英镑)。更为重要的是,如果潜在的客人发现自己所希望预订的旅游项目已销售一空了,那么经验老到的旅游代理商也许可以根据他们的期望向其推荐其他一些对旅游经营商来说更有利可图的旅游产品。

旅游产品价格一般是在宣传册印刷前的 10 周才会确定下来,这样就可以最大限度地进行必要的调整。但是,旅游经营商之间的竞争是非常激烈的,所以如果竞争对手由于与饭店和航空公司等商谈出更优惠的价格而推出了低得多的价格,那么这家旅游经营商可能会调整价格并推出新的宣传册。

(二)度假旅游产品的增值税

有关增值税支付的《旅游经营商利润方案》规定,乘客旅行不需要支付增值税,但是对住宿按照标准税率征收增值税(目前是 17.5%)。经营包括交通和住宿在内的旅游经营商必须提前一年确定,自已的业务有多少是需要支付增值税的。在增值税支付方面出现的错误,旅游经营商可以在日后支付过程中逐步加以调整。

欧盟在1994年曾考虑对旅游经营商来自航空运输方面的利润征收增值税,而目前对航空旅行征收增值税是违反欧盟法律的。但是如果利润被看作是"行政成本"的话,那么对其征收增值税就是合法的了。

(三)押金

如果客人是在出发日期前的8~10周之前进行预订,那么旅游经营商在接受预订时会要求客人交纳押金。押金一般不再退还,并且金额也根据度假旅游成本的不同而不等,大约是在每人65英镑~250英镑之间。有时,保险金也包括在押金里,但是在大多数情况下均单独支付。旅游经营商一旦收到押金,就可以用其进行投资以获取利息收益。

旅游经营商偶尔用"抵押金"作为奖励以刺激尽早预订。如果客人取消预订,那么正式的全额押金仍然必须支付。"抵押金"通常是由旅游代理商推出的,但是他们还是需要根据宣传册规定的金额向旅游经营商支付全额押金。

如果预订是在出发前的10周之内作出,那么旅游经营商通常是在收到全部款项后才会确认预订。

(四)稳定汇率

英镑与外国货币之间的汇率起伏不定,这反映着各种不同的经济和政治因素的变动。由于变化不定的汇率使得经商人士难以制定计划,因此欧共体的12个国家建立了欧共体汇率稳定机制为成员国之间提供长期的固定汇率。在这方面,英国的行动缓慢,直到1990年10月才加入了欧共体汇率稳定机制。在1991年~1992年期间,经营欧共体国家旅游项目的旅游经营商清楚地知道这些成员国之间的汇率行情。欧共体汇率稳定机制的目的是在欧共体国家最终建立单一的货币和单一的货币体系。

但是在1992年底,欧洲出现了经济萧条。欧共体汇率稳定机制承受着越来越多的压力。英国和意大利在9月退出了欧共体汇率稳定机制,而其他一些成员国则纷纷将其货币贬值。这意味着旅游经营商不仅在经营赴非欧共体国家的旅游业务时,而且在经营赴欧共体国家的旅游业务时,又回到了浮动汇率的风险之中。到了1993年的夏天，法国也不得不退出了。这样一来，欧共体汇率稳定机制实际上已经名存实亡。

由于汇率变化多端，因此使用同一航班和饭店的两家旅游经营商可能会推出不同的旅游价格，而这仅仅是因为他们根据一年中不同时间的汇率来计算成本。为了避免这种现象的发生并确保公平竞争，英国旅游代理商协会规定了其成员每年两次以外汇计算成本的时间(3月适用于冬季旅游项目，7月适用于夏季旅游项目)。图8-1显示了1992年7月21日各度假旅游目的地外币兑换英镑的汇率。这些汇率摘自《金融时报》，并用来为1993年夏季度假旅游产品定价。

法国法郎	9.60
西班牙比塞塔	182.50
葡萄牙埃斯库多	242.00
意大利里拉	2 160.75
希腊德拉克马	349.83
塞浦路斯镑	0.826 5
马耳他镑	0.582 5
土耳其里拉	13 355.40
瑞士法郎	2.52
突尼斯第纳尔	1.621 5
埃及镑	6.50
美元	1.918

图8-1 1992年7月21日的汇率

(五)购买外汇期货

有条件的旅游经营商在确定了汇率的基准日期之后，会立即购买他们所需额度的年外汇期货。1992年，那些在7月购买了外汇期货的旅游经营商们避免了由于英国退出欧共体汇率稳定机制和英镑贬值所带来的问题。英镑的贬值使得所有外国商品从当年9月中旬开始都变得更加昂贵了。那些保证绝不收取额外费用的旅游经营商们无法将突如其来的额外成本转嫁到客人身上,因此,唯一的办法就是重新商谈合同以便让饭店业主也来分担一些损失。实力雄厚的大型旅游经营商自然很容易购买外汇期货。里瓦旅游公司于 1993 年倒闭的一个原因就是,该公司认为欧共体汇率稳定机制可以保持英镑汇率的稳定,所以没有购买外汇期货。当英镑脱离了欧共体汇率稳定机制并贬值时,里瓦旅游公司在汇率方面蒙受了巨大的损失。

图 8－3 显示出 TOSG 汇率在过去的 4 年里波动的情况,以及 1994 年夏季外汇期货的汇率。西班牙的比塞塔和希腊的德拉克马似乎前景很好,这意味着那些购买了西班牙比塞塔和希腊德拉克马期货的旅游经营商应该可以使其 1994 年夏季的地中海旅游产品的价格颇具竞争力。与此相反,美元期货的汇率却似乎很糟糕,这会使经营佛罗里达度假的旅游经营商处于进退两难的境地。

西班牙比塞塔	173.90
希腊德拉克马	330.275
葡萄牙埃斯库多	225.50
意大利里拉	2 397.50
塞浦路斯镑	0.734 2
突尼斯第纳尔	1.494 0
马耳他镑	0.527 3
埃及镑	4.954 0
美元	1.491 0
欧洲货币单位	1.252 8

图 8－2 1993 年 3 月 30 日的汇率

由于汇率的波动造成了如此严重的问题,因此马耳他于 1986 年为旅游经营商推出了固定外汇期货购买汇率。这实际上是马耳他政府对旅游业的一种补贴,以期望在马耳他的旅游业不景气的时候保持较低的、具有竞争力的旅游价格。这一固定外汇期货购买汇率一直在稳步上升,并随着市场再次回归稳定,所以马耳他政府计划在 1995 年将其取消。固定外汇期货购买汇率的存在使得经营马耳他旅游线路的经营商们不仅可以为其度假产品确定具有一定优势的价格并且可以保证旅游产品不会因汇率的变化而收取附加费。然而,马耳他政府的这一取消固定外汇期货购买汇率的打算,对旅游经营商来说,无疑是一种打击。

TOSG 汇率						
	夏季	夏季	夏季	夏季	% +/-	
各国货币	1991 年	1992 年	1993 年	1994 年	1993/94 年	12 个月的期货汇率
美元	1.83	1.68	1.91	1.50	-21.5	1.47
比塞塔	181.45	184.20	182.50	199.90	+9.5	214.25
里拉	2 171.75	2 201.25	2 160.75	2 368.25	+9.6	2 452.50
德拉克马	291.07	322.94	349.82	348.48	-0.4	415.75
塞浦路斯镑	0.83	0.807 0	0.826 5	0.756 9	-8.4	无法获得

图 8-3　1991 年～1994 年汇率的波动

一些货币价值的变化对其他货币也会产生很大的影响。例如,塞浦路斯镑是与德国马克挂钩的,而突尼斯第纳尔是与法国法郎挂钩的。尤其重要的是,除了美国以外,许多国家也是以美元来结算度假旅游产品各项费用的,因此,美元的波动可能会影响到遥远的中国或南美洲的旅游价格。

在 1992 年 7 月 20 日到 1993 年 3 月 29 日期间(这两个日期是分别用来固定 1993 年夏季和 1993 年～1994 年汇率的),英镑兑换美元的比价下跌了 22%,兑换瑞士法郎的比价下跌了 10.3%,兑换奥地利先令的比价下跌了 15%,兑换法国法郎的比价下跌了 13.5%,兑换西班牙比塞塔的比价下跌了 3%。

(六)儿童优惠价

如今,大型旅游经营商通常都推出了儿童度假优惠价(儿童一般是指从两岁到 11 岁或 12 岁的小孩)并且有时还会推出若干免费度假名额。在旅游经营商看来,推出这些幅度有限的优惠可以刺激人们早些预订度假,因为较早的预订有助于提前安排计划并可以将预订押金尽可能长地用于投资。尽管免费度假名额很快就会用尽，但是如果那些感到失望的客人们已经来到了旅游代理商的预订处，那么他们也许会同意接受某一优惠价或另外一个完全不同的度假项目。

通常，儿童优惠价取决于：

1. 儿童的年龄——两岁以下的婴儿一般都是免费的，其前提是他们乘坐飞机时必须坐在父母的腿上（如果在饭店期间需要使用小床的话，那么一般需要直接向饭店支付一小笔费用）。而年龄在两岁到11岁或12岁之间的儿童则有资格获得儿童优惠价。为了促进销售，1993年推出的一些儿童优惠价甚至把18岁以下的青少年统称为儿童。

2. 与每位儿童一起旅行的成年人的人数——一位儿童一般应该和两位支付全部费用的成年人共住一间客房才能够获得优惠价。

那些希望吸引带小孩的家庭的旅游经营商通常还会选用提供以下部分或全部设施的饭店：

- 儿童床
- 高脚座椅
- 儿童游泳池或儿童游泳区
- 游戏围栏
- 儿童游艺区
- 较早的晚餐或儿童餐
- 临时保姆
- 有护士、教师或专门的儿童代表看护的儿童俱乐部，如汤姆逊旅游集团的T字俱乐部、寰宇旅游集团的OK俱乐部、猎鹰旅游公司的狂野俱乐部、天际旅游公司的世外桃源俱乐部和企业旅游公司的阳光俱乐部等
- 家庭专用的饭店楼层
- 婴儿巡视员
- 青少年俱乐部，如汤姆逊旅游集团的青少年之景俱乐部、寰宇旅游集团和猎鹰旅游公司的青少年俱乐部以及企业旅游公司的12～15岁俱乐部等

四、附加费

英国旅游代理商协会对附加费所下的定义如下：

在旅游经营商确认了预订之后，要求客人在最初确定的度假旅游价格之

外另需补充支付的费用。

由于旅游经营商必须在游客旅游度假出发日期之前很早就开始计算度假旅游成本,因此总是会出现计算误差的现象。成本计算完毕的18个月之后有可能会发生很多的变化,足以使最初的计算出现误差。例如,航空燃料的成本可能会上升,外汇汇率可能会出现不利的波动,或者饭店业主可能会决定提高房价。有时,政府的行为也可能会产生一些影响。例如,希腊政府于1992年末开始征收每人14英镑的机场税。这是那些计算1993年夏季度假成本的旅游经营商们难以预料而未计入成本的。

在20世纪80年代初期,旅游经营商们对此类变化所采取的应对措施就是在宣传价之上加收附加费。加收附加费有时是在预订的同时通知客人的,但有时则是在预订之后才通知客人,并且客人们不得因为加收附加费而取消预订,除非他们支付了退团手续费。度假者们对这一做法感到非常反感也不足为怪,因为度假者们没有预料到需要支付额外的费用。旅游代理商也不喜欢附加费,因为是他们而不是旅游经营商向客人们收取附加费,因此不得不向公众加以解释。更重要的是,虽然是由旅游代理商收取附加费,但是旅游经营商却不会为此向他们支付佣金。

旅游经营商逐渐地开始推出"无附加费保证"以解决这一问题。旅游经营商决定,不再将不利的汇率波动所带来的价格上涨转嫁给客人们,为补偿这一损失,也不再将有利的汇率波动所带来的收益退还给客人了。但是,并非所有不收附加费的保证都是货真价实的。在有些旅游宣传册里,用小字印刷的无附加费保证规定,旅游经营商仅仅保证不会把超过成本10%的费用或10英镑,或在旅游出发日期之前8周以内宣布的任何额外费用转嫁给客人。

英国旅游代理商协会于1988年出台了一套有关收取附加费的《附加费收取标准》。这些标准如今已成为《旅游经营商行为准则》的一部分。现在,旅游经营商必须自己承担度假旅游项目全部成本2%以内所增加的任何费用(不包括保险金和变更手续费)。如果附加费超过了度假旅游项目全部费用的10%,那么必须允许客人退团并获得全额退款(保险金和任何变更手续费除外)。

必须给予客人14天的期限来决定是否退团。如果需要收取附加费,那么旅游经营商必须以书面的形式说明必须收取附加费的原因以及所包括的范围。如果客人提出要求,那么必须为其提供一份附有计算内容且更为详细的说明。不得在旅游度假出发前的30天以内收取附加费。如果客人预订较晚,向客人提出的报价必须包括附加费。必须将可选择的额外费用(租车、租滑雪用具等)与主要的度假费用分开,并且价格上涨的头两个百分点必须由旅游经营商自己来承担。允许旅游经营商在收取附加费的过程中向每位客人加收不超过50便士的管理费。

英国旅游代理商协会要求旅游经营商必须通报其有关收取附加费的规定并需要填写三份表格。在宣传册发行之后的7天内,必须将表格A(计价基础通知书)与一份宣传册寄给英国旅游代理商协会。表格A必须准确地表明宣传册中采用了什么措辞来体现旅游经营商有关收取附加费的规定,并且一旦提交了表格A,那么旅游经营商必须在整个旅游季节按照表格A的说明进行经营。

如果旅游经营商决定收取附加费,那么必须在打算给客人寄发第一份附加费发票日期的7天之前将表格B(收取附加费意向通知书)寄给英国旅游代理商协会。表格B必须附有说明收取附加费原因的材料。例如,如果收取附加费的原因是由于汇率波动的话,那么表格B必须附有重新计算成本当天的《金融时报》世界各国货币一览中的汇率。英国旅游代理商协会也可以接受来自银行的有关购买度假国货币汇率的证明信。

如果收取附加费是由于汇率波动以外的原因,那么旅游经营商在寄送表格B的时候需要附上相关的信函和发票等。

最后,如果收取附加费,那么英国旅游代理商协会要求旅游经营商填写能够表明如何计算附加费的表格C(附加费计算表)。如果发现旅游经营商所提供的信息有不一致的地方,那就将此事提交给英国旅游代理商协会下属的附加费监管委员会。

即使所收到的材料准确无误,英国旅游代理商协会也还是有可能要求旅游经营商撤销收取附加费的请求或修改其附加费。英国旅游代理商协会如果接受了申请,那么就会在相关网络上把这一家旅游经营商列在获得许可的旅游经营商名单之中。如果一个旅游经营商在没有得到英国旅游代理商协会批准的情况下收取附加费的话,则可以将其交给行为准则委员会加以处罚。

有关附加费的规定同样适用于专门的海外包价旅游以及仅提供欧洲包机舱位的度假安排。从理论上讲,仅提供机票的度假安排在度假期间是有住宿的。

英国旅游代理商协会在《旅游经营商行为准则》上列出了在宣传册上谈及附加费时所应该使用的措辞。

1. 全价保证

这一度假价格是得到完全保证的，因此您无需支付任何附加费用。

这是旅游经营商可以在其宣传册的封面上展示“不收取附加费”、“保证不收取附加费”或“全价保证”等文字的唯一情况。

2. 部分价格保证

(1)我们保证，这一旅游价格将使您无需为度假支付任何附加费用，除非政府的行为导致了费用的增加。即使如此，我们也将会承担相当于全部旅游价格2%的费用，但是这并不包括保险金和任何变更手续费。只有超过全部旅游价格2%的部分才会收取附加费。如果需要收取附加费，我们还将会收取少量的管理费和支付旅游代理商佣金的费用。

如果附加费超出所支付全部旅游价格的10%，那么您有权取消预订并得到退款，但是您所支付的保险金和变更手续费不在退款之内。

如果发生上述情况，您可以在发票上所填写的日期之后的14天之内取消预订。

上述保证适用于这样一种情况，即价格保证的范围不包含政府行为。

(2)无论英镑的价值发生了何种的变化，您都不必为您的度假支付任何与汇率相关的附加费。但是，您有可能会因为以下的原因支付附加费：清单中应该包括所有可能需要支付附加费的项目。例如，政府的行为、航空燃料费用的增加、航空机票价格的上调和机场费等。

即使如此，我们将会承担相当于全部旅游价格2%的费用，但是这不包括保险金和任何变更手续费。只有超过全部旅游价格2%的部分才会收取附加费。如果需要收取附加费，我们还将会收取少量的管理费和支付旅游代理商佣金的费用。

如果附加费超出所支付全部旅游价格的10%，那么您有权取消预订并得到退款，但是您所支付的保险金和变更手续费不在退款之内。如果您决定因此取消预订的话，那么您必须在发票上所填写的日期之后的14天之内行使您的权利。

上述保证适用于这样一种情况，即虽然不会因为汇率的波动收取附加费，但是可能会由于其他的原因收取附加费。

3. 无价格保证

您可能会由于以下的原因为您的度假支付附加费：政府的行为、汇率的变化、航空燃料费用的增加、航空飞行、机场费以及定期航班机票费用的增加等。

即使如此，未超出全部旅游价格 2% 的上涨费用将由我公司承担，但是这不包括保险金和任何变更手续费。只有超过全部旅游价格 2% 的部分才会收取附加费。如果需要收取附加费，我们将会收取少量的管理费和支付旅游代理商佣金的费用。

如果附加费超出所支付全部旅游价格的 10%，那么您有权取消预订并得到退款，但是您所支付的保险金和变更手续费不在退款之内。如果您决定因此取消预订的话，那么您必须在发票上所填写的日期之后的 14 天之内行使您的权利。

上述说明适用的情况包括有可能导致收取附加费的任何或所有列出的原因。

4. 收取附加费的实际情况

1992 年外汇汇率的不稳定使得收取附加费变得越来越必要，因此诸如海依斯 & 贾维斯等长线旅游经营商推出了两种不同的保证。旅游经营商向那些支付全额费用并在预订时要求提供保证的客人推出了绝对无附加费的保证，但向他们收取的费用包括了可能会出现的附加费用。此外，旅游经营商仅仅保证承担相当于全部度假费用 2% 的附加费并同意如果附加费用超过了全部度假费用的 10%，客人可以退团。贝尔斯旅游公司向在 12 月底以前预订并支付全额费用的客人提供了类似的固定价格保证。这两种保证的额外好处是促使客人们尽早预订，这样旅游经营商就可以将客人们支付的款项用于投资了。

1993 年，英国旅游代理商协会批准了 56 家旅游经营商——主要是长线旅游经营商——收取附加费。这是因为美元与其他货币的兑换率急剧下跌，超出了旅游经营商们在计算成本定价时的预期。大多数旅游经营商收取了相当于全部度假费用 8% 或 9% 的附加费，比 10% 低了一个或两个关键的百分点，因为 10% 是允许客人退团而又不需要支付退团手续费的重要界限。收取附加费的长线旅游目的地包括远东、中国、南美洲和加勒比海地区。

五、降低成本

为了降低价格，旅游经营商们不得不竭力压缩成本并为此承受了巨大的压力。航空机票的价格在旅游费用中占有很大的比重，但是仍然可以从其他几个方面减少成本：

1. 如果旅游经营商拥有自己的航空公司的话，那么对航空运输将具有更多的控制权，因而可以期望更有效地控制成本。

2. 飞机一旦着陆，就会产生各类机场费，因此确保飞机尽量减少停留在地面的时间是十分重要的。因此要确保尽快完成上下飞机、装货、清洁和加油等事项。航班最好能够满载而去、满载而归，即将度假的一批乘客运送到目的地，再从那里运载另一批回家的乘客。

3. 为了最大限度地使用飞机，飞行线路往往是安排成 W 字型的(请参阅图 8-4)，而不是安排在相同的两点之间。所以，一架上午 8 点飞离卢顿的民航班机有

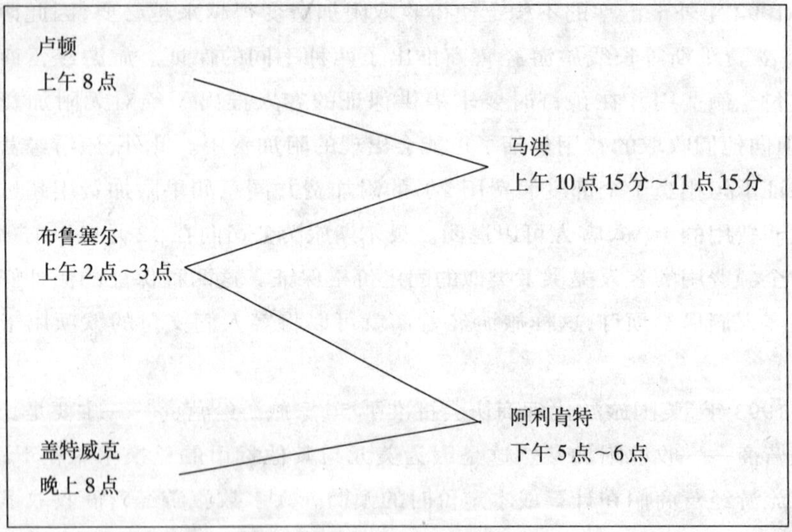

图 8-4 W 字形的飞行路线图

可能在上午 10 点 15 分抵达马洪。在地面停留一小时后，该民航班机于

上午 11 点 15 分飞离马洪前往布鲁塞尔并于下午 2 点抵达。在布鲁塞尔停留一小时后，该民航班机飞往阿利肯特并于下午 5 点抵达。在阿利肯特停留一小时后，该民航班机飞往伦敦的盖特威克机场并于晚上 8 点抵达。

4. 计算成本时确定较高的收支平衡点也有助于降低总体价格。

5. 由于较低的机场费，夜间航班的成本要低于白天航班的成本。

6. 那些只经营夏季旅游项目的经营商会面临两次昂贵的空舱航班，即在旅游季节开始，他们必须运送走第一批游客，但却没有游客返回，而在旅游季节结束的时候，他们又必须空飞一次去把需要返回的游客接回来。经营全年旅游项目可以降低空舱航班的风险，虽然夏季和冬季航班并不总是能够很好地衔接。因此，可以采用春秋季优惠酬宾的方式来出售各类行期长短不一的旅游项目以避免出现空舱的情况。

7. 提供“仅售机票”，从而以保本价甩卖掉多余的舱位。

8. 使用不同机型的飞机运送游客有时可以降低成本。汤姆逊旅游集团在 1993 年～1994 年冬季期间使用较大的波音 757 和波音 767 替代波音 737 来运送游客以期降低成本。

<u>合并</u>

随着预订的开始，销售与预订经理们必须评估各旅游目的地的销售量是否与预期相符。如果不相符，那么可以采取若干措施来改善销售状况：

1. 如果将要推出第二版或第三版的宣传册，那么可以降低销路不好的目的地的价格或通过推出优惠价加以促销。

2. 加大在媒体上做广告的力度，大力宣传销路不好的旅游目的地。

3. 安排新闻记者进行实地参观以期报刊上的旅游版更多地报道该度假地。

如果在作出种种努力之后销路仍然未见转好，那么就有可能面临飞机空舱的风险了。可以采用若干种方式来解决这一问题：

1. 将多余的舱位出售给其他的旅游经营商。

2. 劝说航空公司使用较小的飞机。

3. 合并航班，如取消一个航班并用另一个座位半空的航班运送其乘客。

在与航空公司商谈合同的过程中，旅游经营商可以要求加入合并航班的权利，其前提是他们无法售出足够多的舱位。如果被取消的航班与另一航班的起飞时间接近(在半小时以内)，那么乘客不会受到太大影响。但是，有些合并却会改变度假的时间及出发的日期。显然，公众对这类合并很反感，因此旅游经营商应该尽力避免这种情况的发生。英国旅游代理商协会的《旅游经营商行为准则》规定，如果合并对某个个人的度假产生了重大的影响，那么旅游经营商应该提供赔偿。

如果若干架次的航班被合并了，那么旅游经营商所需要的饭店客房的数量也会相应地减少。在决定保留哪些饭店客房时，旅游经营商将会优先考虑那些与其业务关系密切的饭店，然后是那些有客房配额的饭店。

销售与预订经理们将根据已收到的预订确认数量决定何时需要合并。英国旅游代理商协会的《旅游经营商行为准则》规定，旅游经营商不得在出发日期前 14 天以内对度假作出重大的变更，并且必须将书面的变更确认寄给旅游代理商或客人。《旅游经营商行为准则》还规定，客人有权取消旅游，得到退款并且根据浮动比率获得数额不等的赔偿。

六、旅游经营商的其他收入来源

除了通过提高旅游价格来获取利润以外，旅游经营商还可以通过以下部分或全部渠道获取利润：

1. 利息——旅游经营商持有客人钱款的时间越长，那么通过投资所获取的利息就越多。过去，大多数人通常在一月和三月预订度假，因此利息成为旅游经营商的一项重要的收入来源。但是较晚预订的趋势不可避免地降低了利息作为收入来源的重要性。

如果旅游经营商在二月底之前共售出 30 万人次的度假旅游产品并且每个名额收取 60 英镑的押金，那么旅游经营商将拥有 1 800 万英镑的资金。这笔款项中的一部分被用于支付饭店和航空公司的预订款，一部分被用来制作下个旅游季节的宣传材料及应付其他的日常开支，剩余的部分可用于长达 5～6 个月的投资。

同样，虽然结算余款通常是在出发日期前的两个月进行，但是旅游经营商实际上直到接近这一日期时才会与饭店和航空公司结算全部款项。所以，这笔钱还可以用于短期投资。

2. 退团手续费——旅游经营商向客人收取的费用通常高于自己所需支付的费用。

3. 变更手续费——与上述情况相同。

4. 租车费——旅游经营商有可能从租车预订中获得 25% 以上的佣金，但是仅向旅游代理商支付 10% 的佣金,而将差额据为己有。

5. 保险费——销售保险的佣金可能会高达 100%,但是支付给旅游代理商的佣金也许仅有 10%。

6. 广告费——一些旅游经营商在其宣传材料上有偿刊登其他产品的广告。例如,寰宇旅游集团在其 1993 年推出的宣传册的封底刊登了巴利阿里旅游协会和巴利阿里旅游局的广告。

7. 附属产品的销售——一些旅游经营商通过出售附属的旅游产品,如旅行支票、护照夹、行李箱和旅游指南等,来增加收入。

8. 短途游览佣金——旅游经营商可以通过在度假地的代表出售短途游览项目来获取佣金。

9. 外汇交易——最大型的旅游经营商可以在汇率有利的时候购买所需要的外汇,从而获利(或者至少达到省钱的目的)。例如,希腊的德拉克马和西班牙的比塞塔在夏季的汇率比较高,因此在冬季购买这些货币比较便宜。为了保护自己以防难以预料的汇率变化,旅游经营商有时购买外汇是基于这样一种认识的,即他们只是在有实际需要时才用外汇支付。

10. 直接预订——旅游经营商可以通过少量的直接预订节省下本应该付给旅游代理商的平均 10% 的代理佣金。

11. 各种各样的额外收入——拥有飞机的那些旅游经营商有可能通过超重行李收费来创造额外的收入。

(一)退团手续费

旅游经营商根据在出发日期之前通知取消旅游的不同时间而采用不同的标准来收取退团手续费(请参阅图 8－5)。退团手续费一般适用于包括机票和客房入住在内的基本旅游费用,但不包括诸如租车等额外费用。保险金概不退还,因为从购买保险之日起,保险就开始生效了。但是,客人有可能从保险公司那里得到一些因退团而支付的费用。

如果预订是通过旅游代理商进行的,旅游经营商将用退团手续费来支付代理商的佣金。旅游经营商也会责成旅游代理商收取退团手续费,因此旅游代理商需要确保向客人收取的钱款足以支付各类标准的退团手续费。这正是晚预订的客人必须交纳全额费用的原因。

旅游经营商通常要求收到正式的取消预订确认书,然后才会办理手续。

因此，打电话取消预订通常不予受理。

在预定出发日期之前 并且旅游经营商收到 书面取消预订通知的时间	包括额外费用在内的总体 旅游费用(但不包括保险金) 中退团手续费所占的百分比
42 天以上	押金
29～42 天之间	40%
15～28 天之间	60%
1～14 天之间	80%
出发日期或之后	100%

图 8－5　典型的包价旅游退团手续费收取的标准

(二)预订变更手续费

旅游经营商对于变更已经确认的预订收取固定金额的手续费(大约在 10～25 英镑之间)。这些变更包括：

- 改换预订人
- 改换预订的目的地
- 改换预订的饭店
- 增加预订的人数
- 减少预订的人数。在这种情况下，取消预订的人需要支付退团手续费，而那些仍然预订的人则有可能需要支付预订变更手续费。

如果在出发日期之前的 6 个星期内变更预订，则按照取消预订的标准来收取手续费。

七、旅游经营商的各类成本

(一)旅游代理商佣金

旅游经营商通常把全部销售额的 10%作为佣金支付给旅游代理商。旅游代理商一般是在将客人支付的余款交给旅游经营商之前从中扣除佣金(而不是从押金中扣除)。有时,佣金是根据包括附加费用、保险费和任何额外费用在内的旅游总体费用支付的,但是有时只根据旅游的基本费用支付。保险金的佣金有时是按照不同的百分比来支付的。

旅游经营商的产品的主要代理商往往有资格获得12.5%或更多的代办佣金。一般来说,这也是从客人支付的余款中扣除,然而有些旅游经营商更愿意在旅游季节结束之际一次性地支付所有额外的佣金,因为这样可以为他们赢得更长的投资时间。有时,代办佣金只是根据基本旅游费用来计算的,而与保险金、附加费用和额外费用无关。很显然,尽量避免支付代办佣金符合旅游经营商的利益。这也正是汤姆逊旅游集团引以为荣之处——他们从来就没有支付过代办佣金。但是随着三大旅游经营商在1993年加紧了对多重旅游代理商的控制,小型旅游经营商越来越难以将其宣传材料放在旅游代理商的展示架上了,因此有时不得不同意支付代办佣金,尽管他们是最无力承受额外成本的。专营别墅业务的布莱顿专线旅游公司对兰·波利连锁旅行社颇为不满,因为该旅游代理商在1993年竟然要求布莱顿专线旅游公司支付销售额14%的代办佣金作为将其宣传材料摆放在展示架上的回报。

1993年,旅游代理商们设法统一了代办佣金的数额,旅游价格因此降低了10%,从而刺激产生了大量的早期预订。最终,旅游经营商也因此而获利。

1993年,英国旅游代理商协会的旅游委员会打算制定一份黑名单,列出那些向旅游代理商支付很低佣金的旅游经营商。但是,该委员会发现这样做并非易事,因为一些旅游经营商声称按照惯例支付了10%的佣金。实际上,这些旅游经营商没有支付增值税,而是期望旅游代理商从自己的佣金中支付增值税。

(二)赔偿费

在20世纪80年代初期,旅游经营商如果改变了旅游计划,无需向客人支付赔偿金。变更旅游计划一般是因为旅游经营商决定把若干销售欠佳的旅游团队进行合并。这样做会使旅游经营商不得不取消某些旅游团队或是大幅度变更航班的出发日期。

到了20世纪80年代中期,长时间的延误在英国的各机场已经成了司空见惯的现象,而有些游客发现自己为期7天的度假居然有一整天是耽搁在机场里了。这引发了人们希望得到赔偿的要求。保险公司开始为旅游出发的延误提供赔偿,这在一定程度上满足了这一要求。但是越来越多的旅游经营商也开始根据预订的"重大变更"提供相应的补偿。有可能被视为"重大变更"的情况包括:

- 改变出发的机场
- 改变出发的日期
- 将白天航班(通常指从早上5点半到傍晚6点半之间飞行的航班)改为夜间航班(即从晚上10点到早上5点半之间的航班)
- 减少了游客夜间住宿的天数
- 改变了整个度假的目的地
- 降低了整个度假期间的住宿标准
- 提高了整个度假期间的住宿标准
- 航班时间的变化超过3个小时

如果旅游经营商进行了上述变更,那么也许会向客人们提供以下的选择:

1.接受新的旅行安排,每位客人有时可以得到相应的经济赔偿(请参阅图8-6)。汤姆逊旅游集团根据变更所造成的影响的程度提供两种不同的赔偿。赔偿通常是以减少旅游费用的形式提供的,而不是直接支付现金。如果变更不止一次,那么大多数旅游经营商将只会支付包括所有变更在内的一次性赔偿。

出发日期之前42天	在以下时间内通知客人的变更		
以上通知客人的变更	所需要支付的赔偿金额		
所需要支付的赔偿金额	29~42天	8~28天	0~7天
无	10英镑	20英镑	40英镑

图8-6 典型的包价旅游变更赔偿标准

2.转到另一个旅游团而无需支付变更手续费。

3.取消预订而无需支付退团手续费。如果变更是在出发日期之前6个星期内作出,那么旅游经营商也许会出具赔偿证明并退还一切所交费用。

旅游经营商不愿意退款,因此制定了一些可以减少或避免赔偿的条款也不足为奇。例如,规定只有度假时间达到或超过6夜才能够获得赔偿等。

有些情况是旅游经营商无法控制的，即不可抗力，因此所有的旅游经营商在这些情况下都保留拒付赔偿的权利。不可抗力通常是指战争或战争的危险、骚乱、内战、劳资纠纷、恐怖活动、意外事故、自然灾害或核灾难、流行病或影响健康的危险、火灾、航空故障、机场或港口的关闭或拥挤以及政府的禁令等。一些旅游经营商甚至将坏天气也视为不可抗力。

(三)旅游经营的财政年度

旅游经营在财务方面有着鲜明的季节性。通常在每年的上半年，旅游经营商由于需要支付夏季旅游的各种费用，而手头上仅有客人所交的押金，因而在资金方面可能会显得有些捉襟见肘，即使是最大的旅游经营商也有可能陷入赤字。这足以说明，1991 年上半年发生的海湾战争为什么会给 ILG 旅游集团造成如此严重的损失。估计 ILG 旅游集团损失的潜在预订约达 40 万人次，按照每人预交 60 英镑押金计算，约为 2400 万英镑。当时 ILG 旅游集团正需要这笔钱来支付夏季旅游饭店住宿的费用。

大多数旅游经营商都要求客人在旅游出发日期之前的 8～10 周以内交清所有的费用。他们认为夏季旅游的旺季是从 7 月的第三周开始，因此期望客人的余款从 5 月中旬起开始入账。即便是晚期预订，大多数也是在 6 月～9 月之间进行。由于晚期预订者在预订时需要支付全部费用，所以晚期预订也极大地提高了旅游经营商的夏季收入。

那些既经营冬季阳光和冬季运动项目又经营夏季阳光项目的旅游经营商全年都可以获得收益，虽然冬季旅游项目的规模通常要小于夏季旅游项目的规模。

(四)盈利率

民用航空管理局不仅收集有关持有航空运输经营执照的公司所运载乘客数量的信息，而且还收集有关他们财务和盈利率方面的信息。表 8－1 显示出从 1991 年夏季到 1994 年冬季这一期间持有航空运输经营执照的公司所运载的乘客数量、从航空旅游中获得的收益以及旅游的平均价格。

表 8－2 显示出在 1973 年～1993 年期间 30 家最大的航空运输经营执照持有公司的盈利情况。这些数字表明，旅游经营从总体上来说盈利相对较低。

实际上,1992 年的数字显示,即使营业额较高,盈利率仍然有所下降。然而,20 世纪 90 年代初期的这些数字与 20 世纪 80 年代末期的数字相比已有了显然的改观。

表 8-1　1991～1994 年所有航空运输经营许可证持有公司所运载的乘客数量和收入

	往返乘客（百万人）	与上一年相比的变化（百万人）	%	收入 £10 亿	与上一年相比的变化 £10 亿	%	平均价 £	与上一年相比的变化（£）	%
夏季(4 月～9 月)									
1991 年	7.32	(0.8)	(9.3)	2.34	(0.1)	(4.1)	320	17	5.7
1992 年	9.22	1.9	26.0	3.02	0.7	29.1	328	8	2.5
1993 年	9.89	0.7	7.3	3.45	0.4	14.2	349	21	6.5
冬季(10 月～3 月)									
1991/1992 年	3.69	0.6	20.6	1.08	0.2	24.1	293	8	2.9
1992/1993 年	4.34	0.7	17.6	1.48	0.4	37.0	341	48	16.5
1993/1994 年	5.15	0.8	18.7	1.84	0.4	24.3	357	16	4.8
截止到 3 月的全年情况									
1992 年	11.01	(0.1)	(1.0)	3.42	0.1	3.3	311	14	4.7
1993 年	13.56	2.6	23.2	4.50	1.1	31.6	332	21	6.8
1994 年	15.04	1.5	10.9	5.29	0.8	17.6	352	20	6.0

注:

1993/1994 年冬季的数字显示:与 1992/1993 年的冬季相比,乘客的数量和平均价格分别上升了 18.7%和 4.8%。与上一年度相比,12 个月的乘客数量增加了 10.9%,平均价格上升了 6.0%。虽然这一增长幅度要明显的高于通货膨胀率,但是却并不表明利润率的提高。长线旅游越来越受到欢迎是促成增长的一个因素。

资料来源:民用航空管理局航空运输经营执照监察

表 8-2 1973年～1992年期间30家最大的航空运输经营执照持有公司的盈利情况

	营业额 百万英镑	全部利润 百万英镑	全部损失 百万英镑	净业绩 百万英镑	 营业额%
1973年	246	2.5	(2.9)	(0.4)	(0.2)
1974年	227	1.8	(4.8)	(3.0)	(1.3)
1975年	278	13.7	(0.8)	12.9	4.6
1976年	326	12.8	(1.1)	11.7	3.6
1977年	355	10.0	(2.1)	7.9	2.2
1978年	531	35.1	(0.7)	34.4	6.5
1979年	695	39.3	(2.6)	37.3	5.4
1980年	907	47.2	(3.4)	43.8	4.8
1981年	1 020	54.7	(2.5)	52.2	5.1
1982年	1 300	37.6	(9.9)	27.7	2.1
1983年	1 407	58.2	(2.9)	55.3	3.9
1984年	1 799	64.0	(10.7)	53.3	3.0
1985年	1 841	79.9	(19.0)	60.9	3.3
1986年	2 132	49.7	(14.1)	35.6	1.7
1987年	2 791	23.5	(48.3)	(24.8)	(0.9)
1988年	3 005	44.8	(29.3)	15.5	0.5
1989年	3 048	34.1	(34.2)	(0.1)	0.0
1990年	2 731	41.9	(1.6)	40.3	1.5
1991年	2 743	110.9	(6.1)	104.8	3.8
1992年	3 621	102.2	(1.6)	100.6	2.8
1993年	3 826	130.6	(31.6)	99.1	2.6

问答题和讨论题

1. 晚期预订的趋势使得旅游经营商难以预测各旅游目的地的销售情况，同时也无法将客人的押金用于投资。旅游经营商可以采取哪些措施来鼓励人们提前预订？

2. 表 8－2 的数据表明旅游并不是一个高利润的行业。试论其原因以及阻碍旅游业获取更高利润的各种因素。大型旅游经营商是否应该采取一些手段来提高总体盈利率？

3. 1993 年，一些旅游经营商将儿童优惠价的年龄限制提高到 16 岁或 19 岁。你认为这些旅游经营商期望从这一措施中获得什么收益？

课后作业

1. 一个旅游经营商以每张 95 英镑的价格预订了 80 张飞往位于伊比萨岛圣安东尼奥的机票。机场费为每人 10 英镑。这个旅游经营商还以每人每晚 5 217比塞塔的价格预订了一家饭店的双人间（半食宿）。从机场前往饭店的巴士费用单程为 8 695 比塞塔。收支平衡点为 90％。比塞塔与英镑之间的汇率为 1 英镑兑换 173.90 比塞塔。请计算 15 日游的人均成本，并在这一成本上加价 35％。如果这个旅游经营商售出了全部的旅游名额，那么他需要支付多少费用？他获得的利润是多少？

2. 找出计算目前旅游成本的汇率。将这些汇率与 1993 年 7 月 20 日的汇率（如下所示）加以比较并计算出每种货币汇率升降的百分比。由于汇率的变化，哪些目的地的旅游价格将会上涨？哪些目的地的旅游价格将会下调？

西班牙比塞塔	199.90
希腊德拉克马	348.475
葡萄牙埃斯库多	248.00
意大利里拉	2 368.25
塞浦路斯镑	0.756 9
突尼斯第纳尔	1.538 8
马耳他镑	0.584 8

埃及镑	4.93
美元	1.498 5
摩洛哥迪拉姆	14.007
土耳其里拉	16 768.35
奥地利先令	17.995

3.阅读本季的旅游宣传材料中大、小旅游经营商们推出的各类无附加费保证。制作一张图表并在上面标明提供保证的旅游经营商及其保证的类型。然后请计算参加2月中旬梅尔霍芬双飞14日滑雪度假游的每位成年人的旅游费用。如果需要加收4%的附加费,那么这次滑雪度假的额外费用是多少?如果需要加收8%的附加费,那么额外费用又将是多少?现在请计算出8月初在巴巴多斯度假3周每位成年人的旅游费用。如果需要加收4%的附加费,那么这次度假的额外费用是多少?如果需要加收8%的附加费的话,那么额外费用又是多少?(很显然,不同旅游经营商的宣传册以及不同的出发日期将会导致不同的计算结果。本题旨在使你了解到附加费可能使度假的实际费用比门市价高出的程度。)

第九章

旅游市场营销

本章学习目标

通过对本章的学习,你应该能够:

- 理解市场营销部的作用
- 为一家旅游企业进行优势与劣势和机遇与威胁分析
- 了解不同广告媒体的相对重要性
- 撰写一篇宣传某一具体产品开发的新闻稿
- 了解广告宣传自由的局限性
- 策划推出产品宣传册或相似的促销活动

一、引言

随着旅游业在规模和成熟度方面的增长,市场营销的作用对于旅游经营商来说已经变得越来越重要了。以下是市场营销研究所对市场营销下的定义,尽管有时似乎让人觉得有些含糊不清:

市场营销具有一种管理职能,负责组织和指导所有那些涉及评估消费者的需求和把消费者的购买力转换成对某一产品或服务的有效需求，并将该产品或服务交付最终消费者或用户的商业活动，以便完成公司或其他机构制定的盈利目标或其他的目标。

优你捷旅游公司的市场营销总监奈杰尔·詹金斯为市场营销作出了更为简洁的定义：

创造对一种产品或服务的需求，然后有效地提供这一产品或服务，进而从中获得利润。

在《旅游市场营销学》一书中，维克多·米德尔顿注意到了那些以市场营销为导向的公司与那些以产品或销售为导向的内向型公司之间的区别。米德尔顿认为，市场营销主要是为了实现购买和使用产品的消费者与提供和销售产品的商家之间的自愿交换。因此，他认为以市场营销为导向的公司具有4种鲜明的特点，即：

1. 对于交换行为持有积极的、创新的和高度竞争的态度；

2. 坚持认为其商业行为必须建立在其顾客长期利益的基础之上；

3. 重视和灵活应对外部的商业环境；

4. 理解把握好运用现有资产获取短期效益的需要与获得长远效益的需要之间平衡的必要性。

旅游经营商通常都是以市场为导向的而不是以产品为导向的，这主要是因为他们大多都不拥有属于自己的产品或产品要素。但是有人也许会争辩说，由于一些旅游经营商拥有包机公司并且必须竭力售出其舱位（请参阅第三章），因此他们不得不更倾向于以产品或销售为导向。

最小型的旅游经营商的市场营销工作也许是每个人工作中的一部分。而中型的旅游经营商的市场营销可能属于销售部的职责范围。但是大型的旅游经营商会单独设立一个市场营销部来决定将向哪些类型的客人销售哪些产品。市场营销部将全面负责这些产品的宣传和销售工作。一家旅游经营商可能会有一位销售总监和经理，或是一位营销总监和经理。偶尔也会既有销售总监和经理，也有营销总监和经理。

（一）市场营销部

市场营销部的任务就是要确定和策划假日产品来满足潜在客人的需求并确保旅游经营商在适当的时间以适当的价格向适当的客人推出适当的产品。

较为理想的情况是,市场营销部应该在旅游经营商的总体战略计划的框架下进行这项工作。旅游经营商的总体战略计划应该确定以下的长期目标:

- 在规定的期限内通过完成规定的业绩来增加市场份额(如果是新产品的话,则需要确定在具体的期限之内所要达到的具体市场份额)。
- 在规定的期限内通过完成规定的业绩来增加盈利率。
- 在规定的期限内实现规定的增长目标。
- 开发新产品以降低对具体市场或目的地的依赖程度。

可以根据职责、产品或品牌,以及地理区域来划分市场营销部的工作。如果是根据职责来划分市场营销部的工作,那么每个部门将负责整个公司营销工作的某一部分,如市场研究或广告宣传等(请参阅图9-1)。这样的划分可以使员工精通市场营销某些领域的业务并可以随时将其所掌握的专门知识运用于新产品。

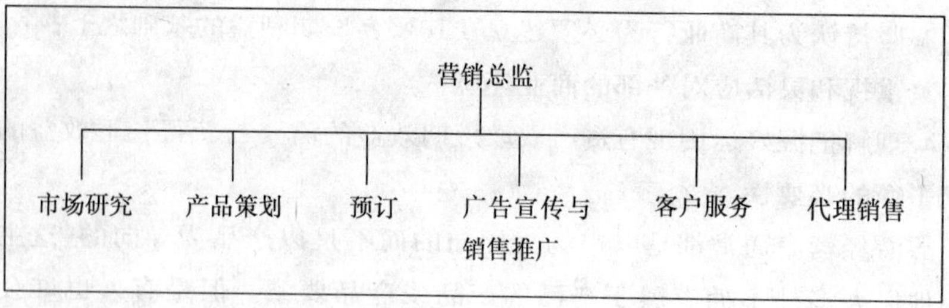

图9-1 根据职责来划分的市场营销部的工作

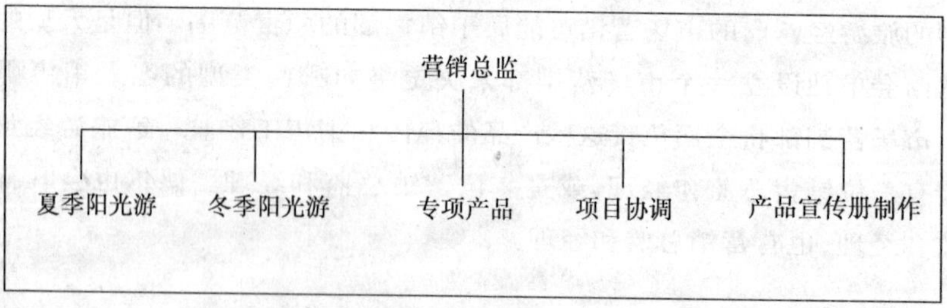

图9-2 根据产品线来划分的市场营销部的工作

如果是根据产品或品牌来划分市场营销部的工作,那么各部门都有可能为其各自的产品担负起所有的市场营销职责,虽然需要设立一个部门来负责协调他们之间的活动，并且还需要设立另一个部门来负责制作统一的产品宣传册(请参阅图 9－2)。这样的划分可以使员工成为某些产品方面的专家，但是如果需要变换目的地的话，将有可能会出现很大的麻烦。

跨国旅游经营商也许可以根据地理区域来划分其市场营销部的工作，比如其中一部分负责国内旅游市场，而另一部分则负责英国市场。

(二)市场营销部的任务

1.调研

市场营销部的首要任务就是研究公司的定位，其中应该包括：

(1)销售趋势与收入趋势，最好是未来 5 年的趋势。可以利用民航局出版的有关所运载乘客的总数以及按照旅游经营商加以细分的数据来对一家旅游经营商的业绩及其竞争对手的业绩加以比较并计算出其市场份额。计算机使得各旅游经营商易于记录其每年的销售业绩和收入情况并进行分类。政府部门和旅游局有关乘客的调查也可以提供有用的资料。

(2)人口统计学与人们不断变化着的态度。这类信息一部分可以从诸如汉利预测中心或明特尔等专业公司的研究中获得，一部分来自旅游经营商自己进行的研究。

(3)现有的实际产品以及定价趋势。这类信息一部分可以直接从竞争对手的产品宣传册中获得，一部分可以从行业期刊以及一般的商业报告中获得。

(4)旅游经营商的经营环境。这类信息一部分可以从行业期刊中获得，一部分可以从专门的研究中获得。

2.优势与劣势和机遇与威胁分析

营销人员一旦完成了最初的工作，就应该开始进行优势与劣势和机遇与威胁分析以确定旅游公司的优势、劣势、机遇与风险。旅游经营商的优势可能会包括：

- 历史悠久
- 品牌名声显赫
- 与日益受到欢迎的产品相关联
- 拥有受过良好培训的优秀员工

- 拥有先进的计算机预订系统
- 与度假地保持着良好的关系等。

劣势往往与优势相反并且有可能包括：

- 新近成立、鲜为人知
- 与不好的产品相关联
- 与被认为是过时的产品相关联
- 员工缺乏培训,工作没有激情
- 分销系统欠佳
- 所拥有的计算机预订系统被旅游代理商们认为是太慢或功能欠佳

机遇既有可能来自旅游经营商内部的变化,也有可能来自外部环境的变化。例如,1989年柏林墙的消失以及随之而来的旧东欧国家发生的变化为旅游经营商开拓新的旅游目的地提供了各种机遇。一家旅游经营商的破产可能会带来各种机遇,使那些思维敏捷、动作迅速的竞争对手们获得新的商机。在旅游业中,技术的发展——特别是航空运输和预订系统的发展——不断地为旅游经营商提供着新的商机。

同样,威胁也可能会是外部的因素造成的。例如,20世纪70年代石油价格的上涨造成了旅游价格的提高,20世纪80年代和90年代战争和恐怖主义活动对旅游活动构成了威胁,以及1993年外汇汇率的动荡造成了收取附加费的问题等。有时,威胁在突然出现之前可能会潜伏若干年。因此可以说,英国的气候对于英国国内旅游度假业来说总是一种潜在的威胁。飞机性能的改进与不断降低的票价使得几乎所有的英国人都能够去地中海各旅游目的地度假。然而在此之前,这些地中海旅游目的地只是一种潜在的威胁,而不是实际的威胁。如今,营销人员即使竭尽全力,也难以改变英国人去海边度假的趋势。

3.产品分析

拥有一系列产品的旅游经营商需要对其产品分别加以研究,以便确定这些产品的优势与劣势。毕竟,即使夏季阳光产品在经济萧条期热销,也并不意味着冬季阳光产品或冬季运动产品也会同样畅销。

在《旅游营销》(皮特曼出版发行公司出版)一书中,霍勒威和普朗特提到了两种更加细致研究个别产品的方法。第一种方法包括制作一张产品定位图(请参阅图9-3)。产品定位图可以显示出各旅游经营商在潜在客人心目中的差别,有时这有助于确定各旅游经营商在市场中的差距。这一方法的不足之处是,这些差距的存在的原因可能是因为产品没有市场。

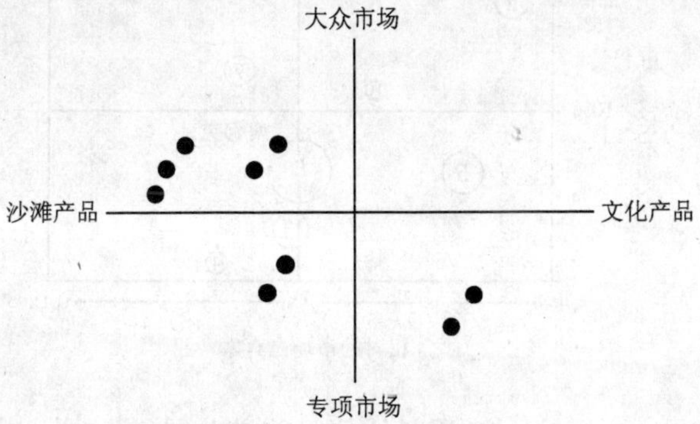

图 9-3 可以显示 9 家旅游经营商所提供的长线假日产品在公众心目中的形象的产品定位图

资料来源:霍勒威、普朗特的《旅游市场营销》,皮特曼出版发行公司

第二种方法是波士顿咨询公司的增长与份额矩阵模型。这一模型可以使一家旅游经营商将其产品分为:

(1)明星类——是指那些在市场上占据领先地位并且快速增长的产品。这些产品虽然可以带来稳定的利润,但是其利润有可能不如人们期望的那么高,因为它们的成功很快就会吸引来众多的模仿者。

(2)金牛类——是指那些市场占有率很高的产品,但是由于其市场较小或正在萎缩,因此不太可能吸引来竞争对手。此类产品很有用,因为可以带来稳定的周转现金以应对经营费用方面的需求,并且如果需要防范竞争对手的话,无须耗费太多的营销成本。

(3)问题类——是指那些市场增长率高并且似乎有可能成功的产品。

(4)瘦狗类——是指那些正在萎缩的市场中的产品。旅游经营商在这一市场中占有较小的市场份额。

图 9-4 展示了典型的波士顿咨询公司的增长与份额矩阵模型,其中横向轴线表示旅游经营商的市场占有率(10X 表示其占有率为主要竞争对手占有率的 10 倍),纵向轴线表示市场增长率。

显而易见,针对这些不同类型的产品需要采取不同的营销策略。例如,将宣传活动和经费投入到明星类产品和问题类产品上是明智的。但是,如果将宣传活动和经费投入到瘦狗类产品上则是不明智的。应该集中公司的财力物

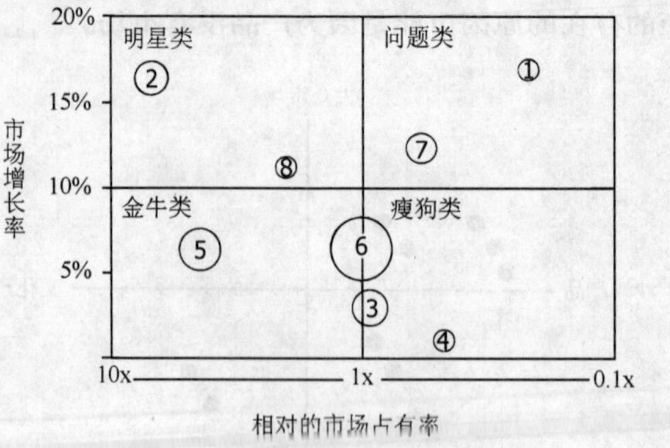

注:①长线假日旅游公司

②青年假日旅游公司

③山水假日旅游公司

④巴士旅游公司

⑤老龄假日旅游公司

⑥夏季阳光旅游公司

⑦冬季运动旅游公司

⑧冬季阳光旅游公司

图 9-4 用于旅游经营商团队旅游项目的波士顿咨询公司的增长与份额矩阵模型

资料来源:霍勒威、普朗特的《旅游营销》,皮特曼出版发行公司

力来策划具有替代性的多元增长产品。同样需要牢记的是,不同的消费者会在不同的产品生命周期购买产品:对于那些喜欢冒险的消费者和喜欢在攀比中胜人一筹的消费者来说,新产品具有极大的吸引力;对于那些寻求便宜和快乐的消费者来说,处于生命周期尽头的产品通常更具吸引力。在制定营销策略过程中需要考虑到这些因素,尤其是在选择合适的广告媒体的时候。

(三)营销计划

1.预测

营销人员一旦确定了公司的市场定位,研究了相关的趋势以及更为细致地研究了各项产品以后，将会根据他们对未来的预测制订营销计划。一系列可能产生影响的外部因素(请参阅第十一章)使得准确的预测变得难上加难。遗憾的是，旅游经营商们迄今为止并没有显示出预测未来的能力。尤其是在20世纪80年代末期和90年代初期，由于过高地估计了夏季阳光度假市场的规模，旅游经营商们甚至不得不在旅游旺季以低价甩卖其旅游产品。但是，针对未来3~6个月的短期预测并不像长期预测那样问题丛生。

作预测必须既要考虑对某一产品的需求，也要考虑这一产品的销售潜力。预测需求包括调查市场的规模，确定在这一市场中会有多少消费者购买假日产品并且在这些消费者当中会有多少人购买某一旅游公司的产品，有多少人会购买其竞争对手的产品等内容。预测销售潜力包括研究那些可能影响销售的外部因素，如政府的立法及其可能产生的影响，以及根据自身现有的销售模式和营销计划来评估本公司的销售潜力等内容。较为理想的是，旅游经营商在最终作出销售业绩预测之前应该首先分别考虑一下可能出现的最佳和最糟销售情况。

2.概述总体策略

旅游经营商可以采取的主要营销策略有3种：

(1)在签订合同时，最大型的旅游经营商也许可以利用规模经济和自身的实力来获得最低的价格。

(2)较小的旅游经营商也许可以侧重于某些产品并树立优质产品的形象以确保收取更高的费用。桑维尔假日旅游公司就是在20世纪90年代初期采用这一策略的典型。

(3)其他的旅游经营商也许会锁定一些具体的细分市场。传奇假日旅游公司就是采取这一策略的典型。

在这些总体策略范围之内，旅游经营商可能会采取长期或短期的做法。一些旅游经营商将会在若干年内培育某些旅游目的地，即使这样做最初并无利可图。另外一些旅游经营商也许会采取观望等待的策略，一旦某个旅游目的地流行起来就迅速进入，由此获益并在收益开始减少之际迅速离开。

旅游经营商并非总是把利润看作是其策略的唯一目标。在20世纪90年代初期，英国最大的旅游经营商们将获得市场占有率与短期的盈利率视为同样的重要，认为这是未来成功的保证。

3. 营销组合

营销人员将根据预测和总体策略并运用营销组合来制定营销计划。科特勒将营销组合定义为：

商家可以用来在目标市场中实现预定的销售额的各种可控营销变量。

构成营销组合的变量通常被划分为四大要素，即所谓的营销 4P。这四大营销要素分别是：

- 产品——设计、特点、种类、品牌和质量等。
- 价格——基本价格、优惠价、附加费、额外费用、佣金等。
- 分销——分销渠道、覆盖范围、具体地点等。
- 促销——销售、广告宣传、促销活动、其他的宣传活动等。

一项具体的营销计划不一定包括营销组合的所有要素，虽然制订有效的营销计划时至少需要考虑这些要素。我们在前面的章节里已经探讨过营销组合的许多方面(产品设计、产品宣传册、销售过程以及制定旅游价格等)，但重要的是我们必须了解，所有这些方面都构成了一个良好的营销计划的一部分。

较为理想的是，制定营销计划应该使用可以量化的词汇，以便可以衡量其有效性。必须小心地控制营销计划，尤其是要注意不要出现超出预算的风险。

(四)营销预算

营销预算的制定是旅游经营商总体财务计划过程的一部分并且将会涉及营销人员与其他决策部门之间的商讨。从理论上讲，旅游经营商应该首先确定其目标，然后制定实现这些目标的营销计划，最后还要确定为落实这一计划所需要划拨款项的金额。但是，正如作出的预测并不一定十分科学一样，营销预算往往更多的是根据旅游经营商的财务能力以及上一年度的盈利情况而不是根据需要制定的。

有时，预算是根据估算出来的客人数量加以制定的。因此，如果一家旅游经营商预期会有 20 万名客人并且其营销预算为 30 万英镑的话，那么平均每位客人的费用将会是 1.5 英镑。如果推出一个新的旅游产品的话，所涉及的费用可能会更高。所以当汤姆逊旅游集团推出针对 20～35 岁这一年龄段客人的“逍遥游”项目时，其营销预算估计为平均每个售出的旅游名额摊 7 英镑。

(五)市场调研

在制订营销计划和营销预算的过程中,旅游经营商通常会进行市场调研,即使仅仅是查看一下本公司去年的销售数字。然而,有些信息只有通过更为细致的调研才能获得,这其中包括调查、调查问卷以及其他与消费者和潜在消费者沟通的方法。这类调研也可以用于其他的目的,如确定市场走势和了解某些具体的产品宣传册或广告宣传的效果等。

有效的二次调研可能花费较大。因此,大型旅游经营商也许可以请得起诸如英国市场调研局等外部的专业公司,但是较小的旅游经营商可能只会进行一些有限的市场调研而不会进行任何正式的市场调研。

在开始进行市场调研之前,旅游经营商需要:

(1)确定自己所面临的困难和所需要实现的目标,以便可以提出恰当的问题(并且仅仅是这些问题)。

(2)确定所有的信息来源,因而不会把钱浪费在那些本可以轻易获得的信息上。

(3)制订研究计划。

(4)设计必要的调查表并确定应该如何进行调研。调查表上的提问不应该是含糊其词、模棱两可的,不应该使受访者感到难以记住,并且措辞也不应该让人觉得只有一种回答。

调查是最流行的市场调研方式之一,无论这是在街头巷尾,还是在人们家中进行。鉴于英国的人口目前大约是 5 600 万,因此从统计学角度来说,任何有效的调查都需要包括大约 2 000 名受访者的观点。但是,这些受访者必须能够代表全体人口中的各个阶层或是代表调研所感兴趣的群体。所以,为了获得有关去年前往西班牙度假游客数量的信息,仅仅调查 2 000 名在校的大学生是不够的,除非这一调查是为客户主要是大学生的旅游经营商进行的。受访者应该具有代表性,其中包括男性和女性,来自不同的年龄段、不同的社会经济背景以及不同的种族。

并非所有的二次调研都仅仅涉及调查技巧,虽然其他一些方法可能会需要更多的时间并且也需要更多的花费。例如,旅游经营商可能会对一些人进行小组采访以了解他们对一个新广告或产品宣传册设计的看法。汤姆逊旅游集团甚至进行过一次实验,要求受访者回答这样一个问题,即假如旅游经营商是活生生的人的话，那么受访者认为不同的旅游经营商应该具有什么样的个性。汤姆逊旅游集团从这一实验中发现，许多人希望其具有可信赖的、通情达理的家庭型男士的形象。这一实验结果可能会对汤姆逊旅游集团的广告宣传具有一定的意义。

客户服务调查问卷

大多数大型旅游经营商都是在旅游结束的时候向客人分发调查问卷的（消费者服务调查问卷）。这些调查问卷可以提供很多有关产品不同方面的信息：饭店的接待是否热情周到、饮食是否可口，以及度假地代表是否工作很有效率等。但是，通过调查问卷来获取信息也存在着一些问题：

（1）并不是所有的客人都会填写调查问卷。一些旅游经营商在返回的航班上向客人分发调查问卷并在客人下飞机之前将调查问卷收回以便客人们能够认真地填写这些调查问卷。其他一些旅游经营商提供预先支付邮资的信封以鼓励客人们完成调查问卷。英航旅游度假公司甚至提供两个免费的旅游名额来鼓励客人们填写这类表格。

（2）希望投诉的客人比感到满意的客人更有可能填写调查问卷。

（3）这类调查问卷仅适用于那些产品宣传册已经刊登出来的度假地和饭店等，但是对于确定旅游项目中存在的差距或确定哪些饭店是更好的饭店，则没有多大的用处。

（六）营销4P

1. 产品策略

正如我们在第一章里所讲述过的那样，包价旅游产品从许多方面来说是非同寻常的，而且这些方面对营销工作都具有相当重要的意义。我们同样也应该认识到，当人们购买包价旅游产品的时候，他们所购买的并不是产品或产品特色本身，而是这些特色所能带来的益处以及这些益处所能带来的满足感。因此，营销所要做的就是展示某一项产品可以满足多少种需求。在高度竞争的市场中，突出本公司产品具有独一无二的益处是至关重要的。较为理想的是，最好突出独特的销售特色以使自己的产品比其他公司的产品更具有竞争力。对于专营青年度假的俱乐部旅游公司来说，这意味着只有该公司的客人才会入住这饭店。对于库奥尼等长线旅游市场中的龙头公司来说，这意味着推出一个其他公司所没有的旅游目的地。

旅游经营商可以强调的其他产品特色包括：

- 低价位或物有所值
- 优良的质量——费用高但合情合理
- 时髦，尤其是指旅游目的地
- 可靠性——旅游经营商历史悠久或长期经营某一旅游目的地
- 产品的风格或特点——例如，地中海俱乐部对其产品的独一无二的特色和档次颇感自豪
- 新颖性——例如，朱尔斯·凡尔纳旅游公司首先推出的中国自驾车旅行和丽晶假日旅游公司推出的独一无二的阿尔巴尼亚旅游

2.定价策略

英国的度假旅游市场一般被认为比欧洲其他国家和地区的同类市场更易受到价格的影响。这在一定程度上是由20世纪90年代的经济衰退所导致的，因为当时重点宣传的都是那些“可以支付得起”的和体现物有所值（这往往成为了“廉价”的代名词）的度假产品。但是，这也与激烈的竞争有关，因为激烈的竞争迫使旅游经营商们不断地卷入到价格战之中，他们不得不减少短期的利润率以期获得长期的利益。更为糟糕的是，多年以来许多旅游经营商错误地估计了市场的规模（或其市场占有率），因此不得不削减价格以甩卖难以售出的度假产品，以及改变度假者们的预期，即也许越晚预订越有利。

所以，这些因素使得定价成为了营销的主要手段。大多数的大型旅游经营商都力图使竞争对手的价格不低于自己的价格，即使这有时意味着需要重新印制产品宣传册和降价。由于其宣传价值，“诱导价”无论是出现在媒体上还是出现在产品宣传册的封面上都显得格外重要。有时，以低价位大肆宣传的度假产品的数量非常少（航空旅游集团于1992年大力宣传其299英镑的多米尼加游，但事实上人们对其是否存在颇感怀疑。）。然而，那些在某一优惠价诱惑下决定出游的人们可能会同意选择其他的旅游项目，如果他们的首选旅游项目已经无法预订到的话。这样，以为数有限的亏本价格来招徕客人实际上有可能带来其他有利可图的预订。

除了旅游经营商推出的折扣价之外，旅游代理商出于与竞争对手争夺客人的目的也会降低价格。这使得那些同时为多家旅游经营商做代理的旅游代理商更易于通过谈判获得代办佣金，因此可以向消费者推出优惠的价格。

一些旅游目的地,特别是地中海度假地,对于价格非常敏感。例如,多年来如果前往西班牙度假的价格相对的高一些的话,那么希腊就会接待更多的度假者;如果前往希腊度假的价格高的话,人们就会蜂拥到西班牙去度假了,因为度假者们认为自己所寻求的东西(如阳光和沙滩)在这两个度假地都可以很容易地获得。在经历了不顺利的开始之后,土耳其也加入到这类度假目的地的行列之中了。土耳其不仅有着与希腊相同的阳光、沙滩和古迹,而且生活费用相对比较低,因此诸如外出就餐和购买纪念品等额外的费用就较低。所以,土耳其在旅游市场仍然较为低迷的 1993 年成为了增长最快的旅游目的地之一。就公众而言,减价似乎十分有效:价格为 295 英镑的希腊度假产品销路会很不错,而价格为 305 英镑的希腊度假产品则销路欠佳。一些旅游经营商在 1993 年甚至实验性地推出了约翰·刘易斯网络购物公司式的价格保证,即如果任何消费者在一定的时间内发现有同类的但价格更低的上市旅游产品的话,那么这些旅游经营商将退还差价部分。

然而,并非所有的旅游经营商都认为低价位的市场营销有意义。地中海俱乐部于 1993 年决定不再通过兰·波利连锁旅行社出售其度假产品,原因就是不希望以折扣价销售这些度假产品。地中海俱乐部认为,应该以质量来促销其度假产品以便赢得回头客。一些旅游经营商还采取了"高价位定价"的策略来迅速获取利润,特别是如果推出的是一个没有多少竞争的新产品的话。

二、树立品牌形象

大多数包价旅游产品都是通过旅游代理商销售的。旅游代理商的展示架上摆满了各种各样的旅游产品宣传册,竞相引起消费者的注意。因此,营销人员必须具有 3 个明确的目标:

(1)确保自己的旅游产品与众不同。

(2)确保消费者可以确切地辨认出这是哪一家旅游经营商的产品。

(3)确保潜在的消费者清楚地了解所出售的旅游产品。

(一)使自己的旅游产品与众不同

普通的旅游代理商的展示架大约可以摆放 140 种不同的产品宣传册。这意味着许多不同的产品宣传册都在争取引起消费者的注意。由于某些方面的原因，一家旅游经营商使其产品与众不同的能力可能会受到限制。例如，专营城市短假的闲暇旅游公司过去使用的是宣传单格式的介绍材料。但是，该公司现在使用的是标准的 A4 格式的宣传材料，因为各旅游代理商使用的都是标准的展示架，而格式不标准的或是浪费展示空间的宣传材料是难以上架的。

由于 A4 格式这一对宣传材料的限制，旅游经营商主要是借助于宣传材料的设计来使其产品与众不同。但是，实现这一目标也并非易事，因为旅游代理商也许会在最漂亮的产品宣传册的封面上加贴标签。用于宣传长线旅游产品的费用一般会更多，并且介绍长线旅游产品的宣传册上常常展示着非常醒目的画面。但是，使某一份产品宣传册与众不同的主要是拥有其他产品宣传册所没有的画面。因此在 1993 年～1994 年期间，航空旅游集团的滑雪度假宣传册成为给人留下最深印象的产品宣传册之一。该宣传册完全去掉了滑雪者的图像，取而代之的则是灰白的雪景与粗体的蓝字。

(二)使消费者易于辨认旅游经营商的产品

就确保旅游产品易于辨认而言，若干因素起着重要的作用：

1.公司的名称

显而易见，使消费者容易辨认某一旅游产品的最简单的方式就是通过该产品的名称。汤姆逊旅游集团在市场上推出了众多不同的宣传材料，但是大多数都标出了汤姆逊旅游集团的名称，因此消费者很容易辨认。当然，也存在着一些例外。例如，在并购了地平线旅游公司之后的一段时间里，汤姆逊旅游集团继续使用地平线旅游公司的宣传材料，但是却标上了很小而且并不十分醒目的汤姆逊旅游集团的标志。天际旅游公司的产品上也有一个很小的标志，消费者只有看到这一标志才能辨认出这是一个汤姆逊旅游集团的产品。英国航空公司于 1992 年将“速鸟”这一长线旅游公司改名为“英航国际假日公司”，以便消费者可以马上联想到其著名的母公司的形象。

汤姆逊旅游集团在兼并了 OSL 别墅度假公司之后甚至仍然将一些别墅和公寓度假产品称为 OSL 产品。同样，汤姆逊旅游集团在收购了国际假日俱乐部公司之后保留了这一名称。英航国际假日公司在宣传其长线产品时也同样继续提及“速鸟”。这些事实都足以说明广为人知的品牌的价值。

海外业主旅游集团试图在公众心目中树立其形象的过程中所面临的问题

之一就是,其旅游经营业务是在众多不同类型公司合并的基础上开展的,而这些公司(如地中海阳光之旅、探险旅游公司、帝王旅游公司和奥林匹克度假公司等)大多数都有着很好的品牌形象。海外业主旅游集团于1994年宣布,计划重新为其产品确定品牌,以便提高母公司的知名度。但是从短期效益来看,这样做存在着使这些产品失去忠实于其品牌的消费者的风险。更重要的是,由于所有这些品牌都是单独签订合同、单独定价和营销的,因此重创品牌有可能是一个很漫长的过程。与此相反,航空旅游集团作为旅游经营商则明确地将其标志印制在所有的产品上。阳光国际旅游公司在1992年收购经营亏损的德国GTF专项旅游公司时,必须决定是使用历史悠久、广为人知的品牌,还是将其改为德国旅行社,以便与其他产品一样在公众的心目中占有一席之地。依博罗特尔集团于1994年将尼尔森旅游公司的山水旅游项目转给了其姊妹公司——阳光世界,其依据是公众认为尼尔森旅游公司是滑雪经营商,因此会忽视它的第二种旅游产品。

旅游经营商在确定其名称时,可以选择较为乏味但公司意味很强的名称,如汤姆逊;或者选择更能使人联想到产品的名称,如阳光之城。较为理想的是,无论是对于讲英语的人士还是对于不讲英语的人士来说,公司的名称都应该朗朗上口。像"特贾尔博格"(Tjaereborg)这样的公司名称算是个例外。旅游经营商在选择其名称时也许还必须确定是选择易于辨认其产品的名称(如阿姆斯特丹旅行社、奥林匹克旅行社、南斯拉夫旅游公司等)呢,还是选择与产品关系不太密切但却有利于公司进行多元化经营的名称(如寰宇旅游集团、普尔曼假日公司和全景旅游公司等)。

除了旅游经营商本身的名称之外,实际的旅游产品往往也会得益于易于辨认的标志。所以如有可能,最好选择一个不同凡响的名称,即使产品本身基本上与其他旅游经营商的产品相似。因此,Silk Cut旅游公司将介绍其长线旅游产品的宣传册称为"世界旅游项目集锦",以有别于库奥尼、汤姆逊和其他旅游经营商的"世界各地旅游"产品。汤姆逊旅游集团既印制了主要的世界各地长线旅游宣传册,也印制了介绍其长线海滩目的地的"遥远海岸"宣传册。

2.公司的标志

如今,几乎所有的旅游经营商都有自己的标志,即包括简单图画或设计图案或文字在内的可以识别的标志。旅游经营商的标志通常包括公司的名称,而公司的名称周围有时还会装饰着一些象征旅游度假的图案,如:太阳、鸟类、飞机等。标志上的装饰性图案有时与旅游经营商的名称与形象相关联，而不是与一般意义上的度假氛围相关联，如帝王旅游公司就在其标志中字母“O”的上方设计了一顶王冠。有些旅游经营商并不使用任何装饰性图案。例如，寰宇旅游集团的标志上只有该公司的名称。标志也许会成为旅游公司的注册商标。假若如此，那么任何人都不得制作与其相似的标志。

颜色在标志中也起着重要的作用，因此诸如汤姆逊、猎鹰、埃斯博罗在内的许多旅游经营商都选择了红色作为其标志的颜色，因为红色带有热情洋溢的意味。较为理想的是搭配使用红色和黄色两种颜色（如埃斯博罗旅游公司和汤姆逊旅游集团的标志），因为黄色也是一种暖色。但是，如果所有的旅游经营商都选用红色和黄色的话，那么他们的第二个目标——使其产品与众不同——也就无法实现了。提供高档产品的旅游经营商尤其要避免使用这些过于花哨鲜艳的颜色，而是应该选用比较有品位的蓝色和绿色。有时，颜色和图案的选择取决于其他的一些因素：英航假日公司使用的颜色就与其母公司——英国航空公司——所使用的颜色是一致的，因为这样可以使消费者很快地将两家公司联系在一起。

除了图案和颜色之外，旅游经营商还可以选用各种不同类型的字体以突出公司的名称。例如，阳光旅游公司于1993年推出了新的标志，在该标志全球图案的下方选用了两种不同的字体来突出公司的名称。

3.选用的形象

旅游经营商除了使用标志之外，还可以选择与其产品相关联的特殊形象以使消费者可以迅速辨认出这些产品。在20世纪80年代末期，人们最容易辨认的旅游产品之一就是阳光国际旅游公司的产品，因为该公司所有的产品宣传册上会出现一位身穿比基尼、摆出各种姿势的金发女郎的画像。在20世纪90年代，航空旅游集团也开始将女性形象用于专项旅游宣传册的封面上。但是航空旅游集团的女郎的形象是多变的，并且也比阳光国际旅游公司的女郎的形象更富有想象力。

库奥尼旅游公司在为其主要的国际产品塑造易于辨认的形象方面尤其成功。库奥尼旅游公司纯白色的标志也许实在是不值得加以称赞，但是它每年推出的宣传材料总可以展示出一些非常出色的照片，通常都是些色彩鲜艳、有关旅游接待国风土人情的照片。

图 9-5 各旅游经营商的标志

4.广告词

有些旅游经营商还会设计一些用于产品宣传册上的广告用语，并在做广告时使用。这些广告用语很少能让人们记住，但是就简述旅游经营商的自我定位和目标市场而言，它们还是很有用处的。以下是一些出现在 1993 年～1994 年期间推出的产品宣传册上的广告用语：

“我们竭诚让您感到满意”——航空旅游集团

“长线旅游大全”——库奥尼旅游公司

“与领队一起滑雪”——尼尔森旅游公司

“从不同的角度看世界”——探索内陆旅游公司

“理性人士的度假”——丽晶假日旅游公司

5.表明所提供的旅游产品

由于宣传材料的制作费用十分昂贵，因此宣传材料的设计必须能够明确无误地表明所提供的旅游产品，这样才能尽量减少浪费。同样重要的是，公众应该可以把某一旅游产品与某一家旅游经营商的名称联系起来。尽管肯定可以改变已经确定的形象（例如，航空旅游集团在 1994 年力图将自己重新定位于高档市场），但是这样做需要花费很长的时间，因此通常只有大型旅游经营商才能够作出这种成本很大的变动。在 1991 年 ILG 旅游公司倒闭后成立的里瓦旅游公司最初设想成为一家高档的旅游经营商，然而却在开始经营后的 8 个月之内变换了策略，改头换面成为了一家大众型的旅游经营商。虽然设想成为高档旅游经营商本身并非其经营失败的唯一原因，但是不清楚自己所提供的旅游产品的档次肯定是帮了倒忙。

宣传材料的封面通常都必须表明所提供的旅游产品的类型，所以介绍家庭度假产品的宣传材料的封面上一般都是在沙滩上度假的幸福家庭的照片，而长线旅游宣传材料的封面则突出旅游目的地那里异国他乡的风貌而不是在那里享受到的乐趣。Silk Cut 旅游公司的经理认为，在实际上是介绍探险旅游的宣传册的封面上展示沙滩的照片会使公司失去客人。介绍针对青年市场的度假产品的宣传册总是展示青年人享受度假乐趣的照片，而且往往是以一种十分露骨的性感的方式加以展示，正如俱乐部旅游公司所做的那样。然而，介绍针对市场中年龄大一些群体的旅游产品的宣传册就不太可能展示目标消费群体的照片，而是与长线旅游宣传册一样，着重突出旅游目的地或交通方式等其他方面。

(三)品牌借用

但是旅游经营商有时会认为，旅游代理商的品牌要比自己的品牌能够更好地保证经营效益，因此这使得旅游经营商们竞相采取了品牌借用这一营销策略。例如，托马斯·库克假日旅行社同意其他的旅游经营商在其产品宣传册的封面上加印带有“托马斯·库克假日旅行社”字样的标记。获得这一许可的旅游经营商认为，使用如此著名的品牌必然是得大于失。例如，在托马斯·库克假日旅行社允许阳光世界旅游公司的夏季阳光产品借用其品牌之后，阳光世界旅游公司的预订有了大幅度的增长。尽管托马斯·库克假日旅行社于1993 年把阳光世界旅游公司降低为主要选用的公司，并用海外业主旅游集团的企业旅游公司取而代之，但是阳光世界旅游公司销售业绩仍然很好，并且因此与 AT 梅斯旅行社达成了新的品牌借用协议。

6 家小型旅游代理商(约翰·希拉利旅行社、阿列克·布里斯托旅行社、依肯汉姆旅行社、顿斯坦·布莱尔利旅行社、云斯顿·里斯旅行社和山姆·史密斯旅行社)于 1993 年宣布与终极假日公司达成协议。该项协议允许这些小旅游代理商在其滑雪和远东旅游宣传材料里使用自主品牌(own brand)。AT 梅斯旅行社在 1993 年开始允许阳光世界旅游公司借用其品牌并将其产品当作是自己的夏季阳光产品。与其他旅游代理商不同的是，AT 梅斯旅行社允许阳光世界旅游公司保留自己的品牌并与 AT 梅斯旅行社的品牌一起印在其宣传材料的封面上。截止到 1994 年，托马斯·库克假日旅行社共允许 14 家负责不同市场领域的旅游经营商借用其品牌。

旅游经营商认为采用品牌借用这一策略可以使其宣传材料与众不同,因此有助于最大限度地提高市场知名度。但是这一策略使用的越多,其效果就会变得越差。

(四)品牌扩张

就品牌而言,旅游经营商可以选择使用统一的品牌,也可以选择针对不同的产品开发不同的品牌。汤姆逊、寰宇和阳光世界等旅游经营商采取单一品牌的策略(尽管汤姆逊还拥有地平线和大际旅游品牌的产品),而海外业主旅游集团则保留了其所收购的公司的品牌。航空旅游集团在1994年以前也采用单一品牌的策略,但是在收购了埃斯博罗和信风旅游公司之后,则将其产品划分为3类明显不同的品牌:以埃斯博罗品牌销售的产品属于价格低廉、欢乐快活的包价旅游产品,以航空旅游品牌销售的产品属于主打产品,而以信风品牌销售的产品则属于最高档的产品。

如果一家旅游经营商真正具有良好的品牌形象的话,那么也可以采用品牌扩张策略,即用同一品牌进入完全不同的产品领域。航空旅游集团在1994年以消费者熟悉的航空旅游品牌推出了新的游轮旅游宣传册,所采用的就是品牌扩张策略。品牌扩张策略的一个优势就是可以强化消费者对某一品牌的忠诚度,因为消费者可以从同一家旅游经营商购买各种不同的产品。

在极少的情况下,一家公司的名称也许会带来麻烦。例如,由于禁烟游说团体的抵制,Silk Cut旅行社(为米昂旅游公司所拥有)的经营会有一定的风险。但是,(在1984年进行的)调查的结果显示,只有5%的受访者认为Silk Cut旅行社与Silk Cut香烟的联系会使自己不去购买其旅游产品。同样,Silk Cut旅行社也竭力避免在其介绍材料中宣传Silk Cut品牌的香烟。

三、产品宣传册

很显然,产品宣传册是旅游经营商主要的营销工具。由于产品宣传册的重要性,我们用了整整一章的篇幅(第五章)来讲述其作用。但是,我们在本章将只探讨产品宣传册在一些营销方面的作用,而不是实际的制作过程。

推出下一个旅游季节的产品宣传册实际上就是一系列促销活动的开端。

1.新闻发布

推出新的产品宣传册是向媒体(报刊、杂志、广播和电视等)传递旅游产品信息的绝佳时机,因为各种媒体总是在寻求新颖的报道内容。新闻发布会往往侧重介绍新项目的特色,比如新的旅游目的地、新的饭店、低廉的优惠价格等。因此,航空旅游集团于 1993 年 8 月以 299 英镑的特优价推出的古巴度假游不仅为度假旅游项目带来了很大的宣传效果,而且还成了当时的主要新闻。

2.旅游代理商

新的产品宣传册面市时,还必须通知各旅游代理商。如果无法为各旅游代理商提供大量新的产品宣传册的话,也应该为他们提供一份新产品宣传册的样品以方便他们应对由于媒体宣传所引来的消费者的询问。

此时,许多旅游经营商也会安排一些针对旅游代理商的宣传活动。这主要是使旅游代理商了解和熟悉新的产品宣传册的内容,主要是通过正式的讲座介绍或是根据产品宣传册的内容进行竞争来达到这一目的的。宣传活动一般都会安排得较为有趣,因此喜欢这些活动(有时甚至可能赢得奖励)的旅游代理商有可能会更愿意销售某一旅游经营商的产品。

旅游代理商收到介绍夏季阳光产品的宣传册的时间一般是 8 月中旬,而收到介绍冬季阳光和冬季运动产品的宣传册的时间一般是 5 月。因此,介绍夏季阳光产品的宣传册在上一个夏季旅游季节结束之前就印制出来了。与此相反,介绍冬季产品的宣传册通常是在上一个冬季旅游季节结束之后才会印制出来。但是在 1992 年,水晶假日旅游公司在 1992 年冬季旅游季节结束之前就推出了 1992/1993 年的产品宣传册。英格汉姆旅游公司紧随其后于 1993 年 3 月就推出了 1993/1994 年的旅游产品介绍。这两家旅游经营商的做法是重新印制上一年的产品宣传册,但是换上新的封面。据估计,他们这样做的目的是希望能够增加市场份额。

旅游经营商有时候并不愿意成为最先推出产品宣传册的商家。虽然这样做可以确保得到媒体的宣传,但是也使得竞争对手了解到自己的价格并可以相应地调低他们的价格。因此,旅游经营商也许会采取观望策略,看看竞争对手怎么做,然后再推出自己的产品宣传册。曼诺斯旅游公司在 1993 年推迟了制作其希腊和土耳其旅游项目中介绍塞浦路斯的宣传册,因为在度过了 1992 年～1993 年较为困难的旅游季节之后,该公司希望了解一下其他旅游经营商的做法，然后再决定是否继续提供塞浦路斯度假游产品。

旅游经营商在推出主要的产品宣传册之前有时会先印制一个介绍其中某一部分产品的宣传册。就宣传而言，这样做可以突出某些具体的旅游产品。新的旅游产品也需要时日才能够打开销路，因此尽早地推出产品宣传册非常重要。然而，优你捷旅游公司在1993年同时推出了所有的冬季产品宣传册，原因是该公司认为，由于在上一年里没有这样做，因此消费者以为它是一家专项旅游经营商，而不是一家提供各种不同目的地的旅游经营商。

(一)确定产品宣传册的形式

在20世纪80年代初期，旅游经营商通常制作一份夏季阳光产品宣传册，一份冬季阳光产品宣传册以及一份冬季运动产品宣传册。但是，这样做也存在着一些问题。首先，没有多少客人会对旅游经营商的所有旅游项目都感兴趣。这意味着客人们主要是关注产品宣传册中与自己兴趣相关的几页。很显然，这是一种财力方面的浪费，因为制作这些厚厚的产品宣传册需要花费大量的资金，而大部分的内容连看都没看就扔掉了。运送和邮寄厚厚的产品宣传册也要比较薄的产品宣传册需要更多的开销。因此，旅游经营商越来越愿意将其旅游项目分门别类，按照不同的部分制作成不同的产品宣传册。所以在1993年，汤姆逊旅游集团的产品宣传册的主册有507页，但是介绍小饭店的宣传册却只有83页，既便于翻阅也便于携带。遗憾的是，旅游代理商的展示空间很有限，因此如果旅游项目类别分册越细，全部上架的可能性就越小。

一种解决的办法就是旅游经营商为某些产品或新产品制作单独的或专门的宣传册。航空旅游集团在1993年就制作了一份专门的古巴游宣传册以促销新产品，而阳光世界旅游公司则制作了一份专门介绍印度果阿的宣传册。旅游之景公司制作了一份介绍西班牙度假的宣传册，以宣传该公司与P&O欧洲轮渡公司的合作关系，及其使用从英国普利茅斯到西班牙毕尔巴鄂新线路的度假产品。这条新线路甚至连一些常客都不知道。一旦这条线路广为人知，旅游之景公司就打算将其放回到介绍欧洲大陆度假游的宣传册里。汤姆逊旅游集团也制作了专门的墨西哥之旅宣传册，因为它打算重新推介这个销路不如预期好的产品。

专门的宣传册也用于区别不同类型的产品。航空旅游集团为1994年夏季制作了单独介绍突尼斯的宣传册，以期使消费者懂得突尼斯是一个与诸如西班牙等其他目的地不一样的旅游目的地。汤姆逊旅游集团制作了专门的宣传册来介绍古巴，其目的也是为将这一产品与其他的产品加以区别，因为该公司在1993年曾把古巴列入介绍世界各地的宣传册中，但是却发现这使得消费者以为古巴与诸如巴巴多斯和巴哈马等加勒比海地区的各度假岛屿大致一样。

旅游经营商还可以考虑为独立的旅游代理商提供分类的和专门的目的地宣传册，而为那些不愿意展示所有分类宣传册并且同时为不同旅游经营商做代理的旅游代理商提供综合性的宣传册。

(二)最大限度地提高产品宣传册的销售潜力

曾经有人指出，旅游经营商一年大约制作1亿2 000万份宣传册，其中的4 800万份可能根本就没有人去看。鉴于产品宣传册的制作与发行成本，因此对于旅游经营商来说，通过有效地使用产品宣传册来出售旅游产品是非常重要的。这意味着应该争取获得较高的投入产出比。具体的数字很难获得，但是一些行业的估计显示，有些度假产品是每28位消费者看过相关的宣传册之后，才会有一位消费者决定购买。令人遗憾的是，由于大多数产品宣传册是通过旅游代理商等中介机构发放的，因此旅游经营商对于产品宣传册投入产出比的控制能力很有限。然而，旅游经营商可以控制提供给旅游代理商的产品宣传册的数量，为销售业绩好的旅游代理商提供大批的宣传材料，而对那些销售业绩欠佳的旅游代理商则采取减少供应宣传材料的做法。为了试图消除浪费现象，优你捷旅游公司宣布，只向3 500个最好的旅游代理商批量提供有关1993/1994年冬季产品的宣传册。

(三)重新制作宣传册

如果旅游经营商的预测十分准确并且销售也是按照计划进行，那么也就不需要重新制作产品宣传册了。如果产品宣传册出现了短缺现象，那么简单地加印一些就可以了。但是到了20世纪90年代的初期，推出新版的产品宣传册对于旅游经营商来说已成了家常便饭了。推出新版的产品宣传册的原因有的时候是由于旅游经营商所定的价格与竞争对手的价格相比过高了，因此不得不降价；有的时候是由于滞销，因此需要通过降价来推动销售。例如，一些旅游经营商在1993年制作了两版或三版产品宣传册以变换其夏季阳光产品。

重新推出产品宣传册并非理想之举，其中的一个原因就是要向已经预订的客人退还新旧价格之间的差额。这是一件费力不讨好的事，不仅需要旅游经营商，而且还需要旅游代理商做额外无偿的工作。由于旅游代理商的佣金是根据销售额来确定的，而新的价格意味着他们必须做更多的工作，但收入却减少了，因此非常不受旅游代理商的欢迎。

由于制作全新产品宣传册的费用很高，现在一些旅游经营商在原来的产品宣传册的基础上单列出一份补充的价格清单，并且有时使用的是廉价的纸张。这样就可以比较容易地替换价格而无须改动整个的宣传册了。例如，猎鹰假日旅游公司在其前后共推出的4版1993年夏季阳光产品宣传册中就使用了可以替换的价目单。

- 只有在旅游代理商有需求之时才发放产品宣传册
- 严格控制产品宣传册的发放工作，重点发放给销售业绩好的旅游代理商
- 发放小包装的产品宣传册
- 制作全年度的产品宣传册，而不是分为冬季和夏季两本产品宣传册
- 选用可以撤换的补充活页来展示价格，以便在需要修改时不必重新印制整个的产品宣传册

图9-6 旅游经营商可能影响产品宣传册投入产出比的一些方式

四、广告宣传

英国旅游代理商协会的《旅游经营商行为准则》将做广告定义为“通过产品宣传册以外的出版物来宣传促销旅游、度假和旅行的方式。”大多数旅游经营商都会进行某种形式的广告宣传活动，尽管其产品是由旅游代理商销售这一事实意味着，与完全依靠自己开展促销活动相比旅游经营商不需要做那么多的广告。

英国旅游代理商协会的《旅游经营商行为准则》制定了以下一些有关做广告的规章制度：

(1)旅游经营商所做的所有广告在任何时候都必须遵守英国国会所制定的相关法律的规定，尤其是《商品说明法》、《反欺诈法》、《民用航空法》、《控制

虚假广告管理条例》和《消费者权益保护法》的规定。

(2)被判违反这些法律的旅游经营商将会被视为违反了英国旅游代理商协会所规定的《旅游经营商行为准则》。

(3)所有的广告都必须符合正式机构或协会的相关准则和条例的规定。如果有报道说某个旅游经营商违反了这些准则或条例的话,那么行为准则委员会将保留重新调查有关的投诉和裁决该旅游经营商是否违规的权利。

(4)旅游经营商不得在其广告中暗示英国旅游代理商协会的其他成员已经破产或有可能破产。

(5)旅游经营商必须在所有有关旅游业务的文字广告中出示其英国旅游代理商协会成员编号,但是如果这些广告是以分类的形式出现并且没有提及英国旅游代理商协会的话,那么就不必出示其英国旅游代理商协会成员编号。

旅游经营商可能希望宣传两类不同的东西:

(1)公司的形象。这一目的是为了塑造有利于旅游经营商的形象,而不是注重宣传任何具体的旅游度假产品。汤姆逊旅游集团在 1993 年开展了一次非常成功的广告宣传活动,其主题为"我们的旅游目的地"。这一广告宣传活动展示出该公司的客人们使用的是高效的交通工具,入住的是时髦的饭店,在迷人的旅游目的地愉快地度假。与此形成反差的是使用其他交通工具(未具体说明)的游客。当 20 世纪 80 年代末期伦敦出现了大量的商业并购活动时,旅游经营商们将大部分的电视广告经费都用于宣传公司本身,而不是旨在销售度假产品。为了并购海外业主旅游集团,航空旅游集团在 1993 年提供了做电视广告的预算,以期提高其主要经营低端市场的公司形象。

(2)特惠产品。为具体特惠产品做广告要远比为宣传册上的标准度假产品做广告更为常见。

(一)广告的设计

旅游经营商每年的广告预算也许会高达2 000万英镑。一些旅游经营商会聘用诸如奥美、WCRS 或盛世等广告公司来进行创意和制作广告。其他一些旅游经营商则通过自己的营销部来策划广告宣传活动。

广告宣传是一种沟通方式并且发挥着 3 种作用:使广告的接受者了解某一种产品,劝说他们去购买这一产品并使他们熟悉提供这一产品的公司。广告所传递的信息必须简洁、新颖、可信,其吸引力既可以是理性的,也可以是感性的或两者兼而有之。广告人士使用 AIDA 这一缩略词来表示广告应该做到：

A 引起注意

I 产生兴趣

D 培育需求

A 激励行动

广告往往试图利用产品独一无二的卖点，也许会侧重于宣传其不同方面的特色，这主要取决于该产品所处的生命周期。例如，如果是新产品的话，那么广告会强调其所带来的益处；如果是成熟的产品，那么广告宣传的重点将会是优于竞争对手同类产品的方面。广告的设计也取决于产品的特色，所以朱尔斯·凡尔纳旅游公司针对喜欢冒险客人的篇幅较大、内容翔实的广告完全不同于汤姆逊旅游集团较为笼统的广告。

由于在全国范围内做广告的费用颇高，因此许多旅游经营商都不会这样做。但是，那些没有在全国范围内做广告的旅游经营商也还是有可能受惠于其他旅游经营商在全国范围内做的广告。例如，消费者在广告宣传的影响下前往一家旅游代理商去拿一份汤姆逊旅游集团的宣传册，但是由于该宣传册告缺，消费者就有可能选择其他旅游经营商的宣传册而不会是空手而归。

由于旅游经营商甚至在不做广告的情况下也还是能够得到预订，因此评估广告宣传活动的作用绝非易事。然而，如果广告宣传的目的是以特价促销那些销路不畅的产品，那么确定广告所带来的额外预订就要容易得多了。

值得一提的是，旅游经营商也可以受益于间接形式的广告。例如，各国旅游局有时会刊登广告来宣传其国家。尽管此类广告几乎从不会提及相关的旅游经营商，但还是可以引起人们对某一个目的地的兴趣，从而间接地帮助相关的旅游经营商增加预订。例如，以色列国家旅游局于 1993/1994 年冬季开展了一次花费为 50 万英镑的电视广告宣传活动，因此所有经营前往以色列旅游度假的旅游经营商都可以从中获益。旅游代理商也会做广告，虽然其广告过于笼统而难以使旅游经营商受益。

电视旅游度假节目并非旨在做广告，但是却具有广告的作用，并且其影响力甚至更大。英国广播电视公司第一频道的《假日与夏季度假》节目和独立电视台的《风景这边独好》节目专门介绍具体的旅游产品，因此尤其重要。第四电台星期六上午的旅游节目对于喜欢收听广播而不是收看电视的人们来说，也可以产生相似的影响。一个名为《旅游》的新有线卫星频道于 1994 开播了。

这一新的旅游频道也有可能为旅游经营商提供大量间接的广告宣传机会。

为了充分利用直接或间接广告的优势，旅游经营商必须确保自己的旅游代理商手里有足够的宣传册以应对客人的询问。如果消费者拿取宣传册的目的只是为了加以比较而不是为了预订的话，那么较小的旅游经营商有时就会在竞争过程中失去商机。

(二)广告的刊登与播放

可以在以下各媒体中做广告：

- 全国性的报纸杂志
- 地区性的报纸杂志
- 旅游行业期刊
- 全国性的广播电台
- 本地的广播电台
- 全国性的电视频道
- 地区性的电视频道
- 卫星电视频道(卫视)和有线电视频道

在决定选用哪种媒体做广告之前，首先必须确定都有哪些人观看或阅读这一媒体以及他们观看和阅读这一媒体的频率。如果决定在电视上做广告，那么非常有必要了解所选用的频道拥有观众的数量、该频道所覆盖的范围以及可以做广告的时间。如果是在报纸杂志上做广告的话，那么旅游经营商需要了解：

(1)需要分发活页广告的份数

(2)报纸杂志发行覆盖的范围

(3)该报纸杂志读者的数量

(4)读者是免费获得还是需要购买该报纸杂志

(5)该报纸杂志出版的频率

(6)该报纸杂志的读者是知识分子还是蓝领工薪族

(7)广告复制的效果

(8)在该报纸杂志上刊登广告的位置

(三)广告的规模

在1992年～1993年期间,旅游经营商用于广告的总体预算增加了29%。在1991年,旅游经营商所做的广告占旅游业广告总数的16.5%。而在1992年,这一百分比上升至18.5%。这是因为旅游市场的不景气和日益激烈的竞争迫使旅游经营商加大了广告宣传的力度。

与旅游代理商和航空公司相比,旅游经营商做广告宣传的季节性很强,其中25%以上是在1月份做的,因为1月份是旅游预订的高峰期。旅游经营商做广告宣传的低谷期(5%)是在7月份,因为届时大部分潜在客人有可能已经在海外度假了。虽然旅游代理商在做广告方面基本上独立于旅游经营商,但是8月下旬和9月份确实是他们做广告的高峰期,因为那时正是旅游经营商把新的宣传册运送到他们那里的时候(请参阅图9－7)。

(四)行业期刊

大多数旅游代理商阅读的3份主要的行业期刊是《旅行周刊》、《旅游专柜周刊》和《旅游行业报》。这些行业期刊刊登了大量的广告,其中主要是旅游经营商刊登的广告,因此成为向旅游代理商传递信息的很有效的媒体。与所有的广告一样,在这里所做的广告也需要简明扼要、生动活泼。

最引人注目的广告是那些整版的彩色广告,位于版面中央和右手一侧的广告效果最好。但是,带有鲜明图案或广告词的黑白广告有时也可以产生几乎相同的效果。英航假日公司在1993年所做广告的广告词是"在沙滩上享受生活,但是你却要支付附加费"。这一广告词所突出的信息是,英航假日公司所有的长线旅游项目都不会收取附加费。

为了鼓励旅游代理商阅读相关的广告并从中获取信息,旅游经营商常常会采取竞赛或奖励的策略。

(五)全国性的报纸杂志

尽管相同的广告有时会同时出现在旅游行业期刊和全国性的报纸上,但是情况并非总是如此,因为刊登在旅游行业期刊上的广告旨在鼓励销售者,而

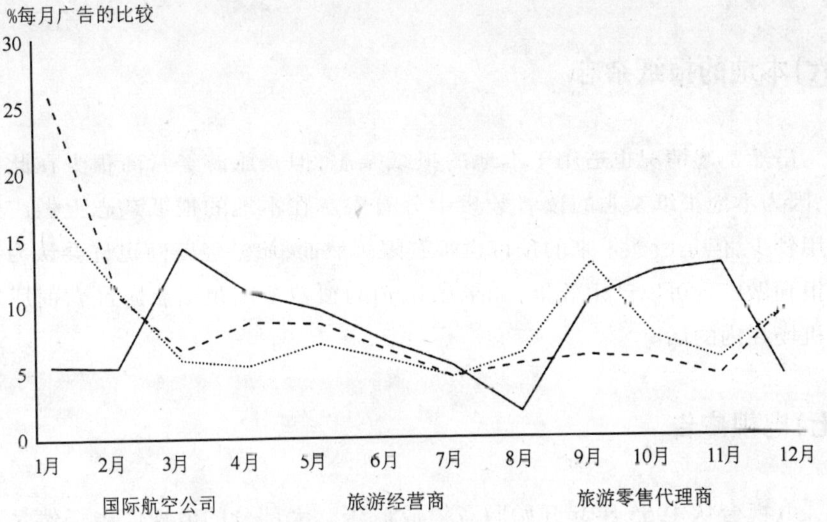

图 9－7　旅游广告的季节性

刊登在全国性报纸杂志上的广告则是直接面向潜在的消费者。大多数报纸都有旅游专页，通常是在周末版的彩色增刊上，但是在星期五也有旅游专页。旅游广告就是刊登在旅游专页或相邻的页面上。旅游专题报道具有一定的广告宣传作用，但是旅游经营商并没有办法直接控制其报道内容，并且旅游专题报道有时还是负面的，或者是同时宣传介绍若干旅游经营商。然而，旅游经营商可以决定在旅游专页报道相关的目的地时刊登广告。例如，如果旅游专页上的专题报道是有关印度的，那么旅游公司可以选择在此时做广告来宣传其印度度假旅游产品。期刊一般也有旅游专页或专栏，因此可以在尽量靠近其旅游版面的地方做广告。

在报刊上做广告的费用十分昂贵，因此报刊广告一般都是简短扼要。但是，朱尔斯·凡尔纳旅游公司却定期在全国性的严肃报纸上刊登大篇幅的广告，其中包括各种详细的旅游线路，就好像是从宣传册上整页复制过来一样。通常不在全国性报刊上刊登广告的旅游经营商偶尔也会在全国性的报刊上刊登广告。例如，向在休假期间的教师宣传某一旅游产品等。

较为理想的是，广告最好应该刊登在目标群体有可能阅读的报纸杂志上。这意味着在刊登广告之前，需要仔细分析每一份报纸和杂志的读者群体。由于有证据显示女性在选择旅游度假时起着重要的作用，因此女性杂志往往被认为是旅游经营商刊登广告的良好选择。

(六)本地的报纸杂志

虽然上述情况也适用于本地的报纸杂志,但是旅游经营商很少在此做广告,因为本地报纸杂志的读者数量十分有限。在本地的报纸杂志上做广告的费用较少,但是所能带来的预订也很有限。然而,旅游经营商也许会认为在本地报刊做广告可以产生效果,如果该报刊的覆盖范围包括旅游经营商所宣传的机场在内的话。

(七)电视广告

电视台从 1955 年起开始同意播放广告。大部分的电视广告仍然是在独立电视台播放的,但是第四频道、早安电视台和天空卫视台也开始播放越来越多的电视广告。就制作电视广告和购买播放时间而言,电视是最为昂贵的广告宣传媒体。电视广告播放一次还不行,必须反复播放才能够将信息传递到位。旅游经营商如果打算在电视做一次广告并且播放的次数足以产生效果的话,大概需要作出 50 万英镑的预算,其中的 10 万英镑可能会用于支付制作费用。因此从真正意义上来说,在电视上做广告只是那些大型的旅游经营商们的实际选择。作为旅游业中最大的电视广告消费者,旅游经营商在 1993 年第一季度用于电视广告的支出与 1992 年同期相比增长了 38%。

1992 年,旅游经营商共在电视广告方面花费了 5 542 000 英镑,明显地高于 1991 年所花费的 2 606 000 英镑。1993 年,旅游经营商在电视广告上支出又增长了 161%,其中汤姆逊旅游集团用于电视广告的开支增长了 221%,航空旅游集团增长了 1 005%。值得注意的是,随着旅游业之间的联系变得越来越密切,一些似乎是旅游代理商所做的广告往往也是由相关的旅游经营商部分资助的。例如,霍格·罗宾逊旅行社和皮克福兹旅行社于 1994 年合并,改名为时尚旅行社。当时佳地旅行社在电视做广告宣传的经费大部分来自航空旅游集团。

旅游经营商每年用于电视广告的开支各不相同。例如,航空旅游集团 1991 年用于电视广告的费用超过了 100 万英镑,大约占所有旅游经营商用于电视广告总费用的 40.9%。航空旅游集团在当时还只是一家初出茅庐、鲜为人知的旅游经营商，因此需要提高公众知名度以实现其扩张计划。在实现这一目标之后，航空旅游集团于 1992 年将其电视广告预算削减到仅占所有旅游经营商电视广告总费用的 5.8%。在 1993 年，航空旅游集团打算并购海外业主旅游集团。为了改变自己处于低档旅游市场的形象，航空旅游集团再一次增加了用于电视广告方面的开支。换言之，航空旅游集团是在运用电视广告宣传来树立其公司形象，而不是销售某一具体的旅游产品。

与此相反，旅游市场的领先者汤姆逊旅游集团用于电视广告方面的费用仅占所有旅游经营商用于电视广告总费用的 1.5%。然而，这一份额在 1992 年上升至 42.8%，从而使汤姆逊旅游集团成为在电视屏幕上出现率最多的旅游经营商——这样做的目的也许是为了应对其总体旅游市场份额下降这一情况。海外业主旅游集团也加大了对于其主要家庭度假品牌的电视广告宣传的力度，其费用从 1991 年占所有旅游经营商电视广告总费用的 3% 上升到 1992 年的 10.2%。

研究表明，第四频道是最不受广告商欢迎的频道，因为该频道现在已脱离独立频道，独自经营广告业务。事实上，广告商似乎更愿意在天空卫视上做广告，尽管收看天空卫视节目的观众数量相对较少。截止到 1993 年，共有 350 万个家庭可以收看天空卫视，其中有 70 万个家庭是通过光缆而不是卫星天线收看的。

(八)图文电视广告

在英国，目前大约有一半的家庭都可以接收图文电视。图文电视公司于 1993 年从甲骨文公司手中接管了旅游广告业务。NOP 市场调研公司的一项调查显示，每周大约有 290 万人阅读图文电视的旅游度假广告(这些广告大多数是旅游代理商而不是旅游经营商做的)，主要是为了寻求最后时刻的旅游优惠价。这很符合居家购物的趋势，而在美国居家购物甚至更为流行。1993 年 7 月，图文电视仅有关地中海和加那利群岛的广告就播出了 63 页。

1993 年，有关图文电视广告的指导准则规定，最低价格必须标明为“当日优惠价”，并且如果在其他栏目里推出诱导价的话，必须备有相当数量的并以该价格出售的旅游住宿产品。旅游价格必须还包括已知的各种税费。为了确保这些准则得到遵守，图文电视公司会随意打电话抽查各旅游公司。如果哪家旅游公司违反了这些准则，将会受到禁止做广告一个月，并且仍然需要支付广告费用的处罚。

(九)广播广告

对于大多数旅游经营商来说,通过电台广播做广告是一种既便宜又更切实可行的选择。但是由于旅游产品的图像展示更为直观,因此,有声的广播广告并非十分理想,主要是本地的旅游经营商用来促销其特价旅游产品。

(十)户外广告

大型旅游经营商经常使用户外广告来宣传其度假产品。以下是一些人们经常可以看见户外广告的地方:

- 建筑工地的封闭围栏
- 公共汽车的两侧
- 出租车的两侧和内部
- 伦敦地铁的站台以及电梯的两侧
- 公共汽车的顶端

户外广告宣传往往是与报刊广告或电视广告同步进行的。例如,汤姆逊旅游集团1993年的“去与不去”广告宣传活动就同时使用了电视和户外广告两种形式。使用户外广告的理想场所是那些人们可以有时间注目和细看的地方,这使得伦敦的地铁站站台特别受到广告商的青睐。与其他地点一样,在地铁站设置户外广告的问题是如何设计足以引人注目的广告以吸引人们观看。尽管如此,使用地铁站站台的一个优势是,人们在那里等车的时候,可以有足够的时间细看广告并迅速了解所传递的信息。

引人注目的图像对于户外广告宣传的成功显然起着至关重要的作用。英国航空公司在1992年重新推出经营其旅游项目的英航假日旅游公司的时候,使用了展示泰国鲜花市场和人们在巴黎的餐馆里享受美食的色彩鲜艳的画面,以吸引公众注意到新的旅游公司名称。然而即使是最为昂贵的户外广告宣传活动,我们也很难评估其效果。

五、广告的管理

(一)广告标准管理局

广告标准管理局成立于1962年，负责监察《英国广告实践准则》和《英国销售推广活动准则》的落实情况。这两个准则要求广告和销售推广活动必须做到：

● 合法、得体、诚实与真实

● 对消费者和社会负责

● 符合公平竞争的原则。

图9-8 广告标准管理局的标志

资料来源：广告标准管理局

《英国广告实践准则》是参照《国际广告实践准则》制定的。自从1937年以来就存在的《国际广告实践准则》适用于：

● 报纸杂志和其他印刷出版物上刊登的广告

● 各种室内室外的广告以及其他户外广告，其中包括空中广告，如热气球等

● 电影院播放的广告片和录像上的广告片

● 诸如宣传册、宣传单等促销材料，无论它们是如何传递给公众的

以下是《英国广告实践准则》有关“合法、得体、诚实与真实”的要求：

<u>合法</u>

●广告不得包含任何违法的内容，也不得省略任何相关法律所要求的内容。

●广告不得包含任何有可能蔑视法律的内容。

<u>得体</u>

●广告不得包含任何不符合英国社会有关得体与合宜标准而可能会使人感到非常反感或冒犯公众的内容。

●一些广告虽然并不违反上述要求，但是由于反映或表达了公众看法不一的某些态度或观点，因此可能会让人感到反感。假若如此，广告商应该认识到，对任何敏感问题的不慎处理可能会给他们的名声和产品以及对其广告的

可接受性与效果所造成的不利影响。

● 根据《英国广告实践准则》，产品可能会让一些人产生反感情绪这一事实本身并不足以构成反对其广告的依据。尽管在看到任何广告的人群中都会有一些人不喜欢该广告所宣传的产品，但广告商在做广告宣传时还是应该避免不必要的冒犯行为。

诚实

● 任何广告商都不得存心利用可能伤害到消费者权益的机会。例如，利用消费者的轻信或缺乏相关经验或知识等来伤害其权益。

● 广告的设计与表现应该可以使消费者明确无误地理解广告商的意图。

更为重要的是，《英国广告实践准则》规定，广告的内容应该真实。如果有消费者投诉的话，广告商应该准备好证据来证实其广告内容的真实性。如果广告所传递的信息仅仅是观点而不是事实的话，应该清楚地表明这一点。广告绝不应该利用人们恐惧的心理，并且绝不应该容忍或教唆暴力和反社会的行为。广告也绝不应该展示或鼓吹危险的行为或不安全的做法。广告还必须设计得能够让人一眼就看出所展示的是广告。未经本人事先明确同意，广告不得提及或展示真人。

《英国广告实践准则》允许广告就两种产品及其价格加以比较（航空旅游集团于 1994 年以直接与库奥尼旅游公司价格更高的同类旅游目的地相比较的方式来做广告，宣传其信风假日产品），但是不允许广告商采取不公平的做法来诋毁竞争对手。广告商也不得在利用与其他公司的名称、商标相关的商誉或广告宣传活动的过程中损害该公司的权益。广告也不应该设计得与其他广告相似，从而误导公众或使公众难以区别。

尽管《英国广告实践准则》有适用于广告各具体领域的不同条款，但是目前却没有专门针对度假旅游广告的条款，虽然 1992 年的年度报告指出，“度假旅游广告已经成为持续的投诉热点”。与其他行业一样，这是因为《英国广告实践准则》适用于所有的广告。大多数投诉涉及特价、折扣价和低价，因为在广告中从某某价格起的“起”字被省略了。实际线路与广告宣传的线路不符则是客人投诉的另一个原因。

如果广告违反了《英国广告实践准则》，广告标准管理局可以要求广告商采取补救措施或撤掉其广告。假如广告商拒绝照此办理，广告标准管理局将会公开这一情况并要求各类媒体遵守规定，拒绝刊登或播放该广告商的广告。如果该广告商仍然拒不改正，广告标准管理局可以将其广告提交公平贸易局。

公平贸易局可以发布强制性命令，以阻止该广告商今后继续做任何不实的广告。为了避免违反相关的规定，广告商可以要求广告标准管理局的广告审查小组来审查其准备刊登或播放的广告并表明该广告是否会有问题。

广告标准管理局在其定期的案情报告中将详细地说明裁决结果。以下是一些广告标准管理局支持的，针对旅游经营商所做广告的投诉案例。

第25号案情报告　1993年6月发布

S.H.旅游有限公司
亚洲度假事物部
摄政大街143～147号
伦敦 W1R 7LB

代理机构：
爱德华兹·马丁·桑顿旅游有限公司

报刊

投诉来源：
法夫

投诉内容：投诉全国性报纸上刊登的一则广告，标题为“新加坡6日游，499英镑，绝对便宜”并标有日期。投诉人在经过进一步询问后发现，单独旅游者需要额外支付120英镑，但是广告却没有表明这一点。因此提出异议。

B5.1；B7.3.4

裁决结果：支持本投诉

广告商声称，单人价格是基于双人预订这一前提的，这在旅游业中是标准的做法，并且有关单人预订附加费在内的详细内容将在随后的宣传材料中登出。但是，此广告并没有表明所刊登的价格属于基准价，并且有可能需要支付额外费用，广告标准管理局对此表示关注。但是广告标准管理局注意到，广告商保证在今后相同的广告中将会加上“起”字。

第24号案情报告　1993年5月发布

奥林匹克旅游有限公司
奥林匹克大厦
克罗斯大街30～32号
伦敦 N1 2BG

宣传册

投诉来源：
埃塞克斯

投诉内容：投诉一份旅游宣传册。该宣传册将位于克里特岛阿基奥斯·尼克莱斯的银河公寓描述为"十分宁静的度假场所"。投诉人在抵达后发现，该公寓位于主要道路与城市交通辅路的交汇处，因此白天和夜晚都可以听到持续不断的噪音。所以投诉人认为该广告误导了消费者。

B5.1

裁决结果：支持本投诉

广告商声称，这只是一起孤立的投诉。迄今为止还没有人质疑过他们广告所描述内容的准确性。鉴于投诉人提供的明确证据以及该公寓所处的位置，广告标准管理局认为该广告的描述不准确，因此要求广告商在以后的宣传册中将这一描述删除，以避免让消费者感到失望。

第28号案情报告　1993年9月发布

灵感旅游公司
昆博大厦
圣约翰路
埃尔沃斯
米德尔塞克斯 TW7 6NA

宣传册

投诉来源：
沃里克郡

投诉内容：投诉灵感旅游公司1992/1993年冬季旅游宣传册中有关阿加皮诺饭店的介绍内容。该部分介绍宣称，“从这家犹如宝石一般的小饭店可以看到海港的全景……从该饭店的双人客房里可以看到海景……拥有鸡尾酒吧……早餐是服务式的”。入住过该饭店的投诉人对这一描述的准确性表示怀疑。

B5.1

裁决结果：支持本投诉

广告商声称，可以从所有的海景客房里看到海港。阿加皮诺饭店酒吧的名称为“鸡尾酒吧”，该酒吧的业主随意决定打烊的时间，并且早餐的茶水和咖啡是由服务员端来的。广告标准管理局认为，宣传册的介绍使人感觉阿加皮诺饭店就在海港的旁边，而实际上该饭店却位于距离海港两公里以外的地方。由于早餐属于自助餐性质，并且广告商没有表明鸡尾酒吧是否每天晚上都营业，因此广告标准管理局认为该宣传册夸大了该饭店所提供的服务水准，并要求修改相关的描述。

第4号案情报告　1991年9月发布
航空旅游上市有限公司
维威尔大楼
罗森戴尔
海尔姆朔尔
兰开夏郡 BB4 4NB

宣传册

投诉来源：

萨塞克斯

投诉内容:投诉 1991 年佛罗里达度假宣传册。该宣传册宣称可以为客人在佛罗里达度假期间免费提供汽车,但具体情况取决于附带的强制性安全保险。投诉人发现一揽子保险需要每天支付 12.75 美元,因此质疑是否应该将此描述为免费。

B8

裁决结果:不支持本投诉

广告商声称,保险的范围及保险费基本上与其竞争对手的一致。广告标准管理局作了进一步的调查并证实情况确实如此,因此认为该描述并没有违反有关规定。广告标准管理局认为,广告商按照准则的要求表明了在获得免费安排的过程中会出现额外的费用,因此每天 12.75 美元的保险费不属于加价。

资料来源:广告标准管理局

(二)独立电视委员会与无线电管理局

1990 年的《广播法》要求独立电视委员会为在第三电视频道(ITV 和 GMTV)、第四电视频道、天空卫视频道和有线电视频道上做广告制定一个行为准则。该准则大体上与广告标准管理局所制定的准则一样,要求所有的电视广告都必须合法、得体、诚实与可信。速闪广告(由于过于短暂,观众甚至无法确定其内容)被禁止播放。广告商应当使用足够大的黑体字,广告的播放时间和篇幅应该足以使一般人看清楚并理解其意思。这一要求尤其适用于旅游广告,因为旅游广告经常在电视屏幕的下方使用小号字来说明购买某一产品的条件。

图 9-9 独立电视委员会的标志

与广告标准管理局和独立电视委员会一样,无线电管理局也制定了类似的行为准则来管理在电台广播上做的广告。

六、通过媒体进行直接营销

大型旅游经营商所做的大多数广告都是旨在将消费者吸引到代理其产品的旅游代理商那里去。但是,较小的直销型旅游经营商往往过多地依赖于在报纸杂志上刊登广告来吸引消费者的预订。直销型旅游经营商也许会在全国性的报刊和一般的杂志上做广告,或是在专门的杂志上刊登广告,这主要取决于他们专营性的程度。例如,有关观鸟度假游的广告往往是刊登在英国皇家鸟类保护协会的《鸟类》杂志上。

广告标准管理局也制定了一整套管理直接营销的条例。广告标准管理局尤其关注出于直接营销目的而收集个人信息的做法。例如,旅游经营商会为对其广告感兴趣的人建立个人信息数据库,以便向他们邮寄其他度假产品的详细资料,而不是等待他们看到新的广告。广告标准管理局规定,所有旨在吸引直接回应的广告都必须包括广告商的名称和完整的地址。

更为重要的是,《英国广告实践准则》规定,客户名单应该尽量不断地更新,并且客户名单的持有公司应该迅速回应客户提出的有关修改其不准确的个人信息或减少其个人信息的要求。客户名单的持有公司应该也能够确定名单上的哪些客户要求不得将自己的个人资料转给第三方以及哪些客户还没有此项要求。所有的个人信息资料都应该妥善地加以保管以防止他人非法获得。

一些进行直接邮寄的旅游经营商并没有编纂自己的客户名单,但是却会租用其他客户名单持有公司的客户名单。如果租用其他公司的客户名单的话,《英国广告实践准则》规定不得邮寄完全不得体的资料,如与接受者年龄不相符的资料等。如果旅游经营商决定出租其一部分客户名单的话,那么必须首先使用优先邮寄服务压缩文件来检查并确定这部分客户名单中没有那些要求将自己从直接邮寄名单上删除掉的客户的名字。

如果一家旅游经营商编纂了直接邮寄客户名单的话,它必须要遵守 1984 年出台的《数据保护法》。

<u>其他利用媒体的营销方法</u>

除了通过直接做广告之外,旅游经营商还通过其他方法来利用媒体宣传其产品,特别是邀请来自各类报纸杂志、电台和电视台的记者前往某一个旅游目的地进行实地参观和体验。这样做的目的是,如果记者们对这一旅游目的地印象良好的话,他们将会在报刊上刊登或在电台和电视台上播放有关该旅

游目的地的文章,介绍或推荐邀请他们去参观的旅游经营商。一般来说,公众更相信有关某一地点的专题报道或评论文章而不是有关这一地点的广告,因为人们认为前者更具有客观性。因此,旅游经营商希望通过这种方法所产生的宣传效应转化为大量的预订,足以弥补邀请记者参观该旅游目的地所花的费用。诸如英国广播公司等电台和电视台的旅游度假节目被认为极具权威性。但是在报刊发表相关文章和、电台、电视台播放相关节目之后,仔细观察预订的变化是十分必要的,因为有些人对邀请记者进行实地参观采访的效果持怀疑的态度。

米昂别墅度假公司1994年宣传册的重点内容

● 目的地

埃尔加夫、白色海岸、阳光海岸、兰扎罗特、梅诺卡、马略卡、伊比萨、马耳他、科佐、科孚岛、佛罗里达、加勒比海地区

● 星级评定

每座别墅都是根据米昂系统进行星级评定的。这种星级评定是依据米昂公司的工作人员的判断加以确定的,分为蓝带、5星、4星和3星等几级。一些位于特别安静地点的别墅则被标上飞燕的图形以表示安详宁静。

● 冬季度假

兰扎罗特、佛罗里达和加勒比海地区全年都适合度假,而埃尔加夫、马耳他和科佐则适合春季和秋季度假。

● 各类设施

绝大多数米昂别墅都拥有私人游泳池。所有的别墅都为新到的客人准备了迎客食品袋,并且提供家政服务。

● 灵活性

米昂别墅的经营极具灵活性:度假预订不受时间限制;提供团体优惠价;没有最低入住人数限制等。

● 航班

在白天或周三、周四均可以从英国的8个机场乘坐包机或班机飞抵各旅游目的地。

● 公司代表

经验丰富、了解本地情况的优秀度假地代表是米昂别墅度假公司的骄傲。他们长期住在我们所宣传的各度假目的地,其中很多代表都是多年长驻同一目的地,因此有着无与伦比的丰富工作经验。

● 额外优惠

所有预订米昂别墅的客人都可以免费获得两个护照皮夹。米昂别墅度假公司为6~8人的团体免费额外提供一辆汽车,为9个成人或9个以上成人的团体免费额外提供两辆汽车。

图9-10 有关米昂别墅度假公司1994年宣传册的新闻发布稿

资料来源:米昂别墅度假公司

<u>米昂别墅度假公司隆重推出 1994 年的旅游项目以接待早期预订</u>

9 月 6 号推出的 1994 年米昂别墅度假公司宣传册比上一年提前了很多。这样做的目的是为了引起目前众多预订明年夏季别墅度假者的注意。

米昂集团公司的董事长兼总经理斯特凡·奥尔斯佐斯基指出，推出 1994 年宣传册的时机似乎是十分恰当的。他说："在过去的两周里，大量的度假者涌到旅游代理商那里预订 1994 年夏季度假。我们希望尽早推出最好的别墅以期适应这一预订趋势。"

米昂别墅度假公司已经增加了在每个目的地中的别墅的比例，并且根据客人的要求在绝大多数别墅备有私人游泳池。斯特凡·奥尔斯佐斯基说："其他一些旅游经营商正在削减其别墅市场的业务，但是米昂别墅度假公司实际上却在我们所宣传的目的地增加了别墅的数量。"

1994 年米昂别墅度假项目重点宣传梅诺卡、埃尔加夫、马略卡、兰扎罗特、伊比萨、马耳他、科佐、科孚岛、西班牙的白色海岸和阳光海岸以及位于佛罗里达和加勒比海地区的别墅。

斯特凡·奥尔斯佐斯基指出，度假者对于去佛罗里达度假的兴趣尤为突出："对于前往佛罗里达别墅度假的需求迅速增长，尽管对该度假目的地有一些负面的报道。我们完全相信，这一地区的旅游需求量在 1993 年～1994 年期间会出现持续的增长。"

<u>米昂别墅度假公司隆重推出 1994 年宣传册</u>

斯特凡·奥尔斯佐斯基认为，1994 年的前景将会是一个缓慢但较为稳定的增长期："很显然，人们正在开始越来越对 1994 年夏季度假感兴趣。由于我们提前推出了度假项目，我们将能够满足我们的客人对于别墅的需求。"

——结束——

如果您需要了解更为详细的信息，请联络：

朱迪·迈克科拉斯基

萨登·迈克科拉斯基合伙人公司

沙利文路 50 号

伦敦 SW6 3DX

电话:071 371 8900

1993 年 9 月 6 号

图 9－11　米昂别墅度假公司新闻发布稿的附加信息

资料来源:米昂别墅度假公司

新闻发布可以突出新产品,提供新的报道素材,或者说提供任何具有新闻价值的信息,因此,旅游经营商也可以使用新闻发布的方法来使新闻记者随时了解旅游业的最新动态。图 9-10 是米昂别墅度假公司于 1993 年 9 月发布的新闻稿。米昂别墅度假公司宣布推出 1994 年的宣传册,这使人们注意到别墅和公寓度假市场的增长状况。米昂别墅度假公司还提到了别墅条件的改善,即根据客人的要求增加了私人游泳池,并且列出了最受欢迎的旅游度假目的地,其中特别提到了佛罗里达。因为佛罗里达由于在一年之内有 9 位游客先后被谋杀而恶名远播。

新闻记者都是一些很忙的人,常常需要在很短的期限内完成工作任务,并且会收到大量的新闻发布稿。因此,旅游经营商如果想让自己的新闻发布稿产生较好的效果的话,就必须精心设计其新闻发布稿。旅游经营商必须将新闻发布的主旨写入第一段话之中,最好是说明此次新闻发布的内容、时间和地点,以及会使潜在读者产生兴趣的原因。最佳的新闻发布稿应该简洁清楚、直截了当,所有需要传递的信息都可以包括在 A4 纸两张单面中。如果有必要提供更多的信息,则应该打印在另外的纸张上面(请参阅图 9-11)。如果新闻发布稿写得很好的话,其中相当多的部分可能会被直接用于新闻报道之中。往往还需要附上一份相关的宣传册,偶尔也会提供一张展示宣传册封面的照片。优秀的新闻发布稿应该设计得与众不同。使用旅游经营商的标志有助于读者辨认信息的来源。新闻发布稿的质量应该能够反映出公司的总体形象。

七、公共关系

新闻发布稿可以由公关部的职员负责撰写,因为他们往往以前就当过新闻记者。一些旅游经营商也会聘用公关公司来撰写新闻发布稿。

一般来说,公共关系的职能有些含糊不清,其结果也难以量化——除了报纸杂志上条条块块的报道以外。但是,公关部的职员应该负责以下全部或部分的任务:

(1)保持与新闻界的良好关系,其中包括提供新闻报道素材。

(2)宣传本公司的各类旅游产品。

(3)宣传本公司,其中包括负责消除负面报道所产生的不利影响,如民航管理局推迟发放民用航空运输经营许可证等。

(4)游说政治家和具有影响力的人士。

(5)向管理层和其他人员就需要避免的潜在问题提供建议等。

公关职员或专门负责新闻的职员有时还需要组织新闻发布会，提供饮食招待以鼓励新闻记者参加新闻发布会。他们也负责安排新闻记者进行实地考察或向报纸杂志投递自己写的文章。

口碑效应与回头生意

无论旅游经营商在广告宣传与迎合新闻界方面花费多少钱，最好的宣传形式还是感到满意的客人们的良好口碑。人们更有可能相信朋友所说的话，而不是报纸的报道。感到满意的客人也会成为回头客。乘船度假专营商——霍斯森假日公司估计，其三分之二的预订来自感到满意的客人的再次惠顾。游轮客人中的半数也是回头客。

八、其他形式的促销

除了传统的广告宣传之外，旅游经营商还可以利用其他方法来影响预订。一些销售推广活动的目标群体是其自己的员工，一些是针对旅游代理商的，而另外一些则是针对潜在客源的(请参阅图 9-12)。

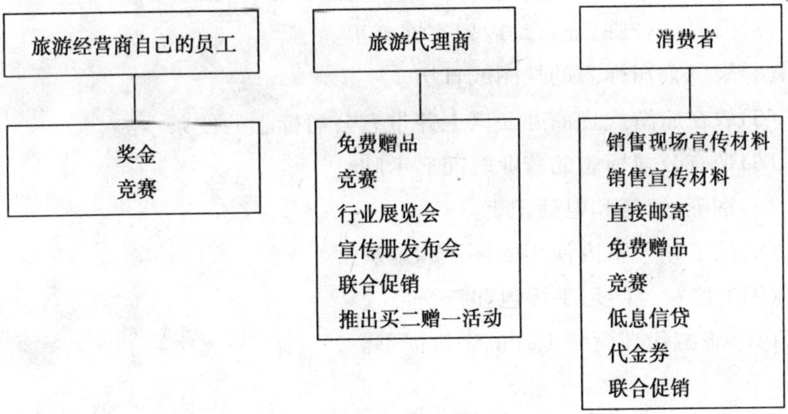

图 9-12　销售推广策略

英国旅游代理商协会将促销定义为“旅游经营商专门为促进销售或购买

旅游、度假和旅行产品而举办的，并且有别于奖励或广告宣传的活动”。《英国销售推广实践准则》指出，大多数广告宣传都伴有一些旨在使商品或服务对消费者更具有吸引力的促销活动。这些销售推广活动通常都是临时性的，并且总是以现金或实物的形式向消费者提供某种额外的好处。销售推广活动包括竞赛、免费礼品以及可以低价购物的代金券等。所有的销售推广活动都应该有利于强化以广告等形式宣传的公司形象。

(一)销售现场宣传材料

销售代表拜访旅游代理商时往往携带大量的销售现场宣传材料，希望借此提高旅游代理商和消费者对其度假产品的兴趣。为了取得最大的效果，所有这些宣传材料上都必须清楚地展示公司的名称和标志，以便逐渐强化公司的名称与形象。

销售现场宣传材料可能包括以下所有或部分内容：

(1)橱窗展示材料。为了达到预期的效果，这些材料需要使用鲜艳的色彩，具有丰富的想象力，引人注目并且具有专业水准。展示材料有时可以是单独设立的，如滑雪者的模型等；有时则是用硬纸板制作的。橱窗展示可能是由旅游代理商、销售代表和展示公司共同陈列的。

(2)宣传公司总体形象、特价产品或晚期预订产品的户外广告。

(3)发光广告牌，通常是放置在橱窗里。

(4)展示公司标志的挂图或日历。

(5)放在旅游代理商办公桌上并带有公司标志的便条本。

(6)带有公司标志的营业时间显示牌。

(7)钢笔、铅笔和电话记事本。

(8)员工办公室内使用的杯子和烟灰缸。

(9)T恤衫、汗衫、手提包和行李带。

(10)旅游代理商墙上挂的销售证书。

(二)宣传册发布会

宣传册发布会属于一种不同类型的促销活动，其宣传对象为旅游代理商，一般是在推出新的宣传册时举办。旅游经营商在推出新的宣传册的同时往往还会组织大型的推广活动并邀请旅游代理商参加。参加这类推广活动的还包括销售代表、公司的董事和预订人员等。这类推广活动可以在本地的饭店、夜总会甚至是在船上举办,并且提供大量免费的饮食、酒水,其目的主要是让旅游代理商的有关人员感到愉快。有时,推广活动的主题与所推销的假日产品是一致的。例如,在有关阿卡普尔科和坎昆度假宣传册发布会上会提供墨西哥煎玉米饼和龙舌兰鸡尾酒等。在此期间,常常还会举办有奖竞猜活动,要求参与者从新的宣传册中获取信息以赢得旅游经营商的度假奖品。还会针对宣传册的内容为旅游代理商做一次简短的培训。上述所有这些活动的目的都是为了使旅游代理商感到高兴,以便日后更愿意销售该公司的假日产品。

(三)针对旅游代理商的其他促销活动

旅游经营商往往会竭尽全力引起人们对其旅游产品的注意。例如,华莱士·阿诺德巴士旅游公司于 1993 年推出“神秘之旅”,邀请旅游代理商乘坐其巴士旅游,以期改变乘坐巴士旅游很乏味这样一种形象。依博罗特尔公司(拥有尼尔森、低价航空和阳光世界等品牌)赞助了在怀特岛考依斯为旅游代理商举办的阳光世界航海挑战赛活动。

(四)联合促销活动

一些促销活动要求旅游经营商与旅游界以外的公司合作。在 1992 年～1993 年期间,胡佛公司为购买其产品的消费者提供飞往欧洲或美国的免费机票。事实上,尽管这次促销活动最终使胡佛公司耗费了大量的钱财,并且带来了不利的宣传,但是却促使其他的公司也开始采取类似的联合促销活动,其合作对象不仅包括航空公司,而且还包括旅游经营商。因此,寰宇旅游公司同意为胡佛公司的客户提供折扣价的度假产品,索尼公司对购买托马斯·库克自有品牌度假产品的客人给予价格优惠,安全路连锁超市公司对通过佩基 & 莫依公司预订汤姆逊假日产品的消费者给予高达 15%的价格优惠。所有这些打折都取决于消费者花费的金额。一些旅游代理商认为上述联合促销活动影响到其销售额,因此表示反对。对此,汤姆逊旅游集团解释说,与安全路连锁超市公司搞联合促销是因为不需要投入大量的宣传资金。汤姆逊旅游集团估计,由于这一联合促销活动,大约相当于其 1993 年预订总数的 1%,也就是 3 万人次的

预订是通过佩基 & 莫依公司进行的。就旅游经营商而言,此类促销活动可以使其接触到有用的消费者资料库,因而今后可以直接向他们邮寄宣传材料了。

(五)奖励活动

英国旅游代理商协会将奖励活动定义为"向英国旅游代理商协会成员公司赠送现金或实物以销售度假产品的做法"。直到1993年之前,旅游经营商都是随意地向旅游代理商提供奖励以便激励他们销售自己的产品。例如,旅游经营商有可能会为销售较晚预订的旅游产品提供马克斯 & 斯宾塞连锁超市公司的代金券。但是由于旅游业内越来越多的纵向联合,情况在1993年发生了变化。航空旅游集团于1993年2月规定,皮克福兹旅行社的员工只要签下一个人的预订就可以获得3英镑的奖励。汤姆逊旅游集团于同年5月采取了报复性措施,即兰波利旅行社为其签下每一个人的预订,该旅游代理商的员工和经理可以分别获得3英镑和1英镑的奖励。海外业主旅游集团于同年7月宣称其预期利润下滑,部分原因就是这些奖励手段促使皮克福兹旅行社和兰波利旅行社的员工转而销售那些可以带来奖励的旅游产品。由于公众无法意识到他们所获得的旅游产品推荐正在受到这种奖励活动的影响,所以越来越多的人开始对此表示关注。因此,公平贸易局开始调查旅游业内这种纵向联合所产生的影响。

(六)实地考察

旅游经营商向旅游代理商提供的一种特殊类型的奖励就是实地考察,即前往海外旅游并体验旅游经营商的产品。组织实地考察的理论依据是,旅游代理商更易于销售那些他们有过第一手体验的旅游产品。从较广的意义上讲,那些对海外实地考察感到满意的旅游代理商在销售过程中可能会看好安排这类考察活动的旅游经营商。实地考察的形式各不相同,但是通常都包括前往一个受欢迎的(或新的)目的地和参观旅游经营商在该目的地所使用的住宿设施。克莱斯塔假日旅游公司在1992年组织了1 000名旅游代理商前往法国进行实地考察,而库奥尼旅游公司在1993年为旅游代理商安排了许多次长线实地考察。

一些实地考察是完全免费的,但是其他的实地考察要求旅游代理商分摊部分费用。有时代表旅游代理商参加考察的个人需要支付费用,但是有时则是旅游代理商负责付费。在20世纪90年代初,经济状况较为严峻的时期,完全免费的实地考察活动要比在20世纪80年代初期少得多。旅游经营商认为,如果实地考察的参与者承担部分费用的话,那么他们将更有可能认真地对待这一活动并会将其视为学习的过程。从纳税的角度来看,旅游经营商也需要证明实地考察属于工作旅行,以便有资格获得免税。

有时,旅游经营商提供实地考察的机会仅仅是为了奖励那些业绩出色的旅游代理商或是因为销售代表大力推荐某些旅游代理商。有时,提供实地考察也许是为了刺激某一旅游产品的销售量增加,所以库奥尼旅游公司在1993年承诺为那些参加其长线旅游培训班并坚持到最后的参与者安排一次实地考察活动。一些实地考察活动是专门为旅游代理商的经理组织的,而其他一些实地考察则是为旅游代理商的员工安排的。很少会将这两类人安排在一起进行实地考察,因为两者之间有着不同的需求。

最有效的实地考察活动一般都是精心策划、合理安排的。如果参观的饭店数量太多,那么旅游代理商的记忆里最终也许只会留下一些含糊不清的印象。而如果参观的饭店数量太少,旅游代理商也许不会认真地对待实地考察。较为理想的是,参加实地考察的代表应该向旅游代理商的其他部门和员工汇报参加实地考察的情况,以便其他员工也可以从他的实地考察中获益。

除了组织实地考察之外,旅游经营商也会以优惠价或买一送一的形式为旅游代理商提供假日产品,以便使他们能够以度假而不是特殊安排的形式体验其旅游产品。

(七)面向公众的产品介绍活动

旅游经营商偶尔也会选择举办针对公众而不是旅游代理商的产品介绍活动,或者也会与希望举办此类活动的旅游代理商共同分摊费用。举办一次出色的产品介绍活动将会耗费大量资金,因为需要租用合适的场地——大概是在一家豪华饭店,并且需要使用最好的技术,如录像带—幻灯片重叠放映装置等。为了能够使尽可能多的观众参加,产品介绍活动应该安排在晚间举办,并且目标观众应该既包括男性,也包括女性。应该精心选择举办产品介绍活动的日期,避免与节假日或特殊活动(如足球世界杯比赛等)发生冲突,因为在这些时候参加产品介绍活动的观众人数可能很少。如果是凭票入场的话,就使得提供餐饮服务成为可能。可以通过直接邮寄或在本地报纸上刊登附有回执的广告的方式来向潜在的客人传递信息。

所有参加产品介绍活动的员工都必须佩带姓名卡,并且应该在每张座椅上摆放销售材料。为了使产品介绍活动顺利地举行,应该事先彩排全部活动的过程,并且准备好备用的放映机灯泡和其他的设备。

(八)其他的促销者

正如有时可以间接地获益于其他人的广告宣传一样,旅游经营商也可以获益于其他人举行的促销活动,尤其是那些由国家旅游局举办的促销宣传活动。例如,由于在1993年~1994年期间前往奥地利的滑雪度假产品销路欠佳,奥地利国家旅游局发起了一次相关的宣传推广活动,以配合旅游经营商自己举行的宣传活动。旅游经营商也得益于在20世纪80年代和90年代推出的一系列"某某国观光年"活动——其中首先推出的是1987年的"泰国观光年",因为这类促销活动每次重点宣传一个旅游目的地。1994年推出的"韩国观光年"使得经营韩国旅游度假业务的库奥尼、假日旅行和航空旅行一族3家旅游经营商获益匪浅。

(九)有关促销的规章制度

广告标准管理局负责监督《英国销售推广活动实践准则》的执行情况。该准则旨在确保销售推广与广告一样合法、得体、诚实与真实。《英国销售推广活动实践准则》涵盖的范围包括:

- 承诺可以用现金或辅币换取商品和服务的有奖销售
- 折扣价和免费项目
- 代金券、优惠券和样品的发放
- 有名人参与的推广活动
- 与慈善事业有关的推广活动
- 有奖推广活动,如竞赛、幸运抽奖等
- 针对销售人员和零售商的奖励活动
- 一些报纸杂志为其读者提供的促销性赠品
- 赞助的某些方面

一般来说,销售推广活动必须遵守《英国广告实践准则》的有关规定,确保公众的隐私权得到保护,避免推出让人反感的产品,并且不得夸大事实。必须告诉消费者都需要哪些购物凭证,参与促销推广活动是否需要付费,如何在营业时间联系促销商以及特惠活动的截止日期等。促销商应该备有足够的现货以免让消费者感到失望。如果特惠产品数量有限,那么这一事实应该在所有的宣传中清楚地加以说明。

《英国广告实践准则》对于免费品作出了尤为详细的说明。例如,该准则规定,消费者必须支付某些费用才能够获得的任何物品(诸如汽车租赁保险等合法的费用除外)都不得被描述为免费。促销商也不得试图通过在其他产品正常价格基础上加价或其他必须同时购买的产品上加价的手法来弥补免费项目的成本。

就针对销售人员的促销活动而言,《英国广告实践准则》强调,此类活动不得阻止销售人员向消费者提供诚实的建议。

如果促销商未能遵守上述准则的有关规定,那么这一情况将会出现在广告标准管理局的报告之中。以下是一个典型的事例。

投诉的起因:一名客户投诉邮购目录,因为上面写道:“作为凡图拉假日公司的一名尊敬的顾客,您会发现随信附上一张特别的优惠券,即如果您在1986年11月30日以前预订,就能以1986年夏季宣传册上的定价购买1987年的夏季旅游产品。”优惠券承诺:“该优惠券可以同时用于任何预订项目,而且现有的1986年团体优惠价或儿童优惠价仍然有效。”据此,投诉人预订了一项度假产品,但却被告知:

(1)儿童优惠价的优惠幅度已在1986年宣传册报价的基础上减少了。

(2)1987年不再提供投诉人选择的“超级省钱”度假游。

投诉人随后收到了广告商1987年的宣传册,发现有关儿童折扣的内容没有变,而且依然提供“超级省钱”度假游。宣传册隆重推荐了住宿比安维尼达公寓的度假游,因此投诉人转而选择了该项产品。在预订后不久,投诉人却得知该公寓和该地区的其他住宿设施已被撤销。根据自身的遭遇,投诉人提出如下质疑:到底是否提供“超级省钱”度假游,为什么堂而皇之地撤销促销项目,是否真正提供了广告所宣传的比安维尼达公寓住宿设施。

结论:广告商解释说,该广告宣传已说明这些度假游“数量有限、售完为止”。大约有1 000名消费者购买到这一度假产品,并且都是使用提前预订优惠券,以1986年宣传册上的价格购买到了1987年的度假游。广告商还提供了一些事实细节来表明确实推出了儿童优惠价并且提供了1987年的“超级省钱”度假游。广告标准管理局无法确定为什么投诉人得到的信息恰恰与此相反。

广告商说，由于合同方面的问题，比安维尼达公寓已不能使用，但是仍然可以使用以同一价位推出的该地区的其他住宿设施。

广告标准管理局虽然注意到优惠券上确实说明度假游“数量有限、售完为止”，但是认为这一说法会使消费者理解为住宿设施数量有限，而不是某类住宿设施完全无法获得。广告标准管理局要求广告商在出现类似比安维尼达公寓的合同变化之后，及时更新宣传册的信息。（凡图拉假日公司）

资料来源：广告标准管理局

（十）产品支持

一些旅游经营商在其宣传册中加入名人或对企业满意度高的顾客，以支持其旅游产品。当以名人为产品做担保时，如果他们与旅游产品相关的话，就可以提高该产品的可信性。因此在1993年～1994年的冬季滑雪季节期间，尼尔森旅游公司在每个宣传滑雪胜地的宣传册中都刊登了英国滑雪冠军格雷汉姆·贝尔的照片和题为“贝尔的看法”的评论。与此同时，航空旅游集团也在其宣传册中刊登了英国著名女滑雪运动员克莱尔·德普塔尔斯所写的序言。（这两位滑雪运动员也是由尼尔森旅游公司和航空旅游集团赞助的。）

一般来说，小型旅游经营商喜欢在其宣传册中使用顾客来支持其产品。在1994年，凤凰旅游公司重新推出克罗地亚这一旅游目的地，并在其宣传册中采用了去过克罗地亚的旅游者的赞美之词。这些赞美之词旨在向潜在顾客暗示，如果其他人喜欢这项旅游产品，那么你们也会喜欢。另外，这些赞美之词也试图减少潜在顾客的担忧，因为人们仍然认为克罗地亚是一个战火纷飞的国家。

（十一）旅游博览会与展销会

有些旅游博览会/展销会是面向公众的，而另一些则是面向商界的。虽然旅游经营商参加行业展销会的主要目的是与供应商保持联系，如饭店经营商、航空公司业务代表和旅游局官员等，但是旅游经营商也可以在展销会上布置展台以吸引一般公众。布置一个展台花费很高,因为这不仅包括需要支付的场地租用费,而且还包括布置和维持这个展台所需要花费的员工工时费。旅游经营商都想得到位置最好的展台,因此竞争十分激烈(这些展台的费用通常也是最高的)。旅游经营商要想使自己的展台在众多竞争对手的展台中脱颖而出,就需要花费得更多。比如安装电子标志显示设备和计算机等设备都是很昂贵的,并且通常还要向客人提供食品和饮料。

每年一届在柏林举办的国际旅游博览会是规模最大的旅游展销会,其次是在伯爵宫殿举办的世界旅游博览会。但是,在全球范围内举办的旅游行业展销会却越来越多了,并且诸如滑雪表演和散客世界之类的专项旅游活动也越来越多。如果旅游经营商认为参加综合性的大型旅游展销活动不能物有所值的话,也可以参加专项的旅游展销会。以下列出的是一些在世界各地举办的主要旅游展销会。

展会名称	地 点	时 间
西班牙国际旅游博览会	马德里	1月
英国94假日展	曼彻斯特	1月
葡萄牙旅游展	里斯本	1月
意大利旅游展	米兰	2月
俄罗斯国际旅游展	莫斯科	2月
德国国际旅游博览会	柏林	3月
瑞典国际旅游展	哥德堡	3月
俄罗斯国际旅行 & 旅游展销会	莫斯科	3月
阿拉伯旅游交易会	迪拜	5月
加拿大旅游展	蒙特利尔	10月
比利时旅游展	布鲁塞尔	11月
英国世界旅游博览会	伦敦	11月
希腊国际旅游博览会	塞萨洛尼基	11月
捷克旅游展	布拉格	11月

(十二)专项营销

零售业中的专项营销是20世纪80年代经济繁荣时期的产物。然而事实证明,在旅游经营中专项营销相对而言是一种不太受经济萧条影响的策略。专项营销是指锁定市场中较小的、确切的细分市场,而不是针对整个市场的营销策略。所以,所有专项旅游经营商都是经营专项旅游产品。然而,许多大型旅游经营商也在经营专项旅游产品。全包价旅游和海外婚庆旅游产品就是两个例子。虽然这两种旅游产品的市场相对较小,但是相关的介绍在许多旅游产品宣传册上都可以见到。

开发全包价旅游产品的初衷是使游客不必为需要支付饭店里高价的额外收费项目而感到烦恼。令人感到奇怪的是,现在全包价旅游却十分流行,即使它已比其他类型的旅游产品昂贵。同样,开发婚庆旅游产品最初目的是为新人们提供一种既能节约在本国举行婚礼的花费,又能使婚礼充满异国情调的选择。然而到了1993年,婚庆旅游产品已十分流行,以至于加勒比海地区的饭店都已开始想方设法专门招徕这一市场。一般认为,此类产品就是用来吸引那些受到经济萧条影响较小、对打折不太感兴趣的富有游客。因此对于旅游经营商来说,这是一些值得经营的市场,因为虽然此类市场的规模较小,但是却可以带来丰厚的利润。重点经营专项旅游市场中专门项目的ITC/加勒比海旅游公司,甚至销售前往加勒比海地区的天主教婚礼和犹太教婚礼等专项旅游项目。

(十三)旅游经营营销中的策略决定

如果一个旅游项目已经持续经营了一年以上,那么就应该能够制作出可以反映这一旅游项目全年的每周预订情况的图表。然后就可以在这个图表上标出收支平衡点以及上一年的销售情况,并将此与本年度的销售情况加以比较。如果本年度的销售情况与上一年度相比基本正常的话,就没有必要采取任何策略性的或战略性的干预措施。但是,如果这一图表显示的销售低于预期的水准,营销人员则需要决定采取措施来提高销售。

以下是营销人员可以考虑使用的选择:

- 加大广告宣传的力度或推出新的广告。

● 针对消费者的销售推广活动，如儿童优惠价或在某一期限内预订可以获得的折扣等。营销人员也可以推出租车一周免费或免付租车保险等优惠项目。

● 针对零售商的销售推广活动，其中包括以优惠价提供假日产品或实际现金奖励。

● 对销路特别差的度假产品采取打折的措施。

如果运气好的话，这些促销活动将会刺激销售，从而达到收支平衡点。但是如果没有能够实现这一点的话，也许有必要作出决定合并某些航班，甚至是放弃一些滞销的度假产品。需要牢记的是，《欧共体包价旅游管理条例》现在规定，如果旅游经营商没有事先提醒度假者旅游团队可能会由于预订人数不够而被取消的话，则必须向度假者支付赔偿金。

如果旅游产品销路不畅，那么旅游经营商与旅游代理商之间的计算机联网就变得格外重要了，因为没有计算机联网是很难重点宣传那些需要加大销售力度的旅游产品的。如果为联网的旅游代理商提供优惠价的话，那么旅游经营商将有可能实现更多的销售。

问答题与讨论题

1. 你认为对于旅游经营商来说哪些类型的广告可能效果最好？为什么？

2. 收集旅游经营商做广告宣传的例子，并在课堂上讨论这些广告的效果。对这些广告的有效程度加以评定，然后说明你所得出的结论。

3. 走访一家本地的旅游代理商，看看可以找到哪些旅游经营商举办促销活动的例子，以及是否可以发现一些被忽略的商机。

4. 航空旅游集团市场营销总监里查德·卡里克在 1994 年曾说过：“航空旅游集团的品牌并不具有很大的弹性。这一品牌主要是针对家庭市场，代表着物有所值的度假产品。因此，我们不能把我们希望提供的所有产品都归入这一品牌”。根据这番话以及品牌借用这一发展趋势，试论品牌作为营销工具的效用。

课后作业

1.班里的每一位同学都应该选择一家非专营的旅游经营商,并对其产品进行优势与劣势和机会与威胁分析。原始结果应该以图表的形式附在一份报告上。这份报告应该根据上述分析得出结论,并且在此基础上提出制定营销计划的建议。

2.假设一个小型旅游经营商正在寻找一家广告代理公司为其设计广告宣传活动,以推广新的旅游目的地(具体目的地可以由全班同学或教师来决定)。然后将全班分为4个小组,每个小组代表一家广告代理公司。每个小组应该在一起讨论并确定做广告宣传该目的地的最佳方法。此后,小组的每个成员应该负责广告宣传活动的某一个方面(例如设计户外广告、构思一条广告语、制作广播广告等)。一旦每个成员都完成了自己的构思,小组应该重新在一起讨论每个成员的构思,并确定把这些构思整合在一起是否可以构成可行的广告宣传活动。也许根据讨论,需要对这些构思进行必要的修改。一旦各小组的策划活动都达到了实际运作的标准,全班应该重新聚集在一起。每个小组应该向其他小组介绍自己策划的广告宣传活动。在各小组的介绍结束之后,全班应该选出最佳的广告宣传策划。最后,全班学生应该在一起探讨每一个广告宣传策划的优缺点。

3.现在的时间是8月末。各旅游经营商准备开始进行新的旅游产品宣传册的宣传促销活动。你在为一家旅游咨询公司工作,而旅游经营商们聘用这家旅游咨询公司为其设计具有丰富想象力的全新发布形式。以两个人为一组,选择一个当前正在使用的旅游产品宣传册,并确定你会以何种形式推出这一宣传册。(对于学生来说,选择一个较小的专项旅游项目而不是综合的夏季或冬季阳光度假产品宣传册,也许更容易一些。)

(注:如果你的学院拥有一家可供实习的旅游代理商,那么也许可以以其他的学生和老师作为模拟客户,将你们的策划活动付诸实践。)

4.你的经理要求你撰写一份新闻发布稿,以配合宣传册的推出。该新闻发布稿应该突出宣传册中的所有特色、格外诱人的价位以及任何具有新闻报道价值的内容。你所撰写的新闻发布稿的篇幅应该与一页A4纸相仿,所使用的语言与风格应该适合本地报刊。

第十章

与旅行社经营相关的法律

本章学习目标

通过对本章的学习，你应该能够：

- 了解旅游经营商在确保其产品符合英国和欧盟的法律方面所面临的困难
- 懂得如何应对违法的行为
- 解释消费者权益保护法的发展
- 了解与旅游经营有关的各项法律
- 熟悉这些法律的内容
- 描述代表旅游业和保护消费者权益的各行业机构

一、引言

在策划各类度假项目的过程中，所有的旅游经营商都必须在英国和欧盟的相关法律框架内经营。以下各类法律会对旅游经营商的经营产生影响：

- 有关商业机构的法律

- 合同法
- 雇佣法
- 消费法
- 物业法
- 保险法
- 代理行为法

除非被废除或被修正，否则所有的法律都具有效力。英国的法律属于惯例法。例如，一个案件的结案方式将会成为解释以后相似案件的依据。

二、商业机构

英国的商业经营有3种形式：

- 个体经营
- 合伙经营
- 有限公司

(一)个体经营

个体经营指的是那些由个人经营的商业活动。个体经营是最容易的经营方式，因为不需要办理任何具体的法律手续。个体经营的最大缺陷是，经营者个人必须对经营所产生的任何债务承担责任。如果经营失败，个体经营者也许会失去所有的个人财产并被宣布破产。如果个体经营者雇用了其他人，他们还会受到相关就业法律的制约。如果提供商品或服务，个体经营者还需要遵守相关的消费法。个体经营者可以将其企业馈赠给其继承人。

尽管许多旅游经营商最初都是从个体经营者起家的，但是由于出现问题时所面临的风险太大，所以只有小型旅游经营商才会继续以个体经营的形式经营下去。

(二)合伙经营

如果某个人希望与另外一个人共同经商，那么他们可以建立合伙经营关系。1890年颁布的《合伙经营法》将这一关系定义为“存在于以盈利为目的的而共同经商的人们之间的关系”。1985年颁布的《公司法》规定，合伙经营中的合伙人人数通常不得超过20人。合伙经营有着许多与个体经营相同的缺陷。合伙人个人不仅要对他们经营业务中的所有债务负责，而且还要对他们彼此之间的行为负责。除非合伙人单独起草了一份合同，否则他们合伙经营的条款必须符合1890年颁布的《合伙经营法》。如果合伙人中的一位去世了，合伙经营关系将会终止，除非他们事先签署了一份与此结果完全相反的协议。

由于合伙经营与个体经营一样面临着无限债务的风险，因此没有几个旅游经营商会选择这种经营方式。

(三)有限公司

与商业的大多数领域一样，绝大多数的旅游经营商都是采取有限公司这一经营形式的。1985年颁布的《公司法》规定，有限公司可以采取两种形式：

- 上市有限公司
- 私营有限公司

有限公司作为法律实体，独立于其所有者，这意味着所有者对于债务的责任仅限于他们对公司的投资金额。由于公司独立存在于其所有者，因此公司创始人的去世并不意味着该公司必须停止其经营活动。

有限公司通过劝说公众或机构对其投资换取公司股票的形式筹集资金。对于上市有限公司来说这样做易如反掌，因为它们可以通过在股票交易所发行股票的方式来向公众筹集资金。私营有限公司则只能向熟人出售其股票，因此通常很难筹集到大量的资金。一家公司通常需要在上市3年以后，才可以在股票交易所交易其股票。但是在1993年，灵感度假公司在成功上市仅一年之后就可以在交易所发行新的股票了。这是因为其前身是老牌的直销公司——灵感东部公司。专营包价旅游并在股票交易所发行股票的其他的英国旅游经营商只有航空旅游集团与首选旅游集团这两家。一旦一家公司上市，其原始股东重新拥有它的唯一途径就是在股票交易所将其绝大多数股票收购回来。哈里·古德曼于1981年将ILG公司在股票交易所上市了，随后他又于1987年将其购回，因为他认为无法在满足无名股东的同时按照自己的方式来打造欧洲航空公司。

对于一家公司来说，在股票交易所上市的优势包括：

- 更高的知名度

- 受到媒体更多的关注
- 更易于获得银行贷款
- 发行新股票的潜力

在股票交易所上市的弊端包括：

- 更高的知名度会带来更为细致的审查，如对账目的审查等
- 回应越来越多的关注有可能会分散对日常经营业务的注意力
- 股东们对于利润和红利稳定增长的期望可能会影响到长期决策的制定

上市有限公司与私营有限公司的主要区别在于以下两点：

1. 上市有限公司必须至少拥有5万英镑的股本，其中的四分之一为实缴股本。而成立私营有限公司仅需要两张股票为资本，其中每股股值为两英镑。

2. 上市有限公司可以做广告宣传其股票并邀请公众购买其股票。公众随后就可以自由买卖这些股票。与此相反，私营有限公司的股票只能够私下进行交易。

辨别一个旅游经营商是一家上市有限公司还是一家私营有限公司的最简单的方法就是看其公司的全名，通常显示在其宣传册后面的预订表格上。那些以"plc"结尾的公司是上市有限公司，而那些以"limited"结尾的公司是私营有限公司。

三、成立有限公司

大多数各种规模的旅游经营商都属于有限公司。如果希望成立一家有限公司的话，必须要向公司注册官员提出申请并提交两份文件：(1)公司章程，提供有关公司的详细情况；(2)公司章程细则，详细说明公司运作的方式。此外，还需要交纳注册费以及一份表明符合公司法要求，并且由公司秘书和一位公司董事签名的法定声明。

公司章程必须包括：

- 公司的名称，根据需要标明是上市有限公司还是私营有限公司
- 公司注册的办公室地址
- 公司的各类经营目标
- 有关公司成员债务的声明
- 有关公司开始经营时的资本金额以及如何划分这些金额的说明

- 至少有两位(法定的最少人数)同意承购不少于一股的股东的签名

公司可以采用示范公司章程细则或自己制定公司章程细则，其中也许包括以下内容：

- 召开股东大会的次数以及召开的方式
- 委派管理公司的董事的程序
- 股东的选举权以及股票转让的方式
- 公司借钱的方式

公司注册官一旦收到所有上述材料和费用，将会向新公司发放公司登记执照。

针对有限公司的法律要求

1985 年颁布的《公司法》(在 1989 年修改过)规定了所有公司都必须遵守的规则。例如，所有的公司都必须向公司注册官员提交一份特殊格式的年度报告。报告将显示其在上一年度的资本状况。所有的公司还必须向公司注册官员提交其经过审计的账目和损益表的复印件。中小私营有限公司可以免于其中的一些要求。从法律角度来讲，公司的董事们有义务保留可以显示所有财务事项细节的账目。

有限公司必须有两位注册的官员，其中一位是董事，另一位是负责落实董事会指示的公司秘书。

1985 年颁布的《公司名称法》规定，凡不是以所有者的名称经营的公司(大多数的公司都是如此)都必须标明其所有者的名称和公司在英国的地址，并将这些信息包括在其信笺抬头和发票上。此外，英国旅游代理商协会规定，其属下的旅游经营商必须告知该公司可能使用的除注册名称以外的任何商业名称。

1986 年颁布的《破产法》规定了有关清理破产公司的规则。一家公司可以采取自动清算的做法(例如，如果该公司希望停止经营)，正如新潮旅游公司在 1993 年所做的那样。更多的情况是，公司在债权人向法庭提出宣布其破产之后将不得不接受清算。当这一情况发生时，有关部门可能会指派一位官方接管人(或清算公司)作为资产清算人，来清理该公司的财务。一旦一家公司被清算，将会被从设在加的夫和伦敦的公司注册处除名。

四、合同法

旅游经营商需要与以下各方签订合同：

- 供应商(饭店、航空公司、地接社等)
- 零售商(旅游代理商)
- 消费者
- 雇员

合同是指至少由两方自由达成的协议，并应具有法律效力。合同必须包括以下的内容：

- 要约与承诺，其中要约必须由一方提出，传递给另一方，并且由另一方无条件地接受
- 有建立法律关系的意愿，通常是以书面形式来确定商业合同
- 考虑或交换具有价值的东西，在商业中往往是以商品交换钱款。

此外，合同的主旨不得违法，并且签订合同的各方都必须有能力履行该合同。精神不正常者、醉酒者或吸毒者均被视为没有能力签订合同。18 岁以下的未成年人也被视为没有能力签订合同。因此，在旅游经营商准备的预订表格中的某一部分要求消费者与旅游经营商建立合同关系，而这部分通常有一条款声明消费者已年满 18 岁。未成年人必须由他们的父母或其他有责任能力的成年人代为签订合同。

就旅游经营商与度假者之间的合同而言，宣传材料或广告可以被视为与消费者进行交易的邀请(如邀请款待)。预订表格可以被视为消费者购买度假的要约。一旦在预订表格上签名，消费者(或代表消费者签字的旅游代理商)同意旅游经营商的条款。从理论上讲，一旦旅游经营商同意接受预订，那么合同就算是形成了，无论这一协议是否是书面的。预订表格仅仅是以书面的形式确认口头上已经达成的协议，并且作为双方愿意建立法律关系的依据。自从 1993 年颁布的《欧共体包价旅游管理条例》详细地规定了旅游经营商与消费者之间合同的内容以来，原本由于计算机应用而趋于简化的预订表格有可能会包括许多必不可少的信息。在电话预订的过程中，旅游组织者(或代理商)需要使消费者了解宣传册中的合同条款符合新法规的要求。

如果旅游经营商违约，那么可能会出现 3 种结果中的其中一种：

1. 旅游经营商必须根据法庭对受到损害一方损失的估算，支付补偿金或

赔偿金。赔偿通常旨在使受到损害的一方恢复到原有的状况，即受害方在违约方履行其义务的条件下本应处于的状况（这包括补偿受害方所蒙受的合理损失，如换住其他饭店所蒙受的损失等）。但是，赔偿不仅考虑受害方金钱方面的损失，而且还会考虑其因失望和失去乐趣所造成的损失。在这种情况下，只有签订了合同的人才有权因失望而获得赔偿。

在1973年，一位客人前来参加一次室内聚会度假活动，但却发现仅有另外一位客人在场。他以未能按照承诺的标准提供度假为由起诉了天鹅旅游公司。结果他不仅由于度假的损失而得到赔偿，而且还因为失去了娱乐和享受的乐趣而获得赔偿。

如果因未能履行合同而给客人带来了痛苦的话，旅游经营商也有可能会因此而赔偿消费者。

在1981年，一位青年女性参加了特拉克斯旅游公司的横跨非洲的探险旅游。但是这一为期14个星期的旅行变成了持续5个月的马拉松式旅行。为此，她不仅因为在收入方面所蒙受的损失，而且还因为在困难的条件下耽搁所蒙受的痛苦而赢得了数量可观的赔偿金。

2.受害方可以申请获取法庭禁令，以防止旅游经营商继续某项违约行为。

3.法庭可以就某一特定行为作出裁决，命令旅游经营商履行其合同义务。

违约属于一种违反民法的行为。较轻的案件可以通过在地方法院被称为仲裁的小额赔偿程序加以解决（目前可以通过仲裁加以解决的最大金额为1 000英镑，原被告双方都同意使用仲裁的情况除外。）。现在，涉及金额在5万英镑以下的案件由地方法院审理，而金额在5万英镑以上的案件则由高等法院的大法官法庭来负责审理。

当客人宣称旅游经营商违约的时候，也许并不一定会把旅游经营商告上法庭，因为大多数旅游经营商都会尽力避免交纳诉讼费（以及随后媒体报道所带来的负面影响）。在1975年～1992年期间，英国旅游代理商协会开展了调解工作，以期在庭外解决消费者与旅游经营商之间的纠纷。在1990年，需要调解的案件达到了17 261件。面对日益增长的投诉，英国旅游代理商协会于1992年不得不放弃了调解工作。

英国旅游代理商协会于1975年还为旅游业设立了仲裁机构。这一机构由特许仲裁人协会负责，并且继续处理旅游经营商及其客人之间的纠纷，其前提是这些纠纷所涉及的金额在每人1 500英镑以下（或每份预订表格不超过7 500英镑），并且不涉及疾病或身体伤害等。所有英国旅游代理商协会所属的旅游经营商都必须通过仲裁解决争端，并接受仲裁人的裁决。

如果要想通过仲裁解决争端，提出2 000英镑以下索赔要求的消费者必须支付23.50英镑的登记费（每增加一个原告需要加7.61英镑）。提出索赔要求在2 001英镑至7 500英镑之间的消费者则必须支付29.38英镑的登记费（每增加一个原告需要加9.66英镑）。如果消费者败诉，他们只需交纳两倍于登记费的费用即可。而如果旅游经营商败诉，旅游经营商不仅要支付登记费，而且还要再交纳200英镑及增值税。整个案件要通过检查书面证据来裁定孰是孰非。如果仲裁人裁定的赔偿金额超过了旅游经营商上次的赔偿金额，那么旅游经营商会被认为是败诉了。如果旅游经营商胜诉了，那么英国旅游代理商协会将支付200英镑的费用。

一些持批评观点的人认为，由于仲裁机构是由英国旅游代理商协会管理的，因此会更偏向于旅游经营商。但是英国旅游代理商协会认为，被委派处理这些案件的仲裁小组已经逐渐理解了旅游业中存在的问题，而这种理解是处理个别案例的巡回法官和地方法官所没有的。由于需要对投诉加以仲裁，那些小题大做、借题发挥的专业投诉者也就有可能不敢轻举妄动，也就不敢随便投诉了。这样就可以避免一些持续时间很长的纠纷。他们还确信，由于仲裁人是由特许仲裁协会委派的，因此可以保证仲裁的公平性。

仲裁人可以针对案件作出3种不同的裁决：

● 可以作出有利于消费者的裁决，旅游经营商通常需要支付消费者的登记费以及所有的赔偿金额。

● 可以宣布驳回原告的投诉。这样，消费者需支付旅游经营商的登记费。

● 可以作出零赔偿的裁决，即不给予消费者任何赔偿，这样原被告双方就都损失了登记费。

表10－1显示出了1987年～1992年期间，提交仲裁的投诉数量。表10－2显示出了那些投诉案件的裁决结果。

表10－1 1987年～1992年期间提交仲裁的投诉数量

1987年	1988年	1989年	1990年	1991年	1992年
551	538	707	670	750	890

表 10－2　1987 年～1992 年期间度假旅游投诉的处理结果

	1987 年	1988 年	1989 年	1990 年	1991 年	1992 年
有利于客人的裁决	441	426	529	523	601	769
驳回的投诉	102	112	153	147	149	121

（并非所有的投诉都涉及违约行为——其中一些投诉在作出裁决之前就已经撤诉了）

独立旅游经营商协会向其客人提供了相似的低价独立纠纷处理服务。

在 1993 年，《欧共体包价旅游管理条例》针对旅游经营商与消费者之间的合同，提出了更为严格的要求。对消费者来说，这意味着在将来违约问题日趋严重的情况下，打赢涉及违约的官司有可能变得更加容易了。

五、雇佣法

作为雇主，旅游经营商与其他的雇主一样，要受到《雇佣法》的约束。较小的旅游经营商有可能不受那些针对大型旅游经营商的法律的约束，但这取决于其规模。在此论述所有影响员工雇用的法律是不太可能的，但是我们将会论述以下一些最重要的方面。

（一）雇用合同

事实上，法律并不坚持要求旅游经营商与雇员签订书面合同。然而，大多数大型旅游经营商都会与雇员签订书面合同，并在合同中列明所有的雇用条件以避免发生误解。当雇主提供一份工作，同时应聘者也接受这份工作时，雇用合同也就存在了。然而，1978 年颁布的《劳动者保护（合并）法》规定，每一个雇员都应该在开始工作后的 13 周内得到一份陈述其聘用细节的合同。除了其他事项以外，该合同应该表明合同的一方终止合同时必须提前通知对方的期限。对于从 4 周到 1 年之内的雇用合同，法律所规定的最低提前通知终止合同的期限是一周。雇用期限每增加 1 年，则提前通知终止合同的期限将再延长 1 周，最长为 12 年。然而，一些旅游经营商的员工，尤其是海外员工和为航空公司工作的员工，则是签订固定期限的雇用合同。这类合同在规定的期限结束以后将自动终止，通常是在夏季或冬季结束的时候。

(二)解聘

《劳动者保护法》还规定了对多余员工的处理方法。解聘金的金额是根据员工的年龄、工作时间的长短以及他/她被解聘时的工资收入而确定的。雇主有时也会为雇员提供其他较为合理的工作以避免支付解聘金。行业仲裁法庭负责处理有关解聘的各类纠纷。就业上诉法庭则负责处理各类上诉。在20世纪80年代~90年代期间,造成解聘的一个主要原因就是各旅游经营商之间的合并与收购。例如,航空旅游集团于1993年收购了埃斯博罗公司,致使其驻利兹办事处的员工失去了工作,也造成其经营包机航线的国际欧洲航空公司的地勤员工失去了工作。

(三)不公平的解聘和错误的解聘

《劳动者保护法》还规定,雇员应该有权加入某一个工会,参加其活动,并且应该得到保护以防止受到不公平的解聘。如果不能胜任工作的员工在没有得到足够培训或警告的情况下就被解聘,或者员工由于没有遵循公司制定的劳动纪律而被解聘,那么此类解聘就被称为不公平的解聘。然而,在某种特定的情况下,员工有可能在工作岗位上被当场解雇。这种情况通常包括:在工作时间内醉酒;若干次违反公司的劳动纪律。如果没有在适当的期限内提前通知就把员工解聘了的话,就构成了错误的解聘,而不是不公平的解聘。行业仲裁法庭负责处理因不公平的解聘和错误的解聘所引起的纠纷,就业上诉法庭则负责处理各类上诉。

(四)工作安全与卫生

1974年颁布的《工作安全与卫生法》要求雇主在工作环境方面提供较高标准的安全与卫生,以及一份书面陈述,阐明其有关工作安全与卫生的政策。工作安全与卫生监察员可以随时开出限期改进通知,要求雇主解决所存在的相关问题。

1957年颁布的《建筑物使用者责任法》规定,建筑物的使用者要对任何进入该建筑的人的安全与健康负责。这样,雇主不仅要对其员工的安全与健康负责任，而且还需要对进入其建筑的任何人的安全与健康负责。1984年颁布的《建筑物使用者责任法》又进一步扩大了这一责任，即建筑物的使用者需要对未经允许进入者的安全与健康负责，尽管该责任常常可以通过张贴各种起警示作用的通告来加以落实。

(五)平等就业机会

1976年颁布的《种族关系法》规定，因为种族、肤色、民族或国籍的不同而歧视员工是不合法的。1970年颁布的《同酬法》、1975年颁布的《反性别歧视法》和1989年颁布的《劳动法》也分别要求雇主在工资报酬(同工同酬)和工作环境等方面做到男女平等。没有类似的立法禁止歧视残疾人，但是1944年和1958年颁布的《残疾人(就业)保护法》保障着残疾人的工作待遇。

1978年颁布的《劳动者保护法》还规定，因生育而离职的妇女有权返回其原工作岗位，只要她们以书面形式告知雇主其希望返回原工作岗位的意愿，并且在生育后的第29周之内行使这一权利。

(六)诸多需要考虑的因素

《所得税预扣法》规定，雇主应该在未发工资之前就从雇员的工资中扣除其所得税。同时，1975年颁布的《社会保障法》规定，雇主还必须为他们的雇员支付第一类国民保险并且把雇员所应支付的份额从他们的工资中预先扣除。

由于当前大多数的旅游经营商都已经使用计算机进行管理，因此他们的经营活动也会受到1984年颁布的《数据保护法》条款的约束。《数据保护法》规定，旅游经营商必须在数据保护注册处登记成为数据使用者，必须确保他们储存在计算机中的所有个人信息都是出于与其注册目的相同的原因而收集和保存的，并且必须确保这些信息是准确的、相关的，并且未超出注册目的范围。旅游经营商也可以储存有关旅游者、雇员和其他人(比如供应商)的大量信息，前提是这些信息都是通过正当的与合法的渠道收集的。根据商业法律的相关规定，有些资料需要保存6年或者更久。否则，资料在完成其使命后就不必保存了。同时，旅游经营商也必须采取足够的措施来确保其数据库的安全。这些安全措施包括考虑如何摆放计算机显示器和确保只有与公司签订了保密协议的技术人员才能使用他们的计算机。甚至是在处理使用过的计算机磁盘的过程中,旅游经营商也仍然必须考虑磁盘内容的安全。

在个人提出书面请求后的40天以内,公司也必须将其所保存的个人信息提供给相关的个人。公司提供个人信息服务的收费不得超过10英镑。如果公司不经过个人的允许就把其信息透漏给他人,这属于违法行为。

六、有关保护消费者权益的法律

贸易的性质也许使得一些商人在尽快获利的欲望驱使下而不择手段。自古以来,人们就在试图改变商人与消费者之间不平衡的局面。甚至是在中世纪时期,就有专职的官员负责制止商人欺诈消费者的行为。但是,人们一直死守着出门不换的古老规则(买方谨慎原则),直到最近才有所改变。这条古老的规则意味着,保证货真价实成了买方的责任而非卖方的责任。然而,在20世纪70年代和80年代期间,一定程度上由于来自媒体的压力,责任的重心出现了重大的变化。现在,出门不换这一原则只适用于个人之间的交易活动。就商业而言,法律变得越来越有利于消费者了。

第一部具体关注消费者权益的法律是1893年颁布的《商品买卖法》。从那以后,议会颁布了一系列的新法案以期消除那些使消费者权益受损害的法律漏洞。我们将简要列举其中一些最重要的法案。

(一)消费者

1973年颁布的《公平交易法》对消费者所下的定义如下:

1.消费者是指在供应商经营过程中购买或可能购买其产品和服务的个人;

2.并非获取或试图获取自己所经营的产品和服务的个人。

(二)1967年颁布的《反欺诈法》

《反欺诈法》赋予消费者诉讼权。如果是由于销售商或商品与服务的供应商的不实之词使得消费者蒙受损失,消费者可以向法院提起民事诉讼并要求商家赔偿损失。为了证明自己不承担责任,销售商必须证明自己在销售过程中的言行在当时的情况下是公平合理的。

(三)1968 年和 1972 年颁布的《商品说明法》

《商品说明法》规定以下行为是违法行为:

1. 对商品进行虚假宣传
2. 提供附有虚假说明的商品
3. 对所提供的服务、住宿或其他设施作出有意的或蓄意的虚假宣传

虽然书面的虚假说明显然要比口头的虚假说明更容易加以证实,但是《商品说明法》规定两者都是违法的。通常,是否蓄意地作出虚假说明是最重要的考虑因素。蓄意的定义则取决于各法庭的解释。1990 年,水晶假日旅游公司印制了一个宣传册,称奥地利的史莱德明度假村有着一个新建的 18 个球洞的高尔夫球场。后来,有一位游客投诉说,该球场仍在施工中,根本不能使用。白金汉郡议会把该案提交米尔顿·凯恩斯治安法庭根据《商品说明法》加以审理。治安法官的判决是,虽然水晶假日旅游公司宣传册上的说明是虚假的,而且也知道该球场并未完工,但是采取了所有合理的预防措施并且十分精心地准备了出入通道,因此水晶假日旅游公司并没有违法。郡议会不服判决又向高等法院上诉,高等法院改变了原来的判决,并根据《商品说明法》判决水晶假日旅游公司违法。

航空旅游集团在 1994 年逃过了一劫。当时它被指控其冬日阳光度假宣传册在介绍一家饭店时,加入了一个实际上并不存在的游泳池。航空旅游集团承认这一信息是不真实的,但是争辩说该公司的董事已经制定了宣传册编写、印刷和校订的规则,所以不应该被认定为蓄意行为。《商品说明法》规定,法庭必须证明的是公司决策机构(通常是董事会)的蓄意违法行为。航空旅游集团成功地证明了是其海外分公司的经理最终批准了该宣传册的发行,而分公司经理的职位不够高,因此不足以被定罪。其他公司今后将很难再利用这一法律漏洞来逃脱责任,因为《欧共体包价旅游管理条例》规定,旅游经营商要想避免被判定违法,那么就必须能够证明自己已采取所有可能的措施以保证宣传册中信息的准确性而且必须在宣传册使用的全部过程中,不断确定其准确性。

(四)1974年颁布的《消费信贷法》

《消费信贷法》适用于所有金额在15 000英镑以下的信贷协议。《消费信贷法》规定,未经许可提供信贷或提供信贷中介服务都属于犯罪行为。从消费者角度来看,如果消费者用信用卡支付了不低于100英镑或不高于30 000英镑的费用,那么信用卡公司和旅游经营商将共同为旅游经营商的违约行为和欺诈行为承担责任。因此,如果一家没有保障金或没有足额的保障金的旅游经营商破产了,那么在某些情况下,那些使用信用卡支付旅游费用的游客可以从信用卡公司那里得到退款。

请注意:《消费信贷法》只适用于通行卡/万事达卡和巴克利银行卡/维萨卡等信用卡,而不适用于诸如美国运通卡和大来卡等赊账卡。

(五)1976年和1977年颁布的《反限制性商业行为法》

限制性商业行为有可能是指供应商之间达成的协议,或者是指供应商与分销商或零销商之间达成的协议。由于这些协议具有反竞争的性质,所以在1976年和1977年分别通过的《反限制性商业行为法》,要求所有的限制性协议必须在公平交易局注册。如果公平交易局认为某项限制性行为可能不符合公众利益,那么可以把它提交反限制性商业行为法庭加以裁决。如果法庭认为某项限制性行为有悖于公众利益,那么将会禁止该行为。

为了使限制性商业行为获得批准,行业协会必须证明:

1.有关的限制对于保护公众的利益不受损失来说是必不可少的;

2.如果取消此项限制,那么公众将会蒙受相当大的损失;

3.该项限制对于协会成员与占有市场大部分份额的第三方谈判来说是必不可少的。

1965年,英国旅游代理商协会制定了一个后来被称为"稳定机制"的协议。该协议规定,属于英国旅游代理商协会的旅游经营商只能通过英国旅游代理商协会下属的旅游代理商销售其旅游产品。同样,这些旅游代理商也只能出售该协会旅游经营商的产品。由于这一项协议,大多数旅游代理商和经营商都想加入英国旅游代理商协会。相应地,这就意味着英国旅游代理商协会制定的协议影响着大多数旅游产品交易。然而,这一协议损害了那些不属于英国旅游代理商协会成员的旅游经营商和旅游代理商的利益，因此显然属于限制性行为。当1976年颁布的《反限制性商业行为法》适用于服务产业之后，公平交易局将该协议提交给反限制性商业行为法庭加以讨论。同时，英国旅游代理商协会还必须在公平交易局登记以下各项：

- 协会条款
- 旅游经营商和旅游代理商的经营守则
- 对旅游经营商与旅游代理商之间商务关系的指导
- 其建议的服务收费清单

1978年，在反限制性商业行为法院得出结论之前，英国旅游代理商协会已经放弃了一些它认为不可能继续下去的限制性商业行为，尤其是放弃了其以前曾经明令禁止旅游经营商和旅游代理商在宣传价格的基础上打折的那些规定。1984年，在经过6年的调查之后，反限制性商业行为法庭裁决："稳定机制"协议可以防范那些不负责任或具有欺诈行为的度假公司，因此符合公众利益。然而，该法庭同时裁定，英国旅游代理商协会此前所允许的其他几条限制性商业行为违法，尤其禁止旅游代理商和（或）旅游经营商之间结盟，制定一些可能侵犯公众利益的限制性协议或安排（例如，允许将那些被认为佣金过低的旅游经营商的宣传册从旅游代理商的展示架上撤下等）。

在许多旅游经营商接二连三地倒闭后的1991年～1992年期间，英国旅游代理商协会的财力受到了很大的影响，因此保险公司开始不愿意向其提供必需的资金短缺保险，资金短缺保险主要是确保其能够继续向那些受到其所属旅游经营商破产影响的度假者提供退款担保。然而，在这种情况下，"稳定机制"协议似乎是越来越难以发挥作用了。为了防止将来资金的流失，英国旅游代理商协会需要对可能成为其成员的旅游经营商和旅游代理商的财务状况进行调查。然而，如果真的这样做了，那么它将有可能因为使一些公司（通过英国旅游代理商协会的旅游代理商）无法有效地进行交易而受到批评，并且会因为被指责具有限制性商业行为而进一步遭到投诉。在得知在法庭上为"稳定机制"协议辩护的费用极高且胜诉的可能性不大之后，英国旅游代理商协会成员于1993年10月投票废除了这一协议。这样，英国旅游代理商协会所属的旅游代理商就可以自由地出售那些不属于英国旅游代理商协会的旅游经营商的产品了。随后，航空旅游集团、地中海精选旅游公司和彩虹假日旅游公司等签署了协议，通过不属于英国旅游代理商协会的旅游集团（现称环球旅游集团）进行零售。环球旅游集团计划开展连锁特许代理业务。

(六)1977年颁布的《反不公正合同条款法》

《反不公正合同条款法》规定,不得免除或减轻因失职而造成人员死亡或人身伤害的责任。有关其他损失或损害的责任只有在被认定是合理的情况下才可以被免除或减轻。

(七)1979年颁布的《商品买卖法》

《商品买卖法》规定,销售合同中存在着一些默示条件,其中包括:

1.卖方有权出售商品。

2.商品在出售之前或正在出售之时,不应附有任何买方不知情的费用或条件。

3.买方有权在不为人知的情况下拥有和享用商品。

4.所售商品应该与其说明一致。

5.商品的质量应该有保障(即商品应该没有任何可致使其无法使用的缺损)。

6.如果买方在购买商品的过程中明确地或含蓄地告诉卖方其购买商品的用途的话,那么所售出的商品应该基本适合该用途。

(八)1980年颁布的《竞争法》

总的来说,在20世纪80年代人们相信,公司之间公开和自由的竞争可以带来更低的价格、更高的质量以及更多种类的服务,从而使消费者受益。

1980年颁布的《竞争法》规定,任何违反竞争原则的事情都可以提交给公平交易局。公平交易局的局长必须裁定是否需要立案。如果需要立案,即可立案侦查。立案侦查结束之后,公平交易局就有可能会提出建议,告诉所涉及的公司应该如何遵守法律。如果该公司仍然未能遵守法律,那么就会被提交反垄断与兼并委员会,而贸易工业大臣可能会下令改变这一商业行为。

《竞争法》并没有规定违反竞争原则的行为属于违法行为,但是允许公平交易局在确定这些行为侵害公众利益时对其加以规范。

在1978年~1984年期间,反限制性商业行为法庭针对英国旅游代理商协会强加给其成员的一些规定进行了全面的调查。该法庭于 1984 年作出了判决，其中一部分判决的依据是 1976 年颁布的《反限制性商业行为法》，而另一部分判决的依据则是《竞争法》。

（九）1982 年颁布的《商品与服务供应法》

《商品与服务供应法》的适用范围基本上与《商品买卖法》的适用范围相同，但是该法规定，各种服务的销售所涉及的默示条件包括：

1. 服务之中可以体现出合理的人文关怀和合理技能的使用。
2. 在合理的时间之内保证质量。
3. 收取合理的费用。

由于旅游经营商提供服务，因此《商品与服务供应法》规定旅游经营商必须受 1979 年颁布的《商品买卖法》的约束。

（十）1987 年颁布的《有关限制（旅游经营商的）协议与经营行为的法令》

当反限制性商业行为法院最终于 1984 年公布其对英国旅游代理商协会经营规定与规则的调查结果时，公平交易局的局长指示反垄断与兼并委员会调查英国旅游代理商协会成员之间签署的那些代理协议。这些协议包括这样一些条款，即禁止旅游代理商以折价和奖励（如提供前往机场的免费出租车）的方式对包价旅游进行促销。1986 年，该委员会的报告称，这类协议侵犯了公众的利益。1987 年，政府制定了《有关限制（旅游经营商的）协议与经营的法令》，规定在将来的代理协议中加入此类限制性条款属于违法行为。该法令还要求旅游经营商取消现有的协议。

（十一）1987 年颁布的《消费者权益保护法》

《消费者权益保护法》规定，如果商品的缺陷导致了人身伤害——无论受害人是不是该商品的购买者，也无论这一缺陷是否为厂家所知，厂家都必须对由此而造成的一切损失负责。任何在商品上贴有自己名字的人，都必须担负连带责任。厂家必须遵守一般性的安全规定，并且地方主管交易标准的官员有权：

1.制定安全条例。

2.处以罚金。

3.发布暂停营业或禁止营业的通告。

4.提出警告。

如果供应商触犯了任何一条相关的规则，那么该供应商就必须对由此而造成的一切损失负责，除非它可以证明已经采取了一切合理的步骤，并尽一切努力去避免发生违法的行为。

《消费者权益保护法》同时规定，向消费者传递有关商品价格、服务、住宿或其他设施的虚假信息属于违法行为。例如，报价必须声明包含了附加税等。

《消费者权益保护法》似乎有可能在1994年扩大适用范围，规定音乐会、运动赛事等的入场券必须注明其价格，以根除倒卖现象。同时，《消费者权益保护法》还要求入场券必须说明该入场券的持有者是否可以看到全景等。包括此类入场券的包价旅游也许必须在其宣传册里提及入场券的费用。

（十二）1988年通过的《控制虚假广告条例》

根据《控制虚假广告条例》，下述行为违法：如果广告欺骗了或有可能欺骗其宣传对象或看到广告的人，那么印制虚假广告就属于违法行为；如果广告的欺骗性影响了其接受者的经济行为，或者如果广告侵犯了或有可能侵犯广告宣传方的竞争对手的利益，那么印制虚假广告就属于违法行为。违法行为通常由公平交易局的局长负责处理，但是电视广告或电台广告则由相应的管理机构来负责处理。

法律并非一成不变，记住这一点是非常重要的。现有的法律在不断地得到修正，而新的法律也在不断地产生以满足新的需要，所以企业必须随时做到确保自己的经营行为符合法律要求。英国旅游代理商协会于1993年在马略卡岛召开大会，讨论了《反不公正合同条款法》被修正的可能性，因为这是规范包价旅游取消预订的条款。也有可能通过一项有关资料保护的新法令，要求旅游经营商允许其客户了解他们的私人信息是如何被储存、使用和获取的。

（十三）欧共体/欧盟的法律

英国于1973年加入了欧洲经济共同体。从那以后各公司就必须既要遵守英国的法律也要遵守欧洲共同体(现在的欧盟)的相关法律。特别需要一提的是,欧共体制定的《包价旅行、包价度假和包价旅游管理条例》(以下简称为《欧共体包价旅游管理条例》)在 1992 年 12 月成为了一项在英国必须遵守的法律。

(十四)1992 年制定的《包价旅行、包价度假和包价旅游管理条例》

从 1993 年 1 月开始,《欧共体包价旅游管理条例》为在海外和英国国内经营旅游业务的企业提供了重要的法律框架。从许多方面来说,这些条例仅仅是整合了现有的法律与行业行为准则。然而,尽管在这些条例成为正式法律之前有过很长一段时间的磋商,但是在成为法律之后仍然存在着一些最基本的问题,并且直到 1993 年年底,人们也还是对于如何准确地解释条例中的部分条款持怀疑态度,而这有待于法庭来确定。

这项新的法律在其前言中对诸如"宣传册"和"包价旅游"等行业术语下了定义。从总体上看,这些定义沿用了英国旅游代理商协会长期以来所下的定义。或许最重要的并且最难解释的就是"包价旅游"一词的定义了。该定义决定着这一新法律的适用范围。根据《欧共体包价旅游管理条例》,包价旅游的意思是:

以包括各项费用在内的总价格售出或推出事先安排好的、至少包括以下两项内容的旅游活动,而且所提供的服务超过 24 小时或包含过夜住宿:

1. 交通

2. 住宿

3. 不附属于交通或住宿但却构成包价旅游重要组成部分的其他旅游服务,以及

(1)对包价旅游不同部分开出单独的发票将不会改变包价旅游的性质;

(2)根据消费者的要求及其具体的指示作出的安排(不管是否做了修 改)这一事实本身将不会改变包价旅游事先安排的特性。

根据英国贸易与工业部(DTI)的定义,旅游服务指的是诸如安排短途游览、组织打高尔夫球或垂钓、代购戏票、提供有导游的游览、提供包租游艇上的工作人员等,但是不包括教育服务、商务服务和会议服务等项目。

英国贸易与工业部强调,只有在被售出或被用于销售之后,包价旅游才会受到法律的约束。因此根据这一观点,人们聚在一起自行组织度假并且分摊

度假费用的情况是不在法律适用范围之内的,如果此类度假不涉及赚取利润并且组织者也是自愿行事的。从一般的意义上来讲,学校组织的实地旅行也不是出于销售目的,因此也不在法律适用的范围之内。

一些销售特殊旅游项目的旅游代理商担心,根据该项条例的某些条款,新的定义有可能使自己成为旅游项目的组织者,因为根据该项条例的定义,组织者是指“定期组织包价旅游并旨在将其出售的个人,不管他是直接还是通过零售商出售包价旅游”。英国贸易与工业部认为,包价旅游关键的因素在于:(1)是否是以包括各项费用在内的价格售出的;(2)是否是预先安排好的。如果一位顾客在旅游代理商那里购买了一张机票,第二天又回来预订住宿设施,那么这并不算是一种包价旅游,除非这样做是为了分别开发票以拆散包价旅游。如果顾客要求旅游代理商预订的是指定的饭店和航班并且同时付款,那么英国贸易与工业部认为这也不属于包价旅游,因为不是旅游代理商作为组织者事先安排好的。

法律不适用于那些偶尔安排包价旅游的组织者。对此,一些人是持保留态度的。选择“偶尔”一词的目的大概是为了使诸如各学校每年组织的地理课研修旅行等活动免受法律的约束。但是也有些人争辩说,不应该使此类旅行活动免受法律的约束,因为:

1.消费者未必知道组织者只是偶尔地组织旅行因而可以不受该项条例的约束;

2.组织者安排旅行的次数越少,出现问题的可能性就越大。

为了使问题简化,英国贸易与工业部列出了一系列问题,让那些无法确定自己是否在出售该项条例所定义的包价旅游的人可以自己回答:

1.你所提供的服务是否包括过夜住宿或者时间是否超过了24小时?

如果回答“不是”,那就不是包价旅游。

如果回答“是”,那么请接着回答第2个问题。

2.你所提供的服务是否包括除交通和住宿以外的服务项目?

如果回答“不是”,那么请回答第5个问题。

如果回答“是”,那么请回答第3个问题。

3.你所提供的服务是旅游服务吗?

如果回答“不是”,那么请回答第5个问题。

如果回答“是”,那么请回答第4个问题。

4.这些服务非常重要吗?(一项服务是否重要,主要看其是否是消费者选

择包价旅游的主要动机)

不管回答“不是”还是“是”,都请回答第5个问题。

5. 你所提供的服务包括住宿吗?(例如饭店、家庭旅馆、自炊式公寓、固定帐篷、活动住房、内陆水道上的船只、游轮上的客舱等)

不管回答“不是”还是“是”,都请回答第6个问题。

6. 你所提供的服务包括交通吗?(比如飞机、火车、长途巴士、轮渡、游轮等)

不管回答“不是”还是“是”,都请回答第7个问题。

7. 如果你在回答第4个问题、第5个问题或第6个问题时仅对其中一个问题选择了“是”,那么根据新的条例,你所提供的就不太可能是包价旅游。如果这3个问题中的两个或全部你都回答“是”,那么请回答第8个问题。

8. 你所出售的是预先安排好的旅游吗?(在签订合同之前就已经安排好的旅游)

如果回答“不是”,那你提供的就不是包价旅游。

如果回答“是”,那么请回答第9个问题。

9. 是以包括各项费用在内的价格出售或准备出售的吗?(出示单独的发票并不影响某一项旅游活动被看作是全包价格的销售)

如果回答“不是”,那你所提供的可能不是包价旅游。

如果回答“是”,那么你所提供的可能是该项条例所规范的包价旅游。

尽管有着这些力图使问题变得明朗化的尝试,但是仍然存在着一些疑问。例如,“仅售机票”的包价旅游就是难以确定的。通常这类销售从技术角度来说,在目的地国是违法的,因为目的地国希望保护本国航空公司免受竞争的威胁。为了解决这一问题,旅游经营商常常会为仅需要机票的顾客提供一份最低限度住宿凭证,标明所要入住的饭店或青年旅馆,但是顾客根本不用真的去入住。这类包价旅游如果真的只是提供机票(即仅提供交通安排),那么就并不符合新的管理条例有关包价的定义,因此也不会受到新的管理条例的保护。但是如果入住是属实的话,就又不符合有关宣传册内容描述的规定。

英国旅游代理商协会曾在1993年为参加帕尔马年会的与会代表安排旅行事宜,为此被指控违反了新的管理条例。这使上述问题变得非常突出。据《旅游周刊》报道,英国旅游代理商协会以优惠价格(只有参加会议的代表才可以预订)为与会代表提供了包价,其中包括航空、住宿、汽车租赁、铁路旅行以及其他的旅游接待服务。但是,英国旅游代理商协会反驳了这一说法,声称所售出的航空服务与教育服务并不构成包价旅游,而且与会代表直接支付了其住宿费用。

(十五)《欧共体包价旅游管理条例》适用的范围

1.带有误导性质的商品说明

《欧共体包价旅游管理条例》对1968年颁布的《商品说明法》和1987年颁布的《消费者权益保护法》的条款作出了补充。该条例规定,包价旅游的经营商在向消费者说明包价旅游、包价旅游价格以及与销售合同相关的条件时,不得提供带有误导性的信息。旅游经营商如果违规的话,必须赔偿消费者所蒙受的全部损失,其中包括由此造成的精神损失。与《商品说明法》不同的是,《欧共体包价旅游管理条例》不再要求消费者在进行诉讼的过程中必须证明旅游经营商是蓄意还是无意地提供了误导性信息。

2.有关旅游宣传册内容的规定

旅游组织者必须明确无误、准确易懂地将有关价格及以下内容的信息列入旅游宣传册之中:

(1) 旅游目的地以及所使用的交通的方式、特点和等级。

(2) 住宿设施的类型、地理位置、等级或舒适程度及其主要特色。如果是在欧盟成员国国内,根据该国有关规定是否获准接待游客以及接待等级。

(3) 包括在包价旅游费用之中的膳食。

(4) 旅游线路。

(5) 有关英国公民需要办理的护照和签证方面的信息,以及赴境外旅行和停留所需要办理的有关卫生检疫方面的信息。

(6) 需要预先支付的金额或总费用的百分比,以及支付其时间表上的剩余部分。

(7) 是否规定了包价旅游成行的最低人数。如果有此规定并且需要取消该次旅游,应该通知消费者的最晚期限。

(8) 如果在出入境时因故出现了延误,所应该作出的相应安排。

(9) 有关确保旅游者所支付费用的安全,以及如果出现破产情况确保安排旅游者归国的安排。

旅游宣传册中的细节通常被视为是默示保证(implied warranties)(在苏格兰被称为默示条款),除非明确地说明在签署有关协议之前不应该被视为默示保证。

3.其他信息

在签署旅游合同之前,旅游经营商需要提供有关护照和签证要求(仅适用于英国公民)和办理卫生检疫方面的信息。旅游经营商还需要说明,将如何确保客户所交旅游费用的安全,以及在必要情况下以何种方式将旅游者送回国等。在出发之前,旅游经营商还必须详细地说明旅游的路线、所提供的住宿情况,并向旅游者提供当地的联系人和联系电话,以应对突发情况。如果旅游经营商与客户所签合同并没有要求客户必须购买保险的话,那么旅游经营商必须提供相关保险的详细信息,尤其是有关取消度假、海外生病以及可能需要遣送回国方面的保险。

4.旅游合同

《欧共体包价旅游管理条例》规定,所有的消费者都应该获得一份书面的旅游合同,其中必须包括以下内容:

● (各)旅游目的地以及途中停留的日期和时间(如果涉及停留的时间的话)。

● 交通运输的方式、特点和等级,出发和返回的日期、具体时间和地点(贸易与工业部认为无需详细地说明所使用的飞机或汽车的型号)。

● 如果包价旅游包括住宿的话,那么必须说明住宿设施的地理位置、星级标准(如果是必须参加评定的话)或舒适程度、主要的特点等。如果住宿设施位于某一欧盟成员国国内的话,必须说明是否符合该国的有关规定。如果是优惠价类型的包价旅游,则不需要告知旅游者将具体入住哪一家饭店,但是必须告诉他们所要入住饭店的大概地理位置及舒适程度。

● 包括在包价旅游费用之中的膳食。

● 是否规定了包价旅游成行的最低人数。如果有此规定并且需要取消该次旅游,应该通知消费者的最晚期限。

● 旅游线路。

● 包括在总价格以内并经双方达成一致意向的游览、短途旅行和其他服务。

● 旅游经营商、旅游代理商和承保人(如果适用的话)的姓名或名称及地址。

● 包价旅游的价格、有关价格可能变动的说明(如果根据《欧共体包价旅游管理条例》的其他条款需要调整价格的话),以及有关交纳那些没有包括在总价之内的税费的说明。(例如在出入海港和空港时所需要交纳的登陆费、进出港口费、机场费和旅游税等)

● 旅游费用的支付方式及支付期限。

● 消费者在预订时向旅游经营商或旅游代理商提出的,并得到他们认可的特殊要求。

● 消费者对于旅游经营商未能履行合同或未能充分履行合同进行投诉的有效期限。

由于15%的包价旅游都是通过电话进行预订的,因此英国贸易与工业部认为,只要旅游经营商(或旅游代理商)确保每位客人手里都有一本旅游宣传册并认真阅读了其中合同的详细条款,那么旅游经营商们就可以按照《欧共体包价旅游管理条例》履行其义务了。

5.旅游预订的转让

《欧共体包价旅游管理条例》规定,每份旅游合同都具有这样的默示条款:如果消费者因故不能参加旅游的话,他们可以将其预订转让给符合旅游条件的其他个人,但前提是他们在合理的时间内告知旅游经营商这一事实。英国贸易与工业部指出,仅仅把“改变主意”作为转让预订的理由是不充分的。原始预订者必须是因为某种不可抗拒的因素而不能参加旅游的,如疾病、亲属死亡、参加陪审团或者是雇主的要求等。旅游经营商还可以在合同中规定,假如原始预订者取消预订的话,该次旅游的名额将被转让给位于等候名单中的第一个人,而不是转让给原始预订者所选定的个人。如果预订被转让给其他的个人,那么新的消费者和原始消费者都将有义务共同或分别支付所有的未付款项(例如,倘若新的消费者没有支付费用,那么原始消费者有义务支付所有的未付款项)。

6.价格调整

《欧共体包价旅游管理条例》规定,合同条款既应该允许价格的上调,同时也应该允许价格的下调。合同条款必须说明新价格的计算方法。价格只有在以下情况下才可以进行调整：

- 交通运输费用的变化，其中包括油价的涨跌。
- 诸如机场税等所有应交税费的变动（英国贸易与工业部认为，诸如增值税等普通税率的变化也应该包括在内）。
- 影响特定包价旅游费用的外汇兑换率的上下波动等。

价格调整不得在旅游出发日期前的 30 天之内作出，并且合同中必须注明宣布调整价格的最迟日期。低于 2%的价格上调不得转嫁给消费者。如果上调幅度较大，旅游经营商必须承担最初 2 %的上调费用。《欧共体包价旅游管理条例》还规定，如果旅游合同中包括价格在内某一重要条款有所改变的话，消费者有权在不支付违约金的前提下取消旅游预订。然而，该条例并没有明确界定什么是旅游合同中的重要条款。旅游经营商必须尽快地告知消费者有关基本条款重大变动的详细情况，以便消费者能够决定是否取消旅游预订。然而，该条例同样也没有明确界定"尽快地"的含义。

7. 如果旅游经营商变动预订或取消包价旅游，消费者有权退出合同

如果旅游经营商对合同的主要条款作出重大的改动，那么消费者有权：

(1)在有可能的条件下要求更换为同等或服务档次更高的包价旅游；

(2)在有可能的条件下要求更换为服务档次较低的包价旅游，并退还合同金额与实际花费的差额部分；

(3)要求全额退款。

旅游经营商必须为取消出游并向消费者作出赔偿，除非旅游合同事先规定，只有在旅游者达到一定人数的情况下旅游团才能成行，或者取消旅游是由于出现旅游经营商无法控制的不可预见的意外情况而造成的。超额预订被明确地排除在不可预见的情况之外。

8. 出现旅游经营商未能提供相当部分的服务的情况

如果旅游经营商未能提供合同中所规定的相当部分的服务项目的话，它必须作出相应的替换安排，并且不得再向消费者收取额外的费用，此外它还需要向消费者补偿合同金额与实际费用之间的差额部分。在确定补偿金额时，旅游经营商不仅要考虑经济方面的损失，通常还应该考虑到消费者所蒙受的

失望感以及由此给他们带来的不便。如果不能提供消费者可以接受的替代性安排的话,旅游经营商必须将他/她送回到出发地点或双方都能接受的其他地点。

9.认真地履行旅游合同的责任

《欧共体包价旅游管理条例》最重要的部分之一,就是有关旅游经营商履行旅游合同的责任的条款。旅游经营极度地依靠众多旅游合同之外的第三方来履行合同。在通常情况下,旅游经营商需要依靠那些并非归其拥有的航空公司、饭店和巴士公司的员工来确保圆满地履行旅游合同的大部分内容。以前,旅游经营商可以将旅行中出现的问题推卸到诸如饭店等其他旅游供应商身上。但是《欧共体包价旅游管理条例》规定,旅游经营商可能需要承担恰当地履行旅游合同所规定的责任,无论这些责任实际上是由旅游经营商自己还是由其他旅游服务供应商承诺的。如果因为其他旅游服务供应商未能履行合同而被强制赔偿消费者的损失,旅游经营商应该自行决定是否针对违约的服务供应商采取必要措施。旅游供应商也必须赔偿因其违约而使消费者所蒙受的损失,除非它能证明消费者所蒙受的损失是由第三方,而不是由自己或与自己相关的其他服务供应商所造成的。例如,如果一位游客在度假期间自行向一家自行车租赁公司租借了一辆轻便摩托车,并在驾驶时遭遇事故,旅游经营商是不可能为此承担责任的。旅游合同中通常都有着诸如"非同寻常和不可预见的意外情况"等可以让人钻空子并可以作为抗辩理由的条款。这类意外情况有可能包括:

- 空中交通管制造成的旅游行程的延误;
- 无法预见的恶劣天气所造成的旅游行程的延误或临时改变;
- 旅游经营商无法控制的劳资纠纷所造成的旅游行程的中断等。

旅游经营商可以根据国际公约(如限定航空责任的《华沙公约》和限定航海责任的《雅典公约》)将责任的范围以书面形式写入旅游合同之中,并以此为依据来赔偿旅游者的损失。至于非人身伤害的损失,旅游经营商也可以以书面形式规定应支付的赔偿金的限额。

10.破产风险担保

消费者一直最为关注的问题之一,就是一旦旅游经营商停业,他们的预付金是否安全。这个问题也因为大肆宣扬的破产案件而变得十分突出。新的条例旨在更全面地保护消费者的利益，因为过去为消费者提供的保护不足以涵盖各种情况——这一点早在1992年就在总部设在巴斯的巴士旅游经营商兰德旅游公司的破产案中有所体现。新的条例明确无误地规定：

旅游合同的另一方（通常是指旅游经营商）应该能够随时提供出充分的证据来表明，如果自己破产仍能够保证全额退还消费者的已付金额并安排消费者返回出发地。

然而值得注意的是，新的条例并没有明确地给出"充分证据"的定义。

《欧共体包价旅游管理条例》接着又描述了3种可以得到认可的保护消费者预付金的方式：

- 保证金
- 托管账户
- 保险

这3种方式我们将会在后面详细地加以解释。

《欧共体包价旅游管理条例》的其余部分涉及新条例的执行，而这是当地行业标准督察官员的责任。然而，这部分内容很快就因为其模糊性而招致人们的批评。一些人尤其感到担心的是，那些出售交通运输服务和住宿服务的零售商们会被重新看作是旅游经营商，而这意味着需要根据要求担负高额的担保金。1993年5月，一家总部设在牛津的小公司——SFV假日公司——停止了营业，而有关人士发现该公司没有用于退还消费者预付款的保证金。尽管SFV假日公司出售专门安排的轮渡和在法国的自助式度假业务，但是贸易与工业部却认为从技术角度来看该公司还不能算是一个旅游经营商，因为该公司把搭乘轮渡的选择权交给了顾客。独立旅游经营商协会的一位女发言人指出，如果这样的话，那么独立旅游经营商协会的许多成员都将有资格不必遵守有关担保保证金的规定。

新的管理条例最为重要的特征如下：

(1)新的管理条例使旅游经营商难以把旅游过程中出现问题的责任推卸给其旅游供给商，从而扩大了旅游经营商的责任范围。

(2)新的管理条例使那些以前英国旅游代理商协会所要求的良好经营行为具有了法律强制性。

(3)新的管理条例使旅游保证金制度的范围扩展到所有提供包价旅游服务的旅游经营商，从而改变了旅游度假保证金的基本准则。

(4)新的管理条例的实施削弱了英国旅游代理商协会的重要性，并且有可能使这个重要的旅游行业协会产生一些变化。

(5)新的管理条例使原先英国旅游代理商协会有关旅游宣传册的要求具有了法律约束力。

(6)新的管理条例以法律形式强制旅游代理商向顾客提供有关签证、保险等方面的额外信息。

(十六)《欧共体包价旅游管理条例》实施的直接影响

1993 年,旅游业开始进行调整以适应由于这一新条例的实施而改变了的情况。然而,在过了很长一段时间之后,新的保证金要求才适用于没有航空运输经营执照的业务。英国旅游代理商协会的前景在 1993 年也不是十分明朗。对于新的管理条例的不同解释也造成了混乱,例如贸易委员会主席迈克尔·赫塞尔廷就说 SFV 假日公司的业务并不符合包价旅游的定义,因此也就不需要履行有关保证金的要求。地区食品与行业标准协调局管理着 129 个负责执行新条例的英国行业标准部门。该协调局规定,旅游经营商不得强迫旅游者签订涵盖公司破产情况的保险合同,不得借此逃避保护消费者权益的责任。但是贸易与工业部作出了与其规定相矛盾的解释,从而导致了更多的混乱。

然而,这些变化确实产生了一些直接的影响:

(1)包括汤姆逊、航空旅游和阳光世界在内的几个大型旅游经营商达成协议,由旅游集团(即现在的环球旅游集团) 负责零售其产品。旅游集团并不是英国旅游代理商协会的成员。该集团仅拥有 5 家零售店和 28 个电话销售网点,但是计划快速扩张。

(2)穿梭假日公司成为第一个不属于英国旅游代理商协会但却通过包括兰·波利连锁旅行社在内的英国旅游代理商协会所属的旅游代理商来零售其产品的大型旅游经营商。穿梭假日公司顾客的预付款被存入托管账户,以保护顾客的利益。

(3)律师事务所公告说明旅游宣传册的核查服务,以确保相关公司能履行法律规定。

(4)保险公司开始提供新的保证金保险业务以适合中小型旅游经营商的需求。

(5)一些小型的旅游产品制作商和经营商,尤其是饭店经营商,决定放弃其旅游经营项目,因为他们不希望为此而必须满足有关缴纳复杂的保证金的要求。

七、旅游保证金制度

英国旅游代理商协会把旅游保证金定义为“由第三方提供的不可撤销的保障。如果保证金所涉及的旅游经营商发生了财务危机，那么该保障是可以实施的”。旅游保证金制度的设立可以发挥以下的保障作用：

1.如果旅游经营商在消费者的旅游已经成行时终止了其经营业务，消费者可以按照原定计划继续其旅游。

2.如果旅游经营商在消费者的旅游已经成行时终止了其经营业务，消费者可以立刻或者在结束其旅游之后返回英国。

3.如果旅游经营商在消费者已经支付了旅游费用但尚未成行时终止了其经营业务，消费者可以得到退款。

4.如果旅游经营商在消费者已经支付了旅游费用但尚未成行时终止了其经营业务，可以为消费者安排替代性的旅游活动。

英国旅游代理商协会通常认为，其每位成员应该能够自行准备旅游保证金（即应该提供足够的保证金以应对可能出现的最糟糕的情况）。但是为了增强消费者的信心，英国旅游代理商协会同时也作出一些安排以应对个别旅游经营商保证金不足的情况。图10－1显示了为包价旅游提供三道防线的保证金制度。

	航空旅行经营执照类业务法定的	非航空旅行经营执照类业务法定的
第一道防线（每位成员自行提供保证金）	民用航空管理局的保证金 为持有航空旅行经营执照的经营商提供的单独保证金	英国旅游代理商协会保证 所有经营非航空旅行经营执照类业务的协会成员向协会提供的单独保证金
第二道防线（共同基金或者保险方案）	航空旅行信托基金 由所有持有航空运输许可的经营商捐献而来	英国旅行代理商协会的保险方案 由相关协会成员提供的保险费
第三道防线（共同基金）		英国旅游代理商协会旅游经营商基金 由属于该协会的旅游经营商捐献而来

图10－1　1994年对英国旅游代理商协会成员提出的保证要求

资料来源：英国旅游代理商协会

(一)航空旅行经营执照类业务

航空旅行经营执照类业务是指所有那些包括航空运输服务的旅游业务，而经营此类旅游业务必须持有航空旅行经营执照。非航空旅行经营执照类业务是指那些不包括航空运输服务的旅游业务，因此不需要持有航空旅行经营执照。一些旅游经营商同时从事航空旅行经营执照类业务和非航空旅行经营执照类业务。

(二)保证金制度：背景

1993年《欧共体包价旅游管理条例》的出台促使旅游业内人士开始深刻地反思旅游保证金制度。但是保证金制度并不是什么新生事物。在节日旅游公司和奥马尔·凯亚姆旅行公司分别于1964年和1965年倒闭之后，英国旅游代理商协会用其会员捐献资金的50%设立了一个共同基金。该项基金可以用来赔偿旅游者由于旅游经营商倒闭而蒙受的损失。英国旅游代理商协会原以为政府将会开始规定哪些公司可以成为旅游经营商。然而，由于政府并没有参与此事，因此英国旅游代理商协会就建立了旅游经营稳定机制，以确保共同基金只能用于赔偿那些通过其所属的旅游代理商向其旅游经营商预订旅游度假的消费者。

很多旅游代理商都反对这种强制性为基金捐资的做法，因为这实际上是在为旅游经营商提供保险。同时，共同基金本身显然也不足以应付一家大型旅游经营商的倒闭。在1970年，旅游经营商研究学会设立了一项新的信托基金，其所属的成员必须将年营业额的5%投入到这一基金之中，用于赔偿因其他旅游经营商倒闭而蒙受损失的消费者。尽管如此，克拉克森旅游公司于1974年在旅游旺季期间的倒闭事件表明，即使是这样程度的保险也还是不够的，政府不得不站出来提供帮助。在1975年～1977年期间，《航空旅行准备金法》允许政府向旅游经营商征收相当于其营业额2%的税款来弥补信托基金的不足。1972年的《民用航空法》针对使用包机的全包价旅游出台了一项许可证制度，希望借此把不合格的旅游经营商清理出市场。从此以后，所有希望经营这种包价旅游的经营商都必须向民用航空管理局申请航空旅行经营执照。

八、民用航空管理局与涵盖航空运输服务的旅游保证金制度

(一)航空旅行经营执照

为了保护公众的利益,所有经营包机旅游和包机机票业务的经营商都需要从民用航空管理局那里申请获得航空旅行经营执照。从 1992 年开始,使用定期航班经营包价旅游业务的经营商也需要持有航空旅行经营执照。这一变化对经营长线业务的旅游经营商产生了巨大的影响。

持有航空旅行经营执照的经营商需要在他们的宣传册、宣传单及广告上展示其经营许可证号,以便于人们确认。1994 年,在英国共有 890 家旅游经营商持有航空旅行经营执照,尽管大多数航班机票是由 30 家最大的旅游经营商提供的。表 10－3 对获得民用航空管理局经营许可证的 10 家最大旅游集团和经营商 1994 年 5 月的经营能力与其 1993 年 5 月的经营能力加以对比。

向民用航空管理局申请航空旅行经营执照的旅游经营商必须交纳 150 英镑的申请费。如果申请成功,还必须另外交纳 375 英镑,并且每次单向旅程再缴纳 4.2 便士。

航空旅行经营执照制度从 3 个方面保障了公众的权益。

1965 年	建立共同基金用来赔偿由于旅游经营商的倒闭而蒙受损失的消费者。承包商稳定机制——共同基金的保护范围仅限于那些通过英国旅游代理商协会所属的代理商进行经营业务的该协会的经营商的消费者。
1970 年	旅游经营商研究学会建立了新的信托基金来支付由于旅游经营商的倒闭而蒙受损失的消费者。
1972 年	航空旅行经营执照制度的推出。
1974 年	克拉克森公司的倒闭迫使政府为信托基金提供足够的资金。
1975－77 年	政府对旅游经营商征税以补偿投入到信托基金中去的资金。
1982 年	英国旅游代理商协会将其保证金制度的范围扩大到那些不提供航空服务业务的旅游经营商。
1993 年	《欧共体包价旅游管理条例》使有关人士对旅游保证金制度进行了彻底的反思。

图 10－2 制定保证金制度以保护旅游经营商的客户的权益

1.财务检查

民用航空管理局每年都必须检查持有航空旅行经营执照的法人是否适合持有该执照,以及其公司的财务状况是否良好,比如说这些公司的资产负债表是否表明其有充足的资产和足够的可靠资金来满足将来现金流量方面的需求。这些要求对小型旅游经营商来说是非常繁重的,尤其是因为民用航空管理局通常会低估主要是依靠消费者预付款的现金流量和在很短时间内很难兑现的固定资产(如房屋和财产等)。航空旅行经营执照通常在3月或者9月发放,有效期为12个月。

表10-3　1993年～1994年期间,获得航空旅行经营执照的十大旅游集团和旅游经营商

获得执照的旅游集团和旅游经营商	座位 1994年5月	百分比	座位 1993年5月	百分比
1.汤姆逊集团				
汤姆逊旅游经营公司	371 500		3 224 000	
波特兰假日公司	70 000		250 000	
航联国际公司	16 150		13 500	
兰波利旅游公司	0		无法获得	
汤姆逊集团总计	3 801 150	22	3 487 500	24
2.航空旅游集团	2 437 627	14	1 692 253	12
3.海外业主旅游集团				
海外业主假日公司	1 625 000		1 534 500	
海外业主旅游公司	300 000		299 500	
奥林匹克假日公司	116 500		105 250	
海外业主航空公司	0		0	
海外业主旅游集团总计	2 041 500	12	1 939 250	13
4.寰宇旅游集团				
阿芙罗旅游公司	1 269 200		655 500	

续表

获得执照的旅游集团和旅游经营商	座位 1994年5月	百分比	座位 1993年5月	百分比
寰宇航空公司	490 000		380 000	
寰宇巴士公司	42 000		43 000	
人马旅游公司	3 550		2 000	
索尔航空旅游公司	0		0	
第一航空公司	0		无法获得	
寰宇集团公司总计	1 804 750	11	1 080 700	7
5.依博罗旅游公司	633 180	4	400 000	3
6.优你捷旅游公司	529 250	3	395 500	3
7.最佳旅游公司	347 500	2	350 000	2
8.阳光国际集团				
克利斯塔假日公司	134 500		105 775	
巴黎旅行社	85 000		80 000	
瑞士旅行社	40 500		31 250	
阿姆斯特丹旅行社	22 000		18 250	
比利时旅行社	3 000		3 375	
伦敦旅行社	1 000		无法获得	
桥梁旅行社	2 800		无法获得	
阳光国际集团总计	288 800	2	238 650	2
9.维尔京假日公司	190 300	1	158 758	1
10.库奥尼旅游公司	180 964	1	175 320	1
上述十大集团获得航空座位的总数	12 225 021	72	9 917 931	68
航空旅行经营执照持有者所获得的全部航空座位	17 136 366	100	14 544 721	100

这就是今年越来越多的消费者要求你出示航空旅行经营执照号的原因

全国报刊宣传活动于2月10日起开始

2月10日星期四标志着有关民航管理局航空旅行经营执照计划的全国性报刊宣传活动的开始。将会有75%的成年人了解到这一宣传活动。该项宣传活动会提示那些打算去海外度假的人询问两个至关重要的问题:这一旅行需要航空旅行经营执照吗?如果需要,那么旅游经营商的航空旅行经营执照号是多少呢?

持有航空旅行经营执照是一项法律要求

根据相关的法律要求,所有提供包机业务、包括使用包机的包价旅游以及几乎所有使用定期航班和许多使用定期航班打折机票的包价旅游的旅游经营商都必须持有航空旅行经营执照。正是航空旅行经营执照计划为消费者提供了获得全部经济赔偿的保障。

所有获得航空旅行经营执照的旅游经营商都必须在其广告和文字宣传材料中显示其航空旅行经营执照号。

旅游代理商与航空旅行经营执照

为了确保消费者受到航空旅行经营执照计划的保护,旅游代理商必须交给消费者一份航空旅行经营执照持有者的预订确认书,这就是经济赔偿的保障。

如何获得更多的信息

写信请寄到:民航管理局航空运输许可证处伦敦金斯威大街45-59号民航大厦 WC2B 6TE

或给我们打电话:071-832 6600

图10-3　民航管理局有关航空旅行经营执照及其标志的广告

这些年度检查是无法预防问题出现的。所有的执照在同一时间到期并需要更新这一事实,意味着在办理执照更新手续时往往会出现耽搁,而耽搁有可能会给旅游经营商带来麻烦,尤其是如果新闻界注意到这一耽搁的话。更新执照通常有6个月的宽限期,但是旅游经营商在没有更新执照的情况下继续经营却又是违法的。

2.保证金

旅游经营商在获得航空旅行经营执照之前,必须与一家银行或保险公司联系好保证金事宜,以便在旅游经营商破产的情况下消费者也能得到赔偿。保证金的数量必须根据公司业务额而定,一般应该占旅游经营商经营许可业务范围内交易额的10%。不属于英国旅游代理商协会成员的旅游经营商如果要想申请航空旅行经营执照,必须向民用航空管理局支付相当于其业务额15%的保证金。如果旅游经营商破产了,那么其保证金就会被交给民用航空管理局、英国旅游代理商协会或旅游经营商联合会,并由这些机构来安排已在海外旅游的旅游者继续度假并返回国内。这些机构也会将款项还给那些已付费但还没有开始旅游的消费者。

3.航空旅行信托基金

倘若保证金的数量不足以支付全部的索赔的话(这种情况最有可能发生在夏季,因为夏季预订和外出旅游的人数最多),民用航空管理局会从航空旅行信托基金(以前称为航空旅游准备金)中提取资金以弥补不足的部分。航空旅行信托基金为此目的投入了相当数量的资金。1990年此类准备金的金额达到了2 760万英镑,但是到了1993年中期,连续不断的支出使得该准备金的金额减少到了980万英镑(在1991年3月~1992年3月期间,航空旅行信托基金共动用了1 356万英镑来弥补各破产旅游经营商保证金的不足部分,并且在1992年3月~1993年3月期间还动用了598万英镑来扶持另外12家旅游经营商)。

持有航空旅行经营执照的旅游经营商在接到预订之后,并且在航班起飞前,必须寄送书面的预订确认书。书面的预订确认书必须包括:

- 航空旅行经营执照的持有者的名称和地址
- 航空旅行经营执照号
- 将提供服务的细节以及消费者需要支付的价格

直销经营商把这些带有细节的发票直接寄给消费者，但是大多数旅游经营商会将其寄给旅游代理商，由他们转寄给消费者。发票确认了旅游经营商和消费者之间存在着的合同关系。如果经营商违约，那么消费者可以凭该发票来提出索赔，所以该发票是非常重要的。持有航空旅行经营执照的旅游经营商也必须及时将其宣传册、宣传单和旅游价格的细节寄给民用航空管理局。

民用航空管理局可以限制航空旅行经营执照持有者提供的航班数量，也可以限制他们提供的航班的地理范围。这一限制并不妨碍持有航空旅行经营执照的旅游经营商在需要的时候申请增加航空运输能力，前提是他们必须按规定增加其保证金的数额。

1994 年发放的航空旅行经营执照的数量创了纪录。事实上这是因为使用定期航班服务安排包价旅游的各旅游经营商首次必须持有航空旅行经营执照。

(二)针对不使用航空服务的包价旅游的保证金

1982 年，英国旅游代理商协会将保证金的范围扩大到使用陆地交通的各类国内外包价旅游项目，前提是提供旅游度假项目的公司是该协会的成员。然而，大地旅游公司——一家不属于英国旅游代理商协会的巴士旅游公司——1992 年的破产突出了现有制度中的漏洞。

1993 年颁布的《欧共体包价旅游管理条例》旨在堵住这些漏洞。该管理条例规定，不管使用何种交通方式，所有的包价旅游经营商都必须保护消费者的预付款以防范倒闭所带来的风险。由于 1993 年成立一个新的旅行权益保护协会的尝试失败了——这一协会的设立旨在解决不使用航空服务的旅游经营商的保证金问题，因此英国旅游代理商协会一直扮演着相当于民用航空管理局的角色，为那些提供使用陆地交通的旅游项目的成员解决其保证金问题。(其中一些旅游经营商是由乘客运输协会或英国乘客运输联合会担保的。)在英国旅游代理商协会安排下，相关的旅游经营商也需要投保以进一步防范财政风险。最后，英国旅游代理商协会的旅游经营商基金发挥着与航空旅行信托基金一样的作用，它提供资金来弥补个别旅游经营商保证金不足的部分。

提供不涉及航空运输的包价旅游，并且不属于英国旅游代理商协会的旅游经营商需要购买保险以保障其顾客的预付款项或将其存入一个单独的信用账户。地方的行业标准执法官员应该负责监管这些安排。但是，一些小型旅游经营商却似乎能够设法逃避此类监管。

保证金的来源

大多数大型旅游经营商通过银行来提供保证金。在实施过程中,这意味着旅游经营商需要在银行开设一个专门的账户,并将其一定比例的年营业额作为保证金存入该账户。旅游经营商不能动用这笔钱,因为这笔钱是在他们终止业务的情况下用于支付其债务的。尽管旅游经营商可以从存入银行账户的这笔钱中获取利息收益,但是他们也必须向银行支付一笔管理费(也许是总额的1%)。

在同意提供保证金之前,保证金管理方可能会要求旅游经营商提供比获取经营许可更多的附加信息。保证金管理方可能只同意承担部分风险,这就意味着需要有多种来源以确保保证金的总额。保证金在旅游经营商每年经营许可的有效期内有效,到期后还必须保留半年到一年的时间,以确保旅游经营商还清所有的应付债务。但是由于经营执照和保证金的有效期是从第一年的3月到次年的3月,这样在安排秋季旅游时就会出现问题。因为秋季旅游产品是在去年10月安排的,也就是在保证金有效期内推出的。然而保证金的有效期只到次年的9月,因此次年10月的旅游产品就无法得到保护了。

(三)所提供的保证金的金额

《欧共体包价旅游管理条例》规定,保证金的金额必须相当于一家旅游经营商年业务额的25%,或者是相当于其在无法履行合同时所应该拥有的最大金额,以这两项中金额较低的一项为准。但是如果一家旅游经营商属于一个"得到认可的机构",而这一机构又拥有自己的准备金或保险,那么该机构应当在其成员企业因破产而无法完全履行旅游合同时赔偿其客户的损失,该旅游经营商自身只需要准备相当于其年营业额10%的保证金即可。根据这一情况,英国旅游代理商协会和独立旅游经营商协会属于拥有足够保证金并且"得到认可的机构",从而可以使成员免于交纳相当于其营业额25%的高额保证金。

没有业绩的新旅游经营商可能需要准备相当于其计划营业额15%的保证金。如果一家旅游经营商大多数的项目是在短期内进行的,并且预付款很早就已支付了的话,它也许需要交纳高于15%的保证金(经营在校学生滑雪的旅游经营商一般就属于后者)。就现金而言,这意味着一家年营业额达到100万英镑的旅游经营商需要交纳10万～15万英镑的保证金。由于必须交纳现金而不能使用诸如房产等资产抵押，因此这对刚刚进入旅游行业的新旅游经营商来说是一个相当棘手的问题。

(四)保护消费者钱款的其他方法

《欧共体包价旅游管理条例》确定，旅游经营商可以采用另外两种方法来保护消费者的钱款。由于小型旅游经营商难以满足英国旅游代理商协会有关保证金的要求，所以对这两种方法更有兴趣。

1.信托账户

小型旅游经营商，其中包括一些提供短期度假旅游的连锁饭店，可以选择把消费者的钱款存放在专门开设的信托账户或托管账户之中，并存放到消费者完成其旅游为止。受托人被任命管理这些账户。最为理想的是，受托人应该独立于旅游经营商，尽管《欧共体包价旅游管理条例》并未有此规定。

这个体系的一个问题就是，小型旅游经营商可能需要获得顾客的押金及其余应付款，来预先支付饭店费用以确保客房预订。

2.保险

旅游经营商可以不设立保证金，而是向欧盟成员国中获得授权经营此类业务的保险公司购买保险。如果投保的旅游经营商破产的话，那么保险公司将负责赔偿消费者所有的损失。但是，小型旅游经营商发现越来越难以说服保险公司接受这类被视为高风险的业务。

(五)旅游经营商的保证金与代理商

在1993年的《欧共体包价旅游管理条例》出台之前，旅游代理商有时在确认度假之前就向消费者收取押金了。例如，当消费者提出住宿要求时，或者当等候度假的人很多时，或者在像圣诞节这样的黄金时期，当度假者希望提前进行预订时，或者是当消费者希望得到有限的免费儿童度假名额时，旅游代理商都有可能向消费者收取押金。但是贸易与工业部认为，在这种情况下消费者交付的钱款是无法得到保障的，因为当确认预订时，旅游代理商可能只是作为旅游经营商的代理商。如果旅游代理商也像旅游经营商那样提供保证金,才能够确保在这种情况下消费者钱款的安全。

1993年2月,英国旅游代理商协会宣布,那些从事旅游经营的代理商(从事旅游经营的意思可以是指票务和住宿的销售)需要评估其旅游经营方面的业务规模,然后像其他经营商那样为此类业务提供保证金。如果提供涉及航空运输的包价旅游,他们也需要向民用航空管理局申请航空旅行经营执照。

(六)旅游经营商停止经营的情况

如果一家提供保证金的旅游经营商倒闭了,那么这笔保证金的管理者必须向负责安排度假者回国并提供赔偿的受托人全额支付该项保证金。受托人通常是民用航空管理局,而民用航空管理局则委托英国旅游代理商协会和旅游经营商联合会代为管理这些保证金。这一安排非常有效,因为英国旅游代理商协会和旅游经营商联合会可以获得支持,从而迅速安排滞留的度假者回国。

英国旅游代理商协会规定,其成员应该准备提供多余的飞机座位来帮助那些破产成员运送游客回国。如果所安排的保证金不能提供足够的资金来偿还破产旅游经营商所有应偿债务,那么该协会的成员应该无偿地安排滞留游客回国。

有关学生旅游的保证金问题

在20世纪80年代,越来越多的公司从事学生团队旅游的业务,而学生们旅游的目的地往往是滑雪胜地。与普通的度假旅游相比,滑雪旅游一般需要更长的预订时间,这是因为:第一,学校的学生通常需要较长的时间来存钱以作旅游之用;第二,这类旅游的时间通常是在旺季,安排迟了就很难成行了。因此,旅游经营商需要收取押金,有时学生甚至在离预定的出发日期还有一年多的时候就需要支付部分费用了。更为重要的是,这是一个竞争非常激烈的市场。为了让学生们能够支付得起,价格已经削减到几乎无利可图的地步了。与此同时,还需要有足够的利润来为一位或者是更多带队老师提供免费的名额。

在20世纪90年代初期这种艰难的经营环境下,好几家从事学生旅游的经营商都倒闭了,而且如果其保证金不足的话,只有让英国旅游代理商协会来帮他们脱离困境了。在3年之内,从事学生旅游的经营商的倒闭耗费了英国旅游代理商协会1 200万英镑。这使得该协会自身面临着财政困难。随着1993年《欧共体包价旅游管理条例》的出台,旅游业作出了相应的调整。英国旅游代理商协会发函通知各学校,以后只能保证偿还在旅游成行前一年以内所支付的25英镑押金以及在10周以内支付的预付款。后来该协会不得不进一步解释说,这些限制只适用于使用陆地交通的旅游,而不适用于航空旅游,因为航空旅游仍然是由民用航空管理局提供保证金的。

一群从事学生旅游的经营商(旅行之路、滑雪伙伴、校园中心、海上阳光之路、STS和公平旅游等)随后开始向法院起诉,试图迫使英国旅行代理商协会继续执行旧的规定,并且赢得了这场官司。(此后,海上阳光之路宣告破产。)

九、代理法

尽管有些经营商直接向公众出售其产品,但是大多数经营商都是通过旅游代理商作为中介来销售其大部分产品的。如果他们决定这样做,他们就需要和旅游代理商签订代理协议。这些协议需要遵循《代理法》的基本原则。

代理人的定义是:拥有明示或默示权力,代表委托人(在这里是指旅游经营商),在委托人和第三方(在这里是指度假者)之间建立合同关系的任何个人(在这里是指旅游代理商)。任何有能力签订一项合同(见上文)的个人都可以指定一名代理商。就旅游经营商与旅游代理商之间的关系而言,旅游代理商的权限通常都是以书面的形式明确陈述的。

旅游代理商具有以下的义务:

- 运用恰当的技能和勤奋来完成任务
- 避免利益上的冲突
- 不得私下接受贿赂或者获取好处
- 不得将其权力委托给他人

作为回报,旅游代理商享有以下的权利:

- 从委托人处获取报酬(在这里是以销售佣金的形式获取)
- 如果由于旅游经营商的原因而蒙受损失的话,应该得到补偿
- 留置权(即有权持有旅游经营商的财产直到获得了补偿)

如果旅游代理商以个人的名义签订合同,并且没有表明是代表委托人的

话,那么他就有可能取代旅游经营商而承担责任。

中止一项代理协议的条件可以有以下几种:

- 双方同意
- 代理人放弃代理权
- 经营商取消代理权
- 经营商破产倒闭
- 代理商中止经营
- 代理是不合法(例如,由于贸易禁令的实施等)
- 在事先同意的期限结束的时候

1987 年的《限制协议和行为(旅游经营商)法》禁止旅游经营商在代理协议中设立条款来阻止代理商通过提供折扣或奖励的方式来促进销售包价旅游产品。

十、保险法

与大多数行业一样,旅游经营商需要购买保险来防范一般的商业风险,这些商业风险可能包括:

- 由于火灾或者是其他原因而造成的建筑物的毁坏
- 由于失窃而造成的物品和财产的损失
- 由于重要员工的死亡、伤残或疾病而导致的问题

此外,大多数旅游经营商都会投保以应付由于意外事故所导致的第三方索赔要求。旅游经营商尤其需要投保这种公共责任险,因为旅游业务的性质决定了他们必然要面对消费者出于各种原因对度假不满意而提出的索赔要求。1993 年的《欧共体包价旅游管理条例》扩大了旅游经营商的责任范围,即旅游经营商需要赔偿消费者的损失,即使这一损失并非是由于其直接责任造成的(例如,消费者所入住的饭店不符合经营商真心实意的描述等)。英国旅游代理商协会有关《旅游经营商行为准则》规定,旅游经营商必须投保足够的公众责任险以应付此类索赔要求,而独立旅游经营商协会现在则要求其成员至少投保 100 万英镑的公众责任险。

<u>前景如何?</u>

1994 年,旅游经营商都在关注有可能出台的欧盟有关保护远距离签订合同的消费者权益的法令。法令草案将“远距离销售”定义为所有买方与卖方没

有面对面接触的交易。这意味着不通过代理(主要是通过电话或者是邮件)预订度假的消费者可以在其度假结束之后再支付相关费用。一些评论家甚至认为一些传统的代理业务可能会受到影响。旅游经营商们争论道,这一法令成为法律所带来的不可避免的后果是:由于消费者无需提前支付款项,旅游经营商损失了相应的利息收益,无法确保平稳的现金周转,并且缺乏必要的费用来确保讨回未偿还的债务。旅游度假的价格必然会上升以弥补这些额外的成本。

该法令还预计为所有的远距离合同设定7天的"冷却期",即使不存在任何具体的问题,消费者也可以取消以信用卡方式进行的远距离交易。

英国旅游代理商协会认为,高达90%的度假旅游的销售会受这些计划的影响,虽然受到影响最大的可能是直销经营商和日益增多的电话销售代理商。国家遗产部正敦促相关部门把涉及旅游业的规定从法令草案中删除。

十一、旅游经营商行业协会

大多数旅游经营商都属于以下行业协会之一:

(一)英国旅游代理商协会

英国旅游代理商协会成立于1950年,并于1955年转变为股份有限公司,如今其属下既包括旅游代理商也包括旅游经营商。到1994年为止,共有746家旅游经营商成为英国旅游代理商协会的成员。作为一个行业协会来说非同寻常的是,英国旅游代理商协会在旅游事务方面还代表着消费者的利益。也许是由于英国旅游代理商协会在旅游企业破产时扮演着保护消费者权益的角色,因此有着非常高的社会知名度。事实上,于1993年进行的一项莫里民意测验显示,91%的公众熟悉英国旅游代理商协会的标志,从而使其成为英国最知名的标志之一。

英国旅游代理商协会在协会章程中所陈述的目标是:

- 促进和扩大协会全体成员的共同利益
- 无论是出于必要还是为了应急,都必须全力以赴,以提高协会成员的声誉和地位

英国旅游代理商协会将其商业角色定位于"在政府和欧共体层面上或在

一般商业活动方面施加影响，以创造一个有利于协会成员与同行业其他企业自由竞争，以及协会成员之间自由竞争的商业氛围”。英国旅游代理商协会：

1.反对任何损害协会成员利益的立法。

2.以统一的公众形象向媒体传递行业观点。

3.支持国家管理的旅游业青年培训计划的培训委员会。

图 10－4　英国旅游代理商协会的标志

英国旅游代理商协会不会在以下方面干涉每个协会成员的商业决策：

1.打折。

2.重新推出产品宣传册。

3.接待能力过剩。

4.直销。

5.旅游代理商的增加。

6.对协会成员加以比较并突出其中某一个成员的广告宣传。

7.英国旅游代理商协会下属的旅游经营商应该选择哪家属于同一协会的旅游代理商来经销其商品。

英国旅游代理商协会制定了一系列良好的行业行为准则，并针对违规行为制定了惩罚性措施。因此，成为英国旅游代理商协会的成员本身就意味着具有高标准的行业水准，所以英国旅游代理商协会也可以被视为是一个保障消费者权益的机构。

英国旅游代理商协会的成员分为旅游经营商和旅游代理商两大类。旅游经营商要想成为该协会成员，就必须满足旅游经营商理事会的如下要求：

1.在行业内以旅游经营商的身份经营业务。

2.发放促销资料来宣传其旅游产品。

3.公司的董事、合伙人或经理中没有任何人在过去或现在是一个尚未还清债务的破产者，未卷入任何无力清偿债务的公司，也没有任何与英国旅游代理商协会的成员身份不相符的行为。

一旦成为英国旅游代理商协会的成员，旅游经营商必须交纳会费，交纳保证金或采取其他措施以防范公司的破产，并且同意不以那些已经破产的原英国旅游代理商协会成员的名义进行经营。

旅游经营商还必须遵守英国旅游代理商协会的《旅游经营商行为准则》。这一准则最初于1960年2月推出，当时仅设有若干条有关良好行业行为的基本规定，但是随着旅游业的发展，其内容也随之丰富和完善起来。1972年，英国旅游代理商协会进行了重组，并将其成员划分为旅游经营商和旅游代理商两大类，同时要求旅游经营商理事会和代理商理事会制定新的行为准则。新的准则一旦得到批准并由全国理事会公布，将会对成员的行为具有约束力。在与公平交易局协商之后，新的准则于1975年进行了修订。在1976年《反限制性行业行为法》首次适用于服务行业之际，该准则又进行了第二次修订，并且在与公平交易局进一步协商之后，分别于1978年和1990年5月再次修订。虽然《旅游经营商行为准则》没有法律地位，但是违反该准则将会使经营商遭受谴责、惩罚或者被取消会员资格。

《旅游经营商行为准则》的序言部分规定其目标如下：

1. 确保公众享受旅游经营商提供的最佳服务。

2. 维护和提高协会及其成员的良好名誉和地位。

3. 鼓励首创精神和进取精神，坚信在适当管理下的旅游经营商之间的竞争性经营将会更好地满足公众利益和促进旅游业的健康发展。

4. 确保旅游经营商在考虑其竞争性经营标准时把公众利益放在首位。

5. 推动旅游业在实现上述目标的过程中发展。

序言部分还规定了如下的一般性原则：

1. 该准则旨在规范旅游经营商与公众之间、经营商与代理商之间以及经营商与经营商之间的行为。

2. 该准则承认并体现了《议会和政府管理法》的相关内容。《议会和政府管理法》涉及《商品说明法》、《民用航空法》和一些著名机构或协会的有关准则与规定。例如广告标准管理局、《广告行业委员会准则》、独立广播管理局、独立电视公司协会和独立电台承包商协会等。这些机构或准则规范着旅游经营商的广告宣传的标准与行为。

3. 该准则包括了规范旅游经营商行业水准和行为的一般性措施，从中体现出规范竞争性行业行为的必要性，特别是如果协会认为此类行为与公众利益相抵触的话。

4. 该准则包含了商业行为的相关定义和旅游经营商常用的术语。这些定义是为了明确无误地说明颁布准则的意图。

5. 该准则承认推动其行业水准和行业行为规范实施的必要性，并且包括一些要求旅游经营商按照旅游经营商理事会的规定遵守该准则的措施和程序。

该行为准则包括：

● 行业宣传册的最低标准

● 有关改变旅游度假线路、超额预订、取消预订和征收附加费等方面的程序

● 处理消费者投诉的程序

在20世纪90年代初期，英国旅游代理商协会和其他企业一样经历了财政危机。但是由于英国旅游代理商协会在大部分领域削减开支，因而其财务状况在1993年已经再次好转起来。

在20世纪90年代，英国旅游代理商协会所参与的活动如下：

● 培训——主要是通过英国旅游代理商协会全国在职培训委员会。

● 发展高新技术——1993年，英国旅游代理商协会公布了有关在全国范围内调查其成员使用高新科技情况的结果，旨在促进协会成员之间的相互理解。

● 公共关系——将旅游业作为一个整体向媒体进行宣传。

● 就所有有关旅游业的问题向英国议会、欧盟和欧洲议会进行游说。

● 通过以下渠道为成员提供信息：

——阿伯特尔，是一种可视数据服务，可以使成员了解到有关破产公司的信息、各项法律事宜、地区新闻和重大活动，以及外交和英联邦事务部近期内对旅游者提出的建议。

——《英国旅游代理商协会/ANTRO各国概况》，是一本用光纸印刷的书籍，详细地介绍世界各国的情况。

● 为成员提供法律建议。

在1993年，《欧共体包价旅游管理条例》使得英国旅游代理商协会制定的《旅游经营商行为准则》中的某些条款具有了法律的效力，然而同时通过的提供其他保护消费者预订的条款削弱了该行业协会在旅游业中的重要地位。

(二)旅游经营商理事会

英国旅游代理商协会的旅游经营商选举出20名代表组成了旅游经营商理事会。为了确定谁应该当选为该理事会的成员，属于旅游经营商的成员们

根据其营业额的规模被分为不同的小组。那些营业额超出 2 953.4 万英镑的旅游经营商被划分到高级组,而那些营业额低于 362.6 万英镑的经营商被划分到低级组。这些小组中的 17 名成员被任命为理事会的理事。其余的 3 位理事分别是由旅游经营商北爱尔兰区、旅游经营商苏格兰区以及旅游经营商英格兰北部和中部区任命。旅游经营商理事会负责任命该理事会的主席和副主席,以及指定 3 人在英国旅游代理商协会的管理机构——全国理事会——担任理事。

如果旅游经营商违反了相关的行为准则,其不端行为将首先由英国旅游代理商协会的秘书处来进行研究。如果秘书处认为证据基本属实,这一案例将会被提交旅游经营商理事会下设的行为准则委员会。有时,旅游经营商仅需要以书面形式陈述其案情,而另一些时候则必须有人亲自到场,并在法律代表的陪同下当场陈述其案情。可能给予的惩罚包括谴责、定额罚款或不定额罚款。如果违法行为非常严重且经营商有可能被吊销成员资格或被开除出英国旅游代理商协会,那么案件会被提交给旅游经营商理事会的全体会议。旅游经营商如果愿意,可以就旅游经营商理事会的裁决向一个独立的上诉委员会提出上诉。

(三)独立旅游经营商协会

独立旅游经营商协会

图 10-5 独立旅游经营商协会的标志

成立于 1976 年的独立旅游经营商协会旨在代表那些小型旅游经营商。随着考特莱恩旅游公司的倒闭,英国旅游代理商协会对于保证金金额的要求逐年上升,这使得小型旅游经营商们越来越处于困境之中。到 20 世纪 80 年代末期为止,独立旅游经营商协会一直都是默默无闻的。然而,随着大型旅游经营商力图扩大其市场份额,独立旅游经营商协会——特别是在桑维尔假日旅游公司(1990 年～1993 年)的主席诺埃尔·约瑟费德斯热情的带领下——也不甘示弱,开始大张旗鼓地宣传自己并且主动地采取行动。独立旅游经营商协会于 1990 年推出了自己的保证金方案。该方案由独立旅游经营商协会下属的信托基金有限责任公司负责,并根据《欧共体包价旅游管理条例》得到批准。在 1993 年,独立旅游经营商协会信托基金存有45家成员公司的保证金。截止到1994年，独立旅游经营商协会共有142个成员公司，其中最大一家公司的年接待量约为20万人次，但是大部分公司的接待规模都相当小。大约40%的成员公司是直销经营商。但是一项由英国旅游代理商协会和莫里公司于1993年进行的联合调查表明，只有6%的公众听说过独立旅游经营商协会，这与91%的公众都熟悉英国旅游代理商协会这一百分比相差甚远。

申请加入独立旅游经营商协会的旅游经营商必须符合下列标准：

(1)他们应该是真正的旅游经营商，主要从事包括交通和住宿在内的包价旅游产品的销售(从英国出发)。

(2)他们应该可以证明自身是独立于主流旅游经营商的。

(3)他们经营的业务中应该至少有50%是海外业务。

(4)他们应该至少从事旅游经营两年以上。

(5)他们的总部应该设在英国，并且他们所有的文字宣传材料/宣传册都应该是英文的。

(6)他们应该备有一份得体的、富有创意的宣传册，而不是一份加印的封面或是复印的宣传单(即他们需要备有一份高标准的宣传册)。

(7)他们应该符合独立旅游经营商协会成员的基本形象，即他们应该是小型专营公司，并且管理者亲自过问公司日常经营的每一个细节。

(8)他们应该参加完整的保证金计划以保护其客户钱款的安全(无论他们参加的是英国旅游代理商协会的、旅游经营商研究学会的、AITO信托基金的，还是民用航空运输管理局(民用航空旅行经营执照)的保证金计划。

(9)他们应该投保至少100万英镑的公共责任险。

(10)他们应当随时准备履行独立旅游经营商协会的“质量宣言”(见第96页)，并遵守有关的商业行为准则。

(11)他们的预订条件和经营方式应该符合《欧共体包价旅游管理条例》及其他相关法律法规的要求。

独立旅游经营商协会的目标如下：

(1)确保公众能够信心十足地预订到独立旅游经营商协会成员的假日旅游产品。

(2)通知成员当天发生的重要问题，并鼓励他们追求更高的标准和更加专业化的服务。

(3)促使成员和他们的顾客们了解环境问题并支持环保型旅游。

(4)协助成员更有效地向消费者推销他们的产品。

(5)确保小型专业旅游经营商的想法和问题能够得到理解,并且他们的顾客的权益能够得到保护。

如果消费者对其旅游度假感到不满意,独立旅游经营商协会设有低成本且独立的纠纷解决服务:只须花费 30 英镑,独立旅游经营商协会的调解人就可以与消费者和旅游经营商通过电话进行交谈,以期在和解的精神下作出仲裁。

作为拥有 150 万游客年接待量的 142 家公司的代表,独立旅游经营商协会以统一的声音发挥着重要的游说作用。反垄断与兼并委员会就汤姆逊旅游集团收购地平线公司一事咨询过独立旅游经营商协会,公平交易局就航空旅游集团提议收购海外业主旅游集团一事咨询过独立旅游经营商协会,贸易与工业部就《欧共体包价旅游管理条例》的贯彻落实事宜也咨询过独立旅游经营商协会。独立旅游经营商协会还发挥着很重要的公关作用,旨在强调小型旅游经营商对英国旅游业所起的至关重要的作用。

独立旅游经营商协会每年还印制假日旅游经营商名录,上面列出所有的成员的名称,并且还出版规模较小的滑雪公司名录。独立旅游经营商协会通过《观察家》报为最优秀的旅游宣传册设立了年度最佳奖。该协会还运用集体购买力来为其成员洽谈出最为有利的保险费用,以满足诸如为海外代表购买保险以及投保公共责任险等方面的需要。

1990 年,独立旅游经营商协会协助成立了绿色旗帜国际组织,该组织旨在就环境保护问题向各旅游经营商提出建议,并且与单独的公司合作开发可以实现环保型旅游的项目(请参阅第十一章)。

为了帮助其成员扩大消费者市场,独立旅游经营商协会于 1994 年 6 月成立了独立旅游经营商协会百佳俱乐部。这是一个由独立的旅游代理商组成的精英俱乐部,其成员首次获准展示 45 家专项旅游经营商的宣传册以及《真正假日旅游指南》。独立旅游经营商协会还与 400 个独立的旅游代理商(大部分是所有者自己经营的)建立了一系列的商业合作伙伴关系。这些独立的旅游代理商也可以展示《真正假日旅游指南》和独立旅游经营商协会的销售现场宣传材料。

(四)旅游经营商联合会/旅游经营商研究学会

旅游经营商联合会成立于 1967 年,并且作为旅游经营商研究学会,为那些最大的旅游经营商提供论坛以讨论共同关心的话题。旅游经营商联合会目前是由来自 17 家最大旅游经营商的代表组成的。这 17 家最大的旅游经营商经营着 80%的英国境外旅游业务。作为一个非商业性机构,旅游经营商联合会是一个自愿性质的协会,其成员只有受到邀请才可以加入。

从建立之初,旅游经营商联合会就是一个有影响的机构,它致力于改善旅游者的度假环境。例如,在 1970 年它就曾经负责成立了一项信托基金,英国旅游代理商协会的每位成员都要将其营业额的 5%作为保证金投入该项基金,以防范公司的突然倒闭。来自该机构的压力也迫使政府取消了禁止旅游经营商以低于正常的航班票价出售包价旅游项目的有关规定。在最近的 1992 年,由于大批的旅游经营商涌入塞浦路斯这一新兴的时尚旅游目的地,塞浦路斯旅游局提醒人们过度预订可能带来的风险。对此,旅游经营商研究学会劝说旅游经营商将其通过签订合同在塞浦路斯预订的床位数量从 50 万张削减到 45 万张。为了提升巴利阿里群岛的形象并重新将目标市场定位在富有的游客,该群岛的旅游局试图限制入住每间饭店客房的人数。旅游经营商研究学会对此也进行了游说,并成功地劝说巴利阿里群岛旅游局放弃了这一限制。旅游经营商研究学会还努力劝说科孚岛当局加大垃圾收集和污水处理的力度,以及限制出售那些曾引起岛内最糟糕的酒后滋事的酒水。

旅游经营商联合会的成员经常与其欧洲的伙伴——国际旅游经营商联合会的成员共同参加会议。

(五)英国入境旅游经营商协会

英国入境旅游经营商协会成立于 1977 年,其成员是由入境旅游经营商和为英国旅游提供服务的供应商组成。英国入境旅游经营商协会的目标如下:

(1)提高成员所提供服务的质量以保护来英国的旅游者的利益,并促使英国的旅游服务供应商提供高标准的旅游设施。

(2)制定并坚持一个得到广泛认可的行为准则,以规范成员提供的服务。

(3)向旅游行业、英国政府、相关的代理机构和公众通告其所属成员的活动及目标,以确立并维持所属成员得到认可的地位。

(4)提供一个论坛以便成员相互交换与其活动相关的意见和信息。

(5)为成员提供就共同关注的问题表达共同心愿的机会,例如使海外旅游者认为英国是一个昂贵的旅游目的地的货币兑换率问题等。

(6)与中央政府及欧盟，就成员共同关注的问题以及涉及经济利益的事项进行协商。

(7)为入境旅游经营商提供机会，就共同关注的问题形成、表达和宣传不同的看法。

(8)与英国中央政府、英国国家旅游局、各地区旅游局和其他行业团体保持联系，制订政策扶持成员的商业活动。

(9)制订能够得到认可的培训计划和资质标准。

BITOA

图 10-6 英国入境旅游经营商协会的标志

以下各类商业机构均具有成为英国入境旅游经营商协会准会员的资格：

- 住宿供应商(饭店集团和个体物业)
- 艺术、文化遗产及休闲场所
- 会议场所
- 基督教会的基金会
- 餐馆和餐饮供应商
- 诸如印刷公司和英语学校等服务机构
- 商店及百货商店
- 地区和全国旅游局/组织
- 旅游景点的经营商
- 运输公司

在 1994 年，英国入境旅游经营商协会成员关注的一些问题包括：

(1)《欧共体包价旅游管理条例》的影响。

(2)接受信用卡方式支付费用所应收取的佣金。

(3)接受电话预订电影票所应收取的手续费。

(4)餐馆的服务费。

(5)地方政府为改善基础设施征收旅游税的可能性。

(6)统一英国与欧洲时区的建议。

(六)英国巴士客运联盟/巴士和长途汽车理事会

英国巴士客运联盟成立于 1974 年,其前身是巴士和长途汽车理事会。所有专业的巴士及长途汽车经营商都有资格加入该组织。英国巴士客运联盟在有关国内和国际立法、经营行为和技术标准方面的讨论中代表着整个汽车客运行业,并负责向媒体介绍本行业。

与 1993 年出台的《欧共体包价旅游管理条例》的规定一样,该联盟下属的巴士度假旅游集团也制定了巴士旅游经营行为准则,要求巴士旅游经营商必须提供保证金以防范财政风险。

cpt

图 10－7　英国巴士客运联盟的标志

(七)轮船客运协会

轮船客运协会最初成立于 1958 年,当时叫做海洋旅行发展协会。轮船客运协会代表英国的船运公司和轮渡公司,现在被划分为两个单独的部分。轮船客运协会的职责是负责与政府及英国旅游代理商协会进行联络,协商本行业共同关注的问题,如领航费和船上销售免税商品等。与英国旅游代理商协会的做法相同,该协会于 1986 年也要求成员公司提供保证金。此外,该协会还提供单独的仲裁及调解服务。

轮船客运协会

图 10－8　轮船客运协会的标志

轮船客运协会于 1987 年制定了轮船客运协会代理商计划,旨在通过更好的培训来促进代理商销售轮船客运产品。该项计划的资金来源于游轮和旅游代理商,并且被认为促进了英国游轮客流的增加。

除了那些大型的行业协会以外,还存在着一些小型的行业协会。这些小型的行业协会代表行业中的一些分支,并召集成员商讨一些共同关注的问题。这些协会中比较典型的代表是英国赴法旅游经营商协会。该协会代表着所有涉及向英国市场出售法国旅游产品的小型专业旅游经营商。

问答题与讨论题

1. 你认为英国旅游代理商协会是否能够继续代表旅游经营商、旅游代理商以及度假者?如果英国旅游代理商协会需要进行机构重组,你认为怎样才能更好地实现这一目标?

2. 你认为《欧共体包价旅游管理条例》有关旅游经营商对消费者承担责任的规定有多少实际性及合理性?试论旅游经营商在过去有可能将责任转嫁给其供应商,而现在却不能这样做的原因。你认为旅游经营商将如何应对扩大了的责任范围?

3. 如果公司倒闭了的话,其债权人往往会丧失他们的资金。试论为什么历届政府似乎都关注保护旅游者的钱财多于关注保护其他消费者的钱财?

4. "消费者将会享受到真正的选择,独立的旅游代理商将赢得新的业务,而独立的旅游经营商也将获得新的商机"。你认为独立旅游经营商协会百佳俱乐部和商业合伙计划在多大程度上开创了旅游业的"共赢"局面,就像1994年担任独立旅游经营商协会主席的克里斯托弗·柯克所期望的那样。

课后作业

1. 事实证明,对于1993年出台的《欧共体包价旅游管理条例》有关包价旅游定义的解释要比预期的难。请列出你所认定的包价旅游的特点,然后试着写出你自己的定义,并在其中包括这些特点。请记住,含糊不清是导致原定义产生问题的原因,并且法律文件必须用正式语言书写。

2. 一家旅游行业的报纸请你撰写一篇概述《欧共体包价旅游管理条例》主

要特点的文章。要求文章不得超过1 000字。由于是有关旅游行业的文章，所以可以使用一些专业术语（比如，英国旅游代理商协会、民用航空管理局和民用航空旅行经营执照等），而这些术语出现在非旅游行业的文章中可能是不恰当的。文章应该突出《欧共体包价旅游管理条例》对旅游经营商和旅游代理商所产生的重要影响。在动笔之前，你首先应该读一读最近一期的《旅行与旅游指南》或《旅行周刊》，以便了解其写作风格。

3. 你刚刚被任命为独立旅游经营商协会的主席。请为你将要参加的第一次会议写一篇发言稿，就以下方面提出你的建议：

(1)鉴于调查结果表明，只有6%的公众听说过独立旅游经营商协会，因此应该提高本协会的知名度，介绍它的概况。

(2)全面提高独立旅游经营商在市场中的地位。

第十一章

旅行社经营及其外部环境

本章学习目标

通过对本章的学习,你应该能够:

- 了解一些旅游经营商无法控制的,但却可能对其业务产生重大影响的外部因素
- 客观地评价旅游经营商的经营活动对其旅游目的地所造成的社会、经济、文化与环境影响
- 就如何减少旅游经营所带来的负面影响提出建议

一、引言

与其他所有的行业一样,旅游经营活动决不会仅仅局限于一家旅游经济商内部的小环境,而是受到相当大的外部环境的制约。例如,旅游经营商难以控制的国内银行利率和政府就业政策等诸多因素,都会对旅游经营商的发展计划及其预测产生重大的影响。更重要的是,旅游经营商的涉外业务性质决定了需要与其他国家进行大量接触。这意味着旅游经营商在面对诸如战争、

汇率波动等外部因素时变得格外脆弱。

与其他行业有所不同的是,由于旅游经营涉及与其他国家的关系紧密,所以旅游经营商的某些决策同样会对其他国家产生直接的影响。一些旅游接待国与旅游客源国在风土人情和生活水准方面有着天壤之别。例如,在飞往印度果阿的包机通航之后,一些旅游经营商纷纷开展前往果阿的包价旅游业务,结果在果阿出现了大量豪华饭店。这些饭店备有西方游客习以为常的各种现代设施,其中包括游泳池。众所周知,果阿的水资源严重匮乏,因此旅游经营商对于造成当地居民珍贵的水资源被外地游客滥用这一局面难辞其咎。

二、可能影响旅游经营的外部因素

各种各样的外部因素可能会对旅游经营产生影响。一些外部因素可能会影响旅游的价格,一些外部因素可能会影响旅游市场,而另外一些外部因素则可能决定可以在宣传册中宣传哪些国家和不宣传哪些国家,或者应该以何种方式来宣传这些国家。一些外部因素是可以预见的,但是另外一些则完全属于意想不到的突发事件,因此甚至有可能给已经成行的旅游活动带来麻烦。由于旅游经营商往往需要在实际出发日期的18个月之前,就开始制作宣传册并据此来销售产品,因此旅游经营商实在难以准确地预测市场趋势和变化。

经常影响旅游经营商决策的外部因素包括:

- 外币汇率
- 国内及国外银行的利率
- 国内及国外的通货膨胀率
- 飞机燃料的价格
- 旅游客源国的失业率
- 度假区暴发的传染病
- 自然灾害
- 涉及旅游客源国或旅游接待国的内战或战争
- 旅游客源国或旅游接待国的政局变动
- 恐怖活动
- 飞机延误及空难
- 旅游时尚
- 国内外的气候因素

- 度假区的犯罪率
- 度假区的名声欠佳——意大利海岸的海藻和西班牙的醉汉等。

图 11－1 显示了在 1960 年～1984 年期间，希腊入境游客数量的变化。虽然从整体看来，游客的数量呈稳步上升趋势，但是不难发现某些间或发生的入境游客数量下滑现象，而导致入境游客数量下滑的直接原因正是旅游经营商无法控制的外部因素。1967 年希腊军人发动军事政变推翻民选政府，致使希腊国内政局动荡，其直接后果就是使当年外国游客的数量下降了 12%。到 1969 年，外国游客数量才开始回升。随后在 1974 年，外国游客人数又下降了 31.3%，低于 1971 年的入境游客人数。这次的人数下滑是由两方面的原因造成的：一是由于土耳其入侵塞浦路斯，人们担心希腊与土耳其之间可能会爆发战争；二是由于阿拉伯国家停止石油出口所引发的石油危机和飞机燃料价格的上涨。由于旅游费用的上涨，许多游客被迫减少度假开支。所幸这次入境游客的减少并没有持续很长时间，到了 1975 年，希腊的入境游客人数又开始上升。1980 年的第二次石油危机再一次提高了飞机燃料价格，而同期爆发的经济大萧条迅速在英国蔓延开来，致使希腊的入境游客又下降了 9.1%。情况在 1981 年虽有所上升，但是在 1982 年又降了下去。1983 年的情况更加严峻，因为当时经济大萧条笼罩着全球，潜在的游客被迫留在国内，或选择一些更为经济的旅游项目。（当然这些数字代表全部游客的人数，而不仅仅是随团游客的人数。）

(一)外汇汇率

一般来说，两国之间的汇率随着两国政治经济关系的变化而有所波动。经济实力强劲的国家拥有强势货币。因此，20 世纪 80 年代的大部分时间，由于德国和日本两国经济的迅猛发展，这一时期的德国马克和日元都属于强势货币。当时，用英镑兑换德国马克要比用德国马克兑换英镑支付更多的钱，这反映出德国经济相对强于英国经济。

然而，两种货币之间这种相对的强弱关系可能会发生天翻地覆的变化。英镑对美元的汇率随着人们对美国经济实力看法的变化而上下浮动，就是一个极好的例证。一英镑在 20 世纪 80 年代初期大约可以兑换两美元，而到了 90 年代初期只可以兑换 1.5 美元了。因此，英国人前往美国旅游的费用大幅度上涨。

欧洲汇率稳定机制旨在提高欧共体成员国之间汇率的稳定性，并消除不准确的估算因素。欧共体各成员国货币之间的汇率通过评估加以确定，并且其币值被固定。然后，各成员国货币之间的汇率必须在共同商定的范围内上下浮动。但是由于英国在1992年9月退出了于1990年加入的欧洲汇率稳定机制，致使这一稳定机制在1992年～1993年期间遭遇到无法承受的巨大压力。一时间，英镑对其他欧共体成员国货币的汇率大幅度贬值，而意大利、西班牙和葡萄牙也面临着要么将本国货币贬值，要么退出欧洲汇率稳定机制这一艰难的抉择。

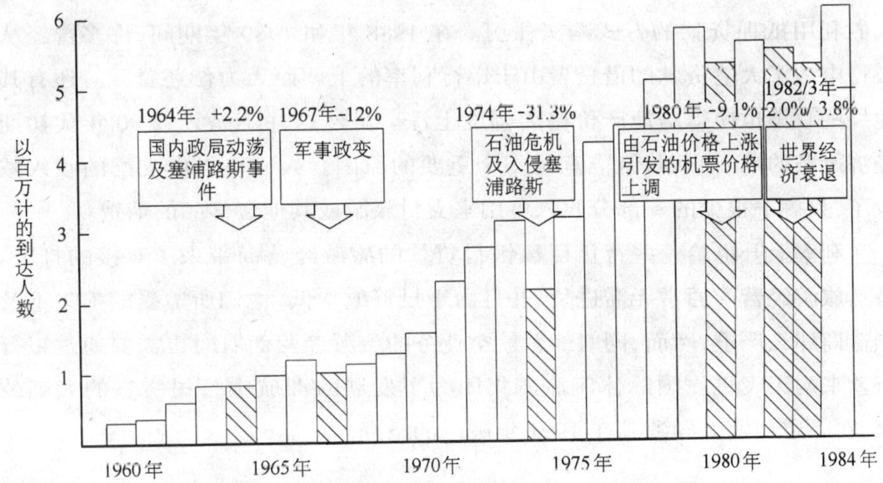

图11－1　1960年～1984年希腊入境游客的数量

资料来源：《旅游管理》

旅游经营商尽量推迟计算需要在宣传册中标出的最终价格以便有更大的余地来应对汇率变化。然而，每年夏季旅游的价格都必须在前一年的7月确定下来。但是，在这么长的一段时间之内汇率很有可能出现大幅度的变化。为了规避汇率风险，大型旅游经营商会在有利的时机，以商定好的汇率买进所需外汇。财力有限的小型旅游经营商无法效仿提前买进外汇的做法，因此如果汇率发生了不利的变化，它们就只能坐以待毙。在1992年9月英国退出欧洲汇率稳定机制之后，英镑在1993年大幅度贬值，许多小型旅游经营商不得不加收不得人心的旅游附加费，否则将会损失大笔钱款。

一些国家的货币异常疲软，因此在流通国以外根本无法兑换。当然，由于这些国家的经济脆弱或政局不稳，一般很少有旅游经营商对它们感兴趣。

(二)国内及国外银行的利率

借钱就必然需要支付利息。利率随着时间的推移，特别是英国政府或英格兰银行的决策而发生变化。在20世纪80年代中期，英国政府解除了对货币市场的管制，随后在1988年～1993年期间把利率作为一种调控经济的杠杆。1988年的利率仅为7.5%，到了1989年已经稳步上升至15%，这给每一个还贷者带来了灾难性的后果。在20世纪80年代中期，政府曾经积极鼓励人们利用抵押贷款的方式购买住房。在1988年和1989年期间，许多曾经从银行申请了大笔贷款的借贷者由于银行利率的上调而无力偿还贷款。还有其他一些政策也使得房地产价格大幅度上涨。虽然这并不是导致90年代初期经济萧条的唯一原因，但毕竟是一个重要的原因。人们可自由支配的收入减少了，只剩下很少的一部分收入可用来支付旅游或其他奢侈品的消费。

利率上升也给一些背负巨额银行贷款的旅游经营商带来了直接的打击。虽然旅游经营商通常无需进货，并且由于投资成本低，他们所遭受的损失不及制造商那么严重，然而，同时经营航空业务的旅游经营商有时也需要通过银行贷款来购买飞机。国际休闲旅游集团为了发展欧洲航空公司所贷的大笔款项，在一定程度上导致其在1991年破产的结局。

(三)国内及国外的通货膨胀率

通货膨胀是指总体物价水平的全面大幅上涨，对于经济发展危害极大，因此必须加以控制。各国的通货膨胀率各不相同，这主要取决于与本国经济相关的诸多因素。但一般情况下，经济发展得越好，通货膨胀率就越低。但是百分之几百的通货膨胀率在一些政局不稳的国家也屡见不鲜，比如南美的巴西等。

通货膨胀抬高了物价，因此假如人们无法获得以同等比率上升的工资，其结果必然是生活越来越贫困。所以严重的通货膨胀(20世纪80年代初期英国的情况就是如此)就意味着人们必须节约开支。然而价格大战使得英国经营包价旅游的旅游经营商无法采取与通货膨胀同步的提价策略，所以包价旅游的实际价格反倒下降了。

如果旅游接待国的通货膨胀率很高，价格就将一路攀升。然而，有利的汇率通常能够确保价格上涨不会对持有硬通货的外国游客产生太大的影响。

(四)旅游客源国的失业水平

经济萧条带来的一个严重后果就是，经济紧缩导致失业率急剧上升。在20世纪80年代英国经历了两次经济萧条：第一次发生在80年代初期；第二次——也是更为严重的一次，发生在80年代末期。由于失业的人口越来越多并且失业救济金很低，所以旅游产品的潜在市场也会出现萎缩。但是在90年代初期，度假游客数量的下滑并不像人们预期的那么严重。由此我们可以得出这样的结论：许多人现在已经将旅游度假视为必要消费品，而不再是奢侈消费品了。

(五)度假区暴发的传染病

大多数长线度假者都会从容不迫地面对疾病的威胁，并且会采取明智的预防措施，但是短线游客根本就没有担心旅游过程中可能会出现的健康问题。所以地中海沿岸的任何度假区一旦暴发传染病，将会让人感到很不舒服。1983年夏季科斯岛暴发了霍乱，其病源来自一个饭店的服务员。共有29位度假者受到传染，但是《泰晤士报》警告可能会出现“新闻歇斯底里的恶性传播”。虽然汤姆逊旅游集团主动提出可以为客人变换度假区或如数退款，但是在科斯岛上的度假者中只有11个人要求离开。地平线旅游公司接到了一位客人的退团要求，但是随后而来的两个晚期预订带来的收益远远超过了这个退团客人所造成的损失。

1989年夏季，位于布拉瓦海岸的萨罗暴发了伤寒病，起因是汤姆逊旅游集团的客人所入住的饭店附近的下水管道污水泄露。在5个游客感染伤寒病倒后，汤姆逊旅游集团停止使用该饭店，并向已经预订该饭店的客人提供其他的选择。以下就是1989年8月3日《泰晤士报》的社论对此事所做的报道：

伤寒引起了人们的恐慌。对于伤寒和霍乱这一对19世纪的健康杀手，英国人仍然记忆犹新。虽然从生物学的角度来看，伤寒只不过是沙门氏菌族中较为严重的一种，而且现在可以使用药物对其进行有效的治疗，但是了解到上述事实并不能够为远在西班牙度假的英国游客们带来多少慰藉。

汤姆逊旅游集团是经营萨罗——这个令人置疑的西班牙度假胜地——的主要旅游经营商。该公司已经宣布,由于伤寒病以及当地落后的公共卫生设施,公司将为预订前往萨罗度假的客人提供其他的选择。

据报道,未经处理的污水直接排入了距海岸不远的大海中。游客们也使用"令人作呕"一词来描述那里的卫生状况。然而到目前为止,还无法确定发病的直接原因,英国政府的卫生部门正在同西班牙有关部门合作,试图找到更加确切的发病原因。

萨罗不完善的污水处理系统早在伤寒暴发之前就应该是显而易见的……因此可能与伤寒病的暴发并无关联……看来,汤姆逊旅游集团应该就为何未能及时发现问题的起因作出合理的解释。暴发这一流行病所带来的危险应该是一目了然的。

目前,5位去萨罗度假的游客已被证实感染伤寒。对于仍然打算去西班牙的游客来说,最现实的忠告就是要格外小心水源。无论是海水浴还是食用贝类海鲜,抑或饮用自来水、洗衣服或是洗食物。或许游客明年应该考虑去其他地方旅游。

最终,正是出于对游客反应的担心,西班牙政府将被迫开始清除污染,净化环境。毕竟,西班牙的旅游业在其国民经济中占有举足轻重的地位,而英国游客在西班牙的旅游业中又占有巨大的份额。此外,西班牙国内的民众对于政府忽视西班牙沿海地区污水处理系统的抨击也日益激烈。

英国旅游经营商也可以对此施加影响,如果他们愿意这样做的话,因为这肯定符合他们的商业利益。有迹象表明,今年海外度假旅游市场处于停滞状态,甚至出现了萎缩的趋势,主要原因有二:一是国内经济压力,二是今年英国本土的气候条件与地中海夏季颇为相似。这种情况加剧了各旅游经营商之间的竞争以及各度假区之间的竞争,这一竞争不仅表现在价格方面,而且还会表现在质量方面。

资料来源:《泰晤士报》)

1993年俄罗斯暴发的白喉和其他疾病迫使汤姆逊旅游集团取消了前往当地的所有旅游项目,并为已经预订该项目的游客安排了退款。

(六)自然灾害

如果旅游经营商所宣传的目的地遭受了诸如地震、海啸、飓风和火山喷发等自然灾害，他们同样也面临着众多的棘手问题。许多热点旅游目的地，如美国的旧金山，虽然位于地震带，却从来没有发生过任何问题。事实上，旅游经营商甚至从1960年摩洛哥的阿加迪尔那场可怕的地震中获益匪浅，因为一个被旅游经营商包装成冬季阳光旅游目的地的专营度假区迅速在地震废墟上崛起。

(七)战争与内战

爆发战争或内战是旅游经营商感到最难以应对的问题。不幸的是，在20世纪90年代初期爆发了两场战争，这足以证明即使是经营最好的旅游业也难以抵御战争所带来的严重影响。

1.海湾战争(1991年)

1990年8月，伊拉克入侵科威特。6个月之后，由美国、英国和阿拉伯国家组成的联军对伊拉克实施攻击，迫使伊拉克从科威特撤军。真正的战争只持续了7周，但是由于长时间的备战工作，这次战争对旅游业造成的损害仍然是难以估量的。

科威特和伊拉克都不属于传统意义上的旅游目的地国，所以两国入境游客人数的下降非常有限。但是鉴于安全问题，旅游经营商取消了前往该地区的所有旅游项目，致使周边的旅游接待大国，如土耳其和以色列等国家遭受到巨大的损失。塞浦路斯的入境游客也大幅度下降，因为旅游经营商和度假游客对所有地中海东岸国家都采取了回避的态度。类似于环球旅游公司这样的专项旅游经营商所遭受的打击最为严重，因为该公司的旅游项目主要集中在土耳其、以色列和埃及，而这3个国家都是游客们不愿前往的。最终，环球公司被迫宣告破产。总之，所有的穆斯林国家都被西方游客视为危险地带，因此入境游客的数量都出现了下跌的现象。到1993年，摩洛哥旅游业仍然无法恢复到海湾战争之前的水准。1987年它接待了187 000名英国游客，1992年却只有96 000人。而与远东的情况截然相反，加勒比海再度受到游客的青睐，因为为了避免向东飞越海湾地区，人们选择了西行的度假线路。

由于战争开始于旅游淡季，所以很少出现将游客遣返回国的情况。然而，由于游客们观望不前，所以旅游经营商原本期待的夏季旅游的预订高峰也受到重创。据估计，仅国际休闲旅游集团一家就损失了2 400万英镑。同时，许多公司暂时停止了其管理人员的商务旅行，这造成了欧洲航空公司商务航班的班次减少。在很大程度上正是由于上述两个因素，国际休闲旅游集团于1991年3月——也就是战争刚刚结束之际——宣告倒闭了。

事实上，尽管所有的旅游经营商和国家都受到了海湾战争的影响，但是一些旅游经营商和国家还是从中获益了。例如，游客虽然对前往地中海东岸国家裹足不前，但是对于地中海西岸国家却趋之若鹜。据报道，1991年葡萄牙的入境游客人数就比1990年上升了8.7%。当然，旅游经营商如果想从旅游目的地的变更中获取利益，就必须迅速采取措施，在短期内获得前往新目的地的机票与饭店客房。

虽然这听起来似乎难以置信，但是自从海湾战争结束以来，一些经营横跨大陆的旅游经营商实际上发现，经营穿越西亚和中亚的古老旅游线路更加简单容易了。

2. 南斯拉夫内战

1991年，南斯拉夫国内爆发了内战。在内战爆发之前，南斯拉夫一直是欧洲最受欢迎的度假目的地。甚至在1990年还曾经接待了60万名来自英国的度假者。最初，前南斯拉夫6个共和国中的斯洛文尼亚和克罗地亚宣布独立，并且得到了欧洲共同体的承认。斯洛文尼亚相对平稳地成为一个独立的国家。但是，很快在克罗地亚与南斯拉夫(塞尔维亚和黑山共和国)之间爆发了战争。在战争期间，除了大量人员伤亡以外，克罗地亚共和国境内被誉为“亚得里亚海上明珠”的杜布罗夫尼克市也遭到了袭击，许多游客昔日经常光顾的饭店被战火摧毁了。

克罗地亚和塞尔维亚之间的局势刚刚有所缓和，波斯尼亚和黑塞哥维那又宣布独立。再一次烽烟四起，而且战况更加惨烈，更多的生灵遭到涂炭。在这次战争期间，另一处热点旅游目的地——穆斯塔遭到轰炸。最后，当波斯尼亚的克罗地亚人试图使该城市成为其微型国家的新首都时，这个城市已经几乎成了一片废墟。

由于这场战争，所有的旅游经营商都被迫取消了前往南斯拉夫的一切旅游项目，虽然1993年斯洛文尼亚开始将本国重新建设成一个以湖光山色为特色的旅游目的地。受到战争打击最为严重的是南斯拉夫旅游公司，这是一家始建于1956年的国有公司，其主要业务就是经营南斯拉夫的旅游项目。许多与该公司有合作关系的饭店要么被炸毁了，要么被征用为难民居留所，而且许多度假区的业务代表也应征入伍。因此南斯拉夫旅游公司不得不提前将12 000名外国游客送回国。早在1987年,南斯拉夫旅游公司就开始尝试进行多元化经营,并于1992年改名为“地中海精选旅游公司”,主要经营传统的地中海沿岸的度假区及斯洛文尼亚旅游项目。1992年,南斯拉夫旅游公司仅向斯洛文尼亚输送了3 000名游客,而在1990年则是35 290名游客。联合国对塞尔维亚—黑山共和国实施了经济制裁,希望以此逼迫塞尔维亚总统斯洛伯丹·米洛舍维奇向波斯尼亚的塞尔维亚族人施压以结束战争。对于地中海精选旅游公司是否应该被看作是制裁的对象,各界议论纷纷。但是,地中海精选旅游公司认为,自己是一家百分之百的英国注册公司,并且通过英格兰银行进行结算的资金并没有流入塞尔维亚。凤凰旅游公司也专门从事南斯拉夫的旅游业务。1991年6月,凤凰旅游公司终止了其南斯拉夫旅游项目,并向12 000名已经预订的客人退还了费用。该公司驻英国办事处的一半员工下岗,剩下的员工大多数成为新克罗地亚航空公司的代理。然而,1993年,当杜布罗夫尼克市将饱经战火洗礼的饭店修葺一新之后,凤凰旅游公司在克罗地亚旅游局的支持下重新推出了前往该地区的旅游项目。该公司于1994年推出了名为“克罗地亚欢迎您”的旅游宣传册,其中谈到游客重返在最近事件中安然无恙的海滨和岛屿,虽然含糊其词地提到了最近发生的一切,但是对战争却只字未提。

由于这场战争,来自英国的团队旅游人数在1991年下滑到103 000人,在1992年跌至7 000人。然而其他旅游目的地却再一次从中渔利。其中最大的赢家则是土耳其和塞浦路斯。在1992年最受欢迎的目的地评选中,塞浦路斯从第七位跃居第四位,土耳其从第十四位跃至第十位。值得指出的是,来自欧洲大陆的游客比英国游客更乐于重返克罗地亚。到1993年,来自奥地利的游客数量达到了战前水平的67%,来自意大利的游客数量达到了战前水平的40%,而来自德国的游客却下降至20%。

以上仅仅是战争迫使旅游经营商改变其计划的两个例子。1994年4月,中非国家卢旺达爆发了内战。对于希望观赏野生大猩猩的游客来说,卢旺达一直都是一个深受欢迎的旅游目的地。与南斯拉夫的情况如出一辙,卢旺达的旅游业完全陷入瘫痪。当然,受到战争影响的卢旺达潜在游客的数量远不及位于地中海的南斯拉夫那么多。如果还想找出更多的历史事例,不妨看一看斯里兰卡。在20世纪80年代,这个曾经像天堂一般的岛屿北部陷入了锡兰人与希望建立独立国家的泰米尔人之间的一场残酷内战。虽然局势已经基本平息并且游客可以前往斯里兰卡南部旅游,但是从1993年总统和反对派领导人在一周之内相继被自杀性炸弹炸死的事实可以推断,当地的实际情况与旅游宣传册中所描绘的田园风情相差甚远。

(八)政局动荡

政局动荡最极端的表现形式是战争。除此之外,还有其他许多形式的政局动荡。这些政局动荡持续的时间通常较短,但是也足以改变旅游经营商的计划。例如,1992 年素来和平安定的曼谷突然发生了暴乱,致使当地的一切旅游项目暂时无法进行。1981 年 12 月,塞舌尔发生了一场未遂政变,导致当地机场关闭。结果,500 名游客受困。前往塞古尔的旅游也因此暂告中止。

在众多受到严重政局动荡影响的旅游目的地当中,南非是一个较为极端的例子,虽然从技术角度讲那里并没有爆发战争。20 世纪 70 年代～80 年代,由于南非政府奉行了将白人与黑人完全分隔开的种族隔离制度,使南非受到了国际社会的孤立。在 20 世纪 70 年代,托马斯·库克连锁旅行社根据联合国的有关规定经营前往南非的旅游业务,其条件就是不得将有关前往南非旅游的宣传册上架。在 1986 年和 1987 年,自发的抵制南非的活动终于演变成正式的国际制裁,其中一项制裁措施就是禁止将南非作为旅游目的地加以推广。在 20 世纪 80 年代末期,种族隔离制度的许多外在形式都已被废除。1989 年非洲国民大会领导人纳尔逊·曼德拉获释出狱,并就建立新型的多种族政府与德·克勒克政权进行对话。随着对南非的旅游制裁于 1993 年被解除,旅游经营商开始以前所未有的兴趣来研究南非的旅游前景。

但是,南非的局势还是非常不稳定的。1993 年,汤姆逊旅游集团在经过了 3 个月的销售挫折之后,撤销了尝试性的赴南非的旅游项目。在黑人反对派领导人克里斯·哈尼被谋杀之后,英航假日旅游公司也开始考虑是否继续在南非开展业务。电波旅游公司和杰特塞夫旅游公司的预订也开始出现了下滑。当时,频频在电视和报刊上报道的暴力冲突并未对走亲访友这一旅游市场产生太大的影响,但是却对总体旅游市场造成了严重的影响。那些继续经营南非旅游的经营商主要是推出游览南非的野生动物公园或是双重目的地的旅游项目,比如把南非同津巴布韦(游览维多利亚瀑布)、毛里求斯或未受国际承认的博普塔茨瓦那的太阳城组合在一起。1994 年 4 月,南非举行了该国历史上首次多种族竞选,曼德拉当选为新总统。只要不再发生新的暴力冲突,南非就有可能成为一个受到世人欢迎的新兴的长线旅游目的地。

在政局出现动荡之后，旅游经营商会采取不同的应对措施。1993 年 9 月莫斯科发生未遂政变后，一些旅游经营商允许客人重新预订晚些时候的旅游，或把莫斯科从多重中心的行程安排中删除，或干脆在不用支付违约金的情况下取消行程。一些旅游经营商完全停止销售前往莫斯科的旅游项目，而另外一些旅游经营商则认为，到旅游团成行时，当地的局势就已经稳定，因此仍然继续销售其旅游项目。

（九）恐怖主义

从 20 世纪 60 年代中期开始，恐怖主义（也许更关键的因素是对恐怖主义的恐惧）逐渐对跨国旅游构成了威胁。正是出于对恐怖袭击以及某些意外事件的恐惧，许多商务旅行者在海湾战争结束以后都放弃或推迟了旅行计划。同样，在海湾战争刚刚结束的一段时间里，没有旅游者愿冒生命危险前往阿拉伯国家旅游，这无疑沉重地打击了经营前往摩洛哥和突尼斯两国旅游的旅游经营商，虽然这两个国家与海湾战场相距甚远，但是前去旅游观光的外国游客的人数还是明显地减少了。1985 年，美国认定卡扎菲上校资助了国家恐怖主义，于是采取行动，轰炸了利比亚的首都的黎波里。实施轰炸任务的飞机是从位于英国的美国空军基地起飞的。在美国轰炸的黎波里之后，许多游客（大部分是美国人，也有一些英国人）决定留在国内而不去外国旅游，以免遭遇报复性袭击。摩洛哥、突尼斯和埃及等国家的入境旅游人数又一次滑落至低谷。1985 年，在罗马和雅典的机场袭击事件和阿基·劳罗号游轮被劫持事件发生后，美国总统里根告诫美国民众不要前往欧洲旅行。在那一段时期里，欧洲的入境旅游经营商损失最为惨重。

1992 年，恐怖威胁的性质发生了变化。恐怖分子的袭击目标不再仅仅是旅游景点，而更多的是将袭击目标锁定为游客，以此来蓄意破坏那些他们所反对的国家的经济。埃及素以阿拉伯温和派国家而著称。该国的伊斯兰教原教旨主义者于 1992 年宣布，在建立一个伊斯兰国家的斗争中，他们会把旅游者当作合法的袭击目标。随后不久，一艘满载德国游客的游艇遭到了枪击；一辆旅游巴士在开往金字塔的途中遭到炸弹袭击，多名英国度假者受伤；一辆旅游巴士在行驶到达鲁特附近时，一位英国妇女中弹身亡。在这种情况下，旅游经营商即使大幅度降价也难以成功推销前往埃及的旅游项目。1993 年，英格汉姆旅游公司完全撤出了埃及旅游市场。当年年底，多家旅游经营商的报告显示,旅游销售量下降了25%~35%。埃及曾经是贝尔斯旅游公司最畅销的旅游目的地。然而,在1990年~1994年期间,预订埃及旅游的游客人数从6 000人次一下子跌到1 000人次。这使得旅游经营商不得不再次将目光转向印度、中国和南美洲等旅游目的地。

1993年夏天,寻求在土耳其东部库尔德地区独立的库尔德斯坦人民党成员在土耳其一些著名的海滨度假区放置了炸弹,其中包括库萨达斯和安塔利亚。1994年,他们又在伊斯坦布尔、费提耶和马莫里斯等地安放了炸弹,导致3名游客被炸死,多人受伤。库尔德斯坦人民党的成员在德国和荷兰散发传单,警告潜在游客远离土耳其。1994年的爆炸事件之后,许多英国的旅游经营商安排已经预订土耳其之行的游客前往其他的旅游目的地而无需支付违约金。旅游经营商同意自行承担必要的旅游线路变更所产生的行政成本。

虽然战争会给旅游业带来直接的影响(部分是因为政府颁布禁止前往战区旅游的禁令,部分是因为保险公司不愿意为前往战区旅行的人提供保险),但是人们对恐怖主义的恐惧并不一定会迅速地导致预订人数的急剧下降。因为旅游经营商可以向要求取消旅游预订的游客收取退团手续费。只有在英国外交部建议本国公民不要前往某一目的地旅游时,旅游经营商才会同意免收退团手续费。所以恐怖袭击事件对预订人数的影响要经过6~9个月才能明显地表现出来。虽然土耳其在1993年出现了炸弹袭击事件,但是兰·波利连锁旅行社的报告显示,就受到英国度假者欢迎的程度而言,土耳其是增长速度最快的旅游目的地国。

案例分析:印度

旅游经营商在国外必须处理包括政局动荡、恐怖主义活动和政府征税在内的各种外部因素影响。就此而言,印度是一个比较典型的例子。印度这样一个生活水平低下、基础设施落后的国家无法成为具有广阔市场前景的旅游目的地。但是,由于英属殖民地的历史背景和丰富的文化遗产以及以拥有阳光和沙滩而闻名遐迩的度假胜地果阿等诸多因素的存在,使印度成为英国稳定的团队旅游目的地。从传统意义上讲,印度曾一直是专项旅游经营商的经营领域,如1758年成立的考克斯 & 金斯旅游公司等。但是从20世纪90年代开始,一些主流旅游经营商也开始将印度包括在长线旅游目的地宣传册中加以推广,旅游线路通常是第一周前往德里、阿格拉、贾浦尔和乌代普尔(金三角)等地,第二周则是前往果阿体验太阳浴。

印度地域辽阔，各地气候条件迥异，所以直到20世纪80年代末期，旅游经营商一直把该国作为一个全年旅游目的地加以宣传。夏季的三角洲烈日炎炎，就将游客带到相对凉爽宜人的喀什米尔欣赏湖光山色，或带到滑雪胜地游玩。但是在20世纪80年代末期，由主张喀什米尔独立(或同巴基斯坦合并)的武装分子引发的小规模武力冲突日趋激烈。此外，旁遮普邦一直存在着恐怖主义活动，因为锡克教武装分子正在努力寻求成立独立的卡里斯坦。这些因素迫使旅游经营商将阿穆里斯塔的金庙从旅游项目中取消。最后，英国政府被迫宣布喀什米尔和当地著名的水上住宅(居住船)区为旅游禁区。由于失去了一个夏季旅游的绝佳目的地，旅游经营商不得不另辟蹊径，选择其他的替代目的地，其中包括属于印度南部山区避暑度假地的喜玛加尔普拉迪什和吴塔加蒙山地等。但旅游经营商发现印度南部的基础设施比北部还要落后，因此宣传推广这些地区的难度极大。

1993年，加尔各答和孟买两地发生了一系列爆炸事件。这对印度欠佳的旅游形象来说更是雪上加霜，许多行程被迫取消。随后印度航空公司——印度国内的航空公司——的飞行员举行了罢工。这场罢工导致了更多旅游线路的取消和变更。另外，印度政府征收20%的饭店税，迫使英国的旅游经营商大幅度提高1994年前往印度旅游的价格。旅游经营商还发现，越来越难以获得前往果阿的机票以及那里的饭店客房，因为果阿似乎没有受到上述问题的影响。汤姆逊旅游集团以前只是将果阿作为印度北方游线路上的一个附加景区并且只使用定期航班，而现在则为专门前往果阿度假的旅游团提供包机航班。但是，这无助于缓解其他旅游经营商所面临的困难。汤姆逊旅游集团拥有巨大的购买力，因此可以获得所需要的所有饭店客房，其结果是将小型旅游经营商挤出了果阿旅游市场。

(十)旅游时尚

同其他许多事物一样，旅游产品也有着十分鲜明的生命周期。大多数旅游目的地并非为旅游经营商所发掘推广，而是由少数自助旅行者发现的。在这些旅游目的地小有名气之后，一些小型的专项旅游经营商开始涉足该目的地，推出前往该目的地的包价旅游业务。如果一切情况进展顺利，那么该旅游目的地就开始名声大噪，越来越受到游客的青睐，于是吸引了一些大型旅游经营商。大型旅游经营商进入之日，则是那些喜爱标新立异的旅游经营商撤离之时。在大多数情况下,旅游目的地很快就会面临过度开发和低消费旅游者大量涌入这两大问题。

由此可见,旅游经营商也会受到旅游时尚的影响。当然,在 20 世纪 80 年代末期,一些旅游目的地国忽而炙手可热,忽而受到冷落,变化速度之快让旅游经营商无所适从。土耳其和塞浦路斯就是深受时尚潮流影响的两个国家。1989 年风行土耳其游,旅游经营商迅速赶赴土耳其,寻找合适的饭店并签订租用客房的合同。为了满足这一需求,土耳其人以难以置信的速度大肆修建观光饭店,毫不在乎饭店的建筑风格及其与周边环境的协调性。游客抵达土耳其后发现,入住饭店的四周到处是建筑工地,饭店的服务质量与其他地中海沿岸旅游目的地的饭店服务质量差距悬殊。1990 年,去土耳其旅游的人数开始减少。在 1991 年海湾战争爆发之后,土耳其入境旅游的人数更是一落千丈。在 1992 年,旅游时尚的精英们开始对塞浦路斯产生了兴趣并且蜂拥而至,于是在塞浦路斯也发生了争抢预订饭店客房的现象,因而出现了许多超额预订饭店客房的问题。而在 1993 年,塞浦路斯人发现自己开始受到游客的冷落。

旅游市场的方方面面都有可能受到旅游时尚的影响。有人曾以为,诸如巴黎和阿姆斯特丹等极受欢迎的短假旅游目的地城市不会受到旅游时尚的影响。但是 1993 年的统计数字表明,这些城市现在已经属于成熟旅游目的地,而像布拉格和布达佩斯等新兴旅游目的地正在不断地与它们争夺游客。

从理论上讲,小型专项旅游经营商处于充分利用旅游时尚变化的最佳地位,因为他们已经在经营这些旅游目的地了。但是一旦大型旅游经营商进入,小型专项旅游经营商往往在价格方面处于劣势,并且随时面临着被挤出市场的危险。随着大众市场的进入,小型专项旅游经营商为数不多且品位较高的客人也许并不愿意与之为伍。这将带来许多变化,其结果是即使大众旅游者已经对其感到厌倦并开始前往新的目的地之后,该目的地也很难恢复原貌。(例如,已经建造的饭店仍将长期存在,无论他们看起来与周围的环境显得多么不协调。)

与风靡一时的目的地相对的一面则是受到游客冷落的目的地。20 世纪 70 年代著名的贝尼多姆旅游胜地在 80 年代迅速沦落为面向低消费游客的度假区。到了 20 世纪 90 年代,许多建筑在贝尼多姆周边的地区拔地而起,钢筋水泥建筑将其原来的美景破坏殆尽。另外,到贝尼多姆旅游的游客不仅囊中羞涩,而且还把所有的钱都用来买醉,因此为其赢得了一个令人不敢恭维的名声。旅游经营商也都不再继续宣传这个没有销路的旅游目的地。包括汤姆逊旅游集团在内的许多旅游经营商开始放弃经营贝尼多姆。面对这样严峻的现实,贝尼多姆有关当局开始采取各种措施进行清理整顿。种种迹象表明,贝尼多姆正在逐渐恢复往日的辉煌。同样面临游客流失威胁的马略卡岛也开始认真对待来自各个方面的批评,积极采取措施来争取吸引更有经济实力的游客。

(十一)气候条件

英国的气候对旅游经营商的影响虽然不大,但却非常明显。例如,如果英格兰出现了难得一见的艳阳高照、温暖宜人的天气,一些潜在游客(主要是晚期预订者)可能就会决定不出国而是在国内旅游。这会为经营国内旅游的经营商带来意想不到的收获。与此相反,在经历了阴霾多雨这一典型的英国夏天之后,也许会有更多的英国人打算在明年前往一个阳光灿烂的地方度过他们的两周长假。如果气候恶劣,尤其是 9 月份的天气不尽如人意,那么一些还没有度假的人或是在国内经历了潮湿多雨天气的度假者也许会选择在旅游季节结束之前,尤其是在 9 月份,预订去国外度假一周的旅游。

最容易受到不良天气影响的就是冬季运动度假旅游。如果滑雪胜地一年无雪或少雪,客人们自然不会急于预订下一年的滑雪度假项目,而是等到可以确定是否有雪为止。如果气象预报持续报道滑雪胜地无雪,连晚期预订也无法保证。

当然,境外旅游目的地的极端气候状况也会给旅游经营商的滑雪项目带来不利的影响。例如,在 1988 年吉尔伯特飓风对牙买加和墨西哥的尤卡坦半岛造成了巨大的破坏,致使许多旅游团被迫取消。

(十二)价格上涨

虽然旅游经营商显然可以在一定程度上控制其价格,但是一些他们无法控制的因素也可能迫使他们提价,而提价可能会影响一些旅游项目的销路。这种提价可能是由于飞机燃料价格上涨(正如 1974 年和 1979 年所发生的那样),也可能是因为新税种的出现或税款额度的上调,以及汇率的波动等。1992 年英镑退出欧洲汇率稳定机制,英镑随即贬值了 14%。这导致了价格上涨并使得许多旅游经营商在 1993 年疲于应对。许多旅游经营商多年来第一次被迫在宣传价的基础上加收不得人心的附加费或者面临在外汇交易中蒙受惨重损失的风险。

1992年11月，希腊将旅游税提高到每位游客15英镑。由于这一政策出台较晚，所以没有影响1992年～1993年的冬季旅游。但是经营希腊旅游——尤其是专营希腊旅游的旅游经营商在市场前景不确定的前提下，迟迟不敢把上调税款加在1993年夏季的旅游定价中。在此一个月以前，印度曾推出了20%的旅游税。旅游经营商对此表示反对，认为这会给游客留下前往印度旅游非常昂贵的印象，因而势必为前往印度的旅游市场带来长期的不良后果。然而，对于为数不多的英国游客而言，印度远隔千山万水，所以是一个"一生仅此一次"的旅游目的地，为此多花点钱也心甘情愿。然而，地中海沿岸不乏拥有阳光海滩的国家，所有的国家都在争取相同的大众旅游市场，希腊只不过是这些众多国家中的一员。所以希腊游价格的上涨会使潜在游客转而前往西班牙、意大利或土耳其。对于经营以上所有旅游线路的大型旅游经营商而言，这仅仅意味着销售一条不同的旅游线路。但是对于经营希腊游的专项旅游经营商而言，这就意味着游客的彻底流失。缴税的方式也很重要。土耳其也征收旅游税，但是该国的旅游税是在游客抵达机场后以现金的方式缴纳的，因此不会影响旅游宣传价。而希腊的旅游税必须在出发之前缴纳。对此，英国的旅游经营商在这方面的做法很灵活。桑维尔旅游公司一般是把旅游价格提高9英镑，航联国际旅游公司放弃原来保证无附加税的做法，以此挽回缴税的损失，而专门经营希腊游的奥林匹克旅游公司决定承担旅游税而不提价，尽管这意味着销售8万个希腊游名额的成本将会因此提高100万英镑。航空连接旅游公司也推出了前往土耳其的新旅游项目，因为该公司认为许多游客会由于希腊游价格的上涨而改变旅游目的地，而最有可能从中获益的国家就是土耳其。1993年夏季，前往希腊旅游的人数下降了，许多人改弦易辙飞往西班牙。

1994年，英国新出台的机场税规定：飞往欧盟国家的游客每人需要缴纳5英镑的机场税，飞往欧盟以外国家的游客每人需要缴纳10英镑的机场税。为此，旅游经营商不得不将机场税加入旅游价格之中。

（十三）其他因素

旅游经营商使尽浑身解数在其宣传册和广告中塑造自己所经营的旅游目的地的形象，以便吸引旅游者前去旅游度假。然而，媒体的负面报道会对旅游经营产生难以估量的影响。1988年和1989年，有关西班牙海岸发生了耸人听闻的酒后闹事的报道很难使有品位的富裕游客前往西班牙海岸度假。有关对牙买加等国犯罪率的夸张报道也可能会为旅游经营造成很大的困难。由于报道肯尼亚发生了袭击游客事件，去往肯尼亚旅游的预订大幅度减少，以致英格汉姆旅游公司于 1993 年完全从该国撤出。1993 年佛罗里达发生的谋杀和行凶抢劫事件引起了公众的恐慌并迫使斯威纳德旅游公司在 6 年之后为其只提供住宿的美国游的宣传册改名，并将佛罗里达从中取消。与此同时，一些旅游经营商声称，游客对安排导游陪同的佛罗里达游的兴趣与日俱增，因为他们认为这样会更安全一些。

20 世纪 90 年代初期，绿色环境保护运动方兴未艾。这使得那些容易引起公众恐慌的环境污染报道对旅游业更具破坏性，其中之一就是 80 年代有关意大利沿海出现海藻泛滥的报道。

1992 年～1993 年期间，由于圣斯伯里连锁超市为顾客提供免费航班，许多经营城市短假的旅游经营商销售额大减。旅游之景旅游公司采取种种措施来弥补损失。例如，为能够拉到仅经营客房预订的代理商提供回扣就是其一。

虽然所有的旅游经营商都难免受到某些外部因素的影响，但是长线旅游经营商也许会蒙受更大的风险，其中经营“探险游”的旅游经营商所面临的风险最大。这是由于他们所提供的旅游的性质所决定的：冒险进入政局动荡的国家或地区，承受汇率不稳定、公共卫生水平低下等风险。以下是内陆探险旅游公司在其宣传册中对于备选路线所产生的潜在额外费用所作出的说明：

对探险旅游者而言，偶尔出现的紧张政治局势是不可避免的。这种紧张局势可能是边境争端和/或敌对状态，也可能是旅行途中的某个国家拒绝给旅游团队中某一国籍的旅游者发放签证，因为这两个国家之间存在着外交纠纷。

我们非常熟悉此类情况。如果某一旅游项目无法如期进行或者计划考虑不周，那么我们将会为游客提供最佳备选方案。就此而言，本公司一直享有盛誉（例如在应对最近的海湾战争局势方面）。

鉴于此类情况鲜有发生，因此将不必要的费用包括在旅游价格中有失公允。但是从另一个角度看，如果根本不考虑这项潜在的费用又有失职之嫌。事实上，确实存在着可能影响现实或重要探险活动的政治力量或其他不可抗力。

在这种情况下，我们将在经过全面调查之后实施最佳备选方案。如果需要使用飞机或轮船，势必导致支付额外费用。一旦发生此类情况，内陆探险旅游公司将负责为每位游客承担前 300 美元的费用。如果需要追加费用，游客个人所需要承担的费用最高不超过250美元,其余部分完全由内陆探险旅游公司承担。

因此,您可能承担的并且明确有限的费用是用于支付由于内陆探险旅游公司无法控制的原因所导致的使用飞机或轮船所产生的额外而必要的支出。

资料来源:内陆探险旅游公司

三、制约因素

旅游经营商也不可能把旅游业务开展到世界所有的地区。他们尤其会受到以下因素的制约:

(1)政治与文化因素

(2)旅游接待国的政治经济环境

(一)政治与文化因素

鉴于本国文化有可能在同外国人的交往过程中遭到同化,有些国家的政府为外国游客的来访设置了一些障碍。他们的做法是:签证的速度缓慢而且价格昂贵,限制游客只可以换取固定数额的外汇,并限制外国游客可以游览和居住的范围。目前,这些限制正在消失。于是,经营前往这些国家旅游(尤其是布拉格和布达佩斯的城市短假旅游)的旅游经营商犹如雨后春笋般地涌现出来。

还有一些国家为了保护本国的文化而拒绝接待外国游客。比如,位于喜马拉雅山麓的小国不丹王国严格控制每年发放给外国人的签证数量。缅甸只发放为期一个月的短期签证,因此无法像与它毗邻的泰国那样发展成为一个旅游大国。厄瓜多尔为了保护当地的动植物群,也严格限制去加拉帕戈斯群岛旅游的人数。然而,拿到厄瓜多尔旅游许可证的人数还是每年递增。这说明,厄瓜多尔执行其政策并不像不丹人那么坚决。

(二)旅游接待国的社会经济条件

从理论上说,汤姆逊旅游集团或帝王旅游公司可以随意推出前往乍得、苏丹或孟加拉等国家的旅游项目。但是实际上,这些国家极度贫困,基础设施匮乏,高温天气令人望而却步,并且旅游景点为数有限。这些因素再次表明,只有专项旅游经营商——主要是经营内陆探险的旅游经营商——才会对这类国家产生兴趣。

四、旅游经营对旅游接待国的影响

旅游经营商每年都要安排数以百万计的游客前往世界各地旅游度假,这势必会对旅游接待国造成一定的影响。但是,很难用一句话概括地说明旅游业究竟给旅游接待国带来了什么样的影响。有时旅游业会产生积极的影响,而有时则会带来负面影响。通常,各种影响交织在一起。本节将阐述旅游业在下面四大方面给旅游接待国带来的影响:

- 经济
- 社会
- 环境
- 政治

(一)旅游经营给旅游接待国带来的经济影响

1.资金

大量外国度假者的入境必然会影响一个国家的正常秩序。因此,该国的政府如果认为无法从旅游业中获得经济利益,就不会欢迎外国度假者的来访。境外的旅游经营商需要向该国的饭店、地接社、甚至是国有航空公司支付费用。外国游客在酒吧、餐馆和商场等地方消费,从而使大量的资金流入该国。从旅游业中赚取的大量资金无疑对西班牙自20世纪50年代以来的经济发展起到了促进作用。同样在葡萄牙、希腊和土耳其等国,包价旅游者经常光顾的地区都是这些国家最富裕的地区。

然而我们不能想当然地认为,旅游者在旅游接待国的全部或大部分消费完全落入该国的口袋里。一般而言,旅游公司通常为旅游客源国而不是旅游接待国所拥有。显而易见,一部分旅游收益将会成为这些旅游公司的经营利润。在欧洲,越来越多的旅游公司同时拥有自己的航空公司。毋庸置疑,用于支付机票的费用最终又回流到旅游公司的手里。一些旅游经营商甚至还拥有度假饭店，以确保肥水不流外人田。至少是在发达国家，饭店所售出的食品原料全部来自当地，并且游客在胶卷、纪念品、饮料和外出就餐等方面的消费大部分为当地人所赚取。但是在发展中国家，甚至连一些食物、饮料和胶卷都要从旅游客源国进口，以满足游客的购物需求，因为这些旅游接待国家要么根本无法生产这些商品，要么所生产的商品质量无法达到外国游客的要求。在这种情况下，旅游接待国能够获得的旅游利润少得可怜。如果团队旅游使用旅游客源国的航空公司，而只在旅游接待国住宿和用餐，那么旅游接待国仅能赚到旅游零售价格的40%。如果饭店也属于旅游经营商或外国所有，那么旅游接待国仅能赚到旅游零售价格的25%。加勒比海游轮旅游的案例生动地说明了这个道理。从理论上讲，这些非常昂贵的游轮旅游理所当然地会为旅游接待国带来丰厚的利润。但是事实上，游轮大多属于一些大型跨国旅游经营商所拥有，而且俨然是一座漂浮在海上的饭店，所以游客不需要入住旅游目的地的饭店，从而使该目的地无法从饭店住宿消费中获益。由于游轮旅游者不需要长时间停留在岸上，所以他们也不经常去高档餐馆就餐。因此，加勒比海各岛屿上的居民只能从短途游览、纪念品、小吃和饮料中获取收益。同样，1987年有关太平洋岛屿旅游的调查研究结果显示，几乎三分之二的旅游利润从太平洋地区回流到外国旅游经营商和所有者手中。

2.就业机会

英国本土的旅游经营商所雇用的大部分员工，其中包括度假区的业务代表，都是从英国国内招聘的。然而，旅游经营商也可以间接地为本地人提供就业机会，特别是在一些饭店，因为其员工主要是在当地招聘的。一些持批评态度的人士指出，高薪职位和重要的管理工作仍然为英国雇员保留。例如，像南斯拉夫旅游公司这样的旅游经营商雇用当地人做饭店的业务代表，但是却委派一个英国高级业务代表来监督他们的工作。在英国，饭店和餐馆的工作通常被看成是低级工作，但是在全世界范围内并非如此，尤其是在一些发展中国家。饭店的工作虽然季节性强，而且工作时间不固定，但是与其他的工作相比，尤其是与异常艰苦的农业劳动相比，还是具有很大的吸引力。

(二)旅游经营给旅游接待国带来的社会影响

旅游业对旅游接待国的社会生活所产生的影响主要来自旅游者而不是旅

游经营商。然而，既然是旅游经营商首先把旅游者带到了那里，因此他们对于出现的问题也就难辞其咎。

1. 改变的社会机会

在相对贫穷的国家里，旅游业为部分当地居民提供了就业机会。不论是在饭店工作还是当导游，他们都比自己的同胞拥有更多的机会。他们的工资更高，工作环境更舒适。另外，与外国游客的接触也使他们有可能获得其他人无法期盼的机会。

2. 男女关系

旅游业会产生什么样的社会影响在很大程度上取决于当地的文化特征。在穆斯林国家，当地妇女根本不出头露面，因此，旅游业的工作，甚至是一些在西方国家主要由女性承担的工作，都是由男性承担的。这有可能会破坏传统的社会关系。例如，突尼斯旅游业提供的许多就业机会都集中在沿海的饭店，因此一些满怀抱负的男性离开了地处内陆的故乡，来此寻求更好的工作。这种情况有时甚至会造成内陆村庄的男性农业劳动力短缺的局面。其中一些男子与女性游客结婚，从而缩小了当地妇女的择偶范围。即使不与外国人结婚，他们中的一些人还是会同外国人保持暧昧关系，而他们的妻子绝对不可能做出这样的事情。结果就是，这些男人不再安心于传统意义上的丈夫和一家之主的角色。

3. 土地资源

如果一个国家的旅游业十分发达，建造饭店的土地资源就显得十分宝贵。虽然一些土地所有者可以从土地买卖中获利，但是大多数当地居民所要面临的问题则是无力应对地价的飞涨。更糟的是，有时当地居民还被迫拆迁，以便为旅游业的项目开发让路。墨西哥的阿卡普尔科在发展为度假胜地过程中，就曾发生过这种情况。

4. 犯罪率和色情业

旅游业带来的另一个让人感到遗憾的副作用就是犯罪率的上升。虽然这个问题在发展中国家（如肯尼亚和厄瓜多尔）表现最为严重——主要是因为发展中国家的人民生活水平与外国旅游者的生活水平相差十分悬殊，然而在意大利、西班牙和美国等国家的旅游者也往往成为小偷们的行窃对象。

在一些接待大量外国游客的贫穷国家里，乞讨成为了一个十分棘手的问题。开始是儿童向游客索要钢笔和糖果，进而演变成纠缠甚至恐吓游客来索要现金。游牧民族马萨伊人的一贯做法是，如果游客给他们拍照，就要支付一些酬金。他们为自己作出的辩解是，既然自己提供了“服务”，理所当然应该得到一些报酬。当然，这种说法也不是毫无道理。但是，坦桑尼亚政府反对外国游客拍摄当地居民并为之付钱的做法，其理由是这样做会鼓励那些以此为生的人不去寻求更有意义的工作。另外还有人担任无证导游，虽然看似没有什么危害，其实危害无穷。在摩洛哥，这些导游经常不顾游客的意愿，强行增加服务项目，甚至将客人引领到与养殖场无异的阿拉伯人聚居区，然后强行向游客索要费用，之后才肯把他们带出去。与这些导游一脉相承的另一种人是所谓的“朋友”。这些人在冈比亚和斯里兰卡等国家的海滩附近游荡，时刻准备接近外国游客。其中以年轻男性居多，他们设法接近孤身一人的西方女性，希望能去她们的国家生活。

与旅游业相关的最为严重的问题莫过于贫穷国家色情活动的日益猖獗，其中最严重的有泰国、肯尼亚、斯里兰卡和菲律宾。当地的成年男女与外国旅游者进行色情交易已实属伤风败俗了，但是最近出现了越来越多的儿童色情活动——主要在泰国。这一现象出现的原因是，西方嫖客们为了减少感染艾滋病的概率而到国外寻猎“雏妓”。

5.“人类动物园”

与旅游业相关的另一个问题就是，在一些国家里西方游客将当地居民与那里的野生动物一样看待。只要翻阅一下介绍非洲野生动物观赏游的宣传册就会发现，马萨伊人、萨伯勒斯人和俾格米人与狮子、猎豹一起被宣传为非洲旅游的特色，仿佛当地的土著居民与野生动物别无二致。主要是在泰国，偶尔也出现在马来西亚东部的沙捞越以及其他一些地区举办的“徒步游览原始部落”项目，这使得西方游客把部落居民视为“另类”。由于存在着语言障碍，所以西方游客无法与部落居民进行一些有意义的交流沟通。游客们只是惊异于色彩斑斓的部落，为他们拍照，或者购买一些他们的手工制品，然后就匆匆离去。

6.游客的行为举止与穿着打扮

在一些国家，游客的行为举止可能会引起当地居民的不满。例如，穆斯林国家的女性把自己从头到脚全部遮掩起来,而西方女性游客过于短小的衣服就让当地人感到难以容忍。如果游客进入清真寺时身穿短裤或忘记将头部或肩膀遮起来,就会引起更大的愤怒。即使在轻松随便的泰国,由于当地人的穿着比较保守,所以如果游客忽略他们的习俗,他们还是会感到不悦的。

(三)旅游经营给旅游接待国带来的环境影响

旅游评论家已经注意到,旅游业给环境带来的负面影响主要涉及以下4个方面:

- 不适当的开发——丑陋的建筑物外观与周围环境之间缺乏和谐,或是在建造时忽略了基础设施方面的欠缺(道路、污水处理、供水系统等)。在某些情况下——尤其是在夏威夷,一些饭店竟然建在宗教圣地,因此不得不拒绝当地居民入内。
- 对当地动植物的自然栖息环境造成破坏,尤其以海滨或滑雪胜地的情况最为严重,并将威胁到野生动物的生存。众所周知的案例包括地中海东部的僧海豹和土耳其达岩和希腊赞特岛的红海龟。脆弱的珊瑚礁也会由于旅游业漫无边际的开发而遭到破坏。
- 日益严重的土地和海洋污染问题。
- 对当地动植物种群造成的损害。这主要是为了制作纪念品所致,如象牙饰品和蛇皮腰带等。

在另一方面,为了达到吸引游客的目的,贫穷国家应该建立国家公园来保护本国的野生动物和优美的风景。对于有可能拆迁的古建筑也应该大力保存,或争取做到古为今用(当作饭店或餐馆),以便使环境更加宜人。

由于旅游经营商不负责基础设施的建设,并且也很少自行建造饭店,因此在旅游业给当地环境造成的影响这个问题上,他们几乎无需承担任何直接的责任。一般而言,各级政府或相关政府部门负责国家公园的建设和经营,以及历史遗迹的保存。饭店的外观和地理位置一般是由饭店业主、建筑商和政府来决定的。地方政府部门通常负责确保排水系统和道路交通系统以及其他的设施能够满足某一地区一定人口的需求。

但是存在这样一个不争的事实,即旅游经营商对这些事务的影响力不可低估。如果旅游经营商认为某饭店在设计建造过程中忽略了对周边环境的影响,并一致决定不使用该饭店,那么其他的开发商就不敢再这么无所顾忌地进行建设了。如果旅游经营商联合起来抵制排水系统有缺陷的饭店,那么自然会迫使当地政府采取措施予以解决。虽然在优美的风景区乱扔果皮纸屑的是游客而并非旅游经营商,但是旅游经营商可以利用其独特的地位告诉客人在国外如何才能做到行为举止得体。他们可以通过宣传册或在给客人送机票时附加材料等方式向客人进行宣传教育。如果旅游经营商使用自己航空公司的飞机将游客送抵度假胜地,那么他们还可以借助飞机上的录像系统这一非常有效的传播工具,向客人传递有关环保以及符合当地衣着习惯的信息。

保护区之友

肯尼亚拥有一些世界最著名的野生动物公园——在这里许多游客都可以满怀惊喜地亲眼目睹野生动物在丛林中悠闲漫步的景象。

但是为了使这些公园及其野生动物得以保存,肯尼亚野生动物保护局需要您的帮助。肯尼亚的野生动物公园和自然保护区正面临着由人口猛增所带来的巨大压力。如果这些野生动物公园和自然保护区无法证实其自身的价值,那么就会屈从于这种压力而逐渐走向灭亡。我们相信,旅游业可以伸出援助之手,从而避免这一灾难的发生。

库奥尼旅游公司与在英国注册的慈善机构"自然保护之友"共同资助"自然保护之友"与肯尼亚野生动物保护局联合进行的项目。这些项目是由理查德·李奇博士亲自负责的。所有在库奥尼旅游公司安排下参加赴肯尼亚野生动物观赏游的游客每人捐赠2英镑。这笔款项将成为库奥尼旅游公司1993年向肯尼亚野生动物保护局提供的捐赠。

这些捐款可以保证下列项目的顺利进行:

● 野生动物保护项目:本项目的任务包括反盗猎行动、救护受伤动物、对旅游观光车辆给动物带来的骚扰进行监控以及照料野生动物。

● 转移河马并且增加野生动物兽医项目——资助兽医提高专业知识,以及把濒危的河马转移到受保护的禁猎区。

● 社区保护与教育项目——资助当地的自然保护组织,并为学校提供教育材料。

如果您有意为肯尼亚野生动物服务组织提供更多的捐助,可以从下列地址获取更多信息:

自然保护之友
斯隆广场大楼
霍尔拜因广场
伦敦 SW1W 8NS
电话:071 730 7904
慈善机构注册号码:328176
赞助人:HRH 威尔士亲王

对您为肯尼亚野生动物保护所做的一切,我们将不胜感激。

图 11－2 库奥尼旅游公司同保护区之友的合作

资料来源:库奥尼旅游公司

五、旅游经营商的反应

旅游经营商也越来越清楚地认识到，如果不对游客数量加以控制，必将带来灾难性的后果。同时他们还意识到开发“绿色”或可持续旅游产品的必要性。因为从自身利益出发，他们希望获得更大的利益。例如，如果度假者认为某个度假胜地遭到污染或威胁，他们就不可能购买前往该地的包价旅游产品，这将直接威胁到旅游经营商的利益。由于旅游经营商还可以转向其他地区的旅游业务，所以上述问题在短期内只能影响到度假区的经营者。另外，即使一个度假区的环境污染相当严重，也还是可以苟延残喘几年的，因为现在刚刚开放的东欧人开始享受海外度假旅游了，并且有着与英国旅游者在 20 世纪 70 年代一样的期待值。即便如此，布拉瓦海岸和马略卡当地政府还是在竭尽全力地改善自身形象，以防止旅游经营商取消前往该地的旅游项目，同时还积极采取措施以期重新招徕利润丰厚的高端旅游市场。然而，旅游经营商不可能无限制地采取变换旅游目的地的做法来回避问题（毕竟地中海沿岸已经没有多少旅游开发空间了）。无论如何，如果旅游经营商把其旅游项目转向其他地区，这意味着他们将抛弃多年以来苦心经营地与当地饭店业主和其他供应商建立起来的良好合作关系。因此，环境改善也符合旅游经营商的既得利益。

一些小型专项旅游经营商已经在环境保护方面作出了显著的业绩。例如，土耳其乐趣旅游公司在其 1992 年宣告破产之前，曾经资助土耳其南部达岩地区的海龟保护活动，因为在附近开发的旅游设施威胁到该地区海龟的繁殖。格尔巴旅游公司在内罗毕设立了一家雇用当地人的公司，支持世界自然保护基金会的项目，并向“援助行动”慈善机构捐赠资金（该公司把这些保护自然活动列入其宣传册，这表明该公司认为这些保护自然的活动可以成为其卖点）。库奥尼旅游公司与英国慈善机构“自然保护之友”合作，资助肯尼亚野生动物保护局的工作，从每个预订东非野生动物观赏游的游客所交纳的费用中捐出两英镑（请参阅图 11－3）。独立旅游经营商协会甚至参与筹建了绿色旗帜国际组织，而且还在其 1993 年的旅游宣传册中增添了“环保提示”来强化游客们的环保意识（请参阅图 14）。1993 年，独立旅游经营商协会也对滑雪胜地给周边环境带来的影响作了一次非常全面的调查，以期制订更加合理使用滑雪场地的规章制度。这样做一方面可以保障滑雪者的安全，另一方面也可以保持滑雪坡道的状况。汤姆逊旅游集团于1992年专门指派一位环保经理负责监督该集团各旅游项目对东道主国环境所造成的影响，并在其1993年夏季阳光游宣传册中增添了下面一些有关游客须知的内容：

- 请勿随地乱扔废弃物

随地乱扔的垃圾有碍观瞻。因此即使他人有此种行为，请您务必严于律己。

- 请节约用水

热带地区的水资源尤其珍贵，请您节约用水。

- 请勿浪费能源

如果不需要使用，请随手关闭电灯、电器和煤气设备。

环保提示：

请留意当地的食品和特色菜肴——您的度假会因此而更加愉快。您在回国之后还可以丰富自家的菜谱。

环保提示：

出发前可以购买一本外语常用手册，抽时间学习一些当地的语言。掌握目的地的一些文化和历史知识可以使您的行程更加回味无穷。

环保提示：

携带环保的防晒霜和乳液——这样可以保护水源免受不必要的污染。

环保提示：

尊重当地的人衣着和举止习惯。

环保提示：

如果您有一些有助于旅游经营商改善环保措施的设想，请将您的设想寄给旅游经营商。

环保提示：

以环保的方式开始您的旅行——如有可能，请乘公共汽车抵达和离开机场。

环保提示：

选择取材自然的润肤油和皮肤护理品——购买自然产品可以为第三世界国家的经济助上一臂之力。

环保提示：

不要乱扔废弃物，保持世界的清洁与卫生。

环保提示：

使用相机拍摄美丽的花草树木与动物。千万不要带走任何动植物。

环保提示：

度假期间尽量选择公共交通工具、自行车或步行。这样您可以接触到当地人，并且您的所见所闻远多于坐汽车所能见到的。

环保提示：

不要随意浪费能源。

环保提示：

携带环保型的清洁剂和洗发精，以保护河流与海洋的水资源免受污染。

图11-3　1993年独立旅游经营商协会的完全度假手册

资料来源：独立旅游经营商协会

● 请注意防火

在气候炎热干燥的国家中，随手丢弃的烟头和未完全熄灭的野餐篝火很容易引发火灾。

● 请遵守乡村生活规则

请锁好门窗，请勿穿越田地，请勿损坏篱笆、围墙或树篱，请尊重乡村居民的生活习惯。

● 请尊重他人的权利

安静平和的假期是所有度假者的共同心愿，噪音扰民，请多为他人着想。

● 请保护当地野生动物

请勿捕捞珊瑚、贝壳、礁岩动物或其他海洋动物，许多动物都受到法律的保护。请勿购买由龟壳、象牙、蛇皮、毛皮或珍贵羽毛制成的纪念品。

为了鼓励和促进绿色旅游，英国航空公司与其他机构共同设立了“明日旅游奖”。因此，英航假日旅游公司在其度假手册中为旅游者提出类似的建议也就不足为奇了。这些建议如下：

● 请记住，无论去往何地，您都有更多的机会了解周围的环境、风景、动植物种群和当地的居民。

● 如果您徒步或骑自行车去野外游玩，请您在离开时带走所携物品。请勿乱扔废弃物，保持当地的清洁。

● 请打消从历史遗迹、风景名胜带走“纪念品”的念头，请勿采摘奇花异草。

● 只留下足迹，只带走照片。

● 如果您去潜水，请牢记珊瑚是一种十分敏感的生物。触摸和摩擦将使其万花筒般的美丽色彩化为一片死灰。

● 特别提醒您：为了制止使用濒危动物制作纪念品的行为，请勿购买象牙、贝壳、龟壳、动物皮毛和羽毛等制品。如果您实在无法抵制诱惑，那么您应该知道，将此类制品带回英国属违法行为。

在英航假日旅游公司分发给顾客的服务调查问卷中，就有一部分提问是用来调查公众如何看待影响其旅游度假的环境因素的。

如何定义可持续发展的、环保的或对环境敏感的旅游，也是一个十分棘手的问题。1993 年独立旅游经营商协会在《完全度假手册》中提出，这意味着为旅游接待国带来较小负面影响，并且充分考虑到当地居民和野生动物需求的小规模旅游活动。另外，“绿色”旅游还应该鼓励对传统建筑（而不是兴建崭新的饭店)进行再利用,并应该积极寻找各种途径以保护传统的生活方式和传统的手工业。

一些旅游经营商通过发起新的"环保意识"活动来积极顺应这种潮流。例如,考克斯 & 金斯旅游公司新近推出了"环保之旅"宣传册,其特色在于推广从南非到马略卡岛等世界各地的植物游。也许有人说,此类旅游并无新意,而且也无法从根本上解决大众旅游所带来的问题。有人也许还会说,这种生态旅游本身就十分令人怀疑,因为它把大批游客带到生态环境非常脆弱的地区,而这些地区根本无法适应这么多游客的到来。

六、旅游压力集团

20 世纪 80 和 90 年代旅游业的迅猛发展所带来的负面影响日益明显。为此,致力于消除这些负面影响的压力集团应运而生。第一个压力集团是 1989 年成立的"关注旅游组织"。它致力于宣传旅游的负面效应,并教育公众如何成为一个有公德的旅游者。虽然许多旅游经营商的业务代表以个人身份加入"关注旅游组织",但是旅游经营商却无法获准加入该组织,这样做的目的是确保该组织不会受到任何商业倾向的影响。"关注旅游组织"曾经订立过一份"喜马拉雅山游客须知"(请参阅图 11－5),就如何保护喜马拉雅山的环境向游客提出了一些建议。一些像高山旅游公司等专营喜马拉雅山地游的旅游经营商同意将"须知"附在自己的宣传册中?

与此相对应的绿色旗帜国际组织(GFI)成立于 1990 年,它与多家旅游经营商合作,并确定一些旅游经营商可以在旅游接待国参与和投资项目。以下的旅游经营商是绿色旗帜国际组织的正式会员:

航空旅行集团	北极体验旅游公司
布莱顿专线旅游公司	英国航空公司
绿色商务旅游公司	校园中心旅游公司
坎塔布里科俱乐部公司	全国度假旅游公司
考克斯 & 金斯旅游公司	CV 旅游公司
极乐世界旅游公司	ESPIRIT 旅游公司
欧洲露营旅游公司	探索旅游公司
希腊档案旅游公司	希腊岛屿俱乐部
格尔巴探险旅游公司	自助游旅游公司

喜马拉雅山游客须知

遵守下列准则有助于保护喜马拉雅山独特的自然环境和悠久的历史文化。

保护自然环境

● 请勿毁坏森林——禁止使用明火，如遇他人有此类行为，请予以制止。尽量少地使用稀少的木柴烧水。如有可能，选择入住使用煤油炉或节能型燃木炉的住宿设施。

● 带走废弃物，焚烧或掩埋废纸，并带走所有不可分解的废弃物。涂鸦永远是环境的大敌。

● 保持当地水源清洁，避免在河流和泉水中使用类似清洁剂的污染物。如果没有厕所，请确保距离水源30米以外处解手，并及时掩埋排泄物。

● 确保植物在自然环境中生长。在喜马拉雅山的许多地方，砍伐植物插条、剥取种子和抽拔植物根茎的做法都属于违法行为。

● 协助导游和搬运工遵守保护区的法规。

● 拍照时请尊重他人隐私——事先征得同意，学会自我约束。

● 尊重圣地——保护您所看到的一切，不要触摸或移动宗教圣物。在参观寺庙时请脱掉鞋子。

● 施舍儿童可能会鼓励人们乞讨。为某些项目、卫生中心或学校捐助是一种更为有效的方式。

● 如果您希望受到款待和欢迎，就必须遵守当地的风俗习惯。例如，吃饭和打招呼时请使用右手，不要同他人合用餐具和茶杯等。应该使用双手赠送和接受礼物。

● 尊重当地的礼仪将为您赢得同样的尊敬——宽大轻质的服饰比暴露身体的短裤和外套以及紧身运动服更容易赢得当地人的好感。当地人不喜欢当众拉手和接吻。

● 注意食物和床位的标准价格，不要姑息高价宰客行为。在购物时您应该注意到，正是由于当地菲薄的收入水平，所以货物才会物美价廉。

● 游客尊重当地传统可以激发当地居民的自豪感，并有助于保护当地的文化。请帮助当地居民客观地看待西方国家的生活。

喜马拉雅山可能会改变您

但请您不要改变它

作为客人，请尊重当地传统

保护当地文化，维护当地自豪感

耐心、友善、谨慎

牢记：您只是个过客

关注旅游组织

福罗培尔学院，罗汉普顿大街，伦敦 SW15 5PU

电话：081－878－9053

图11－4　“关注旅游组织”的喜马拉雅山游客须知

资料来源：“关注旅游组织”

赤脚度假旅游公司	拉丁之旅旅游公司
美国国际旅游公司	克尔克旅游公司
滑雪旅游公司	米昂假日旅游公司
莫斯温旅游公司	NSR 旅游公司
全景度假旅行集团	真正克里特岛旅游公司
RCI 旅游公司	彩虹旅游公司
新普利旅游公司	精选目的地旅游公司
阳光天恩旅游公司	太阳黑子旅游公司
桑维尔旅游公司	旅游和普通保险旅游有限公司
上敏斯特旅行俱乐部	VTD 旅游公司
伊丽纳环球旅游公司	东非野生动物狩猎游公司
野生动物观赏旅游公司	YHA 旅游公司

另外,一些旅游经营商还是国际绿色旗帜组织的非正式会员。目前,国际绿色旗帜组织下属共有 51 家旅游经营商,每年的旅游销售额达 200 万人次。以下是一些该组织所参与的项目:

- 开展环境保护大检查,给儿童表演环保节目,向欧洲的客人提供环保建议。
- 为英国航空公司(速鸟)提供有关印度、肯尼亚和泰国的环境保护的报告。
- 为蒂姆斯威旅游公司的客人撰写宣传手册,以供对希腊岛屿的选择。
- 同印刷业的销售代表合作,通过废纸再利用计划来减少废弃物。

为了撰写《保护地球的旅游度假》一书,约翰·埃尔金顿和朱丽叶·海利斯于 1991 年采访了 200 个旅游经营商,以确定其对于环保问题的态度,其中大约 40%的受访者做了答复。根据这些答复,埃尔金顿和海利斯得出这样的结论:环保问题显然尚未受到大多数旅游经营商的严肃对待,而小型和中型旅游经营商比大型经营商做得更好。他们还注意到,经济衰退甚至使一些业已存在的环保措施不幸夭折。在该书的结尾,他们还附上一份长的清单以便于消费者确认旅游经营商重视环保的程度。

埃尔金顿和海利斯指出了游客关注的十大方面:

1.旅游者信息

这应该包括:

- 旅游经营商在其宣传册中阐明其环保政策以及具体的实施办法。

● 指导游客如何减少环境破坏以及如何融入当地文化。

● 有关具体目的地的环保问题和环保计划的资料简报，以及如何进行援助的信息。

● 具体介绍濒危物种……动物或植物……以及以这些动植物为原料的制成品出口的相关法律与规章制度。

● 说明运动和休闲活动可能对环境产生的影响，以及如何最大限度地减少此类影响。

2.社区项目

旅游经营商应该：

● 积极响应并参与旅游目的地举办的环保行动和项目，如捡废弃物活动等。

● 参与策划旅游胜地的开发，使之适应本地需求，而不单纯适应游客的需要。

● 扶持当地手工业，前提条件是不使用濒危或受保护的物种为原料。

● 鼓励当地居民同游客之间的交流，以加强双方的相互了解。

3.环保和自然保护项目

旅游经营商应该：

● 通过旅游宣传册积极宣传环保组织和环保行动。

● 为环保项目和组织捐款，可以把捐款同预订人数或利润结合起来。

● 积极支持世界或旅游目的地范围内的保护自然、文化或历史建筑的环保和自然保护项目。

● 考虑在尚无环保项目的地区设立一些环保项目。

● 鼓励客人监督环保项目及其运作的情况，并向旅游经营商提供反馈。

● 保证所有的旅游团都遵守当地的法规或相关的行为规范。

4.交通运输

旅游经营商应该：

● 了解自己所使用的交通运输工具对环境造成的影响。

● 向自己使用的交通运输公司（如航空公司和汽车租赁公司）施加压力，确保它们采取节能、废物再利用以及其他环保措施。

● 考虑选择更加环保的交通运输工具，如公交交通设施，利用火车取代飞机等。另外,如有可能,支持当地的交通运输系统。

● 确立严格的制度,要求巴士公司限定车速,车辆在停止状态时关闭引擎,并随时维修车辆。

● 确立汽车租赁的相关制度,确保租赁车辆是以柴油为动力的或装有催化转换器,并且一定是节能型的。

● 制订更有利于环保的驾车制度。

● 禁止公共汽车和小汽车驶入环保敏感地区,如中世纪古城镇的中心区等。

● 如果条件允许,提供当地自行车租赁公司的信息。

5.计划和发展

旅游经营商应该:

● 支持和鼓励当地政府的行动,甚至提出建议,以促进城镇中心步行街的建设。

● 帮助当地政府改善度假区的污水排放系统,以确保由旅游业带来的不断增加的人口的使用需要。

● 利用并改善现有的设施,而不是不断地转向新兴度假区或鼓励大兴土木。

● 确保所有的新建项目都以环保为宗旨,尽量使用当地传统的材料并与周围环境协调统一。

6.饭店与住宿

旅游经营商应该:

● 尽量选用当地饭店。这样,饭店的收入将流入当地的经济而不是被跨国公司转走。

● 要求大型饭店连锁企业对自己的经营进行环保检查,并在检查后进行必要的改善。

● 考虑是否确实需要诸如空调等现代化生活设施,尤其是在一些欠发达国家。

● 鼓励节能节水措施,此举在一些资源短缺的国家尤为重要。资助使用诸如太阳能等替换性能源的举措。

● 明确垃圾再利用应该成为或将尽快成为一项必要的工作。

● 为已经存在的或还在计划之中的创新环保型住宿设施提供资助。

7.政府和旅游代理商

旅游经营商应该:

● 提高政府和国内旅游代理商参与环保活动的力度。

● 明确指出,为了继续接待外国游客并增加旅游收入,各级政府必须采取的一些环保措施。

● 与旅游目的地国的政府官员建立一种直接而公开的关系。

● 就任何腐败行为向各国政府、各国旅游局或在国际范围内提出抗议,尤其是在环保项目的专用经费遭到挪用的情况下。

8.休闲活动

旅游经营商应该:

● 了解自己所推广和组织的休闲活动可能给环境带来的潜在影响。

● 检查本公司所使用的或本公司客人所使用的所有经营商,确保他们的行为不对环境造成危害。

● 制订游客行为指导准则,帮助游客最大限度地减少对环境的破坏。

● 坚决反对那些可能对环境造成过度破坏的活动,积极鼓励那些不会对环境造成很大破坏的活动。

9.建设环保型的旅游经营商

旅游经营商应该:

● 制订一份书面的环保政策。

● 对一切行为进行环保检查,并进行必要的修改。

● 研究竞争对手的良好做法,并在适当的情况下为己所用。

● 环保从办公室做起,包括对纸张、玻璃和罐头盒的循环再利用,减少垃圾。如有可能,办公文具和宣传手册一律采用再生纸。

● 鼓励员工和客人对办公室工作和度假项目提出环保意见。

10.沟通

旅游经营商应该:

● 应客人的要求,为他们提供本公司有关环保举措的资料。

● 规范旅游领队的行为准则。

- 及时与旅游代理商保持联系，以确保他们了解相关的环保信息。
- 对不能遵守环保或自然保护规章制度的旅游经营商进行举报。
- 为游客提供准确的，而非包装过的或扭曲的旅游接待国的情况。

（资料来源：维克多·高兰兹旅游有限公司）

问答题与讨论题

1. 在世界地图上标出那些很少出现在主流度假宣传册中的国家。讨论这些国家被排除在外的原因。你认为其中哪些国家有可能很快出现在宣传册中？

2. 列举世界各地在过去12个月中发生并且可能对旅游经营商产生重大影响的事件。你认为其中哪些事件是可以预测的？哪些事件将造成破坏性的影响？

3. 请阅读汤姆逊旅游集团1993年的夏季阳光宣传册、英航假日旅游公司1993年的全球宣传册以及独立旅游经营商协会1993年发行的《完全度假指南》。这些宣传册在哪些方面相似，又在哪些方面不同？你认为这些宣传册是否全面？在哪些方面还可以有所改善？

4. 请阅读摘自“关注旅游组织”的时事通讯——《焦点》（请参阅图11－6）中两篇并列刊登的专题报道。第一篇是关于泰国的“人类动物园”的。请比较一下宣传册、旅游指南和其他的资料对当地部落族群的描写介绍的异同。第二篇是关于饱受战火摧残的克罗地亚振兴旅游业的努力的。同样从报纸中搜集相关资料，与宣传册的描写进行对比。讨论有关“人类动物园”和战区旅游所涉及的道德问题。

5. 在媒体报道了1993年发生在佛罗里达的抢劫和枪杀外国游客的案件之后，迈阿密政府加强了警力巡逻，在机场配备了武警，设立清晰的道路指示牌，并取消了所有租赁车辆必须标有注册牌照字母的要求。他们开展了代号为TRAP的行动：如果警察认为司机迷了路，就有义务将他们引领到安全地带。航空旅游集团也针对那些恶性案件采取了降价的措施，还为那些不愿在机场租车的游客提供接送服务。从第二题中所提到的事件中找出6个例子，说明为了应对这些事件带来的危害，旅游经营商可以采取哪些措施？当地政府应该采取什么措施予以协助？

课后作业

1. 选择一家提供多国旅游项目的旅游经营商。了解该旅游经营商目前正在采取哪些措施来达到埃尔金顿和海利斯有关促进有责任感的旅游业的标准。(任课教师请注意:每个同学都应该选择不同的旅游经营商。)将你调查的结果写成一份报告,并向其他小组成员汇报。请老师复印所有的报告并分发给其他的同学。让同学们有足够时间阅读所有的报告,然后组织课堂讨论,讨论哪一个旅游经营商在促进有责任感的旅游业方面做得最好。

2. 围绕"有责任感的旅游业"这一论题以及旅游经营商在促进有责任感的旅游业所发挥的作用,存在着许多争议。围绕"只有旅游经营商积极促进旅游业,旅游业才可能生存"这一命题,组织课堂辩论。两名同学扮演旅游经营商(一个大型旅游经营商,一个小型专项旅游经营商——并不一定是真实存在的旅游经营商,只要同学清楚他们各自所代表的旅游经营商的经营范围、目标市场和经营规模即可)。一名同学扮演旅游压力集团——"关注旅游组织"的发言人,另外一名同学扮演自助游客并持有"大多数的环境破坏归因于包价旅游团队"这种观点。第五位同学以当地知名机构(地球之友、商业联合会或妇女协会等)的身份主持这场辩论。其他同学扮演对此感兴趣的游客,每位同学都要准备一个问题,在演讲结束后、投票之前向委员会提出。在辩论的最后,一名同学负责统计选票。另外一名同学则负责记录所有的发言以及最终的决定。

3. 全班同学两人一组,每组同学从下面的目的地中选出一个,准备一篇与"关注旅游组织"的专题报道相似的专题报道,以突出在这些地区的旅游业中所存在的具有争议的问题。在开始之前,每个小组都应该考虑所选目的地存在的具体问题。任课老师要给同学足够的调查时间,并指导同学寻找合适的资料来源。

- 土耳其东部
- 加勒比海岸
- 澳大利亚内地
- 亚马逊河
- 塞浦路斯(南部和北部)
- 夏威夷
- 果阿
- 南非
- 中国
- 厄瓜多尔

"来稿来信摘编"

部落的原始名称:荷蒙自由人
部落的泰国名称:原始苗人

在泰国北部山区的猎奇游与在世界其他地区的猎奇游的不同之处在于旅游的重点不是观赏景色，而是观赏当地的部落居民。

山区部落居民主要来源于中国和东南亚。他们之所以被称为第四世界人民，就是因为他们总是迁移不定并且从不考虑国界。

近几年来，由于人口快速膨胀以及随之而来的对土地资源的争夺，另外，由于受到泰国当地人的歧视和剥削，再加上旅游业的影响，这个部落的古老文化正面临着巨大的威胁，但是到目前为止，他们的总体生活方式并未受到太大的影响。

P·格雷和L·里多

《1992年泰国旅游指南》

快来感受这些非同寻常的部落吧!这些位于原始山区的部落村庄从未受到现代文明的影响，完全保存在最自然的环境之中。快来领略他们的文化和他们超越时间的生活吧!

1997年泰国清迈市家庭旅馆篱笆上面的广告词

苗人被认为是非常聪明的民族。传说在远古时期他们曾遭遇了一场饥荒。最后，苗人只能以食书度日。苗人认为他们无需学习读书和写字，因为文字已经融入了他们的身体里。

泰国旅游局的宣传册

山区部落

由于许多山区部落选择在高地建造家园，因此这个地区有着浓郁的民族色彩。这里共有7个部落——苗族、卡伦族、瑶族、傈僳族、拉瓦族、拉息族和阿黑亚族。虽然每个民族都有其独特的文化、宗教、语言和绚丽的服饰，但是他们却一样地殷勤好客，他们热情欢迎游客来参观游览他们那几乎从未受到20世纪影响的村庄。

泰国旅游局1990年有关清迈和泰国北部的介绍

今天，我们前来游览巴贡村。这个独特而原始的村落信奉鬼神。当地许多妇女佩带项圈、腿圈和臂圈。当地人认为长脖子是优雅和美丽的象征，长颈成为引人注目的景观。

出游旅游公司1991年有关泰国探险游的介绍

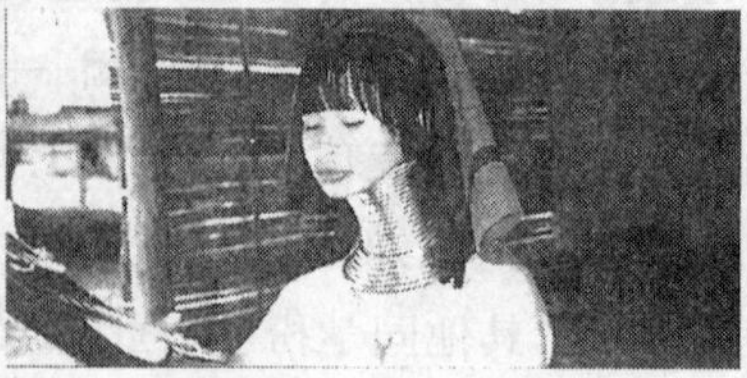

家庭旅馆篱笆上面的广告词

雄鹰旅游公司

彭和安尼特徒步游

(摘自《旅游评论》)

最初，我自己也无法确定是否参加徒步游。我所听到的故事千篇一律:外国人在不经意之间闯进了宁静的村庄，改变了那里原有的生活方式并使当地人接受外来的文化。我的一些朋友试图让我相信真正的徒步游有别于这样的传说，后来我发现确实如此。

徒步游并不是去看部落村民身穿传统服饰(主要是为了供游客观赏)，站在街道的两旁向你兜售小商品。这种徒步游带你游览村庄的真实面貌，让你了解一种离我们十分遥远的生活方式。

澳大利亚 珀斯市 沙纳雄鹰旅游公司1992年的徒步游宣传册

依哥族是6个山区部落中的一个。依哥族人在环境恶劣但风景优美的高地过着艰难的生活。

他们日复一日地重复着枯燥单调的生活，只有两件事可以为他们带来些许的兴奋:吸食鸦片和充当旅游观赏的对象。

1992年8月8~9日《卫报》周末版上的《部落巡回游》

我们的泰国罗摩游让您有机会领略真正的泰国。瀑布、野生丛林、质朴的生活、古城遗址、惊险的渡船、身穿鲜艳民族服装的部落居民及其传统和文化。

英航假日旅游公司1993年的《周游世界》

许多人担心如此大规模的旅游会破坏瑶族文化。山区部落是泰国北部最引人入胜的景观。人类学家对落后民族将失去本身的特色产生了忧虑。

但是勒桑奎对此却十分乐观。"不会出现问题"他说，"大多数游客居住在商亭附近的主道旁。有时游客连附近民宅中举办婚礼庆典都一无所知。事实上，我们应该对本民族的文化更感兴趣。另外，如果我看见当地人穿着现代服装就会感到气愤，因为这样游客就不会前来旅游了。可以说，旅游业有助于保护传统。"

蒂姆·弗西斯《游客故事》

《远东经济评论》1993年5月6日

图 11-5

巴东风情一瞥

……缅甸和老挝的一些部落民族迫于当地战事频繁离乡背井不过20年……而现在，他们却无法像长期以来一直居住在当地的居民那样轻而易举地获得身份证。

尽管他们指责我们落后、肮脏以及诸如此类的现象，他们仍然鼓励游客来看我们。

大约10年前，政府变得十分关注山区部落居民的状况。而在此之前，这些部落一直与世无争地生活在山林中……于是为了国家的发展，政府开始修建公路、兴建学校和公共卫生设施，以便将泰国所有的部落民族团结起来，组成统一的泰国大民族。

事实上，城市居民往往歧视我们部落民族。他们或许会说，因为我们没有天天洗澡，很肮脏，所以身上有难闻的气味。他们并不了解山区的实际生活状况。山区居民为了洗一次澡，不得不长途跋涉去挑水。

桑尼·丹旁杰

政府部门与社会论坛关于旅游业和土著居民的亚洲专家会谈

旅游综合症

7名妇女无精打采地照看着孩子，目光呆滞地注视着镜头。不知是出于祝福还是诅咒，这7名出生在星期四月圆之夜的妇女必须在脖子上佩带又高又紧的铜项圈。我们试图通过翻译同她们交谈，试图了解她们的姓名，和她们沟通，并以此来缓解我们的不安。但是这些长颈女早已对此司空见惯。出于文化习俗的原因，长颈族人直到去年还不允许游客在村内摄像。而现在，游客只须支付5英镑的酬金就可以给他们拍摄录像，并带回给家人观看。贫穷令人无法坚持原则。

克里斯蒂娜·伍诺

苏格兰

1993年1月24日星期日

泰国政府虽然不愿意接受来自缅甸边境战争的大多数部落难民，但是却极力挽留寻求避难的巴东部落的2名妇女在该国定居——这样做完全是出于吸引游客的考虑。泰国政府一方面努力交涉让她们居住下来，另一方面却把其他难民遣返回缅甸战区。巴东族即"长颈妇女"的部落，该部落的这2名妇女迫于种种压力已经成为泰国夜丰颂度假胜地吸引游客的摇钱树。

伊迪斯·T·米兰特，《旅游人质》

《幸存文化季刊》1990年第一期

参加猎奇游的人都渴望体验真实。然而真实情况一经与旅游者接触，就会变得不那么真实，因为外来文化的渗人难免会令其失去原汁原味。游客们不再满足于这种失去了强烈民族色彩的文化，尽管他们自己也要为此承担一部分责任，于是他们开始到其他地区寻找绝对真实。这种做法导致了猎奇游公司在所有山区部落村庄的范围内不断扩展其业务。每逢一村庄的原始文化受到外来因素的侵蚀，他们就开始另一个村庄的开发。

清迈大学部落问题研究所的专家们认为，泰国北部旅游业中存在的许多弊病都是因为旅游经营商的营销人员所宣传的神话和错误描述而造成的。

一些专家建议，应该允许更多的山区部落开放为旅游景点，然而他们也承认，由于大多数山区部落居民不属于泰国公民，这一做法又会引发其他问题。

《旅游：危害山区部落的经济作物》

《等高线》1988年12月

长颈的由来

对于缅甸内索村的巴东族妇女最初在脖子上佩带项圈的由来，一种解释是为避免其颈部受到虎神利齿的伤害。据说，虎神是奉神的旨意来惩罚那些追求物质享乐的妇女。

另外一种解释是，佩带项圈可以使村里的妇女变得丑陋不堪，从而避免被选入宫中做缅甸国王的嫔妃。

今天，虎神或不怀好意的缅甸国王所带来的威胁已不复存在，但是巴东族妇女却发现自己脖子上的金属环竟然成为游客趋之若鹜的原因所在。

尼帕·费克萨瓦兹

《国家》

1989年2月19日

每天都能看到当地的少年，其中一些只有5岁左右，身着黑色传统服装、佩带传统头饰，跑向游客。当游客拿出相机时，他们露出笑容，欢快地喊着："10铢，10铢"。如果游客不能把钱如数奉上，他们会立刻双手捂脸，跑回家去。

加拿大人菲利浦花费了7年时间研究旅游业对山区部落文化的影响。部落猎奇游在80年代如雨后春笋般流行起来。据菲利浦估计，现在每年有10万多游客参加猎奇游，而大多数人都来自西方国家。旅游一年能为泰国的国库增加5 000万铢的收益。1977年，清迈经营猎奇游的公司仅有12家，到1985年就增加到54家，两年前这类旅游经营商的数目已经剧增到100多家。

苏达·坎加纳瓦纳丸

"人类动物园"的饲养时间，《国家》，1992年3月26日

(图11－5续1)

“来稿来信摘编”

当一位老先生向薇询问近期内是否可以再去斯普里特度假时，我在一旁勉强忍住笑。

这位先生迫切地想找到前南斯拉夫境内“蓝精灵和克罗地亚人”没有交战的地区，还询问九月份战争是否能够结束。

薇回答说，如果欧文勋爵和赛勒斯·万斯对此毫不知情，她就不能妄加评论。老先生听后竟然急切地打听他们的电话号码。

莫琳·希尔，《南方观察——旅游周报》，1993年2月17日

亲爱的度假者：

我们有幸为您寄去首期克罗地亚和斯洛文尼亚精选旅游线路的度假宣传册。

凤凰假日有限公司对克罗地亚的谙熟堪称首屈一指。今年我们首次在亚德里亚海岸最受游客喜爱的26个度假胜地安排了80多家饭店、自炊式公寓和度假俱乐部，供新老顾客选择。

备受推崇的老牌度假胜地包括波雷奇、欧帕提亚、马卡尔斯卡、杜勃罗文克、萨瓦塌、赫瓦尔岛、布拉奇和科尔库拉岛……其低廉的价格实属罕见，今年夏天的惊爆低价则更是无人能比。

在过去的一年半中，成千上万的客人同我们联系，渴望能够到自己心仪的度假胜地和饭店故地重游。现在我们高兴地通知您，我们已经开设了一个部门，专门为您量身定做旅游路线。此外，该部门还会提供宣传册中没有提及的饭店房价和/或散客度假的费用。

我们期待有机会为您效劳。

您忠诚的朋友，

凤凰假日有限公司

克罗地亚1991年

克罗地亚在产业遭受内战破坏的一年半之后，又重整旗鼓，跻身于会议和奖励旅游市场。

克罗地亚国家旅游局成立了克罗地亚会议司来筹划并组织各类会议，吸引外资。

克罗地亚国家旅游局的副局长维克·拉狄杰克指出，1990年克罗地亚主办的国际型会议与奖励旅游多达280多场，而战争期间的记录为零。

“目前，克罗地亚正在为旅游业及商业活动奠定新的基础，1993年开始营业”，他接着谈到：“英国人认为克罗地亚南部已经被炮火夷为平地，而事实上，现在该市一半的设施仍然在正常工作。改变人们错误认识的唯一途径就是让人们来此地亲身体验。”

今年，克罗地亚国家旅游局耗资10万英镑在英国进行实地考察、市场营销，并举办展览。

《旅行周刊》

1993年3月3日

萨阿达·拉希克此时怀有8个月的身孕，这是她的第三个孩子。体育馆内污秽龌龊、臭气熏天的泡沫塑料垫是她的栖身之地。她认为短期之内成百上千的战争难民会来这里打地铺。

现年26岁的拉希克太太是伊斯兰教徒；两个月前，她带着两个年幼的女儿逃离战火纷飞的黑塞哥维那的穆斯塔市。由于饭店客满，她已经在维德米哈捷维克中心小学的体育馆中住了两个多星期。

难民协调员伊维萨·莱拉斯在里维埃拉皇家饭店表示，“这里的一切都在正常运转，简直令人难以置信。”这家拥有290间客房的饭店内住着910人，另外217人住在饭店外面的货车中。克罗地亚政府在度假饭店、旅馆、学校体育馆等处为难民提供食宿，每人每天消耗的成本约为10美元。

莫德·比尔曼

美联社1992年6月

（图11－5续2）

克罗地亚的来信

塞尔维亚

内战严重地阻碍了塞尔维亚旅游业的发展计划。这个国家最近不仅失去了作为旅游目的地的吸引力，而且还遭受到严重的经济衰退，而这一衰退又影响了基本建设投资。由于丧失了亚德里亚海岸线，塞尔维亚人正计划着提高其旅游基础设施的水平，尤其是位于多瑙河沿岸和山区的旅游基础设施。

在塞尔维亚新建一个冬季旅游中心是该发展计划的项目之一。位于塞尔维亚东部克尼亚热瓦茨附近老山山脉上的巴宾祖巴旅游中心内将建造一个拥有 9 000 张床位的综合饭店。这一建设项目将提供 30 公里的滑雪索道、100 公里的滑雪坡道以及海拔 1 200 米以上的其他设施。预计总投资可达 5.2 亿美元，其中外国投资占 65%。夫兰森湖区同样计划增加旅游饭店(其规模超过上一个计划)，虽然政府官员认为该计划不会对环境造成任何破坏，还是引起了环保主义者的关注。

多瑙河的开发计划在塞尔维亚政府的整体发展中的地位举足轻重。为了解除对这些计划的担忧，塞尔维亚贸易与旅游部保证，环境影响测评将用于所有计划。

《中欧和东欧的旅游投资：结构、趋势和所涉的环境问题》
生态研究所
罗伯特·阿特金森和
邓肯·费歇尔
1992 年 4 月

欢迎来到克罗地亚！

我们非常高兴地宣布，我们美丽的国家——克罗地亚，是一个独立自主的国家。

杜布罗夫尼克市的旅游设施遭受的破坏最为严重，市区和附近地区的所有 35 家饭店均遭到不同程度的损坏。位于斯比尼克、扎达尔和沃迪奇的饭店也遭到损坏。奥斯捷克和芬考夫奇的旅游设施几乎全部被毁。沃考瓦尔湖和普里维斯湖更是不能幸免。

克罗地亚旅游部
1992 年 1 月 萨格勒布

扎达尔 1991 年秋季

拯救克罗地亚！

1992 年 12 月 7 日……

我们再一次整装待发，这一次的目的地是波苏斯加。与前一天相比，本次旅途令人心旷神怡。沿路可以观赏海岸线两侧秀美的风光，随后就进入山区。人们几乎忘记了几英里以外的战火硝烟，然而废墟和瓦砾很快就把我们拽回到现实中来。

摘自《前线报道》：
《克罗地亚和波斯尼亚之行》
救助饥饿儿童基金主席

克罗地亚：

1991 年秋季爆发于塞尔维亚少数民族和克罗地亚人之间的战争在付出了死亡 6 000 人的代价之后，在一年前得以平息。但克罗地亚人最近入侵塞尔维亚人控制的卡拉奇那地区的举动再一次引发冲突。

《独立报周日版》 1993 年 3 月 14 日

"几乎所有的饭店都在被征用或已经被征用。但是随着夏季的来临，一些高档饭店，即达到外国游客要求的饭店，已经开始要求难民限期搬离。目前，克罗地亚 75 万名流离失所的人民与难民居住在出租的房屋、饭店和小旅馆中。"

"塞尔维亚人控制着克罗地亚 22% 的领土，其中大部分靠近达尔马提亚海岸。向内陆驱车一个小时就将进入战区。"

艾伦·沃勒，援助协调员
救助饥饿儿童组织，
1993 年 3 月 31 日

(图 11－5 续 3)

资料来源："关注旅游组织"

译后记

在大众旅游迅速发展的今天,人们的不同需求使得旅游市场处于不断的变化之中。为此,旅行社需要尽快推出各种不同类型的旅游产品,以期满足这些需求。与此同时,新旅游产品的不断出现反过来又极大地推动了大众旅游的热潮。国家旅游局的最新统计显示,仅 2004 年 3 月我国入境旅游人数就达到了 855 万人次,其中包括来自德国、美国、法国和日本等 16 个主要旅游客源国的游客。据测算,2004 年 3 月,全国旅游外汇收入为 17.65 亿美元,比上一年同期增长了 10.3%,比 2002 年同期增长了 2.87%。此外,我国的出境旅游目的地国也增至 30 个以上。面对高速发展的旅游市场,我国的各旅行社必须作出迅速而有效的反应。旅行社要在激烈的竞争中求得生存与发展,就不能一味地停留在低水平的价格竞争上。在如今以品牌制胜的时代,立足长远发展,构建自身的品牌优势是所有旅行社所面临的挑战。就此而言,国外旅行社的一些经营方法值得我们借鉴。《旅行社经营业务》一书详细地介绍了国外旅行社在经营管理方面的一系列选进方法与策略以及其经营中的经验教训,是一部不可多得的优秀读物,并对我国旅行社的经营管理具有一定的指导与借鉴意义。

《旅行社经营业务》一书是众多人士数月辛勤忘我劳动的结晶,其中程维翻译了前言及第一章,逯萍翻译了第二章和第三章,卢涤非翻译了第五章,徐明宇翻译了第六章和第十一章,程尽能翻译了第四章、第七章、第八章、第九章和第十章。程尽能负责全书的审校工作并且是本书的主译。此外,卢涤非也为本书的部分章节做了一些审校工作。最后,我们特别希望感谢那些在翻译本书的过程中直接或间接帮助过我们的人士,其中包括李秋婷和易萍萍等。

译　者

2004 年 4 月 22 日